AF535268

VDWR

HELWIG SCHMIDT-GLINTZER

WOHLSTAND, GLÜCK UND LANGES LEBEN

CHINAS GÖTTER UND DIE ORDNUNG IM REICH DER MITTE

VERLAG DER WELTRELIGIONEN

Gefördert durch die
Udo Keller Stiftung Forum Humanum

Bibliographische Information der Deutschen Nationalbibliothek
Die Deutsche Nationalbibliothek verzeichnet diese Publikation
in der Deutschen Nationalbibliographie; detaillierte bibliographische
Daten sind im Internet abrufbar.
http://dnb.d-nb.de

© Verlag der Weltreligionen
im Insel Verlag Frankfurt am Main und Leipzig 2009
Alle Rechte vorbehalten, insbesondere das der Übersetzung,
des öffentlichen Vortrags sowie der Übertragung
durch Rundfunk und Fernsehen, auch einzelner Teile.
Kein Teil des Werkes darf in irgendeiner Form
(durch Fotografie, Mikrofilm oder andere Verfahren)
ohne schriftliche Genehmigung des Verlages reproduziert
oder unter Verwendung elektronischer Systeme
verarbeitet, vervielfältigt oder verbreitet werden.
Einband: Hermann Michels und Regina Göllner
Satz: Hümmer GmbH, Waldbüttelbrunn
Druck: Druckhaus Nomos, Sinzheim
Bindung: Buchbinderei Lachenmaier, Reutlingen
Printed in Germany
Erste Auflage 2009
ISBN 978-3-458-71018-9

1 2 3 4 5 6 – 14 13 12 11 10 09

WOHLSTAND, GLÜCK UND LANGES LEBEN

INHALT

VORWORT

Wer sich auf der Schwelle zum Wohlstand befindet, kann sich glücklich schätzen. Alle Anzeichen sprechen dafür, daß China sich auf dieser Schwelle befindet, China, das ein ganzes Jahrhundert hindurch sein Glück nach westlichen Modellen gesucht und alle eigene Geistigkeit in Frage gestellt und in den Religionen vor allem Rückschritt und Vergangenheit gesehen hat. Die Ablehnung der Götter aber hat sich nicht bewährt, und inzwischen sind sie in den öffentlichen Raum zurückgekehrt. In Verbindung mit der geschickten Politik einer neuen Funktionselite, mit Devisenreserven im Hintergrund und einem stetigen Wirtschaftswachstum finden die Götter Chinas neue Aufmerksamkeit. Eine Mischung aus Sichtbarkeit und Unsichtbarkeit war jedoch immer schon den Göttern Chinas eigen. In welcher Form Götter zurückkehren, wurde auch bei der Eröffnung der Olympischen Spiele in Peking am 8. August 2008 deutlich, als alle Welt nach China blickte. Es war ein glückverheißendes Datum, nicht nach den Sternen, sondern nach der Aussprache des Datums gewählt, die auf Worte verweist, die Glück, Wohlstand und Reichtum bedeuten. Dabei war es einfach ein Tag aus dem erst im Jahre 1912 übernommenen westlichen Sonnenkalender, und doch bezog sich das Glückstreben auf eine jahrtausendealte Tradition. So symbolisch diese Datumswahl für die Orientierung Chinas an den Modernitätskriterien des Westens ist, so zeigt sie doch auch, wie die Stellung des einzelnen und der Gesellschaft in der Welt mit Werten verknüpft ist, die aufs engste mit den chinesischen religiösen Traditionen zusammenhängen.

Für den einzelnen Chinesen und die einzelne Chinesin wie für die chinesische Gesellschaft insgesamt hatte das Leben immer schon eine religiöse Dimension und umfaßte jene Sphäre der Selbstvergewisserung, die dem Menschen notwendig ist.

In ihr vor allem konstituierten sich der Sinn des Lebens und die Weltdeutung, auf ihr basierten soziale Übereinkünfte und gesellschaftlicher Konsens, von ihr gingen dramatische Konflikte und gesellschaftliche Umwälzungen riesigen Ausmaßes aus. Es sind diese Formen der Selbstvergewisserung, des Umgangs mit den Schicksalsschlägen für den einzelnen wie für die Gruppe, aus denen sich Institutionen bilden und langfristig wirksame Überzeugungen wachsen. So ist auch das Selbstverständnis Chinas an diese alten, in den religiösen Sphären gebildeten Sinn- und Selbstauslegungstraditionen geknüpft. Wie stark diese Prägung in China ist, zeigt in den letzten Jahren wieder die Aufmerksamkeit, die dem Geburtstag des Konfuzius gewidmet wird. Am 28. September 2009 wird sein 2559. Geburtstag gefeiert, und zwar nicht nur in Qufu, dem Geburtsort, sondern auch auf Taiwan, wohin der 77. Nachfahre des Konfuzius im Jahre 1949 floh und wo heute der 79. Nachfahre lebt.

Trotz aller Diesseitigkeit sind also auch in China der Gottesbegriff und die Formen religiöser Rituale von fundamentaler Bedeutung für das Selbstverständnis ebenso wie für das Funktionieren der Gesellschaft bis heute geblieben. Keine Lehre aber konnte einen absoluten Geltungsanspruch geltend machen, weder einzelne buddhistische oder daoistische noch gar christliche Lehren. Diese Einhegung zunächst oft absoluter Geltungsansprüche einzelner religiöser Kulte bedeutete, daß keine religiöse Gruppierung das Gesamtinteresse gesellschaftlicher Selbstorganisationsstrategien dominieren konnte. So wurde China früh zu einem politisch-sozialen Großraum mit einem im internationalen Vergleich hohen Maß an Toleranz und einer großen Offenheit gegenüber fremden Lehren. Diese Färbung ist ihrerseits religiös grundiert, was in der Rede von der »Ziviltheologie des chinesischen Kaiserreiches« (Weber-Schäfer 1968) seinen Ausdruck findet.

Als China sich anschickte, in den Wettbewerb mit den anderen großen Nationen dieser Erde zu treten, glaubte man dort ebenso wie im Westen, China werde alle Religion abschaffen und an deren Stelle eine neue Ideologie der Moderne set-

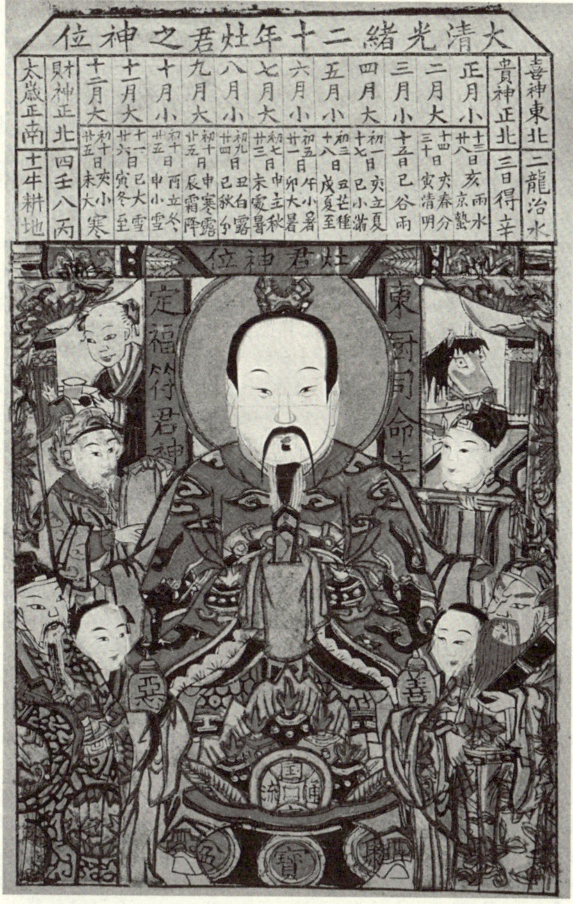

Die Rückkehr des Herdgottes Zaowang (oder Zaojun) von seiner Himmelsreise zu jedem Jahresanfang ist ein Fest für die ganze Familie. Mit ihm beginnt der Mondkalender wie hier jener für das Jahr 1895. Dem Herdgott, der wichtigsten Gottheit, die gelegentlich auch mit seiner Frau abgebildet wird, traut man die Fügung des Schicksals zu.

zen, eine Form des chinesischen Kommunismus. Doch selbst noch die Große Proletarische Kulturrevolution in den sechziger Jahren des 20. Jahrhunderts war im wesentlichen und im Kern ein religiöses Phänomen. Der in den folgenden Jahrzehnten dann alles beherrschende Pragmatismus hat die religiösen Bedürfnisse nicht zum Verschwinden gebracht, zugleich aber die Erwartungen an die Leistungsfähigkeit der Gesellschaft und der den Staat repräsentierenden Kommunistischen Partei gesteigert. In den Lebenskrisen aber suchen die einzelnen nach befriedigenden Antworten und Sinnvergewisserung, und in dem Maße, in dem die Erwartungen an den Staat enttäuscht werden, fallen alte und neue Heilsversprechungen auf fruchtbaren Boden. Dabei ist es wenig überraschend, daß China seine innere Struktur und deren Fortentwicklung immer auch im Hinblick auf die eigenen Traditionen gestaltet. Daher nimmt der Konfuzianismus heute wieder einen zentralen Platz in den gesellschaftlichen Selbstverständigungsdebatten ein und spielt neben den anerkannten Religionen Buddhismus, Daoismus, Islam, protestantische und katholische Kirche eine prägende Rolle. Bei solchen Anerkennungsverfahren geht es der Regierung vor allem um die Zurückdrängung als illegal bezeichneter Religionen und Kulte, die als »Häretische Lehren« *(xiejiao)* auch strafrechtlich verfolgt werden. Hier ist an erster Stelle die von Li Hongzhi gegründete und auf der Basis von Qigong-Übungen entstandene Falungong-Bewegung zu nennen, die in weltweiter Propaganda die Regierung Chinas der Intoleranz und haarsträubender Menschenrechtsverletzungen bezichtigt. Manche solcher Bewegungen berufen sich auf Gründerfiguren wie etwa die 1988 in Taiwan von der »Höchsten Meisterin Ching Hai« gegründete synkretistische Guanyin-Sekte, die dann an vielen Orten auf dem Festland Anhänger fand und erst 1996 in das Visier der staatlichen Sicherheitskräfte geriet. (Siehe China aktuell [September 2000], S. 1024.) Fragen der Religionszugehörigkeit spielen bei der Aushandlung von gesellschaftlicher Zugehörigkeit und kultureller Identität in dem sich als Vielvölkerstaat verstehenden China eine wichtige Rolle. Vielleicht erklärt sich auch daraus, daß unter Journalisten die drei Bereiche Religion, Militär und nationale Minderheiten für die öffentliche Berichterstattung weitgehend tabu sind.

Aus dem gegenwärtigen Befund ergeben sich bei einer systemischen Sichtung der historischen Dimension des Religiösen in China Anhaltspunkte für Chancen, Möglichkeiten und Risiken der ja immer wieder neu erfolgenden Sinnstiftungsprozesse in der heutigen chinesischen Gesellschaft, die von Medien und der Politik, aber eben auch von einzelnen und Gruppen, von Netzwerken und Vereinigungen in Gang gehalten werden. Wer die Dynamik Chinas und die sich neuerlich abzeichnende stärkere Religiosität in diesem bevölkerungsreichsten Land der Erde verstehen will, muß sich auf einen Zusammenhang einlassen, der ohne einen Blick auf die geschichtlichen Erfolge und ohne das Sinnreservoir der Vergangenheit nicht auskommt. Schon ein Blick in die europäische Religionsgeschichte offenbart uns den Zusammenhang von gesellschaftlich organisierter und individueller Frömmigkeit, von Territorialherrschaft und Kirchenregiment, von gesellschaftlich vermittelten Wertorientierungen und ihren Veränderungen einerseits und der Rolle von Kirche, Kanzel und Erziehung andererseits.

Das Besondere an China ist nun, daß dort Religion stets als anthropologisch universelles Gut akzeptiert und nicht einfach auf Morallehre reduziert wurde. Innerhalb bestimmter Grenzen galt Religionsfreiheit und zugleich eine gewisse Indifferenz des Staates gegenüber den einzelnen Religionen. Zwar hat im 20. Jahrhundert auch in China die Kommunistische Partei sich der Forderung von Karl Marx angeschlossen, die Menschheit von der Religion zu befreien, doch ist dieser Versuch ins Leere gelaufen. Gerade wegen der traditionellen offiziellen Religionsindifferenz in China, die mit dem Namen des Konfuzius unlösbar verbunden ist, hatte man im Europa der Aufklärung China als Vorbild hingestellt, womit sich bekanntlich Christian Wolff (1679-1754), einer der Gründerväter der europäischen Aufklärung, die Vertreibung aus Halle eingehandelt hat. (Wolff 1726/1985)

Bisher ist im Zusammenhang der Religionsgeschichte Chinas kaum der Versuch unternommen worden, religiöse Debatten im Hinblick auf ein besseres Verständnis sozialer und politischer Wandlungsprozesse zu untersuchen. Dabei spiegelt sich in den Berichten und aufeinander bezogenen polemischen Traktaten, insbesondere in jenen Texten, die sich mit dem Buddhismus auseinandersetzen, wie sie uns aus der Zeit des ersten Jahrtausends nach Christus überliefert sind, der Umbruch einer aristokratisch-oligarchischen Gesellschaft hin zu bürokratisch-zentralistischen Verhältnissen. Bemerkenswert ist nicht nur eine veränderte Beteiligung breiterer Bevölkerungsschichten, sondern auch der Wandel in den Formen der Auseinandersetzung und in der Rolle des Hofes bei der Anerkennung von Geltungsansprüchen. Unter den Bedingungen des zentralisierten Einheitsstaates treten dann andere Merkmale in den Vordergrund, zentral verordnete Bildungsvorstellungen, aber auch regional und lokal sehr differenzierte religiöse Organisationsformen, die im 20. Jahrhundert – man muß heute wohl sagen: vorübergehend – einer neuen Vereinheitlichung weichen mußten. Dabei wurde stets auf die Gründungsphase chinesischer Staatlichkeit Bezug genommen, auf die formative Zeit des ersten vorchristlichen Jahrtausends, in der die wichtigsten intellektuellen Weichenstellungen für die Zukunft erfolgten und auch die Grundlagen für die spätere Entwicklung Chinas gelegt wurden. Allerdings wird oft übersehen, daß erst aus der Durchmischung von Vorstellungen vom idealisierten Altertum einerseits und einer jahrhundertelangen Erfahrung von Bürokratie, Herrschaft und Kultur andererseits sich ein neues Selbstverständnis entfaltet.

Das vorliegende Buch soll dazu beitragen, den geistigen Reichtum und die emotionalen Ressourcen Chinas besser zu verstehen; es ist zugleich auch Teil des Gesprächs zwischen europäischen Chinawissenschaftlern und den Vertretern der chinesischen Kultur und Wissenschaft, indem wir uns gemeinsam um ein Verständnis dessen bemühen, was China in Vergangenheit und Gegenwart ausmacht. Von den Ergebnissen wird auch unser europäisches Selbstverständnis nicht unbeeinflußt bleiben. Denn auch wir stehen heute wieder unter einer neuen Spannung, die auf Erwartungen zielt. In China scheint es bei aller Modernisierung und Annäherung an westliche Lebensformen eine andere Grundbefindlichkeit zu geben, die nur dadurch zu erklären ist, daß es dort eben keinen allmächtigen Gott und schon gar nicht einen Gekreuzigten gab; entsprechend gibt es auch nicht das Konstrukt der Souveränität, welches im Westen ja vom allmächtigen Gott auf den Staat beziehungsweise das »Volk« transponiert wurde. Dafür gibt es andere Formen des Interessen- und Willensausgleichs, administrative Restriktionen und Organisation von Ungleichheit und daraus folgende Anpassung, Resignation oder Proteste. Erwartungsgemäß wird aber die Hoffnung auf Glück, Wohlstand und langes Leben zu stets neuem Aufbruch anspornen.

Die Arbeit an diesem Buch widme ich in dankbarer Erinnerung meinem Lehrer Wolfgang Leander Bauer (23. 2. 1930-14. 1. 1997) und meinem Vater Hansgeorg Heinrich Eckard Schmidt-Glintzer (7. 8. 1914-15. 1. 2008) sowie U. V. *ad multos annos.*

Berlin, im Dezember 2008

EINLEITUNG: DIE KUNST, CHAOS IN HARMONIE ZU VERWANDELN

Zeiten der Auflösung

»Haben wir Götter, deren Gestalten Menschen noch nach Jahrtausenden das Schweigen tiefster Ergriffenheit abzwingen werden?« – Diese im Jahre 1921 von dem Prager Schriftsteller Ernst Weiß (1882-1940) angesichts chinesischer Götterbilder gestellte Frage (Weiß 1982, S. 58) bleibt aktuell und muß nicht überraschen in einer Zeit, in der in China viele Menschen und oft ganze Gruppen einen freieren Zugang zu ihren Göttern fordern und in der in New York eine in Japan vor tausend Jahren (um 1090 n. Chr.) hergestellte Buddha-Skulptur für 14 Millionen Dollar ersteigert wird. (›Neue Zürcher Zeitung‹, Nr. 68, 22./23. 3. 2008, S. 27) Tatsächlich kehren in China die Götter zurück, oder die Menschen wenden sich ihren Göttern zu – mit unabsehbaren Folgen. Nicht nur die Tibeter, auch die Han und die Hui und andere Volksgruppen in China suchen nach Sinn und ahnen, daß im Boomland China die mehr und mehr in Arm und Reich zerfallende Welt am wenigsten durch Geld zusammengehalten wird. Und doch wissen alle, daß ihnen das Streben nach Wohlstand und Glück gemeinsam ist. Diese Suche nach Identität und Hinwendung zu den Göttern ist dabei ganz und gar nichts Neues, nur hatte sie über lange Zeit keinen oder nur wenig öffentlichen Raum gefunden. Das ist inzwischen anders geworden.

Nicht in erster Linie die Faszination der Überlieferung, sondern das Bedürfnis nach Selbstvergewisserung bildet heute den Antrieb für die zunehmende religiöse Praxis. Dabei geht es um innere Zufriedenheit und um die Einhegung neuen Wissens, um die Auflösung von Widersprüchen. Ausgleich

In der Tradition der »Lebenspflege« oder »Lebensnährung« *(yangsheng)* wurden früh Übungen eingesetzt, zu denen nicht nur Muskelspannung und -entspannung *(daoyin)*, sondern auch Atemtechniken und Meditationspraxis gehören. Bei der ganzheitlichen, Himmel, Erde und Mensch, also den gesamten Kosmos einbeziehenden Haltung zur Welt kommt es dem einzelnen auf die Pflege des »energetischen Lebensprinzips« *qi* an. – Auf Seide gemalte Tafel mit in 28 unterschiedlichen Haltungen dargestellten Leibesübungen aus Mawangdui (168 v. Chr.).

und Gleichgewicht sollen hergestellt werden. Hier steht das Leben im Mittelpunkt, der Atem des Menschen, ganz allgemein das »energetische Prinzip«, *qi*, von manchen mit dem griechischen *pneuma* gleichgesetzt und gegen das Prinzip des Zerstörerischen, des Todbringenden, gegen *sha* gerichtet. Es sind Techniken der Orientierung in der Welt, durch Anordnung wie in den Fengshui-Praktiken, oder in Kampfkünsten, in gymnastischen Übungen, in der kunstvollen, den Kosmos nachbildenden Gartenanlage. Und immer spielt die Einpassung in die Kräfte der Welt, vor allem das Atmen, aber auch die Ausrichtung des Körpers wie des Blicks, eine zentrale Rolle, häufig unter dem Begriff des *yangsheng*, »Nähren des Lebens«, zusammengefaßt. Neben solchen ordnenden Praktiken gibt es stets auch das Apotropäische, das Böses und Gefährliches Abwendende, symbolisiert etwa in einem Stein mit der Widerstand ankündigenden Inschrift »Der Stein widersetzt sich« *(shi gandang)*. Unterschiedliche Ordnungsvorstellungen werden dabei hinzugezogen, die »Fünf Wandlungsphasen« *(wuxing)*, die Kalenderzyklen, das Wissen um die Bedeutung der Sternbilder, die Verortung des einzelnen in festen Zeit- und Raumbeziehungen.

Doch nicht nur traditionelle chinesische Religiosität, sondern auch andere und zum Teil gänzlich neue Formen von Religiosität werden verwirklicht. Da gibt es beispielsweise Orte mit einer Vielzahl christlicher Kirchen, in denen sich Abertausende erfolgreicher Geschäftsleute und Unternehmer ihren heiligen Raum schaffen, wie im Regierungsbezirk Wenzhou, worüber man im ganzen Lande spricht. (Cao 2008) Dort hatte sich die Dynamik schon seit längerem angekündigt. Gegen Ende des Jahres 2000 hatte eine Überprüfung von 8000 Einrichtungen ergeben, daß von diesen nur 3200 ordnungsgemäß registriert und somit legal betrieben waren, darunter 1200 protestantische und 120 katholische Kirchen. (China aktuell, Januar 2001, S. 14) Es gibt neue Moscheen und im ganzen Land renovierte und in neuer Farbigkeit erstrahlende buddhistische und daoistische Tempel. Was im Kaiserreich unter der Herrschaft der Mandschuren bis ins 19. Jahrhundert hatte zusammengehalten werden können, scheint dabei gelegentlich auseinanderzufallen. An die Stelle der Kaiser, die den lamaistischen Mongolen und Mandschu noch als verehrungswürdige Buddhagestalten, als heilbringende und Mitleid verströmende Bodhisattvas erschienen, waren für lange Zeit graue Parteikader getreten. Die Überlieferung aber, repräsentiert in den in früheren Jahrhunderten in Peking gedruckten heiligen Texten der Tibeter, Mongolen und Mandschuren, ist unvergessen (Rawski 2007), und die politische Führung läßt keinen Zweifel daran, daß sie das Vielvölkerreich mit den vielen Religionen unter einem Dach zusammenhalten will.

Was sich von innen auflöst, sucht durch äußere Anerkennung und durch wirtschaftliche Erfolge neuen Halt. Dazu gehörte auch Olympia 2008. China wollte mitspielen und gewinnen und setzte sich selbst unter diesen Druck, als Nabel der Welt, als Reich der »mittleren Staaten«, als Zentrum der Ökumene, als der Ort von »Allem, was unter dem Himmel ist«, zu erscheinen. Dabei ist die Zentriertheit Ausdruck eines ergebnisoffenen internen regionalen Wettbewerbs um Wohlstand und gutes Gelingen. Die Proteste von Exiltibetern und die Plünderungen chinesischer Geschäfte in den von tibetischen Völkern besiedelten Regionen im Westen Chinas sowie ethnische Konflikte an anderen Orten im Vorfeld der Olympischen Spiele 2008 haben neben den ethnisch-sozialen Gründen und der Angst um den Verlust der kulturellen Identität eine geistige Dimension bekommen: Die Götter sollen zurückkehren. Nicht nur der Dalai Lama soll nach dem Wunsch vieler wieder in Lhasa einziehen, sondern überhaupt sollen die Götter und die Religionen wieder einen wichtigeren Platz erhalten. Wie berechtigt solche Forderungen sind, steht jedem vor Augen, der um solche Schicksale weiß wie jenes der in Neu-Mexiko, Utah und Arizona übriggebliebenen Navajos, die heute noch unter dem Verlust ihrer ihnen von den Europäern zum Zwecke der Bildung der USA geraubten Kultur leiden.

Die Protestentwicklung 49 Jahre nach dem Tibetaufstand

von 1959 und am Vorabend der Olympischen Spiele war zu erwarten gewesen, und doch waren die Volksrepublik China und ihre Regierung aufs höchste verunsichert. Zwar ist die lange Zeit vertretene These von der Religion als »Opium für das Volk« längst Vergangenheit; auch wird die Rolle von Religiosität für die moralische Bildung von der Kommunistischen Partei Chinas (KPCh) anerkannt, und die alten Konflikte mit der offiziellen römischen Kirche sind dank des Einlenkens von Papst Benedikt XVI. gemildert. Doch die vielfach beschworene Stimmung der wachsenden Harmonie wurde nun durch Barrikaden, durch brennende Häuser, durch marodierende Demonstranten und durch brutal vorgehende Militärs durchbrochen. China beginnt zu brennen, so schien es, ethnische und soziale Spannungen brechen sich Bahn, und der Westen erwartet von China einen abgeklärten, souveränen Umgang mit einer Lage, in der sich Städte und ganze Landstriche und auch Teile der Wirtschaft dem Zugriff der Staatsgewalt zu entziehen drohen. Dabei ist die Dynamik dieser Verselbständigungsprozesse im Rahmen des interregionalen Wettbewerbs gewollt. Doch hält die Regierung zu Recht die Beibehaltung eines Ordnungsrahmens für den Schlüssel zu nachhaltiger Entwicklung.

Der Preis der Harmonie

In welche Zukunft ist China unterwegs? Ist China im Blindflug? – Diese nach den Ereignissen am Tian'anmen im Juni 1989 gestellte Frage (Schmidt-Glintzer 1991 a) muß heute angesichts der Sinnkrise trotz der wirtschaftlichen Prosperität erneut gestellt werden, zumal der Wohlstand aufgrund der Verflechtung in die internationalen Märkte rasch schwinden könnte. Woher nimmt China seine Orientierung, wie legitimiert sich die ordnende Staatsgewalt? Um das zu beantworten, ist es notwendig, den traditionellen Umgang mit Geistern und Göttern in China zu betrachten und das Staatskultwesen zu untersuchen. Eine wichtige Rolle hatte dabei seit seiner

Einführung vor zweitausend Jahren der Buddhismus gespielt, der dann auch bei der Integration des Reiches immer wieder wichtig war und der seither in einem oft spannungsvollen, gelegentlich aber auch partnerschaftlichen Verhältnis zum Daoismus stand. Die integrative Rolle des Buddhismus funktionierte noch bis in die späte Kaiserzeit, als Chinas Kaiser den mongolischen und tibetischen Völkern als Bodhisattva präsentiert wurde. Tibet, das »Dach der Welt«, war so zu einem Teil des Himmels für China geworden, dessen Reichsidee, dessen Vorstellung von einer Ökumene mit dem Begriff »was unter dem Himmel ist« *(tianxia)* verbunden ist.

Mit dem Anbruch der Moderne scheint dieser Himmel nun zu zerbrechen, das Reich droht sich aufzuspalten – und das ist nicht nur die Forderung der Mehrheit der Exiltibeter und ihrer Unterstützer, sondern auch manche Chinesen, insbesondere im Exil, beschwören seit Jahren einen solchen Zusammenbruch Chinas. Dabei kann man es geradezu als tragisch bezeichnen, daß China, das nach den Schocks und Bedrohungen durch die europäischen Mächte, nach einer langen Traumatisierung und ersten Versuchen, einen eigenen Weg in die Moderne zu finden, sich seit hundert Jahren, wenn man einmal von der Zeit der Kulturrevolution absieht, gänzlich den westlichen Entwicklungszielen verschrieben hat und dennoch nunmehr vom Westen, von Europa vor allem, zurechtgewiesen wird. China hat sich um Nationsbildung, um Souveränität und seit den siebziger Jahren des 20. Jahrhunderts um eine Integration in die Völkergemeinschaft bemüht und den sozialen und wirtschaftlichen Aufbau vorangetrieben, und nun, da es einen geringen Wohlstand vorzuweisen hat, sieht es sich unter Hinweis auf die Einhaltung der Menschenrechte an den Pranger gestellt und in diesem Zusammenhang erneut zur Aufgabe seiner territorialen Integrität gedrängt. Doch die Mehrheit der Völker setzt auf die Hoffnung, daß ein sich entwickelndes, prosperierendes China eine starke Stütze wäre auf dem Weg der Menschheit zu einer besseren Zukunft. Um die durch die Entwicklungsdynamik entstehenden Spannungen auszuhalten und dem ergebnisoffenen Prozeß weite Spielräume zu geben, ohne eine Implosion des Systems gewärtigen zu müssen, ist der durch einen starken Staat vorgegebene Rahmen allein nicht ausreichend. Es tritt der Appell an Sinnstrukturen jenseits von materiellem Wohlstand und Verteilungsgerechtigkeit hinzu.

Suche nach Stärke

Trotz aller Erfolge in den letzten Jahren ist China nach der Zeit der Verluste und Demütigungen immer noch auf der Suche nach neuer Stärke. Dabei sieht sich die chinesische Staatsführung mit der ständig wiederholten Rede gerade auch chinesischer Intellektueller konfrontiert, China werde zusammenbrechen und sich aufspalten. Die Rede vom »Coming Collapse of China« (Chang 2001), auch mit Hinweis auf die Heils- und Protestbewegung Falungong, muß keinem Chinesen absurd erscheinen, beginnt doch einer der bekanntesten volkstümlichen Romane, die *Geschichte der Drei Reiche*, mit dem Satz: »Nach langer Vereinigung kommt Trennung, nach langer Trennung kommt Vereinigung.« Heute, in einer Zeit fragmentierter Strukturen (Naughton, Yang 2004), steht die Frage: Wo stehen wir jetzt? auf der Tagesordnung sowie die Frage: Hat China die Zeit, seine innere Diversifizierung und Strukturen der politischen Partizipation erfolgreich weiterzuentwickeln, bevor – auch von außen befeuerte – destabilisierende Kräfte einen Zusammenbruch mit heute unvorstellbaren Konsequenzen bewirken? Vor Jahren berichtete Johnny Erling von dem betagten Pekinger Marxisten und Sozialwissenschaftler Yu Guangyuan:

> Er vergleicht die Aufgabe Chinas, unreformierte politische Strukturen zu demokratisieren, mit dem Unternehmen, einen in stürmischer See treibenden Eisberg zum Schmelzen zu bringen, während andere kalten Wind anfachen. Hinzu komme, daß die große Masse des Eisberges China noch versteckt unter Wasser liege. Yu ist skeptisch. Er ist sich aber auch sicher, daß es für das Schmelzen eines Eisberges keine

Stoppschilder geben darf. (Johnny Erling, in: ›Rheinischer Merkur‹, Nr. 11, 13. 3. 2003, S. 6)

Eine zunehmende Zahl der Chinesen sieht eine Fortsetzung der Modernisierung Chinas nicht als einen Gegensatz zur Rückkehr der Götter, und obwohl die chinesische Staatsführung offiziell in Fragen der Religiosität ganz der europäischen Aufklärung und ihren Säkularisierungsforderungen gefolgt ist und ihr verpflichtet bleibt, haben viele der politisch Mächtigen längst ihren Frieden mit den traditionellen Lehren wie dem Buddhismus geschlossen, von dem inzwischen zur allgemein anerkannten Erziehungslinie aufgestiegenen Konfuzianismus einmal ganz zu schweigen. Offiziell also steht die Religiosität der Einwohner Chinas heute noch im Gegensatz zu der staatlichen These vom Absterben der Religion, aber im geheimen hat sich dieser Gegensatz längst verflüchtigt.

Konflikte zwischen unkontrollierten Heilsversprechungen und weltlicher Herrschaft hat es in China seit dem Altertum immer gegeben, und die ängstliche Gebanntheit des Staates vor religiösen Bewegungen offenbarte zugleich auch deren Potential. Vielleicht lag in der Vergangenheit darin auch eine der Stärken Chinas, daß nämlich zwar der Anspruch auf die Geltung eines reichsweiten Herrschaftsprinzips vorgetragen und bekräftigt wurde, daß aber dieser Anspruch nicht mit absoluten Wahrheits- und Geltungsansprüchen verknüpft war und deswegen immer auch religiöse Bewegungen fürchten mußte. Was in Westeuropa mit der »Enteignung der Wahrsager« schließlich zu einem Despotismus und dann auch zu absolutistischen Herrschaftsformen und schließlich zu totalitären Strukturen wie im Kommunismus und im Nationalsozialismus führte und was zu Beginn des 21. Jahrhunderts den Präsidenten der USA von einer »Achse des Bösen« reden läßt, die angeblich jede Menschenrechtsverletzung rechtfertigt – diese Wendung hat es in China nicht gegeben, wenn man einmal von der unter christlicher Missionspropaganda ideologisch gesteigerten Taiping-Diktatur in der Mitte des 19. Jahrhunderts und von den Taten der marxistisch-leninistischen und damit europäisch geprägten republikanischen und kommunistischen Parteien im 20. Jahrhundert absieht.

Europas Blick auf Chinas Götter

In Europa ist von Chinas Göttern die Rede, seit es Nachrichten aus China gibt. Daneben gab es seit der Zeit der Aufklärung die Berichte über die »natürliche Religion der Chinesen«, über ihren Vernunftgebrauch und über ihren Agnostizismus, und das daraus resultierende Bild hat die Beschäftigung mit den Religionen Chinas wesentlich geprägt. (Schmidt-Glintzer 1977b; Paper 1995; Jansen 1997) Seit dem späten 19. Jahrhundert dann gibt es die andere Rede von dem im Prinzip religionslosen China, von der Diesseitsorientierung der Chinesen, die heute noch im Vorwurf nachklingt, die religiös blinden Chinesen hätten keinen Sinn für die Geistigkeit ihrer tibetischen Landsleute. Andererseits war China gerade deswegen für viele Intellektuelle des 20. Jahrhunderts ein Bezugspunkt, weil sie sich auf den Satz des Konfuzius berufen konnten, der meinte, man solle sich nicht mit den Göttern und Geistern befassen, solange man das Leben noch nicht verstanden habe. Dieser Widerspruch zwischen Jenseitsvorstellungen und Diesseitsorientierung verlangt nach einer Aufklärung. Ein Blick aus der Gegenwart auf Chinas Religionen und die Renaissance des Konfuzianismus verbindet das Wissen um die heute noch sichtbaren Spuren früherer Religiosität mit einer Analyse der Tiefenstruktur der chinesischen Gesellschaft und darin erkennbarer Dynamiken. Dabei interessiert es den westlichen Betrachter natürlich auch, in welcher Weise Religiosität, Rationalität und Vernunft zueinander in Beziehung stehen.

Es gilt auch für China die allgemeine Feststellung, daß – in den Worten von Friedrich Wilhelm Graf – Religionen »sich als Deutungssysteme mit einem unüberbietbar hohen Allgemeinheitsanspruch verstehen« lassen. Doch wenn Graf von dem »absolut bindenden Gotteswillen« spricht (Graf 2004, S. 111 f.), so ist diese Rede für den Fall Chinas zu modifizieren.

Denn gerade in Ostasien haben sich Religionsformen herausgebildet, die vom Subjekt ausgehen und die der Philosoph Ernst Tugendhat als Mystik beschrieben hat. Von dieser kann man sagen, daß sie »ein Zurücktreten von sich angesichts eines Höheren, aber eben ohne Personalisierung« ist. (Tugendhat 2006, S. 30) Sosehr diese nichtpersonalisierte Konzeption von Mystik von vielen als ein Mangel begriffen wird, so ist sie doch eine Chance. Und es ist dem Europäer unbenommen, »Dein Wille geschehe« auszusprechen und sich dennoch der Heiligkeitserfahrung der daoistischen Mystik nicht zu verschließen. Es bleibt aber die Figur des Vaters und die Berufung auf die Lehre der Väter ein Thema! Auch am Ende dieses Buches werden wir die Frage nicht beantwortet haben, die Ernst Tugendhat aufgrund seines persönlichen Dilemmas beschreibt, da er das Bedürfnis, sich unmittelbar an Gott zu wenden, empfindet, sich dies aber verbietet, »weil ich doch weiß, daß Gott nur ein Konstrukt meines Bedürfnisses ist«. So bleibt ihm die für ihn unzureichende Möglichkeit, sich auf den unpersönlichen, rein mystischen Standpunkt zu beziehen. (Tugendhat 2006, S. 30)

Für dieses so formulierte Bedürfnis nach einem Verhältnis der Unmittelbarkeit, welches zur Grundfrage von Religiosität in modernen Gesellschaften geworden ist, hat es in China in der Vergangenheit spezifische Lösungen gegeben. Die Antwort Dietrich Bonhoeffers ist die des »Als-Ob«, und dieses »Als-Ob« hat die religiöse Praxis in China von ihren Anfängen an geprägt. (Röllicke 2006) Für uns Zeitgenossen der Moderne aber gilt, daß wir diesem »Als-Ob« eine authentische Erfahrung an die Seite stellen wollen. Genau hierin liegt auch in China das Dilemma der Moderne, daß sie diese Unmittelbarkeit sucht, ohne noch die alten Formen des »Als-Ob« zulassen zu wollen. Dieses Dilemma verbindet alle modernen Gesellschaften, die wohl doch nur unter Rückgriff auf ihre Traditionen und auf ihre Erfahrungen einschließende Bild- und Ritualreservoirs eine neue Balance finden werden.

Die Vielfalt der Religionen

Nicht nur auf dem Lande und an abgelegenen Orten Chinas leben Religiosität und Frömmigkeit, sondern mitten in den pulsierenden Megacities finden wir Orte des Glaubens. In Peking etwa haben Buddhismus, Christentum, Islam, Daoismus und Lamaismus alle eigene Gotteshäuser. Dort gibt es Wunschbäume und rote Bänder für die, deren Jahr sich im Zwölfer- oder 60er-Jahreszyklus gerade wiederholt. Es gibt Wahrsager und Leute, die Tiere zum Freilassen verkaufen. Es gibt Schulen zur Mönchsausbildung, das Qingming-Fest, zu dem Familien bei den Gräbern der Ahnen picknicken, daneben Tempelmärkte voller Leben von betenden und kaufenden Besuchern, das große Neujahrs- und Laternenfest, Läden, aus denen Räucherstäbchen und Buddhafiguren nur so hervorquellen, Restaurants mit kleinen Schreinen, Autofahrer, die als Talismane Maobilder im Auto hängen haben, Rentner, die in den Parks Qigong üben oder gar meditieren, und es gibt Medizin, die ganzheitlich auch religiöse Denkweisen mit einbezieht – und natürlich gibt es das Büro für Religiöse Angelegenheiten, die staatliche Akkreditierungs- und Kontrollinstanz. Dabei sind die Fest- und Feiertagsregelungen von der Regierung auch unter dem Gesichtspunkt der Regulierung der Tourismusströme festgelegt worden. Die Beachtung des Religiösen scheint zunächst im Tagesgeschehen unterzugehen, und doch ist sie präsent und wirksam. Die Menschen wissen um die vielen Tempel und Quellen, um Höhlen und Bäume, Berge und Wege, die ihre eigene Spiritualität und Bedeutung haben, wo sich oft volkstümliche Religion, Naturglaube und organisierte Religiosität miteinander mischen. Alle diese Erscheinungsformen haben eine Vorgeschichte, die oft lange zurückreicht.

Die Anfänge chinesischer Religiosität werden erstmals greifbar mit der Überlieferung der Knochenorakel und dann in den Bronzeinschriften und den Zeugnissen von Begräbnisformen. Früh wird ein Kult eines obersten Ahnen sowie eine

Himmelsverehrung faßbar, die eingebettet werden in agrarische Feste und Rituale, die sich in erster Linie nach dem Kalender ordnen, sich bald aber auch an die Notwendigkeiten der Herrschaftsorganisation anpassen, die ihrerseits den Kalender braucht und selbst einsetzt. Trotz inzwischen zahlreicher unmittelbarer Kenntnisse durch Ausgrabungsfunde ist das Bild der Frühzeit doch immer noch stark durch die spätere Überlieferung geprägt, die zum Teil erst aus einer Zeit verbürgt ist, in der bereits eine andere Lehre in China Fuß gefaßt hatte, nämlich der Buddhismus, der die Religionsgeschichte Chinas seit dem 3. nachchristlichen Jahrhundert wesentlich geprägt hat. In diesem Zusammenhang ist auch der Daoismus zu nennen, der eine ältere Tradition von Religiosität beerbt, der sich aber als Religion erst durch die Konfrontation mit dem Buddhismus bildet. (Kohn 1995; Mollier 2008) Diese Vielfalt und diese Interdependenz findet ihren Ausdruck auch in der Rede von den »Drei Lehren« oder den »Drei Religionen«, den *sanjiao*, womit Konfuzianismus, Buddhismus und Daoismus gemeint sind, die immer wieder im selben Atemzug genannt werden, wenn auch in unterschiedlicher Reihenfolge und Gewichtung, wie bei dem Gelehrten Li Shiqian aus dem 6. Jahrhundert in einer Verteidigung des Buddhismus:

> Buddhismus ist die Sonne, Daoismus der Mond, Konfuzianismus die Fünf Planeten. (*Beishi* 33[21], S. 1234)

Danach sind diese Lehren eigenständig und doch aufeinander bezogen. Andere haben diese Lehren nur als unterschiedliche Ausformungen einer einheitlichen Tradition gesehen. Solche Breite an Deutungsmöglichkeiten, auch an Verhandelbarem innerhalb der Deutung von Religionsgeschichte ebenso wie von Glaubensfragen ist typisch für China.

Die meisten Ausformungen von Religiosität haben eine lange Geschichte, und dementsprechend sehen sich die Religionen Chinas wie China selbst in einer langen kulturhistorischen Tradition und einer daraus entstehenden Dynamik. Das bedeutet nun nicht, daß wir immer die ganze Geschichte rekapitulieren müssen, um die Gegenwart zu verstehen, aber die Kenntnis bestimmter nachhaltig erinnerter Konstellationen bleibt für das Verständnis der Gegenwart unerläßlich.

Glück und gelungenes Leben

Vor allem den bäuerlichen Lebenswelten verdankt sich in China der spezifische Bezug aller religiösen Vergewisserungsbedürfnisse auf die Frage nach Glück und Wohlstand. Fruchtbarkeit, Gefahrenabwehr und Deutung des Unerklärlichen waren zunächst die Bezugsgrößen aller Religiosität. Daher ist es auch angemessen, Wohlstand, Glück und langes Leben als Begriffe für den Titel einer Darstellung der Religiosität in China zu wählen. Dies muß im christlichen Europa als Provokation erscheinen, wo von Sünde, Schuld, Vergeltung, von Rechtfertigung und schließlich von einem gnädigen Gott die Rede ist. Es gibt also durchaus grundsätzliche Unterschiede, ja Gegensätze zwischen der Entfaltung von Religiosität in Ost und West. Man denke nur an die Vorstellungen von Weltuntergängen und Katastrophen im Westen, die bis in die Gegenwart vorherrschen.

Wie in allen Religionen nimmt auch in China die Erfahrung der Kontingenz einen zentralen Platz ein, das heißt die Erfahrung, daß es nicht von einem selbst und auch nicht von der Befolgung von Regeln oder Geboten abhängt, ob es einem gutgeht oder ob man ins Unglück gerät. Was in China als Glück empfunden wurde, war nun einerseits nicht so verschieden von Glücksvorstellungen anderer Menschen in anderen Kulturen, doch gibt es auch ein spezifisch chinesisches Glücksstreben. Der Untertitel des von Wolfgang Bauer vor nahezu vierzig Jahren vorgelegten Werkes *China und die Hoffnung auf Glück* lautet *Paradiese, Utopien, Idealvorstellungen* und verweist besonders auf die soziale und die politische Dimension des Glücks, bezieht aber auch die Sphäre des Religiösen ein. (Bauer 1971) Das Begriffsfeld von Glück im Chinesischen umfaßt den stets positiven Begriff *fu* und meint das erreichte Glück nicht nur materiell, sondern auch sozial. Natürlich gibt es ebenso den glücklichen Ausgang wie Glücksverheißungen oder glückverheißende Omina. Bei einem Denker der klassischen Periode, Han Feizi, heißt es im 20. Kapitel des gleichnamigen Werkes:

> Gesundheit und langes Leben, Reichtum und Ansehen, das nennt man Glück. (*Han Feizi* 1974, S. 341),

und schon in einem sehr früh datierten Text, dem *Hongfan* aus der Zeit um 1050 v. Chr., wird das fünffache Glück *(wufu)* bestimmt als

> Langes Leben – Wohlstand und Reichtum – Frieden und Wohlergehen – Liebe zur Tugend – Tod nach erfülltem Leben. (Karlgren 1950, S. 35)

Einerseits wurde solcherart Glück als Lohn für tugendhaften Wandel gedeutet. Daneben gab es aber auch die Vorstellung von schicksalhaft Verhängtem *(ming)*. Wichtig aber ist, daß sich die Verknüpfung von individuellen Tugenden und gemeinschaftlichem Wohlergehen nahezu überall findet, und beide Seiten sind aufeinander bezogen.

> Der Herrscher weise, der Minister tüchtig – das bedeutet Glück für die ganze Welt; der Fürst klarblickend, der Minister loyal – das bedeutet Glück für den Staat; der Vater gütig, der Sohn pietätvoll, der Mann zuverlässig, die Frau keusch – das bedeutet Glück für die Familie. (*Changuoce, Qin* 3; Crump 1979, S. 133; Unger 2002, S. 11)

Natürlich gab es immer auch die hedonistische Haltung, wie sie bei Zhuangzi formuliert wird:

> Das, was alle Welt hochschätzt, das sind Reichtum und Ansehen, langes Leben und Gutes überhaupt; womit man glücklich ist, das sind körperliche Bequemlichkeit, Gaumenfreuden, schöne Kleidung, Augenfreuden und Musik. (*Zhuangzi/Harvard-Yenching Institute Concordance* 46/18/2; Unger 2002, S. 12)

All dies Glück hängt aber ersichtlich nicht nur von der eigenen Leistung ab, sondern vom Wohlwollen der Götter und/oder der Ahnen. Hierfür galt es zu danken und die Verantwortlichkeit zuzurechnen. Wer angerufen werden mußte, ist daher unterschiedlich. Früh schon findet sich die Instanz des Himmels *(tian)*, die aber nicht universalisiert wurde. Daneben gab und gibt es vielerlei Geister und Götter, deren Zuwendung erstrebt werden kann. Und doch wird der Mensch nie ganz aus der Verantwortung entlassen, wie eine Passage in den im Jahre 239 v. Chr. kompilierten *Annalen des Lü Buwei (Lüshi chunqiu)* betont:

> Ein glückliches Vorzeichen, das ist etwas, was dem Glück vorangeht. Sieht man ein glückliches Vorzeichen und tut Ungutes, dann stellt das Glück sich nicht ein. Ein unglückliches Vorzeichen, das ist etwas, was dem Unglück vorausgeht. Sieht man ein unglückliches Vorzeichen und tut Gutes, dann stellt das Unglück sich nicht ein. (*Lüshi chunqiu* 6,4; Unger 2002, S. 19; Knoblock, Riegel 2000, S. 163 f.)

Wie sehr das Glücksverständnis eingebunden war in die soziale Vorstellung, zeigt auch ein im Buch *Liezi* überlieferter Dialog zwischen Konfuzius und einem Einsiedler, in dem schon Gedanken von Reinkarnation anklingen und der bereits unter buddhistischem Einfluß formuliert worden sein dürfte:

> Konfuzius wanderte im Taishan. Da sah er den Rong Qiqi, der sich in den Gefilden von Cheng erging, angetan mit einem Hirschpelz und gegürtet mit einem Strick, die Zither spielend und singend. Konfuzius fragte: »Woher rührt Euer Frohsinn?« Er antwortete: »Mein Glück ist vielfältig. Der Himmel hat Zehntausend Wesen geschaffen, aber der Mensch ist das edelste, und daß es mir vergönnt war, ein Mensch zu werden, das ist mein erstes Glück. In der Scheidung zwischen Mann und Weib ist der Mann hochgestellt, die Frau niedrig. Es war mir vergönnt, ein Mann zu werden, das ist mein zweites Glück. Wenn ein Mensch ins Leben getreten ist, kommt es vor, daß er nicht Sonne und Mond sieht und nicht über die Windeln hinauskommt. Ich habe nun schon neunzig Jahre gelebt – das ist mein drittes Glück.« (Wilhelm 1974, S. 38 f.)

Dank und Schuld

Für Menschen scheint es wichtig zu sein, daß sie für erfahrenes Glück danken können. Man kann nur, darin folge ich einem Satz von Ernst Tugendhat, einem Wesen danken, dem

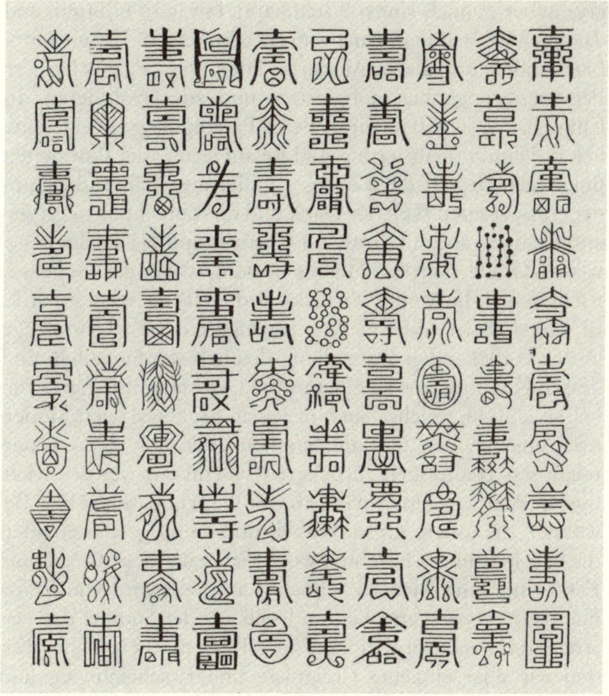

Schriftzeichen wie jene für »Reichtum«, »Glück« und »Langes Leben« werden zur Bannung von schlechten Einflüssen, aber auch einfach als Dekoration verwendet. Oben finden sich 100 verschiedene Schreibweisen des Zeichens »shou« (Langes Leben). Solche Varianten zeigen eine Nähe zu Geheimschriften und Talismanen, die zu kultischen Zwecken eingesetzt wurden und insbesondere in daoistischen Praktiken Anwendung finden.

gegenüber es auch sinnvoll sein kann, etwas zu erbitten, und dazu gehört, daß man einer natürlichen Person danken kann. Nun ist die europäische Moderne einen Weg gegangen, diese Personenbezogenheit aufzugeben und zu substituieren. In China hat es sehr früh ein anderes Paradigma gegeben, nämlich die Funktionalisierung und Relativierung der Gottheiten unter dem Begriff der Lebensoptimierung. Während sich in der europäischen Welt der Dank und die Zurechnung der Verantwortung ganz auf Gott, auf Christus und bis zu einem gewissen Grade auch auf Heilige bezieht, wobei das Gegengewicht gegen die Verantwortlichkeit die eigene Schuld wurde, ist China einen anderen Weg gegangen, dessen Grundzüge in der vorliegenden Darstellung deutlich werden sollen und dessen Kenntnis uns zu einem neuen Verständnis Chinas verhelfen könnte, welches auch in seinen gegenwärtigen Modernisierungsschüben auf die Sinnkonstituierung der eigenen religiösen Traditionen zurückgreift. Denn nur wer den wichtigsten Aspekt Chinas, nämlich das Weltverhältnis seiner Bewohner, die innere Gestimmtheit und damit gewissermaßen die »Seele Chinas« beachtet, womit ich ganz bewußt auf eine Essaysammlung Richard Wilhelms anspiele, wird von China überhaupt etwas verstehen und sich aus der Summe der verstreuten Einzelinformationen einen Reim machen. Daher werden wir über einzelne Ereignisse und Erscheinungen und historische Konstellationen ebenso berichten wie über ein geschichtlich verflochtenes Gerüst und die Grundzüge chinesischer Religiosität.

Bis heute nämlich prägen die Vorstellungen von der Welt, von den übernatürlichen Kräften, den Göttern und Geistern das Handeln der Menschen in China. Selbst dort noch, wo eine absolute Diesseitigkeit behauptet wird, wo Chinesen sich als Materialisten bezeichnen, folgen sie den Mustern des Umgangs mit den übernatürlichen Kräften. Und damit meine ich nicht Sachverhalte wie die Vermeidung der Zahl »vier«, deren Aussprache wie »Tod« und »Sterben« klingt, oder andere derartige Besonderheiten. Noch in der Zeit der Kulturrevolution wurden die Berichte von denjenigen, die keine Angst vor Geistern hatten, in Anthologien zur Erziehung des Volkes zusammengestellt, um so den »Aberglauben« zu bekämpfen. So heißt es im Vorwort zur Sammlung *Geschichten von denen, die keine Gespenster fürchten*:

> Es gibt keine Gespenster in der Welt. Der Gespensterglaube ist eine rückständige Vorstellung, eine Art Aberglaube und ein Zeichen von Feigheit. 〈...〉 Es gibt wohl keine Geister der Art, wie sie in den alten Geschichten dargestellt sind, aber in unserer Welt existieren tatsächlich viele Dinge, die diesen Geistern gleichen. Im großen treten sie als internationaler Imperialismus 〈...〉 in Erscheinung, als moderner Revisionismus, als gefährliche Naturkatastrophen, als einige noch nicht umerzogene Angehörige der Gutsbesitzerklasse und der Bourgeoisie, 〈...〉. (Geschichten 1961, S. 5)

Entsprechend berichtete im Oktober 1981 der Korrespondent der ›Süddeutschen Zeitung‹ unter der Überschrift *Wiedergeburt der Geister*:

> Dreißig Jahre kommunistische Ideologie haben in China jahrtausendealte Sitten nicht ausrotten können: den Glauben an übernatürliche Kräfte, an Geister, Spuk, Hellseher, Wahrsager, Zauberer, Hexen, magische Tränke und Elixiere. (Roll 1981, S. 3)

Dabei hatte es Brüche und Diskontinuitäten nicht erst seit der Konfrontation Chinas mit dem Westen gegeben. Nach der Entwurzelung der alten Elite im frühen ersten vorchristlichen Jahrtausend etwa konnten auch die alten Ahnenopfer zur Sicherung von Glück und Wohlergehen nicht mehr gelingen, weil die Enttäuschung zu groß war, um noch auf die alten Ahnen bauen zu können. An deren Stelle traten der Ritus *(li)* und dessen Befolgung um seiner selbst willen. Mit solcher Ritenbefolgung konnte jedoch nicht mehr die alte Gewißheit von Glücks- und Wohlstandsgewährung begründet werden, und kompensatorische Vorstellungen lebten in vielfältiger Gestalt auf, nicht zuletzt in Versuchen der Neubestimmung des Schicksalsbegriffs. Wichtig war dabei für lange Zeit ein neuer Umgang mit dem Tod und die Entwicklung einer Vorstellung von einem ewigen Leben. (Falkenhausen 2006, S. 298) Vor allem aber bildete sich in jener Krisenzeit die das Ideal des »Edlen«, oder besser: des »edlen Weisen«, beschwörende Lehre des Konfuzius heraus. Die Kardinaltugend der »Menschlichkeit« *(ren)*, auch als »Nächstenliebe« zu verstehen, wird als Voraussetzung für die Wiederherstellung der Harmonie mit der Weltordnung gesehen. Diese Mitmenschlichkeit kennt den Dienst am Nächsten, auch das Opfer, aber nicht die Selbstopferung und auch nicht den Märtyrer, und unterscheidet sich darin auf je unterschiedliche Weise von buddhistischen Mitleidshaltungen wie von christlicher Selbsthingabebereitschaft.

Grundzüge des Religionsbegriffs

Seit den ältesten Orakeln und Götterbefragungen richtet sich der Blick der Chinesen auf den guten Ausgang, und nachdem unter der Herrschaft der Dynastie Zhou der Himmel an die Stelle des Obergottes Shangdi der überwundenen Dynastie Shang gesetzt wurde, begann die Moralisierung dieser obersten Gottheit, und es entwickelte sich eine Perspektive der Innerweltlichkeit. Es ist also den Chinesen zu Recht Diesseitsorientierung nachgesagt worden. Im Widerspruch dazu stand die Vielzahl von Tempeln und Kultstätten. Diesem verwirrenden Umstand der zahllosen Tempel bei gleichzeitiger äußerster Nüchternheit der Bevölkerung hat man unter Bezugnahme auf Talcott Parsons mit der Formulierung der »zerstreuten Religion« (*diffused religion*; C.-K. Yang 1961, Preface) gerecht zu werden versucht. Das hat die Beschäftigung mit dem Phänomen der Religiosität nicht erleichtert, zumal wir von Wahrsagerei, Verehrung von Gottheiten, Opferungen, Glauben an Geister und Vorstellungen von einer außerirdischen Gerechtigkeit in China wissen und insofern natürlich immer auch von ganz konkreten Tatbeständen religiöser Praxis die Rede ist.

Weil China eine starke religiöse Seite hatte und weil diese Seite in Zukunft wieder bestimmender wird, ist damit zu rechnen, daß sich in China neue Formen von Religiosität herausbilden, welche das Leben prägen werden. Auch bisher war Chinas geschichtliche Dynamik in hohem Maße eine Folge sich durchaus ändernder religiöser Bewegungen, und damit ist auch im 21. Jahrhundert zu rechnen. Warum wurde das bisher übersehen? Hierfür gibt es im wesentlichen fünf Gründe. *Erstens:* Seit Konfuzius war es die Tendenz der Bürokraten, den Experten für Religion, den Ritualexperten, den Geomanten und überhaupt den Priestern aller Art möglichst wenig Einfluß zuzugestehen. Daher sprach man vom Konfuzianismus als einer »agnostischen« Lehre. *Zweitens:* Aufstände und Unruhen waren oft mit Religionen verknüpft, die in der späteren Geschichtsschreibung als Ergebnis von Unzufriedenheit dargestellt wurden. Religion wurde so in der offiziellen Lesart zur Ausdrucksform rein materieller Interessen umgedeutet, während die spirituellen Bedürfnisse ausgeblendet wurden. Die materielle Seite der Heilserwartungen zu befriedigen sahen sich allerdings der konfuzianische Staat und seine Vertreter gefordert. *Drittens:* Der Einfluß westlicher Theorien im 19. und 20. Jahrhundert hat mit dazu beigetragen, daß Religion als etwas der Vormoderne Zugehöriges definiert wurde. Daher wurde mit Blick auf die Modernisierungsinteressen alles Religiöse abwertend als »Aberglaube« bezeichnet, zumal dies dem »Materialismus«-Konzept des Marxismus-Leninismus und der Forderung von Karl Marx entsprach, endlich die Menschheit von der Religion zu befreien. *Viertens:* Die westliche Betrachtung Chinas hat sich dann dieser Sichtweise der chinesischen Eliten weitgehend angeschlossen und im 19. Jahrhundert, sich an der Spitze der Menschheitsentwicklung wähnend, im »Aberglauben« der Chinesen eine Rechtfertigung für eigene Missionstätigkeit gesehen. Der Versuch von Gottfried Wilhelm Leibniz, den Chinesen eine natürliche Religion zuzusprechen (Leibniz 1716/2002), hatte sich angesichts der christlichen Mission und auch infolge mancher Mißverständnisse nicht durchsetzen können. (Li 2000) Freilich haben fundamentale Unterschiede zu den Religionen des Vorderen Orients zu bestimmten Feststellungen geführt. Der

Gott Israels etwa betont niemals, daß er für eine bestimmte Sozialordnung stehe. Gott vertritt nicht die Weisheit seiner Ordnung der menschlichen Beziehungen, »wie sie dem Konfuzianer selbstverständlich war«. (Weber 1920/2005, S. 427) Aber standen die Götter Chinas wirklich für eine spezifische soziale Ordnung? Es geht hier um den *Gottesbegriff*, wie er bei Friedrich Wilhelm Joseph Schelling (1775-1854), aber auch in der neueren sinologischen Diskussion thematisiert wird. Die frühe Rationalisierung in China hat dort in gewisser Weise Säkularisationsprozesse, die andernorts viel später einsetzten, vorweggenommen. Daher mußten sich die chinesische Gesellschaft und die Staatlichkeit niemals mit Geltungsansprüchen einer als absolut gesetzten Instanz auseinandersetzen. *Fünftens:* Die sinologische Forschung hat an der Abspaltung des Religiösen weitgehend festgehalten und beginnt erst allmählich, sich auf die Bedeutung der religiösen Tiefenstrukturen der chinesischen Gesellschaft einzulassen. Insbesondere sind Rolle und Bedeutung des Buddhismus und des Daoismus im »Mainstream« der Sinologie lange Zeit fast gänzlich übersehen worden.

Wie stark diese Abwehr gegen Religion war, ist erstaunlich angesichts der Tatsache, daß in der Geschichte im Großen wie im Kleinen, bei Herrscher- und Dynastiewechseln ebenso wie im alltäglichen Leben, der Bezug auf die Götter und Geister dann doch immer wieder entscheidend war. Dies zeigt sich besonders deutlich in Zeiten dynastischer Übergänge. Und daß dies bis heute so geblieben ist, belegt die Zunahme an religiösen Bewegungen in China auf allen Ebenen und in allen Teilen des Landes sowie die Furcht, die solche Bewegungen wie die Falungong-Sekte bei den Sicherheitsorganen auslösen. China war immer ein Land mit großer religiöser Vielfalt und unterschiedlichen Ausformungen innerhalb der Religionen. Dabei spielen Entwicklungen und Aufspaltungen innerhalb einzelner Lehrtraditionen ebenso eine Rolle wie die unterschiedlichen Ausformungen lokaler Volksreligiosität. Es war geradezu ein Konstituens Chinas, daß nicht *eine* Lehre und schon gar nicht *ein* Gott für alles zuständig war. Der Vielfalt in der Einheit des Reiches war nur durch Auffächerung zu entsprechen. Wenn von Religionen in China die Rede ist, muß also von Konfuzianismus, Daoismus, Buddhismus ebenso die Rede sein wie von solchen – gelegentlich als Fremdreligionen bezeichneten – Glaubensrichtungen wie dem Islam, dem Judentum, dem Nestorianismus, Mazdaismus, Manichäismus und nicht zuletzt – und seit neuerer Zeit wieder verstärkt – dem Christentum, und dann von der ganzen Vielfalt einzelner Kulte. Da hilft die Behörde dann keiner Kirche, die etwa konkordatsmäßig gesicherte Privilegien gegen Mitbewerber zu verteidigen.

Wir sprechen im Titel von Chinas Göttern, weil diese eben doch faßbar sind, auch durch Abbildungen, während ein dem westlichen Begriff für »Religion« entsprechender Begriff erst im modernen Chinesisch gebildet wird, nämlich *zongjiao*, was soviel bedeutet wie »Lehre über die Ahnen« oder »von den Ahnen erteilte Belehrung«. Überhaupt stand der Begriff der »Lehre« *(jiao)* im Sinn einer Unterweisung seit der Etablierung der großen Traditions- und Schulenbildung in den ersten nachchristlichen Jahrhunderten im Vordergrund. Um diesen Begriff ging es auch bei den Auseinandersetzungen zwischen Buddhismus, Daoismus und Konfuzianismus.

Lange Zeit hat man zwischen religiösen und philosophischen Ausformungen einzelner Lehren zu unterscheiden gesucht und etwa philosophischen Daoismus (*daojia*, »Dao-Schule«) und religiösen Daoismus (*daojiao*, »Dao-Lehre«) unterschieden. Dies entsprach der im Westen einige Zeit üblichen Unterscheidung in große und kleine Traditionen oder der Differenzierung zwischen Volksreligiosität und Oberschichtenkultur. Heute neigen wir eher dazu, solche Unterscheidungen selbst als ein religionsgeschichtlich und ideologiekritisch zu untersuchendes Phänomen zu betrachten. Natürlich hat die Definition von Religion immer auch etwas mit allgemeiner, wenn nicht amtlicher Anerkennung zu tun, mit dem Bestreben der Administration, zugelassene von nichterlaubten oder gar zu verfolgenden oder einfach als Aberglaube auftretenden Kulten zu unterscheiden. (MacInnis 1993, S. 521-550) So werden in der Volksrepublik China nur fünf »anerkannte Religionen« gezählt, Buddhismus, Daoismus, Islam, Katholizismus und Protestantismus, und doch ist die Volksreligiosität lebendig, der Glaube an Deutungssysteme, deren einigendes Band über die Sprache und vor allem die Schrift geht, einschließlich der Talismane, der Geisterschriften und der Linien und Zeichnungen, wie sie sich in der Natur finden.

Säkularisation und Anfechtung durch Geister

Die frühen Säkularisationstendenzen waren eine Folge der Abwehr feindlicher Geister und Götter. (van Glahn 2004) Alles Ritualgeschehen war, so weit wir zurückblicken können, darauf gerichtet, schlechte Einflüsse abzuwehren und das Böse zu bannen – und darum ging es den Herrschaftseliten der Bronzezeit. Mit dem sich ausbreitenden Gedanken, daß göttliche Interventionen eine Reaktion auf menschliche Verfehlungen sind, wurde die Bildung und Verbreitung moralischer Vorstellungen notwendig und führte zu dem, was wir als den Himmelskult der Zhou kennen. Der Umgang mit den zunächst rachsüchtig auftretenden Ahnen wurde im Zuge der ersten Bürokratisierung, die dann zur Reichseinigung und zum Han-Reich führte, auf das Prinzip der Fürsorge gegründet: Die toten Seelen wurden in eine Unterwelt verwiesen, die inzwischen selbst bürokratische Züge angenommen hatte und in der man ihnen durch entsprechende Opferungen das Leiden erleichtern und gewissermaßen eine erträgliche Existenz ermöglichen konnte. Aus dieser Phase ist dann auch die Lehre des Konfuzius zu erklären. An die Stelle der mit Fürsorge bedachten und auf diese Weise ruhiggestellten Ahnen traten dann bald die Götter und Geister, und erst seit dieser Zeit kann von dieser Dreiergruppe »Götter, Geister, Ahnen« überhaupt gesprochen werden. Mit dieser Erweiterung des Jenseits und mit den neuen Göttern wuchsen auch die religiösen Bedürfnisse, die dem Buddhismus und dem Daoismus den Boden bereiteten.

Die andere große Wende war die weitere Ausdifferenzierung der Unterwelt und des Bußgedankens im Laufe der Tang-Zeit, in der zweiten Hälfte des ersten Jahrtausends, beflügelt auch durch buddhistische Vorstellungen von der karmischen Vergeltung. Das Schicksal wurde bis zu einem gewissen Grade berechenbar, weil in das Nachdenken über Glück und Unglück mit der sich verändernden Lebenswelt das Element der Berechenbarkeit Einzug hielt, und es erscheint durchaus plausibel, daß die bedeutende Steigerung des Handels und die Monetarisierung der Wirtschaft diese Entwicklung zu einem buchhalterischen Denken beförderte. Doch trotz aller Rationalisierungen blieb die Ambivalenz auf seiten der Gottheiten bestehen, daß sie freundlich gestimmt werden, dann aber immer auch wieder einmal Schaden anrichten könnten. Gerade diese Seite blieb die größte Herausforderung, und selbst die so abgeklärt erscheinenden Literaten der Song-Zeit litten unter ständigen Anfechtungen durch Geister, von denen öffentlich nicht mehr gesprochen werden durfte, die ihnen daher aber um so mehr zusetzten. (Liao 2007) Dabei darf nicht übersehen werden, daß die Götter und Geister selbst auch eine Geschichte haben. Auch wenn wir bei manchen die Herkunft nicht kennen, haben wir für die meisten doch Hinweise darauf, daß sie sich entweder aus einer historischen Figur gebildet oder – bei manchen Göttern etwa – aus einem lokalen Geist entwickelt haben. Dies ist auch bei dem oder den einbeinigen Wutong der Fall, dem Typus eines Bergdämonen *(shanxiao)*. Von diesen Bergdämonen wird seit alters berichtet. In einem Text aus dem 3. Jahrhundert n. Chr. heißt es:

> Die Bewohner von Yue nennen sie Shansao oder auch Shanxiao. Es gibt sie in Fuyang [südlich von Hangzhou]. Sie haben menschliche Gesichter und affenartige Körper; sie können auch sprechen. Ein anderer Name für sie ist »Einbeiner«. (Cedzich 1985, S. 35)

Von diesen koboldhaften Dämonen wird berichtet, daß sie gerne stehlen und mit Steinen werfen. Sie können sich verwandeln und unsichtbar machen, Krankheiten schicken oder

Häuser in Brand stecken. In den Bergen sind sie überall und treiben dort ihr Unwesen. Diese Wutong – später wurde Wutong auch als einzelne Gottheit vorgestellt – galten als Gottheiten der Diebe, dann aber auch des Reichtums, und ihnen/ihm wurden eine Vielzahl von Festen und Opferungsritualen gewidmet, denen allen der Gedanke der Beeinflußbarkeit durch entsprechende Opfer und Gaben zugrunde lag. Dieser Reziprozitätsgedanke ging so weit, daß sich die Vorstellung entwickelte, Wutong fordere nicht selten eine Nacht bei der Ehefrau oder der Tochter des von ihm zu Begünstigenden oder zu Verschonenden. (van Glahn 2004, S. 234f.; siehe auch Cedzich 1985, S. 40ff.) Solche weithin kursierenden Geschichten führten gegen Ende des 17. Jahrhunderts zu offiziellen Maßnahmen zur Unterdrückung des Wutong-Kultes. Doch der Versuch, die Tempel für Wutong in öffentliche Schulen zu verwandeln, war nicht erfolgreich. Gleichwohl wurde der gegen den Aberglauben vorgehende Tang Bin im frühen 19. Jahrhundert in die Galerie jener Heroen aufgenommen, die sich nicht scheuen, gegen Geister vorzugehen. (van Glahn 2004, S. 242) Wie beständig aber die Rede von solchen Berggeistern ist, zeigt eine von der Deutschen Presse-Agentur im April 1980 unter der Überschrift *Chinesischer Bauer befreit sich aus den Fängen des Affenmenschen* weltweit verbreitete Nachricht:

> Furchterregende Affenmenschen, die aufrecht gehen und wilde Schreie ausstoßen, sollen in größerer Zahl in Zentralchina beobachtet worden sein. Augenzeugen berichteten, diese geheimnisvollen Lebewesen seien bis zu 2,60 Meter groß, hätten Hände und Füße mit jeweils fünf Zehen sowie Gesichter, die denen von Menschen ähneln. Einzelheiten der Beobachtungen in den Gebirgswäldern im Nordwesten der Provinz Hunan veröffentlichte jetzt die Zeitung ›Wenhui Bao‹ in Shanghai unter der Überschrift »Spuren der Barbaren«. Danach haben mindestens 45 Personen in den vergangenen vier Jahren die Affenmenschen gesehen. Im April 1979 sei sogar ein Bauer von einem solchen Wesen festgehalten worden; erst nach zweistündigem Kampf habe er sich befreien können. (›Süddeutsche Zeitung‹, 5./6. 4. 1980)

Universismus und Synkretismus

Eine besondere Variante der Wahrnehmung chinesischer Religiosität ist jene, die tatsächlich vorhandene starke integrationistische Dynamik innerhalb der chinesischen Kultur auch auf die Religion zu beziehen und die verschiedenen Religionen als Ausdruck einer einzigen Religiosität zu betrachten, wie dies – übrigens einer alten eigenen chinesischen Tradition folgend – der niederländische Sinologe J. J. M. de Groot (1854-1921) tat, der von Universismus sprach (de Groot 1918), um die Vermischungstendenzen und damit den synkretistischen Charakter aller chinesischen Religiosität zu betonen. De Groot schreibt:

> In Wirklichkeit sind 〈...〉 [die Religionen Chinas] Äste eines gemeinsamen Stammes, der seit uralten Zeiten bestanden hat; dieser Stamm ist die Religion des Universums, des Weltalls, seiner Teile und seiner Erscheinungen. Universismus 〈...〉 ist die *eine* Religion Chinas; die drei oben genannten Religionen aber bilden nur ihre integrierenden Bestandteile. Deshalb fühlt sich auch der Chinese gleichmäßig heimisch in ihnen, ohne durch widerstrebende und einander unverträgliche Dogmen beschwert zu sein. (de Groot 1918, S. 1 f.)

Eine besondere Stellung kommt hierbei dem Konfuzianismus zu, da er vielfach geradezu als das Gegenteil von Religion betrachtet wurde. Denn im Kern ging es, unabhängig von späteren kosmologischen Spekulationen, bei der Lehre des Konfuzius um die Befolgung des Prinzips der »Mitmenschlichkeit« *(ren)*, um eine lebenslange Selbsterziehung zu immer größerer Selbstbeherrschung, ohne allerdings in Selbstaufgabe oder Askese zu verfallen. Die Bindung an die Ahnen und ein gewisser Ahnenkult waren dabei das einzige religiöse Element. Da inzwischen die »drei zentralen Pfeiler« des Konfuzianismus eingestürzt sind: der staatliche Kult des Konfuzius, das Prüfungswesen und das Studium der Kanonischen Schriften des Konfuzianismus, meinen manche, das China des 21. Jahrhunderts nicht mehr als »konfuzianisch« bezeichnen zu können. (van Ess 2003, S. 112f.)

Ob nun zukünftig der Konfuzianismus allein mit dem traditionellen China verbunden bleibt und in der Gegenwart keine Rolle mehr spielen wird oder aber ob unter Berufung auf die konfuzianischen Traditionen eine Wiederbelebung stattfindet, wird die Zukunft erweisen. Aber so wie der Konfuzianismus der Kaiserzeit das Resultat eines gesellschaftlichen und machtpolitischen Kompromisses war, so könnte sich China zur Sicherung seiner inneren Identität in Zukunft gerade auf jene Traditionen wieder berufen, auch wenn unklar bleibt, wieweit das im Zentrum der konfuzianischen Lehre stehende Ideal des »Edlen« in eine zukünftige Massengesellschaft implementiert werden kann. Auch ob das nach dem Ende der kommunistischen Heilsideologie entstandene Werte- und Orientierungsvakuum durch solche Traditionsbezüge neu gefüllt werden kann oder ob nicht in einem größeren Maße Religiosität, Spiritualität und durch Rituale abgesicherte andere oder womöglich gänzlich neue Formen der Frömmigkeit den Bedürfnissen der großen Mehrheit der Bevölkerung eher Rechnung tragen werden, muß zunächst offenbleiben. Viele Anzeichen sprechen dafür, daß sich letzteres anbahnt, und angesichts der Sensibilisierung der staatlichen Macht und der sich verantwortlich fühlenden KPCh ist mit der Austragung von Konflikten zu rechnen. Im Zuge der Aushandlung und Verabredung von Handlungsspielräumen für die religiösen sozialen Zusammenschlüsse, für Ritualgemeinschaften und Kirchen könnte aber zur Wahrung der Interessen des chinesischen Einheitsstaates eine gewisse konfuzianische Werteorientierung regulativ wirken, wie sie seit der Mongolendynastie etabliert ist. Hierzu sind – unter anderem von Vertretern eines neuen Neokonfuzianismus wie Tu Weiming (Tu 1985 und 1989) – bereits erhebliche geistige Anstrengungen unternommen worden. Denn da der Konfuzianismus selbst erst das Resultat eines rationalistischen Schubs in der Geistesgeschichte Chinas ist, könnte er wie in der Vergangenheit auch in der Zukunft geeignet sein, die Vielfalt spiritueller Tendenzen zu zähmen und gesellschaftsverträglich einzuhegen. Darauf weisen heutige Beschwörungen einer harmonischen Gesellschaft *(hexie shehui)* hin, und manches spricht dafür, daß es in China wieder einen gesellschaftlichen Konsens geben könnte, der die Implementierung eines wechselseitigen und durch staatliche Sanktionen, vor allem aber auch durch verinnerlichte Normen bekräftigten Vertrauens *(xin)* garantiert. Gegenwärtig ist dies jedoch nicht in Sicht, insbesondere solange im Kampf gegen Korruption und Fälschungen, die oft die Schädigung einer großen Zahl von Menschen in Kauf nehmen, und auch in der Frage einer gerechten Verteilung von Lebenschancen die Anstrengungen hinter den Erwartungen zurückbleiben.

Volksreligiosität und Heilsbedürfnisse

Jede Beschäftigung mit Religion in China erfordert auch die Einbeziehung der religiösen Vorstellungen und Praktiken der uralten lokalen Volksreligiosität *(shenjiao)*, deren Komplexität sich noch durch das teilweise Aufgehen in den verschiedenen Mischformen wie etwa dem Buddho-Daoismus gesteigert hat. Während diese nterschiedlichen religiösen Erscheinungsformen in den Berichten der späten Kaiserzeit immer auch unter dem Blickwinkel der Staatsnähe einerseits beziehungsweise möglicher Unruhestiftung andererseits in genehmigungsfähige beziehungsweise zu erduldende unterschieden wurden (Seiwert 2003), blieben manche Lehren, auch wenn sie unter Chinesen Anhänger hatten und lange Zeit gepflegt wurden, mit dem Stigma einer »fremden« Religion behaftet wie der Islam, das Judentum, die lange Zeit als »Nestorianismus« gekennzeichnete »Religion des Lichts« *(Jingjiao)* – eine von syrisch-christlichen Mönchen verbreitete Form des Christentums –, der Mazdaismus, der Manichäismus und das Christentum der Jesuiten sowie jenes der protestantischen Missionare vor allem des 19. Jahrhunderts.

Auf ein Argument derjenigen, die von der prinzipiellen Religionslosigkeit Chinas ausgehen, muß noch eingegangen werden, daß nämlich, wie bereits erwähnt, der moderne Ausdruck für Religion, *zongjiao*, wörtlich: »Lehre über die Ahnen«, eine Begriffsbildung neueren Datums ist und ein entsprechender älterer Begriff nicht existiere. Doch schon in den interreligiösen Disputen des frühen chinesischen Mittelalters, etwa jenen im 5. Jahrhundert, wird, wie bereits angedeutet, der Begriff der »Lehre« *(jiao)* verwendet, der bis in die Gegenwart ein Bestandteil aller Benennung von Religionen ist. Und bis in die Gegenwart zieht sich das Bedürfnis der chinesischen Bevölkerung nach Sinn und auch nach Heil. Noch in der Mitte des 20. Jahrhunderts kam es immer wieder zu wahren Massenbewegungen, die von der Regierung nicht leicht zu begrenzen waren. Hierbei spielten heilige Brunnen eine herausragende Rolle. So kamen etwa im Jahre 1956 Gerüchte auf, das Wasser, welches das aus Dankbarkeit errichtete Grabmal eines Gemüsehändlers, der zu Lebzeiten kostenlos Heilkräuter an Kranke verteilt hatte, umfließt, sei wohlschmeckend und heilsam. Nachdem dann ein Knabe, dem in einem Traum aufgetragen wurde, von ebenjenem Wasser seiner kranken Mutter zu trinken zu geben, diesen Traum befolgte und seine Mutter daraufhin wieder genas, kam es zu einem Ansturm auf den Brunnen, und täglich wurden nahezu 10 000 Heilsuchende gezählt. (S. A. Smith 2006)

Solcher »Aberglaube« war den Kommunisten ein Dorn im Auge, und sie suchten derartige, sich sehr häufig einstellende Heilsereignisse – neben heilendem Wasser gab es auch andere Träger von Heilkräften wie Bäume und Kräuter oder besondere Orte – zu bekämpfen. Mit dem Argument, es werde Arbeitszeit durch lange Pilgerfahrten versäumt, es würden Geldwerte verschwendet oder es bestehe im Falle des Trinkens des Wassers akute Gesundheitsgefahr, suchten die örtlichen Behörden und die übergeordneten Parteigliederungen die Heilssuche zu unterbinden. Doch auch wenn die Brunnen zugeschüttet, Propagandawachen aufgestellt und sonstige Kontrollen durchgeführt wurden – das Bedürfnis der Bevölkerung nach Heilsgewinnung war nicht zu stillen. Die Menschen argumentierten oft auch aus der Not heraus, während die Partei hinter solchen Ereignissen staatsfeindliche Anstifter sah oder auch als aufrührerisch verdächtigte Geheimgesellschaften. Dahinter steht die Angst vor Zusammenschlüssen von Menschen aus Glaubensüberzeugung. Doch bis heute ist die Bereitschaft der ländlichen Bevölkerung, sich solchen in magisch-religiösen Weltbildern verankerten Heilsvorstellungen hinzugeben, ungebrochen. Diese Bereitschaft findet sich in gewandelter Form auch in urbanen Zentren, wo zuletzt die als auch vom Ausland gesteuert und finanziert bezeichnete Falungong-Bewegung große Erfolge verbuchte.

Die Angst vor religiösen Bewegungen, ja vor Religion überhaupt, ist freilich kein spezifisch chinesisches Phänomen. Weil aber in China in der Vergangenheit soviel Unruhe von Religionen und religiösen Massenbewegungen ausging und dies im kollektiven Bewußtsein sehr präsent ist und weil es auch keine die anderen Religionen erfolgreich bekämpfende »Staatsreligion« gab, ist auf seiten des Staates die Neigung zur Beschränkung religiöser Freiheiten besonders ausgeprägt, inzwischen aber andererseits auch auf seiten der Bevölkerung die Bereitschaft, die Glaubensfreiheit trotz eines gewissen Risikos der Verfolgung zu praktizieren. (Seiwert 2004) Religiöse Bewegungen werden im zukünftigen China eine stärkere Rolle spielen, und zugleich wird man annehmen dürfen, daß der Staat – durchaus im Sinne der Mehrheit der Bevölkerung – mit allen ihm zu Gebote stehenden Mitteln solche Bewegungen in ihre Grenzen weisen wird. Die heftige Verfolgung der Falungong-Anhänger ist hierfür ein Beleg.

Globalisierung, Humanismus und kulturelles Eigenrecht

Jeder, der sich mit anderen Kulturen als der eigenen beschäftigt, stellt sich irgendwann die Frage nach der Eigenart der eigenen Kultur. Diese wird er in Gegensatz zu der oder den »fremden« Kulturen stellen, er wird aber auch Gemeinsamkeiten sehen, und selbst wenn er sich immer wieder nach der anderen Kultur sehnt, wird er sich gewöhnlich jedenfalls fester in der eigenen Kultur verwurzeln wollen. Solche Beschäftigung mit dem anderen kann eine große Beglückung bedeuten, sie kann einen aus allzu beengter Verstrickung führen, und aus solcher Beschäftigung sind oft Anregungen an die eigene Kultur weitergegeben worden. In nicht wenigen Fällen dürfte die Beschäftigung mit dem anderen auch mit dazu beigetragen haben, die eigene Kultur nicht ganz zu verwerfen oder sich nicht gänzlich gegen sie zu stellen. Es ist dies die Ambivalenz des Entdeckens: Sie führt zu neuen Wegen und ist oft weniger explosiv als das unmittelbare Sprengen der eigenen Fesseln. So wie China von manchen westlichen Denkern als das »ganz andere« vorgestellt wird, mit dem man sich beschäftigen müsse, so ist auch der Westen in China als die große Alternative gesehen worden. Die Debatte über die »Totale Verwestlichung« im China der dreißiger Jahre (Birk 1991) ist hierfür ein Beispiel, und im Kern wird diese Debatte bis heute fortgeführt.

Tatsächlich aber wird im Westen seit mehr als einhundert Jahren die Bedürftigkeit nach der »Weisheit des Ostens« von vielen propagiert, während in den Maximen seines Handelns der Westen immer noch zu glauben scheint, er verfüge über den richtigen Weg für eine zukünftige Menschheit. Und doch gibt es seit langem schon das Lernen voneinander. In dem Maße aber, in dem in anderen Teilen der Welt gelernt wurde und gelernt wird, scheinen sich die Gewichte zu verschieben und der Westen dabei ins Hintertreffen zu geraten. Dabei kann keine Rede davon sein, der Westen müßte seine Grundüberzeugungen aufgeben und alle müßten gewissermaßen zu Chinesen werden, um im globalen Wettbewerb zu bestehen. Solche Alternativen mögen im aufgeregten Diskurs verständlich sein und gelegentlich propagandistischen Funktionen dienen – wie seinerzeit im Ost-West-Konflikt: »Lieber tot als rot« –, aber sie gehen doch am Kern der Sache vorbei. Dabei bleibt Abgrenzung zur Konstituierung von Gesellschaft erforderlich, und diese Abgrenzung setzt das Andersartige voraus und schafft allein schon aus dieser Feststellung von Differenz die Möglichkeit des Lernens. Hieraus folgt übrigens die Einsicht in die Grenzen des Marktes. (Stürner 2007) So gesehen sind alle Systeme gehalten zu lernen, schon allein um sich zu erhalten und immer wieder neu zu stabilisieren. Aus diesem Umstand erwächst eine Dynamik, die – geradezu naturwüchsig – zu dauerndem Lernen führt. Es geht also nicht darum, durch Lernen seine Identität aufzugeben, sondern die Voraussetzung zur Fortexistenz zu schaffen und in einem ergebnisoffenen Prozeß die Andersartigkeit des anderen kennenzulernen.

Liest man die während der Zeit des Ersten Weltkrieges geschriebene *Zwischenbetrachtung. Stufen und Richtungen der religiösen Weltablehnung* Max Webers, die er nach dem Kriegsende überarbeitet und zu einer »Theorie« entwickelt hat (Weber 1919/1989, S. 497-522), gewinnt man allerdings den Eindruck, die Welt habe ein Jahrhundert lang den Atem angehalten. Wir stehen heute vor dem gleichen Problem wie Max Weber, allerdings unter geänderten Rahmenbedingungen. Denn uns ist heute deutlicher als damals, daß der »Universalitätsanspruch der aufklärerischen Grundrechte« zu Recht unter Kontingenzverdacht gestellt wird und daß es darauf ankommt, ihn neu zu begründen und zu kommunizieren (Strohschneider 2007, S. 31). Dabei geht es immer auch um die historische Dimension, und es scheint sogar bei näherer Betrachtung so, daß die weltweite Anerkennung und gar Durchsetzung beziehungsweise Beachtung dieser – auch als »Menschenrechte« definierten – Grundrechte noch lange Zeit auf sich warten lassen wird. Um so mehr gilt es, immer wieder aufs neue die Lage zu analysieren und die Perspektiven zur Durchsetzung der Menschenrechte neu zu bestimmen.

Nun scheinen die Voraussetzungen zur Durchsetzung dieser Grundrechte in Europa und den USA leichter herstellbar zu sein als in manchen anderen Teilen der Welt. Daß dies aber nicht nur eine Folge des Umstandes ist, daß diese Rechte in Europa beziehungsweise den Vereinigten Staaten von Amerika zuerst formuliert wurden – was eben auch den Kontingenzverdacht stützt –, sondern mit anderen Rahmenbedingungen zu tun hat, muß jeweils dargelegt werden. Und es ist unter anderem eines der Ziele der vorliegenden Darstellung, die Rahmenbedingungen für China deutlicher herauszuarbeiten. Dazu ist ein Blick auf einen anderen großen Staat, die USA, vielleicht hilfreich. Denn es stellt sich die Frage, ob die religiösen Bewegungen in China eine ähnliche Rolle zur Erneuerung und Stabilisierung spielen könnten, wie dies Michael Hochgeschwender für die USA überzeugend dargelegt hat:

> Die gesellschaftlichen Geltungsansprüche der weißen Evangelikalen und Pentekostalen waren und sind ein Produkt ihrer Adaptionsleistungen an die Moderne. Vor dem Neofundamentalismus verharrten sie dabei jedoch nie im Gestus der totalen Verweigerung, sondern wiesen Alternativen zum liberalen Moderneverständnis auf oder waren sogar noch radikaler als die Liberalen, wenn es darum ging, die Gesellschaftsordnung der USA den neuen Gegebenheiten anzupassen. Insofern leisteten sie ihren Beitrag zum sozialen Pluralismus in den USA, was ihnen gleichzeitig ermöglichte, lebendig zu bleiben ⟨...⟩. Allerdings geschah dies stets vor dem Hintergrund eines Basisparadoxes der gesamten evangelikalen und pentekostalen Bewegung: Ihr wesentlicher religiöser Impetus gründete in ihrem spontanen Enthusiasmus, ihrem bewußten Pluralismus und ihrer rigiden Subjektivität. Sobald sie aber versuchten, dies in konkrete gesellschaftspolitische Koalitionen mit klaren Zielen umzusetzen, verloren sie ihre religiösen Grundlagen. ⟨...⟩ Hielten sie jedoch an diesen Grundlagen fest, büßten sie ihren gesellschaftspolitischen Gestaltungsanspruch ein. ⟨...⟩ Dem evangelikalen Christentum fällt im Rahmen der amerikanischen Ideengeschichte, aber auch der Verfassungspraxis eine immens wichtige Aufgabe zu. Indem es gesellschaftliche Alternativen zu den vorgeblichen Notwendigkeiten der Moderne aufzeigt, weist es dem Staat und der Gesellschaft Grenzen zu, so wie eine weiterhin von säkular-liberalen Kräften dominierte Gesellschaft dem Staat und der Religion Grenzen zuweist. Erst in diesem

konfliktträchtigen Dreieck von Staat, Gesellschaft und kritischer Religion entsteht aber der Raum für partizipatorische Freiheit. Es ist fraglich, ob der liberale *mainstream* diese Funktion übernehmen kann, da er allzu sehr dazu neigt, sich mit der Gesellschaft zu identifizieren. Ohne die Dialektik von selektiver Modernität und Moderne- beziehungsweise Liberalismuskritik aber geht die Religion ihrer grenzziehenden Funktion dauerhaft verlustig. Die dabei entstehenden Konflikte muß eine offene Gesellschaft aushalten, denn das evangelikale und pentekostale Christentum sind genau die Religionsformen, die herauskommen können, wenn man in einer offenen Gesellschaft die Menschen in die Mühe des Selberdenkens entläßt. Die Evangelikalen und Pentekostalen sind dabei weniger die Kinder dieser Gesellschaft als Bestandteil ihrer Identität. (Hochgeschwender 2007, S. 250f.)

Wendet man nach dieser Betrachtung der Dynamik des konfliktträchtigen Dreiecks von Staat, Gesellschaft und kritischer Religion den Blick nach China, wird *dreierlei* deutlich. *Erstens:* Es ist danach zu fragen, welche Konflikte die chinesische Gesellschaft zulassen und vor allem: welche sie aushalten kann. *Zweitens:* Im Gegensatz zu den USA gibt es in China keinen Gründungsmythos, sondern China war gewissermaßen immer schon da, auch wenn dies inzwischen von einigen Chinesen differenzierter gesehen wird. Aus diesem Selbstverständnis bildet sich ein Stabilitätsanspruch, der strukturell anders gelagert ist als derjenige der USA. *Drittens:* In der historischen Rekonstruktion spielte die Religion auch in China eine erneuernde und stabilisierende Rolle, und es kommt darauf an – für das Selbstverständnis Chinas mehr noch als für das Verständnis Chinas von außen –, die Struktur dieser Bewegung herauszufinden und zu benennen. Auch in China sind Kräfte kritischer Religion wirksam und werden zukünftig noch eine größere Rolle spielen. Dabei mögen manche Barrieren unterschiedlich sein, und es zeichnet sich jetzt schon ab, daß in einer Tradition ohne Schöpfergott das Experimentieren mit embryonalen Stammzellen und das Klonen auf weniger Widerstände stößt, als dies in monotheistisch geprägten Gesellschaften der Fall ist.

Dabei gibt es vielfältige regionale Besonderheiten, wie etwa die mehrfach erwähnte starke christliche Gemeinde in Wenzhou in der Provinz Zhejiang, wo etwa eine Million protestantische Christen mit mehr als 1200 Gotteshäusern gezählt werden (Cao 2007). Es stellt sich die Frage, inwiefern eine solche Erscheinung mit der Rückkehr des Konfuzianismus vereinbar ist. Hier ist zu beachten, daß der konfuzianische Humanismus nicht unmittelbar auf die Integration der Gesellschaft zielt, sondern der Begriff des Humanismus *(ren)* meint die Selbsterziehung des Menschen zur Befähigung zu sozialem Leben und ist insofern »koalitionsfähig« mit anderen Lehren, sofern diese sich entsprechend den Vorgaben der chinesischen Zivilisation mäßigen. Entsprechend hat es immer wieder neue Deutungen des »Konfuzianismus« gegeben (Jensen 1997), und es ist daher damit zu rechnen, daß bereits neue Deutungsangebote im Entstehen sind. Es ist denkbar, daß gerade aus den neokonfuzianischen Traditionen kritische Potentiale zur Überwindung des Status quo gewonnen werden; zugleich versteht sich die KPCh selbst als jene Kraft, von der grenzziehende und damit gestalterische Impulse ausgehen.

Gottnähe oder Gottferne: Materialismus versus Spiritualität

Das Vielvölkerreich China hatte sich im Laufe seiner Geschichte mit den vielfältigen Kulten der Teilvölker auseinanderzusetzen. Diese konnten zum Teil integriert werden und trugen so zur Bereicherung bei. Mit der immensen Ausdehnung des Reiches in der späten Kaiserzeit und der verzögerten Modernisierung insbesondere in den westlichen Gebieten wurden die lange vernachlässigten, zum Teil auch durch Kolonialinteressen der europäischen Mächte dem Zugriff chinesischer Verwaltung entzogenen Gebiete zu einem Problem. Allen voran ist hier Tibet zu nennen. Bei der Frage nach der Wiederkehr der Götter in China kommt daher der Tibetfrage eine besondere Bedeutung zu. Angesichts von gegen die chinesische Verwaltung gerichteten Unruhen und öffentlichen Protesten in Lhasa und anderen Orten Tibets Mitte März 2008 kommentierte die ›Neue Zürcher Zeitung‹:

> Die chinesische Führung glaubt, die ihr zu weit gehende Eigenständigkeit der Tibeter neutralisieren zu können, indem sie auf dem Dach der Welt Entwicklungsarbeit leistet und ein exotisches Disneyland entstehen läßt, das Touristen und Geschäftemacher aus dem ganzen Land anzieht. Dazu dient auch die neue spektakuläre Bahnverbindung von der Provinz Qinghai hinauf ins tibetische Hochland. Doch der Aufschwung à la chinoise – so sehr er auch Annehmlichkeiten mit sich bringt – wird von vielen Tibetern nicht begrüsst. Einige fühlen sich von den geschäftstüchtigen Han-Chinesen an die Wand gespielt. *Vor allem aber verträgt sich die stark von Spiritualität geprägte Kultur Tibets schlecht mit dem überbordenden Materialismus des heutigen China.* [Hervorhebung H. S.-G.] Dafür scheinen die Pekinger Machthaber kein Sensorium zu haben. Sie sind gefangen in ihrer obsessiven Angst, China könnte auseinanderfallen, weshalb sie kein Stückchen der zentralen Macht – die ohnehin löchrig ist – aus der Hand geben wollen. (Zitiert nach Wieser 2008, S. 3)

In dieser Sichtweise wiederholt sich der alte gegen China gerichtete europäische Vorwurf der Gottferne, neben dem durchaus der Vorwurf des Götzendienstes stehen konnte. Zugleich aber ist ein Sachverhalt angesprochen, der das Verhältnis aller Religion in China kennzeichnet, nämlich der alle Partikularreligion und sämtliche Kulte dominierende Anspruch des Staates, die Oberhoheit über alle Kulte auszuüben. Dieser Anspruch stützte sich auf den Agnostizismus des Konfuzius und wurde propagandistisch von den großen Denkern des Konfuzianismus wie von Han Yu (768-842) und Zhu Xi (1130-1200) nachdrücklich und wortreich untermauert. Er fand zugleich in ganz pragmatischen Überlegungen seinen Rückhalt wie etwa in der Absicht, auch die wirtschaftliche Macht der Religionen zu begrenzen. So sind auch viele der Buddhismusverfolgungen der Vergangenheit als Ausdruck solcher ökonomischer und weniger gesinnungsmäßiger Positionen gedeutet worden. (Ch'en 1954)

Diesem Spannungsverhältnis haben sich auch andere Religionen in China ausgesetzt gesehen, allen voran die Römisch-katholische Kirche. In einem Brief vom 30. Juni 2007 an die Katholiken Chinas nimmt Papst Benedikt XVI. hierzu Stellung. Im ersten Teil des Briefes heißt es:

> Bei einer aufmerksamen Betrachtung eures Volkes, das sich unter den anderen Völkern Asiens durch den Glanz seiner jahrtausendealten Kultur mit all ihrer Weisheit und philosophischen, wissenschaftlichen und künstlerischen Erfahrung ausgezeichnet hat, freut es mich festzustellen, wie es sich besonders in jüngster Zeit angeschickt hat, bedeutende Ziele des wirtschaftlich-sozialen Fortschritts zu erreichen, und dabei das Interesse der ganzen Welt auf sich zieht. Wie schon mein verehrter Vorgänger Papst JOHANNES PAUL II. betont hat, verfolgt »die katholische Kirche ⟨...⟩ ihrerseits mit Hochachtung diesen erstaunlichen Elan und die vorausblickende Planung von Initiativen und bietet diskret ihren Beitrag an bei der Förderung und Verteidigung der menschlichen Person, ihrer Werte, ihrer Spiritualität und ihrer transzendenten Berufung. Der Kirche liegen bestimmte Werte und Zielsetzungen, die auch für das moderne China von erstrangiger Bedeutung sind, besonders am Herzen: Solidarität, Friede, soziale Gerechtigkeit, ein intelligentes Umgehen mit dem Globalisierungsphänomen.« – Das Streben nach der gewünschten und notwendigen wirtschaftlichen und sozialen Entwicklung und die Suche nach Modernität werden von zwei verschiedenen, gegensätzlichen Phänomenen begleitet, die aber gleichermaßen mit Klugheit und positivem apostolischem Geist zu beurteilen sind. Auf der einen Seite merkt man, besonders unter den Jugendlichen, ein zunehmendes Interesse an der spirituellen und transzendenten Dimension der menschlichen Person mit einem daraus folgenden Interesse an Religion, insbesondere am Christentum. Auf der an-

deren Seite spürt man auch in China den Trend zum Materialismus und zum Hedonismus, die dabei sind, sich von den großen Städten auf das ganze Land auszubreiten. 〈...〉 Auch die Kirche in China ist dazu berufen, Zeugin CHRISTI zu sein, mit Hoffnung nach vorn zu schauen und sich – in der Verkündigung des Evangeliums – mit den neuen Herausforderungen zu messen, die das chinesische Volk angehen muß. (China heute 26 [2007], Nr. 4-5 [152-153], S. 137)

Religiöse Zugehörigkeit als Marginalerscheinung und restriktive Religionspolitik

Dem unmittelbaren Kontakt mit Gottheiten wurde in der Vergangenheit – und das ist in einer von Amtsanwärtern geprägten Gesellschaft nicht erstaunlich – immer auch Skepsis und Ablehnung entgegengebracht. Hier hatte früh schon der Buddhismus eine Alternative geboten. Insbesondere in der Tradition des Meditationsbuddhismus waren die Widerstände gegen solche Begegnungssuche und auch gegen das Erstreben der Unsterblichkeit stark, und so kann der Chan/das Zen zugleich als Ausdruck des Rationalismus der Tang-Zeit verstanden werden, jener Zeit, in der China wohl zuletzt Weltoffenheit und Zentralstaatlichkeit zu verbinden getrachtet hatte.

Das hier angesprochene Beziehungsgeflecht ist heute noch bestimmend, und wenn sich inzwischen ein »Ideologiewandel in der chinesischen Religionspolitik« (Hetmanczyk 2007) vollzogen hat aus der Einsicht, daß religiöse Überzeugungen längerlebig sind und daher die atheistische Gesellschaft so schnell nicht zu erreichen sein wird, so ist dies eine Reaktion auf die Wiederkehr der Religionen in China, zugleich aber der neuerliche Versuch, das Element des Religiösen zu domestizieren. Nach einer Befragung im Jahre 2005 bezeichnen sich immerhin 31,4% der über sechzehnjährigen Chinesen als religiös. Demnach liegt die Zahl der Gläubigen in China zwischen 300 und 400 Millionen, von denen sich 67,4% zu den fünf anerkannten Religionen Buddhismus, Daoismus, Katholizismus, Protestantismus und Islam bekennen; die verbleibenden 32,6% sind Anhänger traditioneller Volksreligiosität, die offiziell als »Aberglaube« eingestuft wird. (Hetmanczyk 2007, S. 91 f.) Das China-Zentrum in Sankt Augustin merkt hierzu an, daß es nach offiziellen Angaben im Jahre 2005 nur etwa 16 Millionen Christen gegeben habe, während die zitierte Befragung 12% aller Gläubigen, das heißt etwa 40 Millionen, den Christen zurechnet. (China heute 26 [2007], Nr. 1-2 [149-150], S. 2 f.)

Diese religiöse Situation im China des beginnenden 21. Jahrhunderts ist in ihrer Komplexität nur zu erklären vor dem Hintergrund verschiedener Brüche, die im Selbstverständnis der gebildeten Oberschicht zumeist geleugnet werden. Erst die Aufdeckung dieses eine bruchlose Geschichte behauptenden Selbstmißverständnisses macht sowohl die innere Dynamik als auch retardierende Elemente der chinesischen Gesellschaft verständlich. Im Gegensatz zu manchen früheren Versuchen, den Bereich des bäuerlichen Lebens, die Feudalbeziehungen sowie die Staatsbürokratie als je eigene religiöse Sphären zu verstehen, muß wohl einem angemessenen Verständnis der Geschichte der Interdependenz der einzelnen religiösen Sphären ein größeres Gewicht beigemessen werden. Denn das traditionell bestehende und von der staatlichen Aufsicht immer wieder bekräftigte Spannungsverhältnis zwischen den religiösen Bedürfnissen weiter Teile der Bevölkerung und dem Interesse des Staates an Eindämmung und Kontrolle aller religiösen Aktivitäten wurde zunächst konfuzianisch und seit Errichtung der Republik im Jahr 1912 überwiegend unter Hinweis auf die nationale Souveränität und den Modernisierungszwang legitimiert. Insofern kann sich die heutige Regierung auf eine lange Tradition restriktiver Religionspolitik stützen.

Es geht, wie Joachim Gentz prägnant formuliert, »in China seit über 2000 Jahren nicht um die europäische Frage nach der wahren Religion oder Religiosität, sondern wesentlich um die Frage nach einer richtigen Staatsdoktrin. Die Religionen spielen hier eine marginale Rolle.« (Gentz 2007, S. 384) Diese schon von Erik Zürcher vorgetragene These von der Marginalität bezeichnet einen wichtigen Aspekt: Alle Religiosität muß sich einem gemeinsamen Nenner unterwerfen. Und doch hat der chinesische Staat, hat die Gesellschaft Chinas nie auf Religionen verzichten können. Bei der in China immer schon sehr starken Suche nach Glück und Wohlergehen führt die Erwartung einer gewissen sozialen Gerechtigkeit zur Forderung an den Staat und das Gemeinwesen, entsprechende Lösungen zu suchen. Dazu ist es notwendig, daß der Staat die bestehenden Wohlstandsressourcen aktiviert. Dies wird auch in Zukunft am ehesten gelingen, wenn er nicht nur die allgemeinen Rahmenbedingungen für wirtschaftliches Handeln vorgibt, sondern wenn er religiöser Sinnvergewisserung hinreichende Entfaltungsmöglichkeiten bietet und neue Adressaten für Heilserwartungen zuläßt, allein schon um nicht an seinem eigenen Heilsanspruch zu zerbrechen.

Nicht alle Sinnstiftung kann dabei allgemeine Geltung beanspruchen, manche bleibt marginal, wofür Erik Zürcher als Beispiel den Buddhismus anführt. Diese aus christlicher beziehungsweise westlicher Sicht resignative Beschreibung geht von der Annahme der Dominanz des Konfuzianismus und einer der Tendenz nach säkularisierten Gesellschaft aus. Entsprechend formuliert ein christlicher Missionar (Arnulf Camps OFM):

> Der Konfuzianismus war in religiöser, ritueller, sozialer und politischer Hinsicht die Orthodoxie, und die Minderheitsreligionen sollten – um nicht als heterodox betrachtet zu werden – beweisen, daß sie auf der Seite der Orthodoxie standen. Die von außen kommenden Religionen waren diesem kulturellen Imperativ untergeordnet. (Camps 2000, S. 124f.)

Freilich gibt es auch die Tradition der Rede von der Intoleranz gegenüber den Religionen, wie sie vor etwa einhundert Jahren besonders prominent von J. J. M. deGroot in seinem Werk *Sectarianism and Religious Persecution in China* (deGroot 1903) vertreten worden ist und wie sie seither immer wieder vorgetragen wird, und daneben zugleich die Behauptung von der prinzipiellen Gleichgültigkeit der Chinesen gegenüber allem Religiösen im Sinne eines Agnostizismus. Doch im Gegensatz zu allen diesen Beschreibungen ist inzwischen geradezu ein religiöses Fieber im Entstehen.

Kultureller Nationalismus und Harmonisierung von Religionskonflikten

Verständigen konnte man sich in den ersten nachchristlichen Jahrhunderten auf den Staatskult und die Strukturen der Verwaltung, die zugleich als Ausdruck des Chinesischen galt. Die Abgrenzung des Chinesischen gegenüber dem Nichtchinesischen blieb schwierig und fand Widerhall auch in den Selbstverständnisbemühungen religiöser Gruppierungen. So hatten die Vertreter der daoistischen Lehre ursprünglich einen Universalitätsanspruch reklamiert und im Buddhismus nicht mehr als eine Schwesterreligion gesehen. Doch verschob sich die Bestimmung der Grenze zwischen Vertrautem und Fremdem im Zuge der Adaption konfuzianischer Werte im Daoismus, was seit dem 5. Jahrhundert zur Verschärfung des Konflikts zwischen Buddhismus und Daoismus beigetragen hat. Während die Buddhisten in ihrer Polemik die Daoisten als tendenzielle Unruhestifter verfemten, suchten Anhänger des Daoismus den Buddhismus als eine Lehre für Fremde zu stigmatisieren. Eine dieser antibuddhistischen Polemiken aus dem daoistischen Milieu ist das *Buch der kostbaren Reinheit des Höchsten Großen Dao (Taishang dadao yuqing jing)*, verfaßt um 750 n. Chr., in einer Zeit also, die wir gemeinhin noch als die am meisten weltoffene, ja geradezu kosmopolitisch gestimmte Epoche Chinas zu kennzeichnen gewohnt sind. Um so nachhaltiger bestimmte die Erinnerung an diesen Konflikt die späteren staatlichen Harmonisierungs- und Kontrollmaßnahmen.

Spannungsreich war das Verhältnis zwischen politischer Macht und Religionen also immer, aber auch das Verhältnis verschiedener Religionen untereinander. Dabei dienten die Religionen zugleich dazu, das Gemüt des Volkes zu beschwichtigen. Als gefährlich galten nur solche Lehren, die sich dem Regelwerk nicht fügen wollten, insbesondere wenn sie in den Verdacht gerieten, Aufstände zu organisieren. Und doch waren es gerade die Unruhe stiftenden Bewegungen, die der chinesischen Gesellschaft immer wieder neue Impulse gaben. Daneben hat es jenseits dieser mit der öffentlichen Rolle von Religion zusammenhängenden Sphäre eine Sphäre des Privaten und des Innerlichen gegeben, und es waren gerade Angehörige der privilegierten Schichten, denen die Praktizierung solcher Weltabgewandtheit möglich war. Doch wenn breitere Kreise nach neuen Zielen suchten, weil sie unzufrieden waren, führte dies leicht zu Unruhen und barg somit Sprengstoff. Nicht daß solche Rebellionen dann besonders umstürzlerische Ziele verfolgt hätten. Auch sie waren eingebunden in den Akkommodationsgestus, der alle chinesische Kultur in der Vergangenheit durchwirkt, und hatten in der Regel die Wiederherstellung der Ordnung und der Harmonie zum Ziel.

Aus der Dynamik des auf Harmonie bedachten Einheitsdiskurses ist der Wechsel von Gewährenlassen und Restriktion, von Zulassung und Einschränkung, von Liberalität und Kontrolle zu verstehen. Daher hat es in China *einerseits* immer die Bemühung gegeben, die institutionalisierte Religion bestimmten Regeln zu unterwerfen. Weil zumeist die Verfechter einer Begrenzung oder Zähmung religiösen Eifers mit Argumenten aus der konfuzianischen Tradition auftraten, hat man zu Recht diese Tradition beziehungsweise den Konfuzianismus zur Kernlehre Chinas erklärt. Die Dynamik, die Lebendigkeit Chinas aber rührt daher, daß es *andererseits* in China immer lebendige Religiosität gab, gelebten Glauben bei den Menschen. Dieser hatte stets auch eine soziale, eine organisatorische, gelegentlich eine institutionelle Seite, und man kann alle religiösen Phänomene in China in diesem Kontext wechselseitiger Begrenzungsversuche beschreiben.

Dynamik religiösen Wandels

Sowohl der offizielle Staats- und der Ahnenkult als auch die religiösen Vorstellungen und Bräuche bei der Masse der Bevölkerung änderten sich im Laufe der letzten zwei Jahrtausende, die wir einigermaßen überblicken, erheblich, und zwar nicht zuletzt unter dem Einfluß des sich seit der Mitte der Han-Zeit (um Christi Geburt) ausbildenden Daoismus und des gleichzeitig in China Fuß fassenden Buddhismus. Dem zu Beginn des ersten Jahrtausends n. Chr. nach China eindringenden Buddhismus folgten etwa seit dem 7. und 8. Jahrhundert der Islam, der Nestorianismus und der Manichäismus, die im Gegensatz zum Buddhismus jedoch, auch was die Zahl der Anhänger betrifft, Randerscheinungen blieben. Eine größere Rolle spielte der Islam erst seit der Einverleibung islamischer Länder in das Reichsgebiet unter der mandschurischen Qing-Dynastie (1644-1912). Kontakte mit dem Katholizismus gibt es erst seit dem 17., mit dem Protestantismus seit dem 19. Jahrhundert. Von diesen ursprünglich fremden Religionen spielt der Islam auch heute noch – insbesondere in Nordwestchina – die wichtigste Rolle. So gab es 1992 17 Millionen Moslems und 23 000 Moscheen mit über 30 000 Imamen. Nach Auskunft der Islamischen Vereinigung Chinas bekennen sich zehn der 55 nationalen Minderheiten in der Volksrepublik China zum Islam, das sind mehr als 15 Millionen Menschen.

Nach Maßgabe der Verfassung genießen »legitime religiöse Tätigkeiten« staatlichen Schutz, doch ist das erklärte Ziel die Zurückdrängung der Religiosität. Zugleich wird ähnlich wie im China der Kaiserzeit auch heute der Suprematsanspruch des chinesischen Staates gegenüber jeglicher Einmischung von außen aufrechterhalten. Deswegen werden auch konkordatsmäßige Vereinbarungen mit Rom abgelehnt und nur patriotische Kirchen anerkannt. Es gibt mehrere nationale religiöse Gemeinschaften, darunter die Vereinigung der Buddhisten Chinas, die Chinesische Daoistische Vereinigung und die Islamische Gesellschaft Chinas. Die offiziell gebilligte institutionelle Vereinigung der Protestanten ist das 1954 gegründete Komitee der patriotischen »Drei-Selbst-Bewegung« (Selbstregierung, Selbstfinanzierung, Selbstpropagierung). 1957 wurde auf Veranlassung der Kommunistischen Partei die Patriotische Vereinigung der Chinesischen Katholiken, auch kurz »Patriotische Kirche« genannt, gegründet, die auf Unabhängigkeit von Rom besteht. Sie ist wie die protestantische »Drei-Selbst-Bewegung« eine strikt nationale Kirche. Solche, die sich nicht vom Papst lossagen wollten, wurden zumeist verfolgt und mit Strafen überzogen.

Alle offiziell anerkannten Religionen haben grundsätzlich die Möglichkeit, ihren eigenen geistlichen Nachwuchs auszubilden. Eine Sonderstellung haben dabei stets die Religionen nationaler Minderheiten eingenommen, vor allem der Islam und der Lamaismus. Das erste tibetischsprachige buddhistische Institut auf Hochschulebene wurde 1987 eingerichtet, während es zur gleichen Zeit bereits acht islamische Hochschulen gab. Nach dem Ende der »Kulturrevolution«, das heißt seit 1978, wurden mehrere Hochschulen für buddhistische Nonnen und Mönche eingerichtet beziehungsweise wiedereröffnet, und auch für die Ausbildung katholischer und protestantischer Geistlicher gibt es inzwischen wieder mehrere Ausbildungsstätten. Daneben besteht weiterhin eine dem Papst treue katholische Untergrundkirche.

Mehr noch als durch das Nebeneinander verschiedener Religionen ist die Gegenwart durch die Bildungsexpansion und die Urbanisierung gekennzeichnet, in deren Folge es zu Säkularisationsprozessen gekommen ist, deren Konsequenzen noch nicht absehbar sind. Dies hängt auch damit zusammen, daß sich eine konsequente Individualisierung der Gesellschaft noch nicht abzeichnet, möglicherweise nicht nur mangels überfamiliärer sozialer Sicherungssysteme, sondern auch wegen einer geringeren Neigung zu Individuierungsformen westlichen Stils. Andererseits aber führt die Säkularisierung bei einzelnen und bei Gruppen zu Sinnkrisen, die oft in verstärkte und bewußt gewählte Frömmigkeitsformen münden. Schließlich führt die Diffusion westlicher Wertorientierungen zu einer zusätzlichen Verunsicherung und zu Versuchen der Reformulierung der eigenen Traditionen. Für eine regionale und schichtenspezifische Zuordnung der Gläubigen fehlen bisher die zureichenden Informationen. Religiöse Vereinigungen finden sich vorzugsweise in den Städten, während allgemein religiöse Bedürfnisse, vor allem in Südchina, ihren Ausdruck im Besuch wiederbelebter örtlicher Tempel sowie abgelegener Kloster- und Tempelanlagen finden. An die Stelle der Zurechnung bestimmter Wertentscheidungen zu religiösen Grundpositionen einzelner tritt in China in der Regel der Hinweis auf Sitte, Brauchtum und Überlieferung beziehungsweise auf das Wirken übernatürlicher Mächte. Auf diese Weise manifestieren sich religiöse Traditionen und Werte in sozialem Gewand, und so ist den Handelnden selbst der religiöse Hintergrund ihres Tuns oft nicht mehr klar. Diese Form »diffundierter Religion« (C. K. Yang) macht auch die Rede von der Diesseitigkeit und Religionslosigkeit der Chinesen trotz des Vorhandenseins zahlreicher Tempel und sonstiger offensichtlich zu kultischen beziehungsweise religiösen Zwecken errichteter Bauwerke überhaupt erst verständlich. Und dennoch ist in den letzten Jahren eine Renaissance des Religiösen insbesondere im Südosten Chinas, in den Provinzen Guangdong, Fujian und Zhejiang, festzustellen, die nicht nur der Befriedigung touristischer Bedürfnisse dient, sondern auch Ausdruck von Sinngebungs- und Orientierungsbedürfnissen ist. Die mit den religiösen Traditionen in Südostchina auf engste verbundene Lage auf der Insel Taiwan ist zusätzlich durch die lange Kolonialgeschichte (bis 1945 unter japanischer Herrschaft) und den rapiden wirtschaftlichen Aufschwung und gesellschaftlichen Wandel der letzten Jahrzehnte bestimmt.

Der Blick zurück

Aus dem bisher Gesagten wird bereits ersichtlich, daß der Blick zurück unerläßlich ist. Er ist aus mehreren Gründen sinnvoll und notwendig: *Erstens* werden die heutigen Strukturen am besten vor dem Hintergrund der historischen Erfahrungen und Entwicklungen verständlich. *Zweitens* lassen sich gegen manche zeitgenössische Behauptungen, irgend etwas sei »immer schon so gewesen«, geschichtlich dokumentierte Ereignisse ins Feld führen. *Drittens* läßt der Blick auf die Überlieferung die Möglichkeit der Renaissancen und des Rückgriffs auf alte Formen der Religiosität erkennen. *Viertens* ist das Wissen um die Vergangenheit eine Voraussetzung für eine differenzierende Auseinandersetzung mit den Vertretern chinesischer Religiosität. *Fünftens* eröffnet uns erst die Rekonstruktion der Religionsgeschichte in ihrer Vielfalt einen unverstellten Blick auf China. Denn wer Religion auf den Bereich der offiziell anerkannten Religionen verkürzt, verstellt sich den Blick für das religiöse Leben des Vielvölkerreiches China.

HIMMEL – ERDE – MENSCH

DIE ORDNUNG DER WELT

Haus, Ritual und Staatskultwesen

Die Religiosität in China ist einmal als »ein Bestreben, sich dem Rhythmus des Universums anzupassen«, bezeichnet worden. (Eichhorn 1976, S. 82) Dem lag die Vorstellung von einer Welt in ständigem Wandel zugrunde, bei dem alle Elemente sich in wechselseitiger Abhängigkeit voneinander verändern. Dieser dynamische Aspekt hat sich früh verbunden mit einer statischen Komponente, die dem Toten-, Ahnen- und Begräbniskult zugerechnet werden muß. Denn das Weltverständnis ist in China von Anfang an an das Haus geknüpft und bleibt damit verbunden. (Hentze 1961) Um Haus, Klan und Familie ordnet sich die Welt, auch dann noch, als sich große Territorialherrschaften bilden. Ahnenverehrung also stand am Anfang, vielleicht auch ein Bezug zur natürlichen Umwelt, zur Welt der Tiere und zur Natur insgesamt. An dieses Grundverständnis hat früh die Gemeinschaftsbildung und ihre Kulttradition angeknüpft, und Herrschaftsansprüche haben sich dieses Musters bedient. Früh werden die Ahnen des Herrscherklans vergöttert und andere Götter an deren Seite gestellt. Diese Vorstellung wird bald verallgemeinert, und in dem Maße, in dem der Kult wichtiger wird als die Götter selbst, werden diese abgewertet und bald durch das Konzept eines Obergotts beziehungsweise dann des »Himmels« ersetzt. Obwohl wir in einigen Teilkulturen Kultbilder von vergöttlichten Ahnen finden, belegt doch die große Zahl von bronzenen Ritualgefäßen die frühe Ritualisierung und eine damit verbundene Bürokratisierung der Religion auf offizieller Ebene.

Dem »Gelbkaiser« (Huangdi), hier auf einem Grabrelief (Grab des Wuliang, Shandong) aus der Mitte des 2. Jh.s n. Chr., wird die Einführung einer Vielzahl von Kulturgütern zugeschrieben, darunter Waffen, Brunnen, Kleider und das Wohnhaus.

Herrschaft, Staatlichkeit und Kultwesen gehen eine enge Verbindung ein, und sosehr es darüber hinaus noch einen weiten Fächer anderer Sphären von Heils- und Erlösungswissen gab und bis in die Gegenwart gibt, so festigte sich doch seit der ersten Aufklärung in China, seit der Zeit des Konfuzius der Anspruch des Staates und seiner Bürokratie auf das Privileg zur Regulierung der Angelegenheiten des Diesseits. Konkurrierende Geltungsansprüche wurden kritisch gesehen und nötigenfalls bekämpft. Solche Reduzierung des Staatskultes auf das Diesseits eröffnete anderen Kulten einen großen Spielraum. Und weil dieser Spielraum seine Grenze an den Geltungsansprüchen des Staates hatte, galt dieser manchen als extrem tolerant. Seit der Zeit des Konfuzius also gibt es in China eine Tradition des religiös weitgehend indifferenten Staates. Ganz im Sinne John Lockes sollten aber die Regeln, die ohne Bezug auf eine bestimmte Religion oder Religionsgemeinschaft erlassen wurden, allgemeine Normen des Gemeinwesens darstellen und für alle gelten.

Das Staatskultwesen bindet seine Sinnstiftungsversuche an die Ordnung der Welt. (Eichhorn 1976) Im Grunde folgen dieser Bestrebung in China sämtliche religiösen Deutungsversuche, und man könnte etwas vereinfachend die chinesische Religiosität als den Versuch beschreiben, die eigene Existenz innerhalb eines kosmischen Gleichgewichts zu sichern. Nicht anders sind all die diätetischen Praktiken, die Übungen wie das sogenannte »Schattenboxen« und andere Techniken des immer wieder aufs neue unternommenen Versuchs der Wiederherstellung einer Ordnung zu sehen. Dies hat denn auch dazu geführt, die chinesische Religion, ja die ganze chinesische Kultur aus einem solchen Gedanken heraus zu verstehen, den J. J. M. de Groot mit dem Begriff des »Universismus« belegte. (de Groot 1918) Bei einer solchen Charakterisierung, sosehr sie auch den Geschichtsspekulationen des 19. Jahrhunderts verhaftet ist, wird jedoch leicht die Vielfalt und die innere Dynamik der chinesischen Kulturentwicklung und ihrer religiösen Züge verkannt. Dieser Vielfalt korrespondiert die Tatsache, daß es seit ältester Zeit auch einen Hang zur Religionskritik gibt. Bereits lange bevor weitere fremde Religionen wie beispielsweise der Buddhismus und der Manichäismus in China aufgenommen wurden, hatte es religionskritische Ansätze gegeben, die zu Auseinandersetzungen zwischen den verschiedenen Lehren führten. Parallel zu dieser religiösen Dynamik gab es auch in der Funktion des Staates und der Verwaltung im Laufe der Jahrhunderte erhebliche Veränderungen. Um so erstaunlicher ist die gerade von offizieller Seite immer wieder behauptete Vorstellung von ungebrochener kontinuierlicher Staatlichkeit, wonach die Volksrepublik China in der Tradition des kaiserzeitlichen China ebenso wie in der Tradition der steinzeitlichen und bronzezeitlichen Kulturen gesehen wird. (Sivin 1995, S. 8)

Die Geisterlehre und die Vorherrschaft des Himmels

Am Anfang stand also, soweit wir dies heute überblicken, das Bemühen um die Ordnung der Welt und die Bewältigung der Macht der Geister. Im Text *Huainanzi* heißt es:

> In der Urzeit, als Himmel und Erde noch nicht existierten, gab es nur Erscheinungen ohne Form. Dunkel, finster, weit und unergründlich – keiner kannte den Eingang. Zwei Geister traten da gemeinsam ins Leben, die den Himmel ausrichteten und die Erde aufteilten. Alles war so unermeßlich weit, und niemand kannte das Ende; alles strömte umher, und niemand wußte, wo es zur Ruhe kam. Darauf trennten sie sich und wurden zu *Yin* und *Yang*, und sie teilten sich auf und wurden zu den Acht Säulen. Hart und Weich ergänzten einander, und die zehntausend Dinge nahmen Gestalt an. Das verwirbelte *qi* wurde zu Insekten, das verfeinerte *qi* wurde zu Menschen. (*Huainanzi* 7, Anfang; vgl. Erkes 1940, S. 17)

Sodann spielte der Toten- und Ahnenkult die zentrale Rolle. Wir können davon ausgehen, daß die Vorstellungen innerhalb der führenden Schichten, die wir als frühe Aristokratie bezeichnen, prägend für die ganze Kultur wurden, für die es allerdings kennzeichnend blieb, daß auch andere Kultformen und Geister- und Göttervorstellungen integriert wurden. Neben solchen Gottheiten, verknüpft mit der Natur, den Gestirnen oder auch Orten wie Bergen, Tälern und Flüssen, bildete sich früh die abstraktere Vorstellung von einem Schicksal und einer Himmelsmacht heraus. Die Grundlagen dieser Vorstellungen liegen zum Teil im dunkeln. Frühe Erklärungsversuche um das Geschehen bei Geburt und Tod, bei Schlaf und Erwachen, bei Traum und ungewohnten Seelenzuständen haben zur Ausbildung einer Seelenlehre geführt. Die Bestandteile der Seele beziehungsweise der Seelen – man unterscheidet später zwischen einer Hauchseele und einer Körperseele (*po* und *hun*), aber es gibt auch andere Vorstellungsvarianten – stehen im Wechselverhältnis mit der Welt der Götter und Geister, vor allem aber mit den Ahnen. Im Königsklan wird die Ahnenvorstellung überhöht, und es kommt zum Konzept eines »Obergottes«, eines Hochgottes, *Shangdi*, um den sich eine Geisterwelt, aber auch die ganze Vielgestaltigkeit der Naturkräfte aufbaut, welche als Abbild beziehungsweise als Vorbild für die weltliche Herrschaftsordnung gilt. So entstand eines von vielen für die chinesische Zivilisation so charakteristischen Entsprechungssystemen. Dieser Obergott wurde jedoch nicht absolut gesetzt, indem er Alleingeltung beanspruchte, sondern neben ihm gab es andere Kräfte, die er allerdings beherrschte, wie den Erdgeist *(tu)* oder den Geist des Gelben Flusses *(hebo)*. Opfer mußten allen Göttern dargebracht werden, wenn auch in unterschiedlicher Intensität. Kulte und Rituale ließen spezifische Vorstellungen immer wieder aufleben und bekräftigten diese, insbesondere die für eine agrarische Gesellschaft wichtigen Rituale um den Getreidegott *(ji)* und den Kult des Erdgottes *(she)*. Letzterer wurde schnell zum zentralen Kult, namentlich im Staatsritual, weil er die Vergemeinschaftung räumlich nahe beieinander Lebender jenseits ihrer blutsmäßigen Beziehungen bekräftigte und garantierte.

Die Pflege der Beziehung zu den Göttern beziehungsweise dem Obergott war unterschiedlich, jedoch zogen die zur Ri-

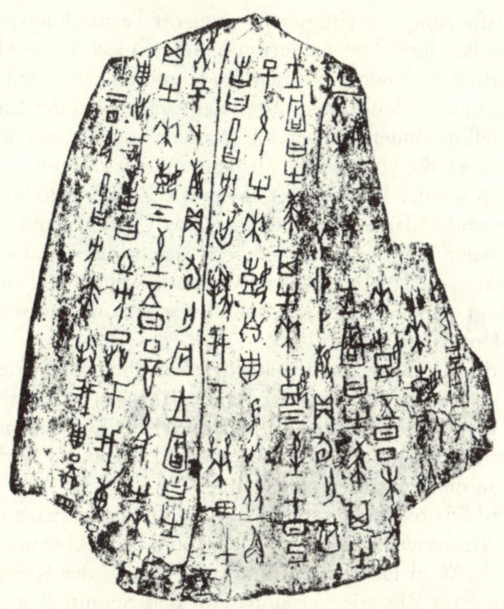

Seit dem Neolithikum war in Nordchina die Weissagung aus den durch starke Erhitzung entstandenen Rissen in tierischen Schulterblättern üblich. Erste Belege finden sich aus der Zeit um 3400 v. Chr. Funde von Orakelknochen aus der Shang-Zeit deuten darauf hin, daß hier verschiedene Traditionen, aus Knochen Zukunftsvoraussagen abzuleiten, zusammengeflossen sind. Für die Orakelbefragung werden nun auch Schildkrötenpanzer herangezogen. Das Besondere aber ist die Beschriftung dieser Knochen, die zugleich die ältesten schriftlichen Dokumente in chinesischer Sprache darstellen. Es werden nicht nur die Fragen, sondern auch die Prognosen sowie die Kommentare des Königs sowie oft auch der tatsächliche Ausgang einer Unternehmung berichtet. Auf der abgebildeten Rückseite eines Schulterblattes wird zunächst nach einem zukünftigen Unheil gefragt, dieses dann vorausgesagt und anschließend der Bericht von der Invasion eines fremden Volkes im Osten mitgeteilt, wodurch zwei Siedlungen zerstört worden seien. Andere Themen auf den Orakelknochen sind u. a. Geburt, Krankheit, Erfolg oder Mißerfolg bei einer Militäraktion.

tualausführung berechtigten Priester oft Vermittlungsgeister hinzu; die Herrscher wiederum bedienten sich ihrer Ahnen als Vermittler. Andere Formen der Kommunikation mit dem Obergott oder den Ahnen waren das Orakel oder der Einsatz spirituell besonders begabter Ekstatiker, sogenannter *Wu*, in denen auch die chinesische Ausprägung eines Schamanismus gesehen wurde. *Wu* bedeutet soviel wie Zauberer (oder Zauberin) und sodann verallgemeinert das Umgehen mit »übernatürlichen Dingen«. Dazu gehören Regenzauber und andere Praktiken, die später von der Bürokratie weitgehend zurückgedrängt, zum Teil aber von buddhistischen und daoistischen Ritualen beerbt wurden.

In den Orakeln, die uns auf den Knocheninschriften aus dem späten zweiten vorchristlichen Jahrtausend überliefert sind, wird die Macht der als *»Di«* bezeichneten Instanz, die von manchen als »Gott«, von anderen als »Ahn« gedeutet wird, in den Fragen erkennbar:

> Wird Di uns Regen senden? – Wird Di unsere Ernte durch ein Unwetter zerstören? – Der König baute eine umwallte Stadt. Wird Di dem zustimmen? – Wenn der König mit Guo von Zhi [als Verbündetem] den Stamm X angreift, wird Di das unterstützen? – Wird Di es im 4. Monat regnen lassen? Wird Di es nicht im 4. Monat regnen lassen? Der König sagte voraus: »Es wird am nächsten *ding*-Tag und nicht am nächsten *xin*-Tag regnen.« Tatsächlich regnete es am *ding*-Tag.

Diese Inschrift, in der neben der Frage nicht nur die Voraussage, sondern auch der Ausgang vermerkt wird, belegt zugleich die starke Rolle, die der Herrscher bei der Orakelbefragung einnehmen kann. Überhaupt wurden die Rituale zu den Vermittlungsformen schlechthin, weil ihre regelgerechte Befolgung den Konsens stiftete. Man spricht daher von »Ritualismus«, und diesen beerbte die Befolgung der Vorschriften für Mönche und Laien sowohl bei den Buddhisten als auch bei den Daoisten.

Mit dem Machtwechsel von der Dynastie der Shang zu den Zhou (um 1000 v. Chr.) wird der »Obergott« durch den »Himmel« ersetzt. Dies bildete die Grundlage für die spätere Ausbildung des Konzepts vom »Himmlischen Mandat« *(tianming)*, bis in die neuere Zeit ein wesentliches Element von Herrschaftslegitimation. Dadurch wurde der Herrscher zum »Himmelssohn« *(tianzi)*, dem nunmehr die zentralen Kulthandlungen vorbehalten blieben. Er vollzog die Himmelsopfer *(jiao)*, und heute noch zeugt der Himmelstempel im Südosten der Hauptstadt von der Bedeutung dieses Opferrituals. Daneben muß die Opferung für die Erdgottheit erwähnt werden, an der der Himmelssohn notwendigerweise beteiligt war.

Diese Rituale wurden zum Kern des chinesischen Staatskultwesens, welches Opfer an Himmel und Erde, aber auch die sehr bedeutungsbeladenen *fengshan*-Opfer einschloß, die seit der Song-Dynastie dann nicht mehr vollzogen wurden und anhand deren man auch eine Veränderung im Staatskult und in der Lage der Religionen in China überhaupt feststellen kann. Weil es ferner Opfer an Sonne und Mond, an die kaiserlichen Ahnen, an Fruchtbarkeitsgötter und schließlich auch an einzelne vergöttlichte Personen gab und weil es schließlich auch einen Gott der Literatur und einen Kriegsgott gab, hat man auch von Funktionsgöttern gesprochen.

Daneben gab es die Verehrung des Polarsterns, und bestimmte Orte wie der in der Provinz Shandong gelegene heilige Berg Taishan wurden neben einigen anderen Bergen und Gebirgen als Ort der Verehrung verstanden. Es ist bei dem Bedarf der religiösen Verwaltung eines größeren Territoriums leicht einzusehen, daß früh schon nach Formen der Repräsentation gesucht wurde. Ein Beispiel hierfür ist der Erdopferaltar *(ditan)*, der, im Norden der Hauptstadt gelegen, quadratisch angelegt und mit gelber Erde bedeckt war und das Reich *(tianxia)* repräsentierte. Eine andere Form der Repräsentation trat später hinzu, nämlich die Vervielfältigung des Zentrums, indem nämlich Kultbauten in allen Verwaltungssitzen des Landes errichtet wurden. Diese Multiplikation des Zentrums war übrigens das wichtigste Strukturelement zur Sicherung der dynastischen Herrschaft über große Distanzen hinweg, und noch heute ist dies ein wesentliches Element der Sicherung von Herrschaft und Legitimität.

Urzeit und Schöpfungsmythen

Vorstellungen von einem Anfang der Welt beziehungsweise von einem Gewordensein der Welt wurden auch in China früh entwickelt. (Plaks 2005) Daß die spätere Überlieferung in ihrem Ursprung auf verschiedene solcher Vorstellungen schließen läßt, muß nicht erstaunen angesichts der Vielfalt der Kulturen, deren Zusammenschluß erst das ausmacht, was wir heute als Kultur Chinas sehen. Dabei stehen drei Motive beziehungsweise Gestalten im Vordergrund, Pan Gu und die beiden Prinzipien *hundun* sowie *dao.* Ein Bericht, datiert ins 3. Jahrhundert n. Chr., wahrscheinlich aber älter, lautet folgendermaßen:

> Einst, als Himmel und Erde im Hühnerei, d. i. im Chaos *(hundun)* zusammenhingen, wurde in diesem Ei Pan Gu geboren. Nach 18 000 Jahren öffnete sich das Chaos (Ei), und das Klare (= Himmel, *yang*) trennte sich von dem Trüben (= Erde, *yin*), und zwischen dem Himmel und der Erde war der Pan Gu als eine tragende Säule. Er wuchs mit dem Himmel jeden Tag zehn Fuß. So geschah es, daß nach 18 000 Jahren sein Körper den Abstand zwischen dem Himmel und der Erde ausfüllte. Als er im Sterben lag, wandelte sich sein Leib. Sein Atem wurde zu Wind und Wolken, seine Stimme zu Donnergrollen. Das linke Auge wurde zur Sonne, das rechte zum Mond. Arme und Beine verwandelten sich zu den vier Firsten des Universums und die Wölbungen des Leibes zu den fünf Heiligen Bergen. Sein Blut wurde zu Flüssen. Aus seinen Sehnen und Blutgefäßen wurden Erzadern, aus Fett und Fleisch Ackerböden, aus Kopfhaaren und Bart Sterne, aus Haut und Körperhaaren Gras und Bäume, aus Zähnen und Knochen Metalle und Steine, aus Samen und Knochenmark Perlen und Jade und aus seinem Schweiß Regen und Tau. Das Ungeziefer an seinem Körper wurde durch Einwirkung des Windes zum Menschenvolk. (Malek 1996, S. 22 f.)

Dieses Bild vom Werden, von der Auffaltung der Welt aus einer

Die Urmutter Nügua mit dem Kompaß (links) wird auf diesem Grabrelief mit dem den Zimmermannswinkel haltenden Urvater Fu Xi verbunden dargestellt (oben). In einer späteren Darstellung aus dem 17. Jahrhundert (unten), die bald auch in Europa bekannt wurde, erscheint der Fu Xi mit den von ihm eingeführten acht Trigrammen, den Elementen des Orakelbuchs Yijing, und als Begründer der Musik mit zwei Saiteninstrumenten.

formlosen Masse, *hundun*, und von der Distanzsicherung zwischen Himmel und Erde repräsentiert einen Entwicklungsgedanken und Stabilisierungswunsch. Die Gefährdung solcher Distanz einerseits und der Anthropomorphismus der Welt andererseits sind immer wiederkehrende Bilder von der Welt.

Auch im Daoismus wurde der Körper ja als eine Replik des Kosmos verstanden, als ein den Makrokosmos spiegelnder Mikrokosmos. Eine solche Entsprechung wurde der kosmogonischen Gottheit Pan Gu ebenso zugeschrieben wie in dem unter dem Einfluß des Buddhismus entwickelten Daoismus des 6. Jahrhunderts dem Laozi:

> Laozi verwandelte seine Gestalt: Sein linkes Auge wurde zur Sonne, sein rechtes zum Mond. Sein Haupt wurde das Kunlun-Gebirge, seine Haare die Sterne. Seine Knochen wurden zu Drachen, sein Fleisch zu wilden Tieren, seine Innereien zu Schlangen. Seine Brust wurde zum Ozean, seine Finger zu den Fünf Heiligen Bergen. Seine Körperhaare wurde zu Gräsern und Bäumen, und sein Herz wurde zu einem Blütenbaldachin, und seine Hoden schließlich vereinigten sich als wahres Elternpaar des Universums. (*Guang Hongmingji* = Nr. 2103 in: *Taishō shinshū Daizōkyō*, Tokio 1924-1935, Bd. 52, S. 144b22-26)

Solche Ausgestaltung wurde als Zivilisationsprozeß verstanden, dem früh bereits Kritik entgegengebracht wurde, wie wir sie vor allem in der Textsammlung *Zhuangzi* finden, wo die Bearbeitung des »Unbewußten«, wie es Richard Wilhelm übersetzte, des *hundun*, zu dessen Tod führt. Hier wird die zivilisatorische Sozialisierung als zerstörerisch verstanden:

> Der Herr des Südmeeres war der Schillernde *(Shu)*; der Herr des Nordmeeres war der Zufahrende *(Hu)*; der Herr der Mitte war der Unbewußte *(Hundun)*. Shu und Hu trafen sich häufig im Land des Unbewußten, und er begegnete ihnen stets freundlich. Shu und Hu überlegten nun, wie sie Hunduns Güte vergelten könnten. Sie sprachen: »Jedermann hat sieben Öffnungen, um zu sehen, zu hören, zu essen und zu atmen. Nur Hundun hat sie nicht. Wir wollen versuchen, sie ihm zu bohren.« Sie bohrten ihm jeden

Tag eine Öffnung. Am siebten Tage, da war der Hundun tot.
(*Zhuangzi*, Buch 7; Wilhelm 1951, S. 58)

Dieses Hundun ist nicht das Tohuwabohu der Genesis, sondern es ist schon eine Ordnung, die allerdings vorgängig ist, alles Weitere hervorbringend, wie es sich auch in den kosmogonischen Sentenzen im *Daodejing* spiegelt. Dort heißt es von Himmel und Erde:

Himmel und Erde sind nicht menschenfreundlich;
Sie nehmen die zehntausend Wesen für Strohhunde.
Der Heilige Mensch ist nicht menschenfreundlich;
er nimmt die hundert Geschlechter für Strohhunde.

Himmel und Erde, wie gleicht
Ihr Zwischenraum einem Blasebalg!
Er fällt nicht ein, ob noch so leer;
Je mehr bewegt, gibt aus er um so mehr.

Viele Worte – manch Verlust.
Am besten, man bewahrt sie in der Brust!
(*Daodejing* 5; Debon 1979, S. 29)

Hier wird das Ganze in den Blick genommen, und auch der einzelne Mensch ist nur ein Teil desselben, wie die bei Opfern verwendeten, aus Stroh gefertigten Hunde, die verbrannt oder nach dem Ritual achtlos weggeworfen werden.

Der Begriff des »Dao«, gedacht als Uranfang und als Orientierungsgröße und von Richard Wilhelm als »Sinn« übersetzt, steht immer im Mittelpunkt:

Sein und Nichtsein ist ungetrennt durcheinander,
Ehe Himmel und Erde entstehen.
So still! So leer!
Allein steht es und kennt keinen Wechsel.
Es wandelt im Kreise und kennt keine Unsicherheit.
Man kann es fassen als Mutter der Welt.
Ich weiß seinen Namen nicht.

Ich bezeichne es als »Sinn«.
(*Daodejing* 25; Wilhelm, Laotse 1921, S. 27)

Der Sinn faßt alles Bestehende in sich.
Aber durch sein Wirken geht er nicht etwa im Bestehenden auf.
Abgründig ist er, als wie aller Geschöpfe Ahn.
Er mildert ihre Schärfe.
Er löst ihre Wirrsale.
Er mäßigt ihren Glanz.
Er vereinigt sich mit ihrem Staub.
Unsichtbar ist er und doch als wie wirklich.
Ich weiß nicht, wessen Sohn er ist.
Er scheint früher zu sein als der Herr.
(*Daodejing* 4; Wilhelm, Laotse 1921, S. 6)

Das *Dao* wird auch als »Herr«, als Gottheit identifiziert, und ganz gleich ob es diese Bedeutung ursprünglich hatte, ist es später – dem Bedürfnis der Massen nach Konkretisierung entsprechend – immer wieder auch personalisiert vorgestellt worden.

Auch in einer anderen Version des Schöpfungsmythos wird die Vorstellung von der Erschaffung der Welt als ein dialektisches Geschehen und zugleich als ein Prozeß der Ausdifferenzierung und als ein Zahlenspiel geschildert:

Meister Liezi sprach: Die alten Weisen nahmen das Lichte und das Finstere als Grundursachen der Welt. Aber alles Körperliche entsteht aus Unkörperlichem; so muß doch auch die Welt einen solchen Ursprung haben. Darum sage ich: Es gibt eine Urwandlung, einen Uranfang, ein Urentstehen, eine Urschöpfung.

Die Urwandlung ist der Zustand, da die Kraft noch nicht sich äußert. Der Uranfang ist der Zustand, da die Kraft entsteht. Die Urentstehung ist der Zustand, da die Form entsteht. Die Urschöpfung ist der Zustand, da der Stoff entsteht. Den Zustand, da Kraft, Form und Stoff noch ungetrennt durcheinander sind, nennt man Dasein. Dasein bedeutet den Zustand, da die Dinge miteinander und durcheinander sind und noch kein gesondertes Fürsichsein haben. »Schaut man darauf, so sieht man nichts, horcht man danach, so hört man nichts, verfolgt man es, so erhält man nichts; darum heißt es das Wandelbare.« Als das Wandelbare hat es keine Schranke der Form.

Dieses Wandelbare wechselt und wird zur Eins. Die Eins wechselt und wird zur Sieben. Die Sieben wechselt und wird zur Neun. Die Neun ist der Endpunkt dieses Wechsels. Aber sie wechselt noch einmal und wird wieder zur Eins. Diese Eins ist die Entstehung der wechselnden Formenwelt. Das Reine und Leichte steigt empor und wird (zur unsichtbaren Welt) zum Himmel. Das Trübe und Schwere senkt sich herab und wird (zur sichtbaren Welt) zur Erde. Das, wovon die einigende Kraft ausstrahlt, wird zum Menschen. Darum enthalten Himmel und Erde den Samen, aus dem alle Dinge durch Wandlung erzeugt werden. (*Liezi*, ed. *Zhuzi jicheng*, S. 2; Wilhelm 1974, S. 34f.)

Hier werden bereits die Entsprechungssysteme sichtbar, die seit der Reichseinigung immer stärker die geistige und religiöse Welt Chinas besetzen.

Dualistische Vorstellungen prägten von Anbeginn die chinesische Geisteswelt und trugen mit dazu bei, sie später für manichäische und sonstige zwischen Reinheit und Unreinheit unterscheidende Kulte empfänglich sein zu lassen. Die Schöpfung erwuchs also aus einem Chaos, aus einer Vermischung, und bedeutete zugleich die Herstellung einer Ordnung aus dem Chaos *(hundun)*. Solche Wiederherstellung von Ordnung sollte die Grundstruktur der chinesischen Religiosität und Geistigkeit überhaupt ausmachen. Freilich gab es dabei immer auch Freiräume für einzelne, für den Rückzug, für das Absonderliche bis hin zur Verrücktheit. Auch dies hatte seinen Platz. Doch aus dem Gedanken der Wiederherstellung von Ordnung und Harmonie bildete sich eine spezifische Struktur von Plausibilitäten heraus, die für die Religionsentwicklung in China bis hin zu den Anforderungen der heutigen modernen Gesellschaft bestimmend bleiben sollte.

Das Fortwirken der Götter und die Erhaltung der Welt

Die Durchmischung einer systemischen Ordnungsvorstellung mit einzelnen Gottheiten als Elementen der Heiligkeit verhinderte die Ausbildung eines alles dominierenden Schöpfergottes und hat damit auch die Entfaltung autoritärer Staatsstrukturen unmöglich gemacht. China war keine Despotie, kannte aber auch nicht den Ausweg der Berufung auf eine Instanz jenseits von Himmel und Erde, und vor allem formierte sich daraus kein Zwang zu nachhaltiger öffentlicher Kontrolle von Herrschaftsausübung, wie sie im Westen zum Ausgangspunkt von Verfassungen und zur Konstruktion von Souveränitätsvorstellungen wurde. Regulative Kräfte blieben wichtig, die eine vermittelnde und integrierende Funktion hatten. Daher ist die chinesische Kultur in vielen Bereichen durch solchen Integrationismus gekennzeichnet, der auch vor der Ausbildung von Weltzerstörungsphantasien bewahrte. Zwar hatte der Erste Kaiser, der Reichseiniger, darauf hingedrängt, die Zwischenschichten abzuschaffen und sich gegen alles zu wenden, was seinem Gesetzeswillen zuwider war, doch hatte sich dieser Vorsatz nicht durchsetzen können. Es gelang den chinesischen Kaisern eben nicht, sich zum Gott zu erheben.

Wie in anderen Kulturen auch interessierten sich die Herrschenden in China für die Welterklärungen ihrer Umwelt, und sie suchten auf deren Ausgestaltung Einfluß zu nehmen. Dabei gerieten, wie dies für das Rom der Kaiserzeit berichtet wird, »Astrologen, Philosophen, Magier, Verkünder fremder Götter, Gegenwarts- und Zukunftsdeuter aller Art« in ihr Blickfeld. (Fögen 1997, S. 12) Und gerade weil es nicht gelang, diese auszuschalten und die Willensfreiheit und damit die Unvorgreiflichkeit der Zukunft zu etablieren, blieben die Herrscher selbst eingebunden in die Schicksalhaftigkeit des Weltenlaufs. Und dennoch gibt es eine Strukturähnlichkeit zwischen dem Himmelssohn einerseits und der Rede von dem »Kaiser von Gottes Gnaden« des Diokletian andererseits. Gebete für den Kaiser finden wir seit dem 5. und 6. Jahrhundert, etwa durch die Buddhisten, ganz so wie dies im 2. Jahrhundert Theophilos, der Bischof von Antiochien, formulierte, nur daß eben ein »wirklicher wahrer Gott« nicht vorkommt:

> Also will ich lieber den Kaiser [als die Götter] ehren, nicht indem ich ihn anbete, sondern indem ich für ihn bete. Den wirklichen und wahren Gott bete ich an, wohl wissend, daß der Kaiser von ihm bestellt ist. Du fragst mich nun: »Warum betest Du nicht den Kaiser an?« – Weil er nicht geschaffen wurde, um angebetet zu werden, sondern um mit der ihm rechtmäßig zustehenden Ehre verehrt zu werden. Denn er ist nicht Gott, sondern ein Mensch, der von Gott bestellt wurde, nicht um angebetet zu werden, sondern um ein gerechter Richter zu sein. Auf gewisse Weise ist ihm nämlich von Gott die Verwaltung und Gerechtigkeit anvertraut worden. (Fögen 1997, S. 272)

Eine derartige Machtübertragung, wie sie auch im Recht des *Sachsenspiegels* veranschaulicht wird, hat es in China nicht gegeben. Die Mohisten, jene Gegner des Konfuzius im 5. und 4. vorchristlichen Jahrhundert, hatten noch versucht, die Geister als Wächter der Gerechtigkeit zu etablieren (Schmidt-Glintzer 1992, S. 23), doch eine »Komplizenschaft« zwischen Herrschenden und Göttern ließ sich nicht erreichen, ganz im Gegensatz zu Europa, wo »Gott und Kaiser zu Komplizen gegenüber den Menschen« wurden (Fögen 1997, S. 272ff.), insbesondere dort, wo sich Christen der Monarchie unterwarfen. Denn es gab in China keinen anzubetenden einen Gott, und so war auch eine solche Formel wie die der Christen nicht denkbar, die lautet: »Darum beten wir zwar Gott allein an, euch aber leisten wir im übrigen freudigen Gehorsam, indem wir euch als Kaiser und Herrscher der Menschen anerkennen.« (Fögen 1997, S. 272) Während also in Europa »das Wissen vom Willen der Götter und der Sterne, von ihrer Macht und ihrem Einfluß« aufgegeben werden mußte, blieb dieses Wissen in China zugänglich, weil es eben auch konkurrierende Götter gab und weil die wohl in einem Teilgebiet Chinas einmal bestehende Vorstellung von einem personellen göttlichen

Oberahn abgelöst worden war durch den Himmelskult. Der Herrscher hatte gleichwohl, solange ihm das »Mandat des Himmels« zugesprochen wurde, weitgehende Machtbefugnisse und war die rituell wichtigste Instanz. Dennoch blieb das Deuten von Vorzeichen mitunter gefährlich, wie etwa im Falle des Guo Pu, der dem Kriegsherren Wang Dun (266-324) keine günstigen Vorzeichen für die Thronusurpation lieferte und daher im Jahre 324 im besten Mannesalter enthauptet wurde.

Weil es keinen Schöpfer und daher auch keine eindeutige Bestimmung durch die Gestirne und auf diese Weise eher ein relationales Verhältnis der Wirkkräfte gab, war auch die Frage nach der Freiheit des Willens und damit nach der Freiheit des einzelnen nicht mit jener Dramatik zu stellen, mit der sie dann Augustinus formuliert hatte und mit dem Konzept eines »freien Untertanenwillens« beantwortete, welcher »aufgrund von Selbstverpflichtung Gott und seinem Stellvertreter gehorcht«. (Fögen 1997, S. 176; siehe auch Mayer, Grote und Müller 2007) Daher ist auch das Böse nicht in jener Weise in die Vorstellungswelt Chinas getreten, wie dies im Abendland der Fall ist. (Safranski 1999) Aus dieser Weltvorstellung heraus erklärt sich auch der Umstand, daß es zwar Vorstellungen von Katastrophen gegeben hat, etwa auch den Mythos einer Sintflut (Birrell 1997; Lewis 2006), daß diese Vorstellung sich aber nicht in jener Weise massenwirksam verbreitet hat, daß an sie immer wieder angeknüpft werden konnte. Horrorszenarien wie solche in Monsterfilmen oder in Filmen über die Zerstörung der Welt oder doch Manhattans, Phantasien wie die Zerstörung des World Trade Center in Videoclips aus Hollywood, die dann junge Männer durch Selbstopferungen realisieren wie am 11. September 2001, solche Weltuntergangsphantasien sind in China schwer vorstellbar.

Konfuzius: Kult und Lehre

Mit Konfuzius (551-479 v. Chr.) werden viele Wertorientierungen in Verbindung gebracht, und zwar ganz jenseits irgend-

Von den »Lehrern Chinas« ist an erster Stelle Konfuzius (551-479 v. Chr.) zu nennen – hier als Abklatsch einer Steingravur von 1734 –, der bis in die Gegenwart verehrt wird. In dessen Tradition stehen Denker wie Mengzi (oder Menzius, 372-289 v. Chr.) und Xunzi (300-230 v. Chr.). Gegen diese konfuzianischen Lehren stellten sich Repräsentanten des sogenannten Daoismus wie Zhuangzi (um 365-290 v. Chr.) und Laozi.

welcher religiöser Vorstellungen. Im 20. Jahrhundert waren insbesondere im Zusammenhang der Periodisierungsdebatten viele davon überzeugt, daß im zukünftigen China Konfuzius keine Rolle mehr spielen werde, denn er wurde mit der Sklavenhaltergesellschaft beziehungsweise der Feudalzeit und der Zeit der Ausbeutung gleichgesetzt. Und nun taucht er doch wieder auf, man gedenkt seiner, und die offizielle chinesische auswärtige Kulturpolitik errichtet überall in der Welt Konfuzius-Institute. Das erklärt sich leicht, wenn man erkennt, daß diese Gelehrtenfigur für die Kontinuität Chinas steht, ohne dabei übersehen zu müssen, daß es über die Jahrhunderte und insbesondere gegenwärtig grundstürzende Veränderungen gab und gibt, welche die chinesische Gesellschaft unter unabsehbare Belastungen stellen und zugleich Chancen versprechen. Neben Konfuzius gibt es noch andere zentrale Gestalten, beispielsweise Chinas »ersten Dichter« Qu Yuan (343-290 v. Chr.), doch ist Konfuzius derjenige, mit dem sich China bis heute am meisten identifiziert, gerade weil es sich um keine Gottheit oder einen Propheten handelt, sondern nur um einen Lehrer. Und es scheint, als bliebe dies so, weil die in der Tradition des Konfuzius gesehene Sozialmoral erfolgversprechend ist, weil Konfuzianismus eine Zuflucht für China zu sein scheint, will es sich nicht selbst verlieren. Dabei muß uns bewußt bleiben, daß einerseits unser bisheriges Konzept des Konfuzianismus auf die Chinabeschreibungen der Jesuiten zurückgeht und daß andererseits die Rede von einer Renaissance des Konfuzianismus als Weltreligion mit den Geltungsinteressen vieler heutiger chinesischer Intellektueller aufs engste verknüpft ist. Es ist also nicht abzusehen, ob es nicht doch einmal ein China nach Konfuzius geben wird, da es doch auch eine Zeit vor Konfuzius gab! So verlockend dieser Gedanke auch sein mag, die Frage muß offenbleiben, solange nicht geklärt ist, was China ist; anders gewendet, die Berufung auf Konfuzius und die mit seinem Namen verbundenen geistigen Traditionen werden sinnstiftend für die Identität Chinas bleiben. Seit wir von einem größeren Territorium auf dem Gebiet des heutigen China als Staatswesen sprechen können, geht dies mit einem Selbstverständnis einher, welches an Texte gebunden und mit Regeln verknüpft ist, die zusammenfassend als konfuzianische Überlieferung gelten. Von vornherein gab es dabei eine Spannung zwischen den staatlichen Macht- und Geltungsansprüchen und dem Selbstverständnis der konfuzianischen Lehren und ihrer Vertreter. Diese Spannung zieht sich durch die Geschichte Chinas; sie ist auch die Spannung des Verhältnisses von Intellektuellen und Staat, von Geist und Macht, und die Dynamik der Lehren des Konfuzius hängt mit diesem Wechselverhältnis zusammen und damit, daß auch gegenwärtige Wertentscheidungen in China unter Rückgriff auf diese Traditionen diskutiert und getroffen werden.

Der Konfuzianismus und damit die Staats- und Soziallehre der Literatenschicht des chinesischen Kaiserreiches basierte auf den Wertvorstellungen der chinesischen Antike und verstand sich stets als der legitime Vertreter der idealisierten alten Traditionen. Er bestimmte im Laufe der Zeit zunehmend Politik und Moral in China. Auch wenn er über lange Zeit die politische Kultur und die Geisteswelt in Japan und Korea prägte, ist sein historischer Ort doch immer China geblieben, so daß der Ausdruck Konfuzianismus gelegentlich sogar als Synonym für die chinesische Kultur verwendet wurde. Dies schließt ein, daß der Konfuzianismus im Wandel der Zeiten immer wieder Veränderungen unterworfen war. Gemeinsam sind allen Spielarten des Konfuzianismus einige Merkmale: die Betonung der Sozialbeziehungen, vor allem der sozialen Hierarchien, die Verwerfung jedes Egalitarismus, die Hervorhebung der Innenbeziehungen gegenüber jedweden Außenbeziehungen und die Überzeugung von der grundsätzlichen Erziehbarkeit jedes Menschen. Als Staatslehre und als Ritualkodex diente er dem Kaiserreich zu dessen Legitimation, zugleich aber auch, im Interesse der literarisch geschulten Beamten, zur Beschränkung, zur Eingrenzung und Zähmung der Macht des Herrschers und der Militärs und somit zu einem am Gesamtwohl orientierten Ausgleich der Interessen.

Wegen seiner ursprünglich im Kern agnostischen Haltung

war der konfuzianische Staatskult allerdings genötigt, andere kultische und philosophische Elemente der konfuzianischen Sittenlehre hinzuzufügen. Auf diese Weise wurde es zur Daueraufgabe konfuzianischer Bemühungen, die zentrale kanonische Überlieferung mit neuen Bildungserfordernissen, aber auch mit geänderten politischen Lagen und veränderter Sozialmoral, und zwar stets mit Blick auf das Handeln, in Einklang zu bringen. Es wurden aber keine Götter eingebunden, weil deren Verehrung in anderen Foren erfolgte; damit aber band sich die konfuzianische Lehre auch nicht an den Erfolg oder Mißerfolg von Heilsversprechungen. Bezeichnend für diese integrationistische Tendenz war die seit den sozialen Umwälzungen der Tang-Zeit auf Harmonie gerichtete Behauptung, die »drei Lehren«, das heißt Konfuzianismus, Daoismus und Buddhismus, seien im Grunde eins. So kam der Konfuzianismus trotz der Behauptung, eine agnostische Lehre zu sein und sich um die Existenz von Geistern und Göttern nicht zu kümmern, den religiösen Bedürfnissen der chinesischen Gesellschaft entgegen und moderierte diese zugleich.

Sittlichkeit und institutionalisierte Textauslegung

Konfuzius gehörte aller Wahrscheinlichkeit nach zu der in seiner Zeit zahlenmäßig großen Gruppe verarmter Mitglieder des niederen Adels. Grundgedanken seiner Lehre fußen auf bereits weit älteren Vorstellungen vom öffentlichen Wohl und von dem Amt als dem einzigen legitimen Weg zu Ruhm, Ansehen und hoher Stellung. Damit verknüpft ist die Vorstellung von der Würde des einzelnen ohne Ansehen seiner Position. Die Überwindung aristokratischer Waffengänge war vorausgegangen, auch wenn die Erinnerung daran und die Pflege derselben in anderen Milieus fortlebten und das China der folgenden Jahrhunderte durchaus eine kriegerische und an militärischer Gewalt reiche Geschichte auszeichnet. Die Lehre des Konfuzius aber war von Anbeginn an zivil, und sie hielt sich darauf viel zugute, ein Umstand, der sie dem Vorwurf ausgesetzt hat, eine gewaltreiche Praxis mit dem Schein der Zivilität zu bemänteln.

Konfuzius soll zeitlebens von der Vorstellung überzeugt gewesen sein, er selbst sei zu einer inneren, gleichsam verdeckten Herrschaft berufen. Diese Selbsteinschätzung des Konfuzius und seiner Nachfolger bewahrte ihnen das Gefühl der Erwähltheit und damit einer gewissen Unabhängigkeit. Aus einer solchen Spannung zur Welt und dem grundsätzlichen Zweifel an dem Charisma des Herrschers erwuchs einerseits der Anspruch späterer sich auf Konfuzius berufender Generationen, beratend und handelnd an der Gestaltung der Politik mitzuwirken; andererseits konnte diese Spannung auch zu einer eskapistischen Haltung und zu einer grundsätzlichen Ablehnung einer Verstrickung in die Welt der Politik führen. Bei solcher Einstellung verknüpften sich häufig daoistische und konfuzianische, später auch buddhistische Welthaltungen.

Die von Konfuzius gelehrte Sittlichkeit verpflichtet den einzelnen dazu, sein eigenes Leben auf den rechten Weg zu bringen und so dazu beizutragen, daß »unter dem Himmel der Weg vorhanden« ist. (*Lunyu* 16,2) Aufgrund ihrer Schulung empfahlen sich seine Schüler für politische Ämter im Staatsdienst, was mit zu einer Schulenbildung beitrug. Bereits im 5. Jahrhundert v. Chr. soll es zwei gegensätzliche konfuzianische Schulen gegeben haben, von denen die eine, eher sozial und politisch orientiert, sich auf das dem Konfuzius-Schüler Zengzi (505-436 v. Chr.) zugeschriebene »Daxue« (»Das Große Lernen«) stützte. Die andere stellte das dem Enkel des Konfuzius Zisi (483-402 v. Chr.) zugeschriebene und eher metaphysisch-religiös orientierte »Zhongyong« (»Einhalten der Mitte«) in den Vordergrund. Nur durch die spirituelle Ausweitung der Denkräume durch daoistische und buddhistische Lehren ist es zu erklären, daß das »Zhongyong« dann in der Tang-Zeit zu einem der wichtigsten Texte der konfuzianischen Lehre wurde. Dies wird deutlich an einem dem Text des »Zhongyong« erst später hinzugefügten Vorspruch:

> Was der Himmel dem Menschen aufträgt, das nennt man sein Wesen. Dem Wesen folgen, das nennt man den Weg. Den Weg kultivieren, das nennt man die Lehre.

Den Weg darf man selbst für kurze Zeit nicht verlassen. Dürfte man ihn verlassen, so wäre es nicht der Weg.

Aus diesem Grunde achtet der Edle auch das, was er nicht sieht, und ehrt auch das, was er nicht hört. Nichts ist sichtbarer als das Verborgene, nichts ist offenbarer als das Geheime. Daher wacht der Edle über sich, auch wenn er allein ist. (Weber-Schäfer 1963, S. 28)

Wohl zum ursprünglichen Text gehörig ist dann der folgende Satz:

Wenn Wohlgefallen und Ärger, Trauer und Freude nicht hervortreten, das nennt man die Mitte. Wenn sie hervortreten und alle das mittlere Maß einhalten, das nennt man Harmonie.

Die Mitte ist die große Wurzel der Oikumene. Die Harmonie ist der allgemeine Weg der Oikumene. Sind Mitte und Harmonie erreicht, so kommen Himmel und Erde ins Gleichgewicht, und die Zehntausend Dinge gedeihen. (Weber-Schäfer 1963, S. 31)

Mit der »Oikumene« ist hier das Reich gemeint, »alles, was unter dem Himmel ist« *(tianxia)*, und es ist diese Stelle, auf die sich die Propagierung der Harmonie Hu Jintaos zu Beginn des 21. Jahrhunderts berufen kann. Im »Zhongyong« folgt dann ein Zitat des Meisters selbst, der von einer Lage des Niedergangs und des Verfalls spricht, aus der die Spannung des Edlen zur Welt erwächst und die Ermahnung zum Wirken in der Welt ableitbar ist.

Zhongni [das ist Konfuzius] sprach: »Der Edle hat die Anwendung der Mitte. Der geringe Mann wendet sich gegen die Anwendung der Mitte.«

Für den Edlen bedeutet die Anwendung der Mitte, daß er ein Edler ist und jederzeit die Mitte einhält. Für den geringen Mann bedeutet, daß er sich gegen die Anwendung der Mitte wendet, daß er ein geringer Mann ist und vor nichts zurückschreckt.

Der Meister sprach: »Die Anwendung der Mitte ist das Höchste. Im Volke vermögen das schon seit langem nur wenige.« (Weber-Schäfer 1963, S. 32)

Gegensätzliche Richtungen standen sich in der Geschichte des Konfuzianismus häufig gegenüber. Der bekannteste Konflikt innerhalb des Konfuzianismus war jener zwischen Menzius (372-289 v. Chr.) und Xunzi (vielleicht 298-238 v. Chr.) über den Charakter der menschlichen Natur, bei dem es vor allem um die Frage ging, ob der Mensch von seiner ursprünglichen Natur her gut oder schlecht sei.

Eine Neubelebung hatte die konfuzianische Tradition unter der Herrschaft des Kaisers Wudi der Han erlebt, verknüpft mit dem Jahr 136 v. Chr., als Lehrstühle *(boshi)* für fünf kanonische Schriften eingerichtet wurden. Diese Tradition institutionalisierter Textauslegung überstand den Zerfall der Han-Dynastie und die Zeit der Reichsteilung und dauerte bis zum Ende des 6. Jahrhunderts n. Chr. Sie wurde dann durch eine Tendenz zur Kanonisierung ersetzt und trat daher in den Hintergrund beziehungsweise vermischte sich mit Bemühungen um den Buddhismus und seine Schriften sowie mit daoistischen Strömungen. Als in der Tang-Zeit eine sogenannte »Altschrift«-Bewegung einsetzte und in Han Yu (768-824) ihren ersten Höhepunkt erreichte, richtete diese sich zwar zunächst gegen die Überfeinerung und Veräußerlichung im Schriftstil namentlich der Südlichen Tradition, stand aber zugleich, trotz der Behauptung eines Traditionsabbruches seit Menzius, auch in der Nachfolge derselben. Diese zunächst oppositionelle Strömung wurde im 11. Jahrhundert zu einer der führenden Parteiungen. Kennzeichnend für deren Mitglieder war, daß sie, wie viele ihrer Zeitgenossen, zumeist nachhaltig durch die buddhistische Lehr- und Auslegungspraxis beeinflußt worden waren. Aus einer Wiederbelebung der zweiten »Altschrift«-Bewegung während der Song-Zeit erwuchs dann der sogenannte Neo- oder Neukonfuzianismus, der in den Lehren des Zhu Xi (1130-1200) seinen Höhepunkt finden sollte. Gegen die Auslegungen des Zhu Xi wandten sich bald andere Lehrer, wie überhaupt auffälligerweise seit der Durchsetzung der Bürokratie in China mit der Errichtung der Dynastie Song (960-1279) einzelne charismatische Lehrerpersönlichkeiten auftraten. Darin spiegelt sich auch die den konfuzianischen Lehrern zugewachsene Rolle der geistigen wie der geistlich-religiösen Führerschaft.

Im Mittelpunkt der Erörterungen der späteren Konfuzianer stand das Verhältnis zwischen dem alles durchwaltenden kosmischen Prinzip *(li)* und der gestaltenden materiellen Kraft *(qi)*. Dabei bildeten sich in der Zeit der Song-Dynastie Schulen aus, von denen die um Cheng Yi (1033-1107) und Zhu Xi als die rationalistische, diejenige um Lu Xiangshan (1139-1193) als die idealistische bezeichnet wird. So sind *li* und *qi* für Zhu Xi unterschieden, für Lu hingegen bilden beide eine Einheit. Für Zhu Xi ist der menschliche Geist eine Funktion des Prinzips, für Lu ist er selbst das Prinzip. Während Zhu das Prinzip in den Dingen sucht, läßt es sich für Lu nur im menschlichen Geist selbst finden. Gegen eine zunehmende Verhärtung und Dogmatisierung des Rationalismus der Zhu Xi-Tradition wandte sich eine vor allem durch Wang Yangming (1472-1529) vertretene oppositionelle Strömung, welche die philosophischen Debatten der Ming-Zeit (1368-1644) entscheidend prägte. Gegen die Wang-Yangming-Schule, in der die Lehre von dem eingeborenen Wissen vom Guten und von der eingeborenen Fähigkeit, Gutes zu tun, im Mittelpunkt steht, vor allem aber gegen die individualistischen Tendenzen unter den Anhängern dieser Richtung wandten sich die Neokonfuzianer zu Beginn der Qing-Dynastie (1644-1911). Doch richteten sie sich nicht nur gegen den Idealismus des Wang Yangming, sondern zugleich auch gegen den Rationalismus Zhu Xis und forderten – unter dem Einfluß jesuitischer Missionare – eine praktische Orientierung des Lernens.

Offizielle Anerkennung und Staatskult

Weitgehend unabhängig von solchen Auslegungstraditionen gab es die institutionalisierte Verehrung des Konfuzius. Diese hing einerseits damit zusammen, daß die Literatenklasse ihn zu ihrem Patron erhoben hatte, aber auch damit, daß andere Kulte und religiöse Kräfte nur dadurch überwunden werden konnten, daß sich die konfuzianische Lehre eines Kultes bediente. Indessen blieb es ein Merkmal des Konfuzianismus, daß er – im Gegensatz zu den späteren rivalisierenden Lehren des Daoismus und des Buddhismus – keine eigene Priesterschaft kannte.

Durch die frühe Integration der kosmologischen *Yin-Yang*-Lehre in das Denkgebäude des Konfuzianismus wurde ein dualistisches Weltmodell systematisiert, das sich zwar auf alte dualistische Traditionen stützen konnte, das aber erst durch die Integrationsleistung Dong Zhongshus (179-104 v. Chr.) ein alle Bereiche der Gesellschaft und des Staates erfassendes und bestimmendes Gewicht erhielt. Diese Konfuzianisierung der Staatsverwaltung wurde begleitet von einer zunehmenden Verehrung des Konfuzius. Die Frage stellte sich dabei allerdings, ob der Konfuziuskult ausreicht. Kaiser Wu soll einer späteren Erzählung zufolge Dong Zhongshu auf die Probe gestellt haben, indem er einen Zauberer *(wu)* zu ihm sandte. Dieser soll ihn mit unheilbewirkenden Verwünschungen überzogen haben, doch Dong Zhongshu habe nur still sitzend die Klassiker rezitiert, so daß der Zauberer plötzlich starb. Sicher auch mit der Absicht der Stärkung des Konfuzius hatte bereits der Gründer der Dynastie Han, Gaozu (reg. 206-188 v. Chr.), an Konfuzius' Grab in Qufu (in der heutigen Provinz Shandong) geopfert, und spätere Herrscher hatten einzelne Zweige der Nachkommen des Konfuzius geadelt. Doch erst der Erlaß des Kaisers Mingdi (reg. 57-75 n. Chr.) der späteren Han-Dynastie aus dem Jahre 59 n. Chr., der den Regierungsschulen die Pflicht auferlegte, Konfuziusopfer durchzuführen, begründete die allgemeine offizielle kultische Verehrung des Konfuzius. Im Jahre 630 ordnete der Tang-Kaiser Taizong an, daß bei allen Präfektur- und Kreisschulen ein Konfuziustempel zu errichten sei. In diesen Tempeln wurden neben Konfuzius verdiente Gelehrte wie Heilige verehrt. Ihrer Benennung gingen oft lange Debatten voraus. (Koh 2007)

Es scheint zumindest so, daß seit dem Ausgang des 19. Jahrhunderts der Konfuzianismus grundsätzlich neu bewertet wird und daß in der Folge dieses Wandels sich auch die offizielle Konfuziusverehrung ändert. Ein Zeichen für die Abkehr von einer langen Tradition war die Abschaffung der Staatsprüfungen im Jahre 1905. Mit der Monarchie im Jahre 1911 wurden das Himmelsopfer sowie andere vom Herrscher durchzuführende Rituale abgeschafft, und die entsprechenden Kultstätten wurden zu öffentlichen Parkanlagen ausgestaltet. Im Jahre 1928 wurde auch das alljährliche Opfer am Konfuziustempel in seiner Heimatstadt Qufu in der Provinz Shandong nicht fortgesetzt. Gleichwohl ist der Konfuzianismus ein öffentliches Thema geblieben.

Lange Zeit wurde der Konfuzianismus nahezu für alles Negative in China verantwortlich gemacht, nicht nur bei Teilen der sogenannten Vierten-Mai-Bewegung (seit 1915), sondern auch in der Anti-Lin-Biao-/Anti-Konfuzius-Kampagne während der Kulturrevolution (1966-1976). Seit Mitte der achtziger Jahre des 20. Jahrhunderts jedoch ist in der Volksrepublik China eine gegenläufige Entwicklung zu verzeichnen.

Immer aber hatten neben dem Konfuzianismus andere Kulte und Religionen existiert und für die Massen oft eine weit größere und wichtigere Rolle als der Konfuzianismus gespielt. Solche religiöse Praxis konnten die Vertreter des Konfuzianismus dulden, solange dadurch ihre Privilegien nicht beschränkt wurden. Im Laufe der Zeit wurden aber die anderen in China praktizierten Religionen, vor allem der Buddhismus und der Daoismus, in einem solchen Maße ihrerseits »konfuzianisiert«, daß sich die Rivalität zwischen den Lehren kaum mehr auf grundsätzliche Unterschiede, sondern mehr auf Gruppeninteressen stützte. Eine frühe Folge hiervon war die erwähnte Ausbildung einer »Drei-Eins-Lehre« *(sanjiao heyi)* seit der Tang-Zeit, bei der Konfuzius, Laozi und Buddha gemeinsam verehrt wurden. Strittig blieb und immer wieder neu geklärt werden mußte die Frage, welche der drei Lehren den zentralen mittleren Platz einnehmen dürfe.

Ethik, Soziallehren und gesellschaftlicher Wandel

Die konfuzianische Soziallehre betrachtete, vor dem Hintergrund des sich selbst kultivierenden einzelnen, der eines Lehrers bedurfte, die Familie als den zentralen Ort des sozialen Geschehens. Überhaupt waren sämtliche Maximen sozialer Verpflichtung dem Beispiel der Familie als dem sozialen Paradigma schlechthin entnommen worden. So wurde die Pietät des Kindes gegenüber seinem Vater zur Loyalität des Untertanen zu seinem Fürsten. Dabei war Konfuzianismus niemals eine einheitliche Lehre, sondern umfaßte stets mehrere, oft fast gegensätzliche Lehren. Es machte gerade die Stärke des Konfuzianismus aus, daß er immer wieder die unterschiedlichsten geistigen Strömungen in sich aufnahm, sich von anderen Lehren anregen ließ und selbst reformerische und innovative Strömungen zuließ. Aus dieser synkretistischen Neigung des Konfuzianismus resultiert die Schwierigkeit, ihn gegenüber anderen Lehren genau abzugrenzen. Die Weitergabe der Lehre, die Unterrichtung des einzelnen konnte zwar in der Familie oder im Klan erfolgen, doch war sie gebunden an den Lehrer und gewann auf diese Weise immer wieder neu ihre Unabhängigkeit. Andererseits gab es seit der Mitte des 1. Jahrtausends Ansätze zu »Familieninstruktionen«, Bemühungen um die Weitergabe von Lehren und Wissensbeständen innerhalb von Familien. Diese Erscheinung kann als Folge der Auflösung aristokratischer Klanstrukturen gesehen werden, und sie findet zugleich eine Entsprechung in den Lehrtraditionen anderer geistig-religiöser Schulen, namentlich im Buddhismus und Daoismus.

Und immer hat es bestimmte Lehren gegeben, gegen die sich die Konfuzianer unmißverständlich und kompromißlos wendeten. Dies war einmal die in dem von Mo Di (4. Jahrhundert v. Chr.) gestifteten Mohismus propagierte Lehre, bei den zwischenmenschlichen Beziehungen die Verwandtschaftsbeziehungen gänzlich zu vernachlässigen und alle Menschen gleichermaßen zu lieben, zum anderen der extreme

Egoismus und Hedonismus des Yang Zhu. Später wandten sich die Konfuzianer dann auch gegen bestimmte Heilslehren der Buddhisten, vor allem aber gegen das Zölibat und bestimmte andere Formen des Sozialverhaltens bei den Mönchen. Solche Abgrenzung gegen andere, als »falsch« oder »fremd« oder einfach als »unsittlich« bezeichnete Lehren diente in erster Linie der Kennzeichnung jener Grenzen, die bei aller Liberalität und aller Weltoffenheit aus eigener Sicht um keinen Preis überschritten werden durften.

Bei dem Versuch einer Neuorientierung der Literaten und Intellektuellen in den ersten Jahrzehnten der Mandschu-Herrschaft, die sich im Jahre 1644 als Qing-Dynastie etabliert hatte und die bis zum Ende des Kaiserreiches im Jahre 1911 dauerte, glaubte man sich nicht mehr auf Selbstkultivierungsideale des 16. Jahrhunderts berufen zu können, sondern suchte einen neuen, unmittelbaren Zugang zu den Quellen der konfuzianischen Lehre, vor allem zu den Klassikern. Die konsequente und schonungslose Anwendung philologischer Kenntnisse und anderer Wissenschaften, zum Beispiel der Astronomie zur genauen Datierung, hatte eine Offenheit für das Unverhoffte und Unvorhergesehene zur Folge, wie es sie in China zuvor nicht gegeben hatte. Und es waren übrigens jene Gelehrten, die vor allem in den reichen Gegenden am unteren Yangzi-Lauf lebten oder in der Hauptstadt Peking residierten, denen wir unsere Kenntnisse des chinesischen Altertums und der Klassiker heute im wesentlichen verdanken und die bereits im 17. Jahrhundert über die Begegnung mit den Jesuiten das europäische Chinabild jener Zeit prägten.

Die als Han-Gelehrsamkeit *(Hanxue)* dieser Qing (Mandschu)-Dynastie bezeichnete Bewegung führte schließlich dazu, daß mit der Neubewertung des Konfuzianismus die Bereitschaft geschaffen wurde, eine grundsätzliche politische und gesellschaftliche Reform nicht nur zu akzeptieren, sondern sich unter Berufung auf die eigentlichen Werte des Konfuzianismus selbst aktiv dafür einzusetzen. Einen umfassenden Überblick über die Klassikergelehrsamkeit des 17. und 18. Jahrhunderts gibt das im Jahre 1829 in Kanton erschienene, 180

Werke von 75 Autoren enthaltende und 1400 Rollen umfassende *Huang Qing jingjie* (Klassikererklärung der erhabenen Qing). Mit diesem Werk sollte die inzwischen zur Standardausgabe der Klassiker gewordene Sammlung *Shisanjing zhushu* (Kommentare und Bemerkungen zu den Dreizehn Klassikern), allerdings in veränderter Form, fortgesetzt werden, die man im gleichen Verlag nachdruckte.

DIE GÖTTER, DIE SEELEN UND DER WEG

Die begrenzte Macht der Götter

Vielfach ist der chinesische Götter- und Geisterglaube als animistisch bezeichnet worden. Danach würden in vielerlei Dinge Seelen und Geister projiziert. Tatsächlich hat es im traditionellen China keine Trennung der Welt in einen unbeseelten und in einen beseelten Teil gegeben, sondern prinzipiell war alles beseelt. Dementsprechend entwickelte sich eine große Zahl apotropäischer Praktiken, die in allen Lebensbereichen zur Ausführung kamen. Besonders markant sind die Geisterwände hinter Türen. Ausgehend von der Vorstellung, daß Geister nur den geraden Weg nehmen können, verhinderten die Wände hinter den Toreingängen das Eindringen rachsüchtiger Geister.

Die Macht der Geister und Götter war aufgrund ihrer Entstehungsgeschichte, aber auch infolge der kosmologischen Spekulationen eher begrenzt, denn sie selbst waren dem Wechselspiel der Kräfte unterworfen. Und doch spielten sie für die Menschen eine entscheidende Rolle. Sie waren Wächter der Tugenden, und neben tugendhaftem Verhalten war es geboten, die Geister mit bestimmten Mitteln zu besänftigen. Bezeichnenderweise führte die Ausbildung einer Oberahnbeziehungsweise Obergottvorstellung, die seit der Zhou-Zeit durch die Himmelsvorstellung ersetzt wurde, nicht dazu, daß die Wirkmächtigkeit der Geister gemindert wurde. Es gab grundsätzlich keinen Kampf der Götter untereinander; allerdings beanspruchten bestimmte Daoisten, Geister gegen andere Geister einsetzen zu können. Solche Wirksamkeit war stets an Geheimwissen gebunden. Auch wenn es vielerlei Mittel gab, sich der Geister zu erwehren beziehungsweise sich vor ihnen zu schützen, so galt die Macht des Himmels, menschliches Fehlverhalten zu strafen, als unhintergehbar.

Gerade deswegen wurde mit dem Willen des Himmels immer wieder gehadert, wie ein tangzeitlicher Text mit einem Gebet an den Himmel, eigentlich einer Totenklage des Li Zongyuan für den Schriftsteller Lü Wen (774-814), belegt:

> Ach Himmel! Was hat der Edle Übles getan, daß der Himmel ihm feind ist? Was haben die gewöhnlichen Leute verbrochen, daß der Himmel ihnen feind ist? Wenn einer klug ist und aufrecht, wenn er sich wie ein Edler benimmt, so kann man sicher sein, daß ihn der Himmel alsbald sterben läßt. Wenn einer tugendhaft ist und gerecht, wenn er entschlossen ist, den Leuten zu helfen, so kann man sicher sein, daß der Himmel ihm ein frühes Ende bereiten wird. Auch wenn ich es weiß: daß es ins Blaue [da oben] kein Vertrauen und im Unsichtbaren [um mich herum] keine Geister gibt, aber angesichts des Todes von Huaguang [Lü Wen] wächst mein Unmut und mit ihm das Gift in mir, so daß ich von neuem den Himmel anrufe: Ach Himmel! (Schumacher 1985, S. 59)

Mit dem Begriff für »Himmel« *(tian)* war zugleich das Natürliche gemeint. In der Späten Kaiserzeit erhielt der Begriff neues Gewicht dadurch, daß die christlichen Missionare zunächst diesen Begriff zur Kennzeichnung ihre Gottes adaptierten: *Tianzhu* hieß danach »Himmelsherr«, was zu innerkirchlichen Konflikten, nämlich dem Ritenstreit, führte. Die protestantischen Missionare hingegen wählten den Begriff *Shangdi* (»Oberahn«), um den christlichen Gott zu bezeichnen.

Die Gottesvorstellungen waren im Prinzip aber nicht personalisiert; dies galt eher für die Geistervorstellungen, weil die Geister – insbesondere die rachsüchtigen – ja mit unerlösten Seelen Verstorbener in Verbindung gebracht wurden.

Zudem bestand die Tendenz, Götter zu entgöttlichen und in historische Gestalten zurückzuverwandeln, wie dies für die sogenannten Urherrscher, die Kulturheroen, angenommen werden muß. Die Tendenz zur Entpersönlichung des Bereichs der Transzendenz kommt vor allem im Begriff des Dao zum Ausdruck, der bereits eine lange Geschichte hinter sich hatte, als er dann von den Buddhisten als Äquivalent für den Dharma-Begriff eingesetzt wurde.

Der Begriff des Dao, Seelenlehre und Tod

Die klassische Definition des *Dao* findet sich im *Daodejing*, einem Text mit so vielen Deutungsmöglichkeiten, daß jede Übersetzung nur ein Ausschnitt aus vielfältigen Alternativen sein kann. In der Übersetzung Günther Debons lautet der Anfang dieses Werkes:

Könnten wir weisen den *Weg*,
Es wäre kein ewiger Weg.
Könnten wir nennen den Namen,
Es wäre kein ewiger Name.

Was ohne Namen,
Ist Anfang von Himmel und Erde;
Was Namen hat,
Ist Mutter den zehntausend Wesen.

Wahrlich:
Wer ewig ohne Begehren,
Wird das Geheimnis schaun;
Wer ewig hat Begehren,
Erblickt nur seinen Saum.

Diese beiden sind eins und gleich.
Hervorgetreten, sind ihre Namen verschieden.
Ihre Vereinung nennen wir mystisch.

Mystisch und abermals mystisch:
Die Pforte zu jedwedem Geheimnis.
(Debon 1979, S. 25)

Dieser klassische Text ist in vielerlei Weise gedeutet und übersetzt worden. Eine andere Übersetzungsfassung lautet:

> Das Dao, welches so genannt werden kann, ist nicht das ewige Dao. Der Name, welcher genannt werden kann, ist nicht der ewige Name. Das Namenlose ist der Anfang von Himmel und Erde, als Benanntes ist es die Mutter der zehntausend Wesen. Wer daher stets ohne Begierden ist, der erschaut das Wunderbare, und wer stets Begierden hat, der erblickt nur die äußere Hülle. Die beiden Dinge nehmen denselben Ausgang, aber haben verschiedene Namen. Beide werden sie das Geheimnisvolle genannt, das Geheimnis im Geheimnis und das Tor alles Wunderbaren. (Malek 1996, S. 169)

Der Dao-Begriff erlangte eine Bedeutungsbreite wie kaum ein anderer Begriff im Chinesischen. Er kennzeichnete den Ursprung und die Ursache aller Dinge, die allen Dingen und Erscheinungen immanente Ordnung, die Gesetzmäßigkeit des Kosmos. In vielerlei Bildern und Gleichnissen ist das *Dao* beschrieben worden. Erst im späteren Daoismus wurde *Dao* wieder zu einer Gottheit, allerdings mit sehr begrenzter Wirkung. Es wurde verehrt als »Allerhöchster Herr Lao«, der als Manifestation des Allerhöchsten Herrn Dao *(Taishang Daojun)* gesehen wurde.

Die insgesamt starke Weltzugewandtheit der chinesischen und darin dann besonders der konfuzianischen Lebensorientierung war dabei durchaus vereinbar mit dem Wunsch nach der Anteilnahme an diesem stets mehr oder weniger gelingenden Wandlungsprozeß. Neben einer ganz diesseitigen und als skeptisch zu bezeichnenden Tradition gab es daher immer auch die Vorstellung einer Himmelsreise, wie sie uns unter anderem in den *Chuci*, den »Gesängen aus Chu«, überliefert ist. Die skeptische Tradition scheint sich aber selbst in jenem Ritual niedergeschlagen zu haben, das sich als »Zurückrufen der

Seele« *(zhaohun)* im Zusammenhang mit bestimmten Totenzeremonien in der Späteren Zhou-Zeit herausgebildet hatte (Erkes 1914) und in dem die Seele von dem Verlassen der Welt zurückgehalten werden soll. Hierin spiegelt sich die bei der Oberschicht verbreitete Ambivalenz gegenüber dem den Kosmos ausschreitenden Gestus des »Sich-göttergleich-Fühlens« einerseits und der agnostischen Diesseitsorientiertheit andererseits. Die nachhaltige Entwertung des Jenseits zugunsten des Diesseits manifestiert sich in der Häufigkeit des *Zhaohun*-Motivs in der Grabikonographie der Östlichen Han-Zeit. Die Seelen werden aufgefordert, in ihrem irdischen Bereich zu bleiben beziehungsweise dahin zurückzukehren. Dabei werden die Gefahren geschildert, denen sie sich in den vier Weltgegenden, im Himmel und im Jenseits aussetzen würden. Dagegen werden die Annehmlichkeiten und Freuden des irdischen Daseins ausgemalt. Solche Glücksschilderung fand Eingang in alle Bereiche der bildenden Künste. (Finsterbusch 2006)

Frühe Spekulationen über das Verhältnis des einzelnen zur Welt und über so etwas wie eine menschliche Seele nahmen ihren Ausgang von der Vorstellung eines die Körper beseelenden Lebens in den Begriffen *po* und *hun*, die beide Aufleuchtendes beziehungsweise Sich-Verdunkelndes meinen. Dies hat zu der Annahme geführt, daß es zu Beginn der Westlichen Zhou-Zeit noch nicht die Vorstellung von der Fortexistenz einer Individualseele gab. In der Folge wurde die menschliche Seele als aus den Bestandteilen *po* und *hun* zusammengesetzt vorgestellt, was mit anderen Systemen wie dem dualistischen *Yin-Yang*-System und dem Fünf-Wandlungsphasen-Theorem verknüpft wurde. Beim Tod eines Menschen glaubte man, die *po*-Seele, auch als »Körperseele« bezeichnet, kehre zur Erde zurück, während die *hun*-Seele (»Hauchseele«) in den Himmel aufsteige. Die *po*-Seele mußte durch rituelle Handlungen beruhigt werden, weil sonst die Gefahr bestand, daß sie als Geist *(gui)* umherirrt und Schaden anrichtet. Dieser Geist-Begriff *gui* war ebenso wie der Begriff *shen*, der später auch zur Bezeichnung der menschlichen Seele verwendet wurde, weit älter. Während *po* und *hun* zunächst nur eine befristete Dauer nachgesagt wurde – die *hun*-Seele dauere nur fünf Generationen, meinte man –, bediente sich die philosophische Sepkulation der Han-Zeit, etwa der Philosoph Zheng Xuan (127-200 n. Chr.), des *hun*-Begriffs und bezeichnete *hun* als die Basis des menschlichen Bewußtseins und seiner Intelligenz. – Manche gingen auch davon aus, daß der Körper aus drei Grundelementen bestehe, einem körperlichen und zwei spirituellen. Der körperliche Teil sei wie ein Gefäß oder wie eine Kerze. Der eine spirituelle *po*-Bestandteil hält die Kerze am Brennen, hält den Körper am Leben und kontrolliert die fünf Organe. Der andere spirituelle Teil, *hun*, wurde vorgestellt wie das Licht, das von der Kerze ausgeht, als Intelligenz und seelische Eigenschaften des Menschen. *Po* wurde später als weiblich, *yin*, und bei der Empfängnis implantiert, *hun* als männlich, *yang*, und bei der Geburt entstehend ausgedeutet.

Po, die Körperseele, und *hun*, die Hauchseele, trennen sich also beim Tode eines Menschen normalerweise voneinander. Nur wenn jemand eines gewaltsamen Todes stürbe, blieben beide zusammen und suchten nach einem Körper, in den sie schlüpfen könnten, um Vergeltung für das erlittene Unrecht zu üben. In besonders günstigen Fällen, namentlich wenn es sich um Könige handelt, geht der *hun*-Bestandteil in eine Paradieswelt ein, den Wohnsitz Shangdis, in dem die Beziehungen ebenso hierarchisch geregelt sind wie auf der Erde. Die Körperseele, *po*, bleibt jedoch in der Regel beim Körper und verlangt gewisse Fürsorge, Trauer und Verpflegung, widrigenfalls sie sich in einen Dämon *(gui)* verwandelt und an den Hinterbliebenen rächt. Seit dem 8. Jahrhundert v. Chr. wußten die Chinesen auch von den sogenannten »Gelben Quellen« *(huangquan)* als dem Ort der Toten (Y.-s. Yü 1981; Loewe 1979), und mit Begräbnisriten suchte man der Gefahr vorzubeugen, daß die *po*-Seele in diese als qualvoll vorgestellte Unterwelt gelangt. (Bauer 1996)

Die Unmittelbarkeit und Ungebrochenheit der Vorstellung von der Weiterexistenz der Seele und der daraus abgeleiteten

Notwendigkeit, den Ahnen zu opfern, scheint jedoch langsam verfallen oder doch von einem »So-tun-als-ob«-Gestus begleitet worden zu sein. So lesen wir in den *Gesprächen* des Konfuzius, man solle den Seelen opfern, als ob sie gegenwärtig seien (*Lunyu* 3,12), aber auch, daß es weise sei, die Geister zwar zu ehren, sich aber von ihnen fernzuhalten.

In den folgenden Diskussionen über die menschliche Seele wurden Begriffsvarianten gebildet, wie etwa die der »feinstofflichen Seele« *(jingshen)*, von der etwa manche daoistische Denker annahmen, daß sie die Verwirklichung des Dao im Einzelwesen sei, wobei sie allerdings auch nicht von der Kontinuität einer Individualseele ausgingen. Die Frage nach der Sterblichkeit beziehungsweise Unsterblichkeit der Seele beschäftigte die Menschen sehr bald, weil damit aufs engste die Frage nach der Gerechtigkeit beziehungsweise nach der Ansammlung und Weitergabe von Sünden verknüpft war. Immerhin aber war diese »feinstoffliche Seele« der Dynamik des Wechselspiels von Yin und Yang entzogen und blieb insofern beständig. Diese Vorstellung wiederum diente den Verfechtern der buddhistischen Karma-Lehre, sich gegen die von konfuzianischer Seite vorgetragene Vorstellung vom Untergehen der Seele *(shen mie)* zu wehren. Überhaupt beeinflußte der Buddhismus die geistig-religiöse Welt Chinas seit dem 3. nachchristlichen Jahrhundert in fundamentaler Weise.

Schicksal und Unsterblichkeit

In der Folge einiger von dem buddhistischen Mönch Huiyuan (334-417 n. Chr.) vorgetragenen Gedanken beherrschte die Unsterblichkeitsfrage die geistige Elite Chinas und wurde zum Dauerthema der Salongespräche. Darin spiegelt sich eine Entwicklung zur Übertragung der Verantwortung auf den einzelnen. Die Frage nach der Begründung des menschlichen Schicksals *(ming)*, nach den Ursachen für Freude oder Leid, für langes oder kurzes Leben sollte so gelöst werden. Dies sah Fan Zhen (um 450 bis um 515) deutlich, der in seinem berühmten *Essay über die Sterblichkeit der Seele (Shen mie lun)* die Motive der Vertreter des Karma-Gedankens offen brandmarkt und dabei in mancher Hinsicht an Lukrez erinnert. Er verweist darauf, daß Glück und Unglück im wesentlichen durch die Umstände bedingt seien. Daher ist er im 20. Jahrhundert von chinesischen Marxisten, aber auch von westlichen Sinologen, als »erster chinesischer Materialist« bezeichnet worden. (Balázs 1932)

Der Schicksalsbegriff *ming* fand eine Vielzahl an Ausdeutungen, von einem fatalististischen bis hin zu einem normativen Verständnis. Letzteres wurde mit dem Begriff der Moral und der Rechtschaffenheit *(yi)* verknüpft. Der Begriff des »Himmelswillens« oder des »himmlischen Schicksals« *(tianming)* war dabei in beide Richtungen auslegbar, bedeutete er doch einerseits »das vom Himmel festgelegte Schicksal«, andererseits aber auch den »Himmlischen Auftrag«, die einzuhaltende »Vorschrift«, das »Gebot«. Mit diesem Begriff insbesondere wurde die Vorstellung von einer unbestechlichen Gerechtigkeit verknüpft, die auch Herrscher und Regierungen treffen könne, die dem Willen des Himmels zuwiderhandeln beziehungsweise die das auch als »Mandat des Himmels« verstandene *Tianming* verwirkt hatten. Aber gerade weil das Problem der Theodizee, nämlich die Frage, warum auch ein Gerechter leiden und ein Schlechter ohne Schicksalsschläge weiterleben könne, nicht gelöst wurde, weil also der »Himmel« solches Unrecht zuläßt, wurde seine frühe Ausdeutung als Richterinstanz ihm bald aberkannt und durch die Gleichsetzung mit der »Natur« abgelöst. Die Frage, warum die moralische Natur, der Charakter *(xing)*, eines Menschen und sein Schicksal *(ming)* so unverbunden nebeneinanderstehen, hat schließlich dazu geführt, daß die meisten Denker sich mit der Eigenständigkeit beider Sphären abfanden. Und doch hat diese Spannung bis in die Gegenwart die Gemüter immer wieder erregt, und bis heute ist die Vorstellung vorherrschend, daß Glück und langes Leben auch etwas mit der Gunst der Geister und Götter, nicht zuletzt aber auch etwas mit der eigenen moralischen Persönlichkeit zu tun haben.

In daoistischen Kreisen suchte man in der Frage der Schicksalserklärung nach einer anderen Lösung und fand im Begriff der »übertragenen Last« *(chengfu)*, gedeutet als Schuld der Ahnen, sowie in der Vorstellung von einem »Schicksalsregister« *(minglu)* eine Erklärung. Dieser eher fatalistischen Variante stellt sich früh die Vorstellung zur Seite, das Geschehen sei einem naturwüchsigen Prozeß unterworfen, »aus sich selbst heraus entstehend« *(ziran)* und insofern »natürlich«.

Eine Beziehung zwischen Schicksal und Verantwortlichkeit des einzelnen oder der Gruppe wurde immer wieder konstruiert, und so kam es zu einem Vergeltungsgedanken, der sich mit dem buddhistischen Karma-Begriff verband. In einem Satz aus der Zeit um 300 n. Chr. heißt es:

> Eine Sippe, die Gutes anhäuft, wird mit Sicherheit Segen ernten; eine solche, die Ungutes anhäuft, wird notwendig Verderben auf sich ziehen. (Friedrich 1984, S. 95)

Mit dem Begriff des »Anhäufens von Gutem« *(jishan)* werden der Quantitätsaspekt und auch die Berechenbarkeit angesprochen. Diese Sichtweise allerdings gehörte im Bereich der Moral schon zum Bestand der Tradition, wenn etwa Wang Fu (85-163) in seinem *Qianfu lun* schreibt:

> Wer unermüdlich Gutes anhäuft, wird sicherlich so weise werden wie Yan Hui oder Min Sun; wer unablässig Schlechtes anhäuft, wird sich sicherlich einen Namen wie der Tyrann Jie oder der Räuber Zhi machen. ⟨...⟩ Wer nun schon viel Gutes angehäuft hat, wird selbst dann nicht zugrunde gehen, wenn auch einmal Schlechtes dazu kommt, da dieses nur eine Nachlässigkeit ist; wer schon viel Schlechtes angehäuft hat, wird sich selbst dann nicht halten können, wenn einmal ein Gutes dazu kommt, weil dies nur ein Zufallstreffer ist. (Friedrich 1984, S. 95)

Auf diese Denkfigur der Anhäufung von guten Taten über längere Zeiträume hinweg konnten sich die Argumentationen der folgenden Jahrhunderte ebenso berufen wie auch auf solche in der Huang-Lao-Tradition der Han-Zeit entwickelte Vorstellungen der Gesetzmäßigkeit und damit Planbarkeit des Schicksals. Ein Beispiel hierfür ist Ge Hong, der – bereits in Kenntnis von Grundzügen der buddhistischen Karma-Lehre – in seinem Werk *Baopuzi* schreibt:

> Wenn die schlechten Taten groß sind, nimmt der ›Verwalter des Schicksals‹ ein *ji* [300 Tage] fort, bei kleinen Übertretungen nimmt er ein *suan* [drei Tage] weg: Entsprechend der Schwere der Vergehen nimmt er etwas fort. Das Schicksal und die Länge des Lebens, welches die Menschen empfangen, hat an sich eine Grundzahl; ist diese Zahl hoch, so stirbt man spät, da die *ji* und *suan* nicht zu Ende gehen wollen; wenn das Empfangene aber von Grund auf wenig ist, die Vergehen jedoch zahlreich sind, so werden die *ji* und *suan* bald erschöpft, und man stirbt früh.
>
> Außerdem heißt es: Will einer ein Genius auf der Erde *(dixian)* werden, dann muß er 300 gute Taten verrichten, will er ein Unsterblicher im Himmel *(tianxian)* werden, dann 1200. Wenn nun einer schon 1199 hat, aber plötzlich wieder etwas Schlechtes tut, dann verliert er alle früheren guten Taten und muß wieder von vorne mit dem Zählen der guten Taten beginnen. (Friedrich 1984, S. 96)

Das Schicksal auf Erden oder auch im Himmel ist planbar, wenn dies auch sehr aufwendig und riskant ist, und die Chance der Verfehlung ist groß, wenn auch nicht so unausweichlich wie im Mythos von Sisyphos. Was nicht vorkommt, ist der Gedanke, allein auf Gnade und Barmherzigkeit angewiesen zu sein. Vielmehr gilt, daß Anstrengung belohnt wird und so jeder eine Aussicht auf ein längeres Leben auf Erden oder gar in himmlischen Sphären hat. Der Gedanke der Aussichtslosigkeit oder Unerlösbarkeit kommt nicht auf.

Die im Zuge des Freiheitsgedankens angestrebte Offenheit steht quer zu jeder Vorstellung von einer Vorherbestimmtheit und jedem Fatalismus. Sie hat aber auch erhebliche Probleme mit der Vorstellung von der »Blindheit des Schicksals«, das wahllos jeden treffe. Berechenbarkeit des Schicksals, wie sie in der buddhistisch-daoistischen Tradition gepflegt wurde, und die Vorstellung von der Blindheit des Schicksals als die andere Grundannahme in der chinesischen Kultur bleiben unauflösbar ineinander verschränkt, auch wenn mal die eine, mal die andere Seite die Oberhand gewinnt. Das Schicksal von Herrschern und Dynastien wird dabei zumeist mit der Blindheit des Schicksals in Verbindung gebracht. (Chen 1997) Dort sind dann Voraussagen über Gelingen und Mißlingen nicht möglich, obwohl sich in anderen Sphären früh schon die Vorstellung von einer beeinflußbaren Schicksalsgottheit, Siming, bildet.

In dem Begriffe »Unsterblicher« *(xian)* kommt zum Ausdruck, daß sich neben einer geistig-seelischen Unsterblichkeitsvorstellung in daoistischen Kreisen die Vorstellung von der Erreichbarkeit einer körperlichen Unsterblichkeit gebildet hatte (Kohn 1990), eine Vorstellung, die mit dem Schriftzeichen *xian* verbunden ist, das einen Mann in einem Berg darstellt. Und obwohl von vielen, namentlich von dem Zeitkritiker Wang Chong (27 bis etwa 100 n. Chr.), die Unmöglichkeit von Unsterblichkeit dargelegt worden war, hat sich das Bild davon in der Kunst und in der Literatur gehalten und prägt die im ersten nachchristlichen Jahrtausend weitverbreitete daoistische Mystik. Beschreibungen von solchen Unsterblichkeitszuständen finden sich bereits im *Zhuangzi*, dann auch in den *Gesängen des Südens (Chuci)* sowie im *Liezi*. Dort heißt es im zweiten Buch:

> Nach neun Jahren, da machte ich einen Strich durch die Gedanken meines Herzens und die Worte meines Mundes. Ich wußte nicht mehr, ob es sich um *mein* Recht und Unrecht, um *meinen* Vorteil und Nachteil handle oder um die von anderen. Noch wußte ich mehr, daß der Meister mein Lehrer war oder jener andere mein Freund. Der Unterschied von Ich und Nicht-Ich war zu Ende. Danach hörten auch die Unterschiede der fünf Sinne auf, alle wurden sie einander gleich. Da verdichteten sich die Gedanken, der Leib ward frei, Fleisch und Bein lösten sich auf, ich hatte keine Empfindung mehr davon, worauf der Leib sich stützte, wohin der Fuß trat: Ich folgte dem Wind nach Osten und Westen wie ein Baumblatt oder trockene Spreu, und wirklich weiß ich nicht, ob der Wind mich trieb oder ich den Wind. (Wilhelm 1974, S. 50)

Diese *unio-mystica*-Erfahrung geht sicher weit zurück, und sie verbindet die daoistische Mystik des Mittelalters mit späteren ähnlichen Transzendierungen der eigenen Begrenztheit und Bestimmtheit, wie sie dann besonders im Meditationsbuddhismus seit der Tang-Zeit eine ganz neue Ausprägung erfahren. Die frühen Texte aber wurden weitergereicht und bilden bis in die Gegenwart die Grundierung mystischer Welterfahrungen, wie etwa der Schmetterlingstraum im Buch *Zhuangzi*:

> Einst träumte Zhuang Zhou, daß er ein Schmetterling sei, ein flatternder Schmetterling, der sich wohl und glücklich fühlte und nichts wußte von Zhuang Zhou. Plötzlich wachte er auf: Da war er wieder wirklich und wahrhaftig Zhuang Zhou. Nun weiß ich nicht, ob Zhuang Zhou geträumt hat, daß er ein Schmetterling sei, oder ob der Schmetterling geträumt hat, daß er Zhuang Zhou sei, obwohl doch zwischen Zhuang Zhou und dem Schmetterling sicher ein Unterschied ist. So ist es mit der Wandlung der Dinge. (Wilhelm 1951, S. 21)

Solche Mitteilungen haben gelegentlich einen melancholischen Unterton, doch zumeist sind sie hochgestimmt, berichten von Himmelsreisen und kosmischen Erlebnissen und beerben auf diese Weise jene Transzendenzerfahrungen, die lange Zeit wohl nur den Spezialisten zugänglich waren. So hat die Bildungsexpansion und die Einführung der auf Bildung und Literarität fußenden Beamtenrekrutierung mit dazu beigetragen, daß in China spätestens seit der Han-Zeit ein größerer Teil der chinesischen Bevölkerung an solchen meditativen Erfahrungen partizipieren konnte. Dieser spirituelle Freiraum hat dann umgekehrt aber auch seinen Anteil daran, daß sich Volkskulte immer nur begrenzt durchsetzten.

Die Lebensverlängerungstechniken haben sich in vielerlei Formen niedergeschlagen und sind ebenso mit Suche und Anwendung bestimmter Drogen wie mit Atemtechniken und sonstigen Körpertechniken verknüpft worden. (Kohn 1989) Es gab sowohl die flüchtige, gewissermaßen ekstatische Reise ins All und in paradiesische Sphären als auch die Stabilisierung und Selbstbewahrung im Hier und Jetzt, in ruhigem Allumfassen. Besonders bekannt wurde in den letzten Jahren die als *Qigong* bezeichnete Körperübung, deren neuerliche Praxis auf eine Renaissance des Buddhismus und bestimmter reformistischer und vitalistischer Strömungen an der Wende vom 19. zum 20. Jahrhundert zurückgeht. Dies ist ein Beispiel dafür, wie lange Zeit nur in Textüberlieferungen erhaltene und nicht unbedingt praktisch ausgeübte Sinnsysteme neu aufgegriffen und so zu einer wirklich prägenden Kraft werden können.

Die Grundlage für solches Entsprechungsdenken war schon früh gelegt worden, und insbesondere Dong Zhongshu (179-104 v. Chr.) kann als einer der großen Systematiker gelten, der in seinem *Chunqiu fanlu* über die Beziehung der *Yin-Yang*-Lehre zu der Fünf-Wandlungsphasen-Theorie *(wuxing)* im Hinblick auf die menschlichen Gefühle schreibt:

> Wenn Metall, Holz, Wasser und Feuer ihre Funktion in jeweiliger Entsprechung zu *Yin* und *Yang* ausführen, dann kommt es zu einer einzigen Kraft, in der ihre Vermögen zusammengeführt werden. Dies ist nicht eine Sache von *Yin* und *Yang* allein. Vielmehr unterstützen *Yin* und *Yang* entsprechend den die Jahreszeiten bestimmenden Elementen die Wirkung. Jugendliches *Yang* hilft so im Einklang mit Holz den lebenspendenden Kräften des Frühlings. Das reife *Yang* unterstützt im Einklang mit dem Feuer die nährenden Kräfte des Sommers. Das jugendliche *Yin* ist im Einklang mit dem Metall der Vollendung des Herbstes förderlich. Das reife *Yin* hilft im Einklang mit dem Wasser dem Verwahren des Winters. – Obwohl *Yin* sein *qi* mit dem des Wassers gemeinsam hat, wenn sie im Winter zusammenkommen, so sind sie doch nicht gleich. Denn nur Wasser ist mit dem Tod verknüpft, doch *Yin* hat damit nichts zu tun. Wenn daher *Yang* und *Yin* in der Mitte des Winters zusammentreffen, hat das nichts mit dem Tod zu tun. – Dem Frühling ist die Bestrebung *(zhi)* der Liebe zugeordnet, dem Sommer jene der Freude, dem Herbst jene der Strenge, dem Winter die Traurigkeit. Daher entspricht Liebe gepaart mit Strenge, Freude gepaart mit Traurigkeit

den vier Jahreszeiten. Das Wirken von Glück und Zorn, die Bedeutung von Traurigkeit und Freude gibt es nicht nur unter Menschen, sondern auch in der natürlichen Welt [wörtlich: Himmel]. – So gibt es auch das *Yang* von Frühling und Sommer und das *Yin* von Herbst und Winter nicht allein im Himmel, sondern auch bei den Menschen. Hätten Menschen nicht das *qi* des Frühlings, wie könnten sie da großherzig lieben und Geduld mit der Menge haben? Hätten Menschen nicht das *qi* des Herbstes, wie könnten sie da streng sein und die Leistungen vollenden? Und wenn Menschen nicht das *qi* des Sommers hätten, wie könnten sie da großzügig nähren und freudig wachsen lassen? Und wenn Menschen nicht das *qi* des Winters hätten, wie könnten sie dann die Toten beklagen und Trauernde bemitleiden? Wenn der Himmel nicht das *qi* der Freude hätte, wie könnte er dann wärmen und Leben spenden im Frühling? Wenn der Himmel nicht das *qi* des Ärgers hätte, wie wäre er dann befähigt zu unbestechlicher Klarheit und zum Absterbenlassen im Herbst? Und hätte der Himmel nicht das *qi* des Glücks, wie könnte er dann *Yang* befördern und nähren und reifen lassen im Sommer? (*Chunqiu fanlu* 46, Übersetzung H. S.-G.)

Alle diese Bestrebungen sind also dem Himmel wie den Menschen eigen und ermöglichen es ihnen, sich aufeinander zu beziehen. So entsteht durch die Synergie der zeitlich geordneten Kräfte des Kosmos die Kultur und wandelt sich. Solche Fortsetzung der Kultur ist das Anliegen Dong Zhongshus. Die Bereisung des Kosmos, wie sie in den *Gesängen des Südens (Chuci)* und bald dann auch in der Gattung der Reimprosa *(fu)* beschrieben wird, ist daher zugleich auch Ausdruck einer Praxis der Selbstkultivierung.

NATUR, SCHICKSAL UND ENTSPRECHUNGSSYSTEME

Natur des Menschen

Die Natur des Menschen war seit früher Zeit Thema von Erörterungen wie von Spekulationen. Dabei ging es nicht nur um die natürlichen Veranlagungen, sondern auch um die Frage nach der Erziehbarkeit des Menschen beziehungsweise nach den Bedingungen seines Handelns überhaupt. (Munro 1969) Damit verknüpft war dann auch die Zurechenbarkeit von Verantwortung. Auf all diese Fragen wurden sehr unterschiedliche Antworten gegeben. Während bei vielen Autoren eine Mischung aus guten und bösen Zügen angenommen wurde, vertraten Menzius (Mengzi) auf der einen und Xunzi auf der anderen Seite extreme Haltungen. Der eine behauptete, daß der Mensch im Grunde seines Wesens gut, der andere, daß er im Grunde seines Wesens böse sei. Als der größere Realist ist wohl Xunzi einzuschätzen, der in der Entgegnung gegen Mengzi über die menschliche Natur sagt:

> Die menschliche Natur ist böse, und was am Menschen gut ist, ist [das Ergebnis] seiner Anstrengungen. – Unsere menschliche Natur ist so, daß wir von klein auf an materiellem Gewinn interessiert sind. Läßt der Mensch diesem Interesse freien Lauf, dann kommen Streit und Raub auf, und vorbei ist es mit der [guten Sitte des] dankenden Ablehnens und des höflichen Den-Vortritt-Lassens. Von klein auf empfindet der Mensch Neid und Abneigung. Läßt er diesen Gefühlen freien Lauf, dann kommt es zu zersetzendem und destruktivem Verhalten, und aus ist es mit [der Tugend] der Loyalität und Glaubwürdigkeit. Von klein auf hat der Mensch die Ohr- und Augenlust, die ihn interessiert macht an Wohlklang und Farbenpracht. Läßt der Mensch diesen Gelüsten freien Lauf, dann kommt es zu Ausschweifung und sozialer Unordnung, und vorbei ist es mit den überlieferten Verhaltensweisen, mit Schicklichkeit, feinen

> Formen und dem ganzen Ordnungsgefüge. Kurz: Läßt der Mensch seiner Natur die Zügel schießen, läßt er seinen natürlichen Trieben freien Lauf, dann kommt es unvermeidlich zu Streit und Raub und damit zur Verletzung der Standesgrenzen und Verwirrung des ganzen Ordnungsgefüges und schließlich zu offener Gewalttätigkeit. – Aus diesen Gründen muß es unbedingt den veredelnden Einfluß der Lehrer und Gesetze geben sowie jene Anleitung [zu gutem Verhalten], welche die Kulturtradition und die Regeln der Recht- oder Schicklichkeit uns bieten. Nur so kommt es zu [der guten Sitte] des dankenden Ablehnens und des höflichen Den-Vortritt-Lassens und damit zu den feinen Formen und dem ganzen Ordnungsgefüge, was alles letztlich in einer wahrhaft sozialen Ordnung seine Krönung findet. Von diesen Tatsachen her gesehen ist es klar, daß die menschliche Natur [von Haus aus] böse ist, und was an ihr Gutes sich findet, ist [das Ergebnis] menschlichen Bemühens. (Köster 1967, S. 301 f.)

Diese Vorstellung wurde vorherrschend, doch es blieb die Erinnerung an die Meinung des Mengzi, daß der Mensch von Natur gut sei, und immer wieder haben sich Menschen und Gruppen auf diese Meinung bezogen. Der Diskurs über die Natur des Menschen wurde also niemals entschieden, und bis in die Gegenwart wird er fortgeführt. Bestimmte Stichworte und bestimmte Grundpositionen werden immer wieder aufgeführt. Dazu zählt die besondere Rolle des Lehrers und des Vorbilds, die Rede von Pflichten und Tugenden, insbesondere Pietät, Loyalität und Glaubwürdigkeit. Und was bei Xunzi Zwang, Strafandrohung und Regel leistet, dem dient für die anderen die Pflege des eigenen Charakters, die Kultivierung des eigenen Selbst oder einfach die Anrufung hilfreicher Götter; immer aber sind die Ordnung und der Ausgleich das Ziel.

Für die Kultivierung des Selbst waren auch besondere Lehrer-Schüler-Beziehungen hilfreich, wie sie schon aus der Zeit der Wandernden Gelehrten, der Zeit des Konfuzius also, bekannt waren. Sie wurden auch im Daoismus gepflegt, und so-

Gesetze zur Sicherung der Ordnung ergänzten die Ritenvorschriften, die auf die Heiligen des Altertums zurückgingen. Der wichtigste Jurist des Qin-Staates und Gestalter der dann so erfolgreichen rationalen Verwaltung war Shang Yang (ca. 390-338 v. Chr.), dessen Grundgedanken im »Buch des Herrn Shang« *(Shangjun shu)* niedergelegt sind. Mit dem Berater des Qin Shihuangdi, Li Si (280-208 v. Chr.), gehört er zu den wichtigsten Vertretern des »Legismus«. Die als Beigaben zu einem Beamtengrab überlieferten, auf Bambusstreifen (27,8 × 0,6 × 0,1 cm) geschriebenen Texte aus dem 3. Jh. v. Chr. sind ein Beleg für die Verbreitung und Wirksamkeit der Rechtstradition.

wohl mit diesen Lehrer-Schüler-Umgangsformen als auch mit seinen mystisch-meditativen Elementen trat der Daoismus seinerseits mit dem Meditationsbuddhismus in ein Wechselverhältnis, das gelegentlich in eine enge Verbindung mündete. Dies kommt etwa in der Lehre des Linji Yixuan (gest. 867) zum Ausdruck.

Die großen regulativen Instanzen waren neben dem Himmel *(tian)* das Dao *(dao)* sowie das Prinzip der Menschlichkeit *(ren)* und der Rechtschaffenheit *(yi)*. Doch zugleich gab es immer auch Stimmen gegen die Verabsolutierung solcher Prinzipien und Instanzen. Mit großer Bestimmtheit findet sich eine solche auch als kulturkritisch zu bezeichnende Haltung bei Zhuangzi, wo es an einer Stelle heißt:

> Im goldenen Zeitalter, da saßen die Leute umher und wußten nicht, was tun; sie gingen und wußten nicht, wohin; sie hatten den Mund voll Essen und waren glücklich, klopften sich den Leib und gingen spazieren. Darin bestanden die ganzen Fähigkeiten der Leute, bis dann die »Heiligen« kamen und Umgangsformen und Musik zurechtzimmerten, um das Benehmen der Welt zu regeln, ihnen Moralvorschriften aufhängten und sie danach springen ließen, um den Herzen der Welt Trost zu spenden. Da erst fingen die Menschen an zu rennen und zu stolpern in ihrer Sucht nach Erkenntnis und begannen, sich zu streiten in der Jagd nach Gewinn, bis kein Halten mehr war. Das alles ist die Schuld der »Heiligen«. (Wilhelm 1951, S. 67)

Vor dem Hintergrund solcher Ermahnung wurde eine Ethik der maßvollen und weisen Lebensbejahung und nicht der Übertreibung gefordert und kultiviert, und trotz aller Wertschätzung herausragender Leistungen und trotz der Gewährung von Privilegien vor allem für die höhere Beamtenschaft ist die Vorstellung von der Gleichheit aller vor dem Gesetz auch in China nicht unbekannt, auch gemäß dem Satz des Konfuzius: »Innerhalb der vier Meere sind alle Menschen Brüder«. (*Lunyu* 12,5) Diese Vorstellung ist historisch verknüpft mit der legalistischen Tradition und vor allem mit dem Versuch des ersten Reichseinigers Qin Shihuangdi, das Prinzip der grundsätzlichen Gleichheit aller Untertanen mit größter Grausamkeit und Rigidität durchzusetzen. Und doch gab es Einschränkungen. Als Reaktion auf den legalistischen Rigorismus bildete sich im Bereich der Ritualtheorie eine Begründung der Ungleichbehandlung, welche in einem in die Zeit der Han-Dynastie zu datierenden Abschnitt des *Buchs der Riten* in dem Satz zusammengefaßt wird:

> Riten gelten nicht bis zu den einfachen Leuten, Strafen gelten nicht für die hohen Funktionäre. (Sanft 2005, S. 31)

Dieser wohl auf Jia Yi (200-168 v. Chr.) zurückgehende Satz sollte hohe Würdenträger davor schützen, im Falle einer Anklage der ganzen Grausamkeit des Strafverfolgungsapparats unterworfen zu werden. Mit dieser Teilimmunität konnte auf Dauer vermieden werden, daß Mitglieder des inneren Machtzirkels einer Dynastie leicht ins Bodenlose fallen konnten. Die Relativierung der Strafzumessung schuf einen Puffer zwischen dem Herrscher und seiner Umgebung und band zugleich die Berater an den Herrscher, weil ihre herrschernahe Stellung sie schützte. Die so gewonnene Stabilität stärkte zugleich die Stabilität der Führungsschicht, und Kritik am Herrscher bedeutete nicht gleich die Gefahr einer Verleumdung und unmittelbar folgender grausamster Behandlung.

Selbstkultivierung und Göttervielfalt

Schon in der frühen daoistischen Philosophie stand der Austausch des einzelnen mit dem Kosmos mit dem Ziel einer mystischen Vereinigung im Vordergrund. Dies belegen Texte aus den frühen Schichten des Buches *Zhuangzi* sowie einzelne andere Texte, etwa aus dem Konvolut des *Guanzi*, in die vermutlich verschiedene Traditionen aus schamanistischen und esoterischen Kreisen eingeflossen sind. Während diese Texte noch ganz auf die Selbstkultivierung des einzelnen gerichtet sind, tritt bald eine andere Strömung hinzu, der es zugleich um eine Rückkehr der Gesellschaft zu einfachen Lebensformen ging. Erst in einer verhältnismäßig späten Phase, vermutlich im zweiten vorchristlichen Jahrhundert und belegt durch die Textsammlung *Huainanzi* des Liu An (vielleicht 180-122 v. Chr.), werden diese Vorstellungen in Verbindung mit dem Huang-Lao-Kult in die Sphäre des Politischen projiziert und sollen die Praxis der Herrschaftsausübung prägen. In diesem Denken spielt der Begriff des »energetischen Prinzips« *(qi)* bereits die zentrale Rolle, die ihm in vielen späteren Denktraditionen immer wieder zukommt. Hier geht es um Selbstkultivierung durch die Methode der Selbstauflösung oder der Selbstentleerung, durch das Erreichen eines Zustands der Ruhe und der Versenkung. (Kohn 1989) Der Einsatz von Techniken zur Bewußtseinssteuerung wurde bald mit besonderen Sexualpraktiken verbunden, deren Kenntnis uns nach langer Tabuisierung erst in den letzten Jahrzehnten durch neuere Forschungen zugänglich gemacht wurde. (Harper 1987)

Im Zuge der Ausdehnung des Reiches hat es über längere Zeiträume hinweg eine Integration von Lokalkulten und Naturgeistern und -gottheiten gegeben. Dieser Integrationsdynamik sind die Vielfalt der Götter und auch der duldsame Umgang mit fremden Göttern zu verdanken. Das erklärt, daß die chinesischen Götter der Frühzeit nicht gleichzusetzen sind mit den späteren Funktionsgöttern, die für Orte oder einzelne Gelegenheiten zuständig waren, und auch nicht mit den Gottheiten der späteren daoistischen Überlieferung. Der Prozeß der Integration sowie der Neubildung von Göttern wurde niemals abgeschlossen, und gerade diese Prozeßhaftigkeit hat die Religiosität in China belebt.

Innerhalb des Pantheons stehen aber die Götter vereinzelt – sie verkehren nicht miteinander. Den Vordergrund bildet die Stellung des Menschen zu den Gottheiten, aber auch zu der von diesen repräsentierten oder von diesen befreiten Natur. Der Naturbegriff – oder das, was ihm gleichgestellt ist – hat in China ebenso wie in Europa eine lange Geschichte und wurde durchaus unterschiedlich gefaßt. (Roetz 1984, S. 113 ff.) Doch während für Europa dieser Umstand der Zeitgebundenheit als Selbstverständlichkeit gilt, wird der Naturbegriff in der Beschäftigung mit China – wie dies für viele Bereiche gilt – gewissermaßen »stillgestellt«. Dabei ist neben dem Beständigen gerade auch auf die Spezifik im Naturverhältnis einzelner Epochen größter Wert zu legen. In diesem Zusammenhang ist die Frage nach den Begriffen zentral. Zu nennen sind: *tian, xing* und *sheng, ziran*, die in China nicht nur erörtert, sondern in ihrer Verstehbarkeit problematisiert wurden. In dem in deutscher Übersetzung als *Traum der Roten Kammer* bekannten Roman *Hongloumeng* antwortet Baoyu bei einer Gartenbegehung seinem Vater: »Ich habe niemals wirklich verstanden, was die Alten unter ›natürlich‹ *(tianran)* verstanden.« Und im Gespräch wird klar, daß es dem Vater um die Rückkehr zu bäuerlicher Einfachheit geht, während Baoyu Natürlichkeit davon abhängig sieht, daß menschlicher Einfluß nicht erkennbar ist. Hier sprechen also schon Vater und Sohn eine verschiedene Sprache. (Santangelo 1998, S. 619f.) – Die Natur war Metapher für Geborgenheit und Regelmäßigkeit, wie in Lied 66 des *Buchs der Lieder* (*Shijing*; Schmidt-Glintzer 1999a, S. 35), doch ein Eigenrecht hat sie in China nie wirklich bekommen, was unter anderem dazu führte, daß es im traditionellen China zu einer Beherrschung der Naturgesetze nicht kam (Needham 1956) und auch nicht kommen konnte, war doch die Voraussetzung der Bildung eines absoluten Subjekts ebensowenig gegeben wie die Objektivierung der Natur. Die Grenzen blieben unbestimmt. Und doch bildet die Rede von der »Natur« gelegentlich einen Gegensatz zur sozialen Welt oder zur Welt des einzelnen, und die Natur ist in Einzelfällen feindlich und Teil der »Fremde«, zumeist aber Ort der Vollkommenheit und Ziel der Sehnsucht. Von Widrigkeitserfahrungen, in denen Natur als fremd und als feindlich empfunden wird, handeln ja auch die Berichte über Sintfluten. (Birrell 1997) Das Bewußtsein der Abhängigkeit von den Naturgewalten fand dann aber in dem Anspruch, sie regulieren zu sollen, seinen vorrangigen Ausdruck. Daher auch der früh erreichte hohe Standard von Wasserbautechniken. Die Auseinandersetzung mit der Natur wurde sozial entzerrt, indem sie zu einem generationenübergreifenden Vorhaben erklärt wurde – wie in der Geschichte von Yugong, der Berge versetzte (Schmidt-

Glintzer 1986), oder neuerdings auch beim Bau des Drei-Schluchten-Staudammes oder bei den großstiligen Aufforstungskampagnen zur Zurückdrängung der Desertifikation. Damit hängt wohl auch die Zuversicht zusammen, mit der die inzwischen beängstigende ökologische Situation in China entdramatisiert wird.

Der Mensch – das nackte Insekt

Trotz aller Entrückungsmöglichkeiten blieb also der Mensch Teil seiner Umgebung, freilich in jeweils spezifischen Schattierungen. Ein »prekäres Verhältnis« ist die Beziehung von Tier und Mensch auch in China immer gewesen.

> Meng Dsi sprach: »Der Edle ist freundlich zu Tieren, aber er liebt sie nicht. Er liebt die Menschen, aber er ist nicht anhänglich an sie. An die Nächsten ist er anhänglich und liebt die Menschen. Er liebt die Menschen und ist freundlich zu den Tieren.« (*Mengzi* VIIA45; Wilhelm 1982, S. 196)

Die Nähe zwischen Mensch und Tier ist in China eigentlich immer gesehen worden. (Ebner von Eschenbach 1995) Freilich hatte sich das Verständnis bereits in der Frühzeit von Unterwürfigkeit und Respekt hin zur Funktionalisierung, zur Zähmung oder gar Unterwerfung des Tieres durch den Menschen entwickelt, eine Wendung, die in die Zeit um 900 v. Chr. und damit in die Zeit der Duchsetzung der Himmelsreligion der Zhou zu datieren ist. (Loewe 1994, S. 40) Der Unterschied zwischen Haustier und Wildtier einerseits und die besondere Rolle von Opfertieren andererseits muß jedoch auch in China immer im Auge behalten werden. Einen Blick auf ganz Asien hat einmal Herbert Franke versucht. (H. Franke 1986) Gerade zur Zähmung von Tieren finden sich in der Ikonographie der zweiten Hälfte des 1. Jahrtausends v. Chr. Informationen. (Dittrich 1997) Selbstverständlich hat es immer wieder neue Ausformungen des Mensch-Tier-Verhältnisses gegeben, und in philosophischen wie in religiösen Spekulationen wurde die Mensch-Tier-Differenz zu definitorischen Zwekken verwendet, auch wenn hieraus keinerlei pragmatische Konsequenzen folgten. (Unger 1998, S. 41 f.) Aber Menschen konnten sich in China immer schon in Tiere verwandeln, Ausländer hatten Tierkonnotation und wurden gelegentlich, wie in der Mythographie *Shanhaijing*, in Tiergestalt, innerhalb der eigenen Kultur beziehungsweise an deren inneren Rändern auch als Wilder Mann *(yeren)* vorgestellt. (Loewe 1994, S. 49) In dem Text *Wunengzi* ist die Rede von sechs Tierarten, von denen eine als das nackte Insekt bezeichnet und dem Menschen gleichgesetzt wird, das die anderen Tiere nur verachtet, weil es nicht deren Sprache versteht. Über Sprache zu verfügen ist also keineswegs ein Privileg des Menschen, und so gesehen ist der Unterschied zwischen Menschen und Tieren nur graduell. Vielleicht hängt es auch damit zusammen, daß in China eine ausgesprochene Abneigung dagegen entwickelt wurde, die Menschenwelt in der Tierwelt zu spiegeln. (Siehe auch Schmidt-Glintzer 2001.) Der Mensch spiegelt sich nicht im Wasser, sondern in dem anderen!, oder, in der Übersetzung Ulrich Ungers: »Spiegele Dich nicht im Wasser, sondern in deinen Mitmenschen.« (Unger 1994, S. 10) Die daoistische Variante dagegen legt in polemischer Absicht Konfuzius das Wort in den Mund: »Der Mensch besieht sein Spiegelbild nicht im fließenden Wasser, sondern im stillen Wasser. Nur Stille kann alle Stille stillen.« (Wilhelm 1951, S. 38)

Fürstenberater und die Freuden der Nutzlosigkeit

Die Stellung des Menschen zur Welt bestimmt auch das Menschenbild. Im Zuge der Bildung eines bürokratisierten Einheitsreiches – einer freilich sehr langwierigen Entwicklung – kam es ganz zu Anfang zur Zeit des Konfuzius, im sechsten vorchristlichen Jahrhundert, jener Zeit, die Karl Jaspers unter Verwendung eines auf Alfred Weber (1868-1958) zurückgehenden Begriffs als die *Achsenzeit* verstanden wissen wollte (Jaspers 1949; siehe auch Eisenstadt 1987), zur Ausbildung von Morallehren, deren Befolgung den einzelnen tatsächlich über andere stellte. Es war der Typus des bereits erwähnten Lehrers, des Fürstenberaters und des in den historischen Präzedenzien gebildeten Literaten, der mit seinen Lehren den Erhalt der Macht eines Fürstentums gewährleisten zu können beanspruchte oder gar dem Fürsten seine Vorherrschaft über die anderen Fürstentümer – mit dem Blick auf die Wiedergewinnung des verlorenen Einheitsstaates – meinte ermöglichen zu können. Gelegentlich wurde diese Vorstellung von dem charismatischen Lehrer dahingehend überhöht, daß er als ungekrönter König, sei es als Berater bei Hofe oder als verborgener Weiser in der Zurückgezogenheit, verehrt wurde. Hier also finden wir bereits Modelle späterer Lebensideale vorgebildet. Freilich haben spätere Zeiten in nicht geringem Maße die Überlieferung und damit unsere Kenntnisse von dieser chinesischen »Achsenzeit« gefärbt, getrübt und teilweise sicher auch umgedeutet.

Das wichtigste Gegenmodell zu dem Ideal des Sich-verwenden-Wollens der »Konfuzianer« wurde von Zhuangzi entwickelt. In dem Textkorpus *Meister Zhuang (Zhuangzi)* findet sich das Beispiel »Vom knorrigen Baum«:

> Meister Qi vom Südweiler wanderte zwischen den Hügeln von Shang. Da sah er einen Baum, der war größer als alle andern. Tausend Viergespanne hätten in seinem Schatten Platz finden können. – Der Meister Qi sprach: »Was für ein Baum ist das! Der hat gewiß ganz besonderes Holz.« – Er blickte nach oben, da bemerkte er, daß seine Zweige krumm und knorrig waren, so daß sich keine Balken daraus machen ließen. Er blickte nach unten und bemerkte, daß seine großen Wurzeln nach allen Seiten auseinandergingen, so daß sich keine Särge daraus machen ließen. Leckte man an einem seiner Blätter, so bekam man einen scharfen, beißenden Geschmack im Mund; roch man daran, so wurde man von dem starken Geruch drei Tage lang wie betäubt. – Meister Qi sprach: »Das ist wirklich ein Baum, aus dem sich nichts machen läßt. Dadurch hat er seine Größe erreicht. Oh, das ist der Grund, warum der Mensch des Geistes unbrauchbar für das Leben ist.« (Wilhelm 1951, S. 34f.)

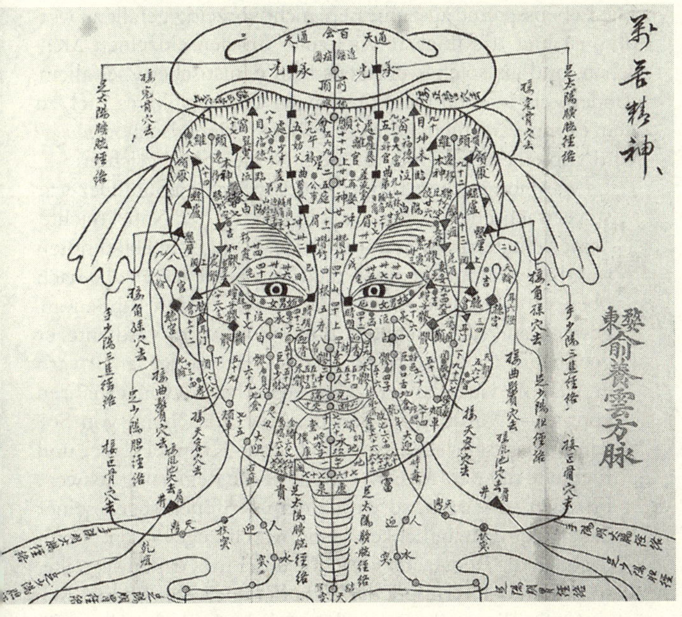

Im menschlichen Antlitz lassen sich Charaktereigenschaften ablesen und Krankheiten dem Lebensalter zuordnen. In der Darstellung aus dem Jahr 1601 sind Akupunkturpunkte, die Systematik der altersbezogenen Krankheitsprognose und Zeichen für Charaktereigenschaften zusammengefaßt.

Die Lebensspanne auszumessen, nicht vorzeitig gefällt zu werden, ist hier das höchste Ziel auch für den einzelnen Menschen, und als solches übrigens kein daoistisches Ziel allein, sondern ein in allen Denkrichtungen Chinas gültiges Ziel, zu dem es nur verschiedene Wege gab. Im selben Buch *Zhuangzi* wird von einem Krüppel mit dem Namen Shu berichtet:

> Es war einmal ein Krüppel mit dem Namen Shu. Der war so verwachsen, daß ihm das Kinn bis auf den Nabel reichte. Seine Schultern waren höher als der Kopf, sein Haarknoten stand zum Himmel empor, die Eingeweide waren alle nach oben verdreht, und seine Beine waren an den Rippen angewachsen. Als Schneider und Waschmann verdiente er genug, um davon zu leben; durch Getreide-Sieben erwarb er sich so viel, daß er zehn Menschen davon ernähren konnte. – Wurde von oben her eine Aushebung von Soldaten ausgeschrieben, so stand jener Krüppel dabei und fuchtelte mit den Armen; waren für die Regierung schwere Fronden zu leisten, so wurde dem Krüppel wegen seiner dauernden Untauglichkeit keine Arbeit zugewiesen. Wenn dagegen die Regierung Getreide unter die Armen verteilte, so bekam der Krüppel drei Scheffel und zehn Bündel Reisig. – So diente ihm seine körperliche Verkrüppelung dazu, um seinen Lebensunterhalt zu finden und seiner Jahre Zahl zu vollenden. Wieviel mehr wird der davon haben, der es versteht, Krüppel zu sein im Geiste! (Wilhelm 1951, S. 35 f.)

Es wird auch von mißgestalteten Personen berichtet, die äußerlich erfolgreich waren und mehr Frauen hatten als jeder andere. Dies sind Hinweise auf großen Geist in gebrechlichem Leib, auf charismatische Gestalten besonderen Charakters, aber zum Teil auch satirisch gemeinte Texte.

Kongruenz von Welt und Leib

Der weiter oben dargestellte Anthropomorphismus der Schöpfungsberichte wiederholt sich in der daoistischen Mystik. Darin bewahrt der Auserwählte seine uranfängliche Vollkommenheit, und er macht »Himmel und Erde zu seinem Palast und alle Dinge zu seinem Vorratshaus, er wohnt in seinem Körper unmittelbar ein, der die Sinneswahrnehmung zu Symbolen [der Dinge] macht, der alles, was gewußt werden kann, als *eines* auffaßt und der einen Herz-Geist hat, der niemals stirbt.« Rolf Trauzettel spricht in diesem Zusammenhang von dem Prinzip der »*Identifikation mit dem anderen*, mit der Natur, mit dem Kosmos«. Als Kontrastprinzip hält er das Prinzip der Teilhabe dagegen. Auf dieser Ebene findet eben kein Austausch im Sinne einer Teilhabe, sondern im Sinne einer Identifikation statt. (Trauzettel 1997, S. 13 f.) Diese spezifische Seite des chinesischen Identitätsgefühls bezeichnete Benjamin Schwartz als »Anthropo-Kosmologie«. (Linck 2001, S. 15)

Und doch blieb es nicht bei der Identifikation. In den Künsten sind als Inbegriff der Natur die Landschaft oder auch einzelne Tiere und Pflanzen gesehen worden, eine Engführung, die bis in die Gegenwart die Ästhetikdebatte beherrscht, die freilich inzwischen zunehmend von importierten Themen lebt. Doch bei einem erweiterten Blick fallen Natur und Welt wieder ineinander, was insbesondere in der Dichtung zum Ausdruck kommt. Nach der kosmischen Reise des Schamanen und dann der Reise des Herrschers, seit der Ausbildung dichterischer Autonomie während der Jian'an-Periode (Schmidt-Glintzer 1999a, S. 164-174) ist die Dichtung über Natur zumeist mit einem Autor verknüpft und erfährt damit ihre individuelle und subjektive Zuordnung. Pan Yue (247-300), der in seinem Heimatdorf als Wunderkind galt und über den später zahlreiche Anekdoten in die Sammlung »Neuer Bericht von Reden aus der Welt« *(Shishuo xinyu)* aufgenommen wurden, aus denen wir auch über seine die ganze Damenwelt betörende Schönheit erfahren, verfaßte Klagegedichte über den Tod der eigenen Frau. Von diesen Gedichten endet das erste, nachdem die Erinnerung an die Verstorbene wachgerufen wurde:

Früher waren wir wie zwei Vögel, die über einen Wald
flogen;
Doch plötzlich war von dem unzertrennlichen Paare
nur das Männchen übriggeblieben.
Früher waren wir wie zwei Fische, die im selben Fluß
nebeneinander dahinschwammen;
Aber mitten in der Reise wurden sie für immer getrennt.

Durch eine Spalte dringt jetzt der Frühlingswind in
meine Kammer;
Morgens tropft Schneewasser vom Vordach herab.
In diesen Nächten [des Frühlings] kann ich sie auch nicht
einen Augenblick vergessen,
Und mein tiefer Kummer wird mit jedem Tage größer.

Sollte vielleicht mein Schmerz jemals geringer werden,
Will ich ähnlich wie Zhuang[zi] auf dem Tongefäß den Takt
schlagen und singen. (*Wenxuan 23*; Zach 1958, Bd. 1, S. 367)

Bei den Naturgedichten des 3. und frühen 4. Jahrhunderts ist die Betrachtung der Landschaft noch nicht so weit entwickelt, daß es zu einer mystischen Vereinigung mit der Natur kommt. Naturbeschreibungen und imaginierte Reisen durch die Landschaft bis in den Himmel hatten sich zwar schon in einigen frühen Rhapsodien *(fu)* gefunden, und diese Thematik war bald in der Form des Fünf-Worte-Verses wieder aufgegriffen worden. In dieser Tradition stehen auch die *Gedichte vom Besuch bei Einsiedlern*, von denen Zuo Si's (etwa 250-305 n. Chr.) im *Wenxuan* (Kap. 22) enthaltenes Gedicht *Zhaoyin shi* (»Besuch bei den Einsiedlern«) zu den bedeutendsten zählt. Diese Einsiedler-Dichtung sucht nun nicht, wie noch die »Aufforderung an einen Edlen in Zurückgezogenheit« *(Zhao yinshi)* der Han-Zeit, den Einsiedler aus seiner durch wilde Tiere und sonstige Unbill gefährdeten Existenz in die Zivilisation zurückzuholen, sondern entdeckt den Bereich des Einsiedlers als ein erstrebenswertes Gefilde. Ein neues Verhältnis zur Natur war gewonnen.

Zu gleicher Zeit gab es Gedichte gegen das Aufsuchen von Einsiedlern. Wie nahe beieinander die Alternativen von Amtslaufbahn einerseits und Rückzug in die Einsiedelei andererseits lagen, läßt sich an dem Umstand ablesen, daß von einzelnen Dichtern Gedichte sowohl für als auch gegen den Besuch in der Einsiedelei verfaßt worden sind. Vor allem aber zeigt diese Wendung eine Bekräftigung der chinesischen »Innerweltlichkeit«, wie sie sich dann in besonders prägnanter Weise auch in der Chan-Tradition ausgeprägt hat. So ist von Wang Kangju im *Wenxuan* (Kap. 22) ein »Gedicht gegen Besuche bei Einsiedlern« überliefert. Darin heißt es:

Nur der kleine Einsiedler verbirgt sich in den Bergen
oder in den Marschen;
Der große Einsiedler verbirgt sich am Kaiserhof oder
am Marktplatz.
Bo Yi [und Shu Qi] flüchteten auf den Shouyang-Berg;
Laozi dagegen lebte zurückgezogen in seinem Amt
als Archivar.
Einst in Zeiten des Großen Friedens sogar
Gab es welche, die auf Bäumen nisteten.
Und selbst wenn es heute herrliche Zeiten wären,
Würden da nicht dennoch in den Wäldern Einsiedler
leben?
Sie lassen ihren Geist jenseits des blauen Firmaments
ergehen;
Sie verbleiben in der Tiefe der menschenleeren Berge.
Sie hören nichts anderes als das Dschungelhuhn,
das schon vor dem Morgengrauen traurig ruft,
Und der klagende Wind ruft herbei die heraufziehende
Nacht.
Der bittere Frost läßt ihre roten Wangen verwelken;
Kaltes Quellwasser setzt ihrem erhabenen Äußeren zu.
Der brave Mann baut auf die Menschen;
Der kauzige Weise dagegen folgt seiner eigenen
Überzeugung.
Wer sich dem Schicksal überläßt, erlangt dadurch
die Harmonie des Himmels;

Der Eigenbrötler dagegen entfernt sich vom erhabenen
Gesetz des Alls.

Kehrt dann der Einsiedler aus seinem Wald zum Leben
der Mitmenschen
zurück, worauf richten sich seine Hoffnungen?
Daß er auch nur lebt und stirbt in Übereinstimmung
mit der Natur.

(*Wenxuan* 22; Zach 1958, Bd. 1, S. 334)

»Mit den Dingen *(wu)*«, in Übereinstimmung mit der Natur, zu leben wurde die Devise, ganz im Sinne des Zhuangzi: »Alle Dinge und ich bilden eine Einheit.« Dabei spielt das Wasser eine besondere Rolle, in seiner Anpassungsfähigkeit und Schmiegsamkeit und gleichzeitigen großen Kraft. (Allan 1997) Diese Position beerbten auch die Vertreter der konfuzianischen Tradition, und die Verbindung von Einsiedlertum und Amtsleben blieb in den späteren Jahrhunderten das Lebensmodell der Literatenbeamten. Diese konnten sich zeitweilig zurückziehen, etwa unter Hinweis auf einen Trauerfall, für ein paar Jahre oder nur stundenweise, und die künstlerische Betätigung mit Pinsel und Tusche bei Kalligraphie und Malerei gehört ebenso in diesen Zusammenhang wie die Entstehung von Miniaturlandschaften im eigenen Hause, in denen man sich gewissermaßen bei Feierabend ergehen konnte. (Stein 1990) Dabei ist wichtig die Modularisierung der Weltwahrnehmung, wie sie sich in der Einübung einzelner Pinselstrichsequenzen und dann auch in der Handwerks- und Baukunst niederschlägt und so die Grundstruktur der chinesischen Lebenswelt geprägt hat. (Ledderose 2000)

Reise und Lebenspflege

Diese Haltung der Verbindung von Amt und Rückzug, eine Haltung der Absichtslosigkeit, des Einfach-in-der-Welt-Seins, stand in der Tradition der bei Zhuangzi propagierten Lebenspflege oder Lebensnährung (Jullien 2006), wie sie etwa in der Geschichte »Vom Koch, dem Messer und der Pflege des Lebens« zum Ausdruck kommt:

> Der Fürst Wen Hui hatte einen Koch, der für ihn einen Ochsen zerteilte. Er legte Hand an, drückte mit der Schulter, setzte den Fuß auf, stemmte das Knie: ritsch! ratsch! – trennte sich die Haut, und zischend fuhr das Messer durch die Fleischstücke. Alles ging wie im Takt eines Tanzliedes, und er traf immer genau die Gelenke.
>
> Der Fürst Wen Hui sprach: »Ei, vortrefflich! Das nenn' ich Geschicklichkeit!« Der Koch legte das Messer beiseite und antwortete zum Fürsten gewandt: »Der Sinn ist's, was dein Diener liebt. Das ist mehr als Geschicklichkeit. Als ich anfing, Rinder zu zerlegen, da sah ich eben nur Rinder vor mir. Nach drei Jahren hatte ich's soweit gebracht, daß ich die Rinder nicht mehr ungeteilt vor mir sah. Heutzutage verlasse ich mich ganz auf den Geist und nicht mehr auf den Augenschein. Der Sinne Wissen hab' ich aufgegeben und handle nur noch nach den Regungen des Geistes. Ich folge den natürlichen Linien nach, dringe ein in die großen Spalten und fahre den großen Höhlungen entlang. Ich verlasse mich auf die [anatomischen] Gesetze. Geschickt folge ich auch den kleinsten Zwischenräumen zwischen Muskeln und Sehnen, von den großen Gelenken ganz zu schweigen.
>
> Ein guter Koch wechselt das Messer einmal im Jahr, weil er schneidet. Ein stümperhafter Koch muß das Messer alle Monate wechseln, weil er hackt. Ich habe mein Messer nun schon neunzehn Jahre lang und habe schon mehrere tausend Rinder zerlegt, und doch ist meine Schneide wie frisch geschliffen. Die Gelenke haben Zwischenräume; des Messers Schneide hat keine Dicke. Was aber keine Dicke hat, dringt in Zwischenräume ein – ungehindert, wie spielend, so daß die Klinge Platz genug hat. Darum habe ich das Messer nun schon neunzehn Jahre, und die Klinge ist wie frisch geschliffen. Und doch, sooft ich an eine Gelenkverbindung komme, sehe ich die Schwierigkeiten. Vorsichtig nehme ich

> mich in acht, sehe zu, wo ich haltmachen muß, und gehe ganz langsam weiter und bewege das Messer kaum merklich – plötzlich ist es auseinander und fällt wie ein Erdenkloß zu Boden. Dann stehe ich da mit dem Messer in der Hand und blicke mich nach allen Seiten um. Ich zögere noch einen Augenblick befriedigt, dann reinige ich das Messer und lege es beiseite.«
>
> Der Fürst Wen Hui sprach: »Vortrefflich! Ich habe die Worte eines Kochs gehört und habe die Pflege des Lebens gelernt.« (Wilhelm 1951, S. 22f.)

Was diese Geschichte auch enthält, ist der Gedanke der Lebensklugheit, die Weisheit, sich nicht unnötig an Widerständen abzuarbeiten, sondern sich aus der Kenntnis der Umstände und des anderen, des Gegenübers und insbesondere des Gegners und der widrigen Welt, strategisch zu verhalten. Die Politik und die Kriegführungsstrategien folgten dieser Maxime.

Die Reise wurde von den jenseitigen Welten ins Diesseits verlegt. Dies galt auch für einen weltflüchtigen Unsterblichkeits- und Lebensverlängerungskult, praktiziert etwa von den »Sieben Weisen vom Bambushain«. In der Biographie eines von ihnen, Ruan Ji, ist davon die Rede. Er sei manchmal auf Berge gestiegen und habe auf die Bäche heruntergeschaut und für Tage vergessen, zurückzukehren. Davon, daß die Freude am Besteigen der Berge weit verbreitet war, legt ein Bericht in der Biographie des Yang Hu (gest. 278) Zeugnis ab:

> Hu liebte die Landschaft. Immer wenn das Wetter schön war, mußte er auf den Berg Xian steigen, wo er sich Wein bringen und Gedichte rezitieren ließ, den ganzen Tag lang. Einst seufzte er tief, blickte zu seinen Begleitern, Zou Zhan und den anderen, und sagte: »Seit es die Welt gibt, gibt es diesen Berg, und bis heute sind Weise und Vollendete hierher aufgestiegen, um in die Ferne zu blicken. Viele wie ich und ihr sind untergegangen, ohne daß man etwas von ihnen gehört hätte. Das macht einen betrübt. Wenn nach hundert Jahren noch jemand von einem wüßte, dann würde die Seele wieder hierher aufsteigen.« Zhan sagte: »Eure Tugend

bedeckt alles innerhalb der Vier Meere, und in Eurem Verhalten steht Ihr in der Nachfolge des früheren Heiligen, so daß [Euer Ruhm] zweifellos mit diesem Berg Bestand haben wird. Was uns andere aber betrifft, so wird es uns ergehen, wie Ihr gesagt habt.«
(*Jinshu* 34, S. 1020; Kubin 1985, S. 148f.)

Die Ablösung der Naturerfahrung von der Heilssuche und den Besuchen bei Genien begünstigte erst die Entstehung einer Naturlyrik, bei der Geister und Genien allerdings zugänglich blieben. Für einen Teil derjenigen Dichtung, in der die Weltflucht als Sehnsucht in die Ferne zum Ausdruck kommt, hat sich ein eigener Begriff herausgebildet, *youxian*-Lyrik, was man mit Lyrik von »Wandernden Unsterblichen« übersetzen kann. Diese *youxian*-Lyrik hat man in zwei Gruppen zu unterteilen versucht: erstens eine in der Tradition des Qu Yuan stehende eskapistisch-protestierende; zweitens eine daoistisch-religiöse, vertreten durch Dichter wie Zhang Hua und Guo Pu (276-324), den Verfasser oder wenigstens Hauptkommentator des *Shanhaijing* (Buch der Berge und Meere). Dieser Guo Pu war stark von den *Gesängen des Südens (Chuci)* beeinflußt. Er brachte sein Unglücklichsein in dem 19 Gedichte umfassenden Zyklus *Gedichte von Wandernden Unsterblichen (Youxian shi)* zum Ausdruck. Mit seiner dichterischen und – in Form von grundlegenden Kommentaren zum *Mu Tianzi zhuan* (Bericht über die Reise des Königs Mu) und anderen Werken belegten – gelehrten Bemühung um die Gefilde der Unsterblichkeit hatte er, der den Mächtigen seiner Zeit Vorzeichen deutete – und deswegen dann auch hingerichtet wurde (siehe oben) – mit seinen eigenwilligen *youxian*-Gedichten, in denen ein fernes paradiesisches Gefilde, das frei von jedem Kummer ist, beschrieben wird, am meisten dazu beigetragen, die Begrifflichkeit der neodaoistischen Philosophie, die »Dunklen Worte« *(xuanyan)*, für die Poesie nutzbar zu machen. Er war es dann auch, der in der *youxian*-Dichtung trotz seines Festhaltens an der Suche nach Unsterblichkeit die »Gefilde der Unsterblichen« durch die »Aufenthaltsorte der Einsiedler« ersetzte. Die Genien oder

Unsterblichen waren inzwischen ja selbst Gegenstand sachlichen Berichtens geworden, wie sich an dem von Ge Hong (um 280-340), einem Zeitgenossen Guo Pus, verfaßten *Shenxian zhuan* (Berichte von Göttern und Unsterblichen) deutlich zeigt. (Güntsch 1988; Campany 2002)

Statt der Natur im allgemeinen war es bald der Garten, in dem man zumeist in Gesellschaft die Poesie, Kalligraphie und Landschaftsmalerei pflegte, und er wurde selbst zum Kunstwerk gestaltet. Bereits in der Jian'an-Periode hatte man von einem Gebildeten erwartet, daß er Poesie verfassen könne; die Versammlung am Orchideenpavillon zeigt deutlich, daß im 4. Jahrhundert, seit dem Rückzug des Jin-Hofes nach Süden, die Kalligraphie hinzugetreten war. Die Veränderungen in der Landschaftsdichtung sind außer durch die weitere Entfaltung und Ausbreitung der daoistischen Metaphysik sicherlich ebenso durch die veränderte Umgebung des Hofes aufgrund seiner Verlegung nach Süden in die Nähe des heutigen Nanjing bewirkt worden. Nicht fern von Nanjing, in der reizvollen Landschaft des östlichen Zhejiang, war es dann auch, wo Landschaftsdichtung und Landschaftsmalerei ihren Anfang nehmen sollten.

Die Malerei von Landschaften ersetzte bald den Umgang mit wirklichen Landschaften, ganz so wie die Gärten als Miniaturkosmos die Natur ersetzten. Sie dienten zur Meditation, vor allem den Anhängern des Buddhismus, sich aus dem Schmutz der Welt zu erheben. Von Zong Bing (375-443), dessen Traktat *Einleitung zur Landschaftsmalerei (Hua shanshui xu)* neben dem Text *Über die Malerei (Xu hua)* des Wang Wei (415-443) den besten theoretischen Einblick in die buddhistisch inspirierte Landschaftsmalerei gibt, wird berichtet, daß er, als er nicht mehr in der Lage war, selbst durch die Natur zu streifen, diese gemalt und sodann, »von seinem Bett aus« Bilder betrachtend, sich in der Natur ergangen habe. Später wurde die Reise zur Selbsterfahrung und der Reisebericht zur Autobiographie; die Welt zentrierte sich auf den Menschen. Die Reise durch das Land ist die Selbstschöpfung und zugleich die Rekonstruktion der historischen Welt und der erlebten Zeit. Der Bericht von der Reise wird zur Selbstinszenierung wie im *Youji* des Yuan Hongdao. (Riemenschnitter 1998) Mit der Ausdehnung des Reiches wurden das Reisen und die Erfahrung der unterschiedlichen Landschaften ein konstitutiver Bestandteil chinesischer Existenz.

Der Diskurs mit der Natur in China ist wie auch sonst viele Erscheinungen des Religiösen mit der Lebenswelt der Eliten verbunden; zugleich dürfen wir vermuten, daß dieser Diskurs durch religiöse Vermittlung und durch Rituale das Leben, Fühlen und Denken der gesamten Bevölkerung prägte. Der Umgang mit der Natur spiegelt die Selbstreflexion der Eliten und etablierte zugleich eine Gefühls- und Werteordnung für die ganze chinesische Welt. Veränderungen ergeben sich im Umgang mit dem Wissen über die Dinge, mit dessen Kodifizierung und Verfeinerung. Als Mao Zedong am 30. Oktober 1952 den Ort des Deichbruchs am Gelben Fluß von 1855 besuchte, der zur Flußbettverlagerung des Flusses führte, soll er, der Legende zufolge, schweigend die Fluten betrachtet haben. In der Nacht las er die Provinzchronik von Henan, die von einer Vielzahl von Überschwemmungen des Flusses berichtet, und als er sich am nächsten Morgen mit Ingenieuren und Wasserbauspezialisten traf, sagte er: »Ihr müßt die Situation am Gelben Fluß in den Griff bekommen, sonst kann ich nicht ruhig schlafen.« (Amelung 2000, S. 366)

Entsprechungssysteme und Geomantik

Die Natur war immer schon gegeben. Sie wurde erschlossen unter den Begriffen der Bipolarität, verknüpft mit der Unterscheidung in Licht und Schatten, *yin* und *yang* sowie unter Regelmäßigkeitsvorstellungen von zyklischen Abläufen. Allem zugrunde aber lag die Wechselbeziehung zwischen Himmel und Erde, in die der Mensch als drittes Element einbezogen war. Innerhalb solchen naturalistischen Weltverständnisses konnte auch die Familienvorstellung abgebildet werden, wenn es etwa bei Zhu Xi im 12. Jahrhundert heißt:

> Jedes Menschen Körper ist zweifellos von Vater und Mutter erzeugt. Das aber, wodurch Vater und Mutter zu Vater und Mutter geworden sind, das ist Himmel und Erde. Wenn man also in seiner Betrachtung von Vater und Mutter ausgeht, dann muß man sagen, daß jedes Ding seinen Vater und seine Mutter hat; wenn man aber von Himmel und Erde ausgeht, dann muß man sagen, daß alle Dinge einen gemeinsamen Vater und eine gemeinsame Mutter haben. Haben aber alle Dinge einen gemeinsamen Vater und eine gemeinsame Mutter, wie sollte dann nicht das, wodurch mein Körper zum Körper geworden ist, ein Stoffende von Himmel und Erde, und das, wodurch mein lebendiges Wesen zum lebendigen Wesen geworden ist, nicht die Führung von Himmel und Erde sein? Die Weisen des Altertums hatten dieses Gesetz als die Wahrheit erkannt, darum behandelten sie ihre Verwandten als ihre Verwandten, und zu den anderen Leuten waren sie gütig, und indem sie zu den anderen Leuten gütig waren, liebten sie alle Wesen. Dadurch kam es so weit, daß sie die ganze irdische Welt für eine Familie halten konnten und das Reich der Mitte für einen Menschen darin. (Otto Franke; zitiert nach Malek 1996, S. 40f.)

Solches Entsprechungsdenken durchzieht die chinesische Geisteswelt. Eine Passage aus dem Werk *Huainanzi* gilt als eine der frühesten Beschreibungen dieser Systematik, die in sich allerdings nicht statisch, sondern ständig im Fluß und in Bewegung ist:

> Daß der Kopf rund ist, ist ein Abbild des Himmels; daß die Füße rechteckig sind, ist ein Abbild der Erde. Der Himmel hat vier Jahreszeiten, fünf Gangarten [Planeten], neun Abschnitte [acht Himmelsrichtungen und das Zentrum], und so der Mensch vier Gliedmaßen, fünf innere Organe, neun Körperöffnungen und 366 Knochen. Der Himmel hat Wind, Regen, Kälte und Hitze, und so der Mensch Nehmen und Geben, Freude und Zorn. Deshalb bedeutet die Galle die Wolken, die Lunge ist der Dunst, die Leber ist der Wind, die Nieren sind der Regen, und die Milz ist der

> Donner, wodurch [der Mensch] mit Himmel und Erde eine Dreiheit bildet 〈...〉. Deshalb sind Auge und Ohr Sonne und Mond, und Blut und Odem sind Regen und Wind. (Roetz 1984, S. 73)

Es gibt aber nicht nur die Analogie, sondern auch den Anspruch engster Beziehung und Einbettung; der Mensch ist ein Teil der gesamten Natur. Die Natur kann zwar gepflegt und rituell geordnet werden, aber das Weltverhältnis geht von einem Eigenrecht der Natur aus, deren Normen in die Gesellschaft ausstrahlen. So schreibt der Philosoph Cheng Hao (1032-1085) in seinem Werk *Über das Verständnis von Menschlichkeit (Shi ren)*:

> Der Mensch des *ren* [der Menschlichkeit/Humanität] betrachtet Himmel und Erde und alle Dinge als einen einzigen Leib. Für ihn gibt es nichts, was nicht er selbst wäre. Da er alle Dinge als sich selbst erkannt hat: Kann es für seine Humanität irgendeine Grenze geben? Wenn Dinge keine Bestandteile des Selbst sind, haben sie natürlicherweise nichts mit ihm zu tun. [Es ist] wie im Falle der Lähmung der vier Gliedmaßen: Die Lebenskraft strömt nicht mehr durch sie, und so sind sie nicht länger Teile des Selbst. (Tu 1983, S. 285)

Die Einbindung von Himmel und Erde in jegliche Kulte sowie die Anreicherung des »Himmels«-Begriffs zum allgemeinen Natur-Begriff einerseits und zur obersten göttlichen Instanz andererseits machte die Orientierung im Kosmos zum Grunderfordernis jeglicher Lebensbewältigungsstrategie. So wurde das *fengshui*, eine auf Räume bezogene magisch-spekulative Systematisierung unterschiedlichster Entsprechungssysteme, zur Grundlage vielfältigen religiösen, aber auch sonstigen Handelns, von der Grabanlage bis hin zum Hausbau, zur Palast- und Tempelarchitektur, zur Be- und Entwässerung, zur Baumpflanzung und zur Gartengestaltung. Bis in die Landschaftsmalerei reicht dieser bestimmende Einfluß. Oft als »Geomantik« bezeichnet, ist es doch weit mehr. Wörtlich übersetzt »Wind und Wasser« bedeutend, muß *fengshui* als eigener Begriff verwendet werden. Es geht dabei immer um die

Ermittlung günstiger Lagen, um die Einbindung in die Kräfteverhältnisse der Natur, um das rechte Verhältnis der *yin-* und der *yang-*Kräfte zueinander. Dabei war nicht nur die Wahl der richtigen Lage entscheidend. Auch der Einsatz von Mitteln, von Emblemen und Zeichen, von figürlichen Darstellungen etwa in Stein gemeißelter Löwen oder Drachen konnte die gewünschte Wirkung erzielen. Hier bildete sich ein Expertenwissen heraus, welches bis in die Gegenwart von bestimmten Personen verwaltet, gepflegt und weitergegeben wird. Der *fengshui-*Experte bedient sich verschiedener Mittel, darunter des Kompasses und bestimmter Tafeln und Meßwerkzeuge. Dabei wird auch Bezug genommen auf die in den alten Texten wie dem *Yijing* zusammengestellte Wissensordnungen. Bis heute werden an diese Traditionen Anleihen gemacht, und insbesondere die Architektur lebt davon. Aber auch der ganz alltägliche Lebensvollzug wie die Benennung der 24 Zeitabschnitte des Jahres (wie Frühlingsbeginn, Erwachen der Insekten, Frühlings-Tagundnachtgleiche, Reine Helligkeit, Sommeranfang, Getreidereife, Sommersonnenwende, Leichte Hitze, Große Hitze, Herbstanfang, Ende der Hitze, Weißer Nebel, Frosteinbruch, Große Kälte), der Sechziger-Zyklus und die astronomisch-astrologischen Zuordnungen von Geburtsdatum, Lebensalter und Schicksal und vielerlei andere Entsprechungs- und Bezugssysteme strukturieren die Welt in einer Art und Weise, die seit längerem schon weit über China hinaus Beachtung und Anwendung findet.

DIE ÜBERWINDUNG DER GÖTTER

GÖTTER UND GEISTER IM HINTERGRUND

Herrschaftsbeschränkung und priesterfreie Geistigkeit

Die soziale und politische Krise am Ende der Han-Dynastie und die folgende Bildung neuer Teilreiche führte zu einem neuen Bedarf an Legitimation und Sinnstiftung. Das Modell des an der Spitze eines geeinten Reiches herrschenden Kaisers war Vergangenheit, und es mußten bei der Existenz mehrerer Kaiser neue Formen der Legitimitätsaushandlung gefunden werden. Nachdem in den rationalistischen Strömungen der vorhergehenden Jahrhunderte Götter und Geister weitgehend »verblaßt« waren (Bauer 1995), war es nun ausgeschlossen, daß »die Entgöttlichung der Ahnen und Naturgeister« durch »die Vergöttlichung des Herrschers« ersetzt würde. Vielmehr blieben Geister und Götter im Hintergrund und fungierten zugleich als Garant für die Beschränkung der Macht des Kaisers. So blieben alle Versuche von Herrschern, sich deifizieren zu lassen, erfolglos. (Schmidt-Glintzer 1990c) Vor diesem Hintergrund muß auch die Ausbildung eines »dual image« gesehen werden, wonach der Kaiser für die Chinesen der Himmelssohn, für die Fremdvölker in der Ökumene hingegen als Gott angesehen werden durfte. (Farquhar 1978; siehe auch H. Franke 1978) Das Verblassen der Götter und Geister ging sogar so weit, daß manche modernen Intellektuellen wie Hu Shi behaupteten, die Chinesen seien grundsätzlich »areligiös«. Andere wiederum bezeichneten sogar diejenigen religiösen Strömungen, die ihrem Bild einer rationalistischen Tradition nicht entsprachen, als »unchinesisch«, wie dies etwa Liang Qichao (1873-1929), der Reformer und Staatstheoretiker, für den Daoismus tat.

Die Rede von der Religionslosigkeit Chinas war das Ergebnis des Zusammenspiels einer bestimmten Deutung der geistigen Strömungen Chinas der klassischen Zeit sowie der Selbstauskunft der chinesischen Gewährsleute des späten Kaiserreichs. Sosehr wir heute wissen, daß es immer ein hohes Maß an Volksfrömmigkeit gab und eine Vielzahl an Göttern, so ist doch auch richtig, daß die politisch-philosophischen Strömungen der klassischen Zeit, das heißt der Zeit seit dem sechsten vorchristlichen Jahrhundert bis in die Späte Han-Zeit, von einem starken rationalistischen und gegenüber dem Wirken übernatürlicher Mächte skeptischen Denken geprägt waren. Daß dies nur eine Zeitlang – und auch nicht für das ganze China – galt, zeigen die nicht viel später geschaffenen Götterstandbilder, insbesondere die Repräsentation buddhistischer Heiliger und Weiser, von deren überlieferten Resten Ernst Weiß sich so beeindruckt zeigte, daß er vom »Schweigen tiefster Ergriffenheit« sprach. Doch der rationalistische Zug hielt an und bildete die Basis für immer wieder neu einsetzende Reformen.

China im Auge der Europäer

Die Rede vom aufgeklärten Volk Chinas ohne Götter aber ist auch das Ergebnis des Wunschdenkens der europäischen Aufklärung. Seit dem Versuch von Gottfried Wilhelm Leibniz, den Chinesen eine ursprüngliche Religion, die Kenntnis des geoffenbarten Gottes, zuzuschreiben, ist die Thematisierung dieser Frage im Westen nicht abgebrochen. Christian Wolff hat in seiner Prorektoratsrede von 1721, der *Rede über die praktische Philosophie der Chinesen*, deren Religionslosigkeit hervorgehoben, wenn er schreibt:

> Weil die alten Chinesen, von denen hier die Rede ist, den Schöpfer der Welt nicht kannten, hatten sie keine natürliche Religion; noch viel weniger waren ihnen irgendwelche Zeugnisse der göttlichen Offenbarung bekannt. Darum konnten sie sich nur der Kräfte der Natur – und zwar

solcher, die frei von jeder Religion sind – bedienen, um die Ausübung der Tugend zu befördern. Daß sie sich dieser Kräfte aber höchst erfolgreich bedienten, wird bald vollständiger feststehen. (Wolff 1726/1985, S. 27)

In seinen Anmerkungen von 1726 stellt Wolff fest, die Chinesen hätten keine Götzen gekannt, und erst mit dem Buddhismus seien solche nach China gelangt. (Wolff 1726/1985, S. 153) Dennoch hätten die Chinesen »die natürlichen Kräfte – ein Erbteil des göttlichen Ebenbildes – unversehrt bewahrt«; wer also »aus der Erfahrung deutlich erkennen will, wie jene *bürgerliche Gerechtigkeit* beschaffen ist, zu der nach Ansicht der Theologen die natürlichen Kräfte ausreichen, der möge über die Aussprüche und Taten der ältesten Chinesen nachdenken« (Wolff 1726/1985, S. 155), womit er auf Konfuzius verwies.

Die Chinesen hätten überdies alles aus sich selbst heraus geschaffen, da sie in den »ersten zweitausend Jahren in keinem Verkehr mit anderen Völkern standen« (Wolff 1726/1985, S. 157), eine Vorstellung von der Isolation Chinas, die heute noch François Jullien pflegt. Daher konnten sie auch nicht die Erfahrung des Exils machen, wie etwa die Juden, von denen Lessing in der Schrift *Die Erziehung des Menschengeschlechts* von 1780 schreibt:

Das in die Fremde geschickte Kind sahe andere Kinder, die mehr wußten, die anständiger lebten, und fragte sich beschämt: warum weiß ich das nicht auch? warum lebe ich nicht auch so? Hätte in meines Vaters Hause man mir das nicht auch beibringen; dazu mich nicht auch anhalten sollen? Da sucht es seine Elementarbücher wieder vor, die ihm längst zum Ekel geworden, um die Schuld auf die Elementarbücher zu schieben. Aber siehe! es erkennet, daß die Schuld nicht an den Büchern liege, daß die Schuld lediglich sein eigen sei, warum es nicht längst eben das wisse, eben so lebe. (Lessing 1780/2001, S. 85)

Solche selbstverschuldete Unwissenheit wird bei Schelling zu einer »Katastrophe des chinesischen Bewußtseins«. Er konstatiert die »fehlende« Entwicklung mit den Worten:

> Mit einem Wort, die wahre Erklärung des chinesischen Wesens, Lebens und Seyns liegt darin, wenn wir sagen, es sey: religio astralis in rem publica versa, das Princip jener astralen Religion habe sich in einem übrigens noch näher zu erklärenden Vorgang zum Princip des Staates umgewendet. Dieselbe erdrückende Gewalt, welche es als religiöses Princip auf das Bewußtseyn ausübte, dieselbe übt es jetzt als Princip des Staates aus, und aus derselben Ausschließlichkeit, mit der es sich in jener astralen Religion als noch innerliches Princip behauptete, behauptet es sich jetzt in *diesem*, im Staat, als *äußerlich* gewordenes Princip. (Schelling 1842, S. 397f.)

Hinter dieser Position stehen ein Entwicklungsgedanke und eine Zukunftsbefürchtung, die Schelling folgendermaßen umschreibt:

> Das chinesische Bewußtseyn hat sich durch jene absolute Umwendung und Verweltlichung des religiösen Princips den religiösen Proceß ganz erspart, es ist gleich ursprünglich auf jenen Standpunkt reiner Vernünftigkeit gelangt, zu dem andere Völker erst durch den mythologischen Proceß hindurch gelangten, ja eigentlich sind die Chinesen das wahre Urbild jenes geistigen Zustandes, auf den gewisse neuere Bestrebungen, wahrscheinlich ohne zu wissen, wie chinesisch dadurch die ganze Welt werden würde, mit großem Fleiß hinarbeiteten, daß nämlich alle Religion nur noch in der Ausübung gewisser moralischer Pflichten bestehe, vorzugsweise aber zur Beförderung der Zwecke des Staats wirken sollte. (Schelling 1842, S. 405f.)

Wie sehr dieses Thema fortbesteht und wie sehr es in der jüdisch-christlichen Tradition ein Bedürfnis nach einem Gottbezug gibt, zeigt die bereits erwähnte Äußerung von Ernst Tugendhat, der bekennt:

> Für mich wäre es so viel leichter, statt eine neutrale taoistische oder stoische Haltung auszubilden, mich an Gott zu wenden und zu sagen: »Dein Wille geschehe!«, daß ich mir diese Rede ausdrücklich verbieten muß, weil ich doch weiß, daß Gott nur ein Konstrukt meines Bedürfnisses

ist – und daß ich also, wenn ich mich von diesem Bedürfnis bestimmen ließe, in eine Selbstlüge geriete. (Tugendhat 2006, S. 30)

Damit steht Tugendhat freilich in einer langen Tradition der Verknüpfung des Zweifels an der Existenz Gottes mit der Behauptung seiner Notwendigkeit, wie dies etwa von Voltaire formuliert worden sein soll: »Wenn Gott nicht existierte, müßte man ihn erfinden!« (Siehe Koselleck 2006, S. 316ff.) Doch hinsichtlich der Gottesfrage war das europäische Chinabild nur eine negative Selbstbespiegelung. Das hatte schon Arthur Schopenhauer erkannt (Schmidt-Glintzer 2007d, S. 40), und bis heute wird aus der christlichen Welt das »Fehlen« der Offenbarung in China als Basis der eigenen Überlegenheit verstanden.

Der neuen Sicht Chinas im 19. Jahrhundert voraus aber ging die Veränderung im 18. Jahrhundert, in der die ganze Welt von Europa aus vereinnahmt wird. Am Ende des 18. Jahrhunderts singt das evangelische Kirchenlied der geänderten Weltsicht ›neue Lieder‹, wie bei Matthias Jorissen, der 1798 dichtet:

Bald schaut der ganze Kreis der Erde, | wie unsers Gottes Huld erfreut. | Gott will, daß sie ein Eden werde [usw.]. (Lied 286 des Evangelischen Kirchengesangbuchs von 1994)

Etwa zur gleichen Zeit schreibt Novalis, aus einer ganz anderen Warte:

Seine [nämlich des Katholizismus] zufällige Form ist so gut wie vernichtet, das alte Pabstthum liegt im Grabe, und Rom ist zum zweytenmal eine Ruine geworden. Soll der Protestantismus nicht endlich aufhören und einer neuen, dauerhafteren Kirche Platz machen? Die andern Welttheile warten auf Europas Versöhnung und Auferstehung, um sich anzuschließen und Mitbürger des Himmelreichs zu werden. Sollte es nicht in Europa bald eine Menge wahrhaft heiliger Gemüther wieder geben, sollten nicht alle wahrhafte Religionsverwandte voll Sehnsucht werden, den Himmel auf Erden zu erblicken? und gern zusammentreten und heilige Chöre anstimmen?

> Die Christenheit muß wieder lebendig und wirksam werden, und sich wieder ein[e] sichtbare Kirche ohne Rücksicht auf Landesgränzen bilden, die alle nach dem Ueberirdischen durstige Seelen in ihren Schooß aufnimmt und gern Vermittlerin, der alten und neuen Welt wird. (Novalis 1799/1968, S. 524)

Natürlich geht es auch um einen »Menschheitsbegriff« wie bei Christoph Martin Wieland, doch eben auch um Vereinheitlichung »aller Völker«, untermalt von der Natur: »das Weltmeer brause aller Enden« in der Erwartung des HERRN.

> Er kommt, er naht sich, daß er richte | den Erdkreis in Gerechtigkeit | und zwischen Recht und Unrecht schlichte; | des sich die Unschuld ewig freut. (Nach Psalm 98; Lied 286 im Evangelischen Gesangbuch von 1994)

Den Blick für diesen Wandel in der Weltsicht hat in den Wissenschaften offenbar erst der Terminus »Globalisierung« geöffnet, eine Erscheinung, welche der Sache nach doch schon seit langem im Gange ist. (Menzel 2007) Dabei rede ich nicht von den erdumspannenden Völkerwanderungen in vorgeschichtlicher Zeit, sondern von den schubweisen und teilweise gegeneinander laufenden Welteroberungsbestrebungen der Phönizier, der Griechen, der kreuzfahrenden Europäer, der Mongolen, der Türken und abermals der Europäer. Diesen Prozeß der Aneignung der Welt und ihrer Spiegelung in der Literatur hat Ulrich Im Hof unter der Überschrift »große Öffnung in die weite Welt« als einen europäischen Bewußtseinsvorgang bezeichnet. (Schmidt-Glintzer 2007e)

Volksreligiosität und Staatskult

Seit der Durchsetzung des Zentralstaatsmodells kann man in China von einer »priesterfreien Geistigkeit« sprechen, die insbesondere Kaiser Wu der Han (reg. 140-87 v. Chr.) befestigte. Dazu diente auch das seit dem Jahr 136 v. Chr. eingeführte und als Zugangsweg zu öffentlichen Ämtern gedachte Prüfungssystem, bei dem die dem Konfuzius zugeschriebenen Texte im Mittelpunkt standen. Es war sicher eine Konsequenz dieser Nüchternheit, daß sich neue, eigenständige religiöse Bewegungen bildeten wie die Gemeinden der Himmlischen Meister *(tianshi)*, die im 2. Jahrhundert wirksam wurden, und auch die Bereitschaft zur Aufnahme des Buddhismus zur gleichen Zeit muß damit in Zusammenhang gesehen werden. Die Verbreitung unabhängiger Volkskulte wurde zum Anlaß der Ausbreitung von Staatskulten und der Einrichtung neuer, über das Reichsgebiet verteilter Opferstätten, die eine derart starke Reisetätigkeit des Kaisers zur Folge gehabt hätten, daß sich bald Bestrebungen durchsetzten, den Staatskult im wesentlichen auf Opferhandlungen in der Hauptstadt zu beschränken, wo entsprechende Kultstätten eingerichtet wurden. (van Ess 1993, S. 183) Es kursierte eine Vielzahl von Theorien und Weltbeschreibungsmodellen wie der *Yin-Yang*-Dualismus oder die Theorie von den Fünf Wandlungsphasen *(wuxing)*, die in vielerlei Sphären, bei Wahrsagerei, in der Astronomie oder der Medizin, Anwendung fanden. So wurde in der Zeit der Han-Dynastie die Basis gelegt für die bis heute China prägende religiöse und die Welt durch Systeme zu beschreiben suchende Vielfalt. Bei der *wuxing*-Theorie etwa könnte es sich auch um die Vorstellung von einem Wechselspiel zwischen unterschiedlichen Tugenden gehandelt haben, welches bewußt dem Geltungsanspruch konfuzianischer Moralvorstellungen entgegengehalten wurde und bei dem es sich nicht nur um ein geistig-mentales Glasperlenspiel, sondern um einen auch körperlich zu denkenden Wirkzusammenhang handelt.

Sicherlich sind manche Differenzierungen und Ausformungen erst spätere Zutat und erst nachträglich in die Han-Zeit projiziert worden. Vor allem aber hatte die Reichseinheit unter den Han dazu geführt, daß viele Lehren und Denksysteme miteinander in Berührung kamen und zum Teil miteinander verknüpft, wenn nicht gar vermischt wurden. Diese Vermischung macht es auch so schwierig, einzelne Lehren beziehungsweise Schulen voneinander abzugrenzen. Zwar wurden die Begriffe Konfuzianismus *(Rujia)*, Daoismus *(Daojia)* und Legalismus *(Fajia)* in der Han-Zeit eingeführt, doch eignen sie sich schlecht zur Beschreibung der Denker jener Epoche. Dennoch hat sich das Bedürfnis nach zusammenfassender Beschreibung immer wieder durchgesetzt, von der Rede von den »Sechs Schulen« (wörtlich: »Sechs Häuser«, *liujia*) in den »Aufzeichnungen des Historikers« (*Shiji*, Kap. 130) bis in die Gegenwart, wenn von den »Sechs anerkannten oder offiziellen Religionen« die Rede ist. Ganz unabhängig von solchen Klassifizierungsbemühungen (K. Smith 2003; Csikszentmihalyi, Nylan 2003) aber blieben die Gestalt und die Lehren des Konfuzius bei der Rede von dem vorbildlichen Handeln von Herrschern und von Beamten im Zentrum, und der Umstand, daß Konfuzius in den Mittelpunkt gerückt wird, spiegelt die vor allen sonstigen Lehren herausragende Bedeutung dieser Lehre des Konfuzius für die öffentlichen Angelegenheiten.

Die konfuzianische Betonung des Ordnungsdenkens ist im Zusammenhang der Einheitsreichsbildung von vielen Denkern kritisiert worden, die einen Verlust an Vielfalt unterstellen. Auch gab es erhebliche Kritik an Konfuzius, etwa von Wang Chong (27-100 n. Chr.), der schreibt:

> Konfuzius sagte: »Der Phönix ist nicht erschienen, der Fluß hat die Pläne nicht offenbart. Es ist aus mit mir.« (*Lunyu* 9,9) Dabei beklagt sich hier Konfuzius doch nur darüber, daß er nicht die Königswürde erreicht hat. Er meint, wenn er König geworden wäre, hätte dies den Großen Frieden *(taiping)* gebracht. Bei einem Großen Frieden erscheint der Phönix, und der Fluß würde die Pläne offenbaren. Doch er hatte nun mal nicht die Königswürde erlangt, und weil Glück verheißende Dinge nicht erschienen, war er im Herzen betrübt und klagte und sprach: »Es ist aus mit mir.« (Wang Chong 1969, S. 414)

Glückverheißender Zeichen, so Wang Chong, bedürfe es nicht, was sich an den vorbildlichen Herrschern des Altertums zeige, die Großen Frieden erreichten, ohne daß es solche Vorzeichen gegeben hätte.

Wie sich die Herrschaftssysteme bereits bei den alten Kaisern voneinander unterschieden, stellt etwa der der Schule

Der mit einem Maulbeerbaum als Weltenbaum dargestellte Bogenschütze Yi soll den Fürsten vom Luo-Fluß erschossen und dessen Frau, die Nymphe Luobin, zur Frau genommen haben. Diese Tötung wurde durch spätere Kommentatoren gerechtfertigt, weil der Flußfürst selbst Menschen getötet habe bzw. weil er dem Wasser entstiegen und sich in einen Drachen verwandelt habe. Reliefdarstellung aus dem Wuliang-Grab um 151 n. Chr. Nach einer anderen Tradition soll Yi auf Geheiß des Urkaisers Yao von den ursprünglich 10 Sonnen 9 vom Himmel geschossen haben.

der Legalisten zuzurechnende Chao Cuo (gest. 154 v. Chr.) in einem Essay dar. Die Fünf Urkaiser (Wudi, das sind Huangdi, Zhuan Xu, Di Ku, Yao und Shun) hätten Himmel und Erde entsprochen und seien daher in der Lage gewesen, ohne die Unterstützung durch Minister erfolgreich zu herrschen. Nicht mehr ganz so perfekt seien die Drei Könige *(Sanwang)* gewesen, die aber immer noch erfolgreich mit ihren Ministern kooperiert hätten, wohingegen die Fünf Hegemonen *(Wuba)* als die Schwächsten immerhin noch ihren Ministern die Anwendung der Gesetze erlaubten.

> In Eurem Kaiserlichen Erlaß heißt es: »Versteht die allgemeine Lage im Staat und in der Familie.« – Ich als unbedarfter Minister mache mir das anhand der Fünf Urkaiser klar. Ich habe gehört, daß die Fünf Urkaiser von einer geistigen Heiligkeit waren, daß ihre Minister darin nicht an sie heranreichten. Daher regelten sie selbst ihre Angelegenheiten, indem sie ebenso in der Gesetzeshalle residierten wie oben in der Halle der Klarheit (Mingtang). In ihrem Tun und Lassen entsprachen sie oben dem Himmel, folgten unten der Erde und gewannen in der Mitte die Menschen. Daher war keiner in der Menge der Lebewesen, den sie nicht zu schützen vermochten, und kein Ding, das sie nicht erhielten. Und alles, was sie mit ihrem Leuchten erhellten, wurde gleichmäßig beleuchtet. Ihre Wirkkraft reichte bis oben zu den Vögeln und unten zu den Insekten im Wasser, Pflanzen und Bäume und alle Dinge wurden von ihnen gefördert. Auf diese Weise kamen Yin und Yang in Einklang, die Vier Jahreszeiten folgten in angemessenen Zeitabständen. Sonne und Mond leuchteten, Wind und Regen kamen zur rechten Zeit, weicher Tau fiel herab, und die Fünf Getreide gediehen. Unheilvolle Geister wurden zerstört, zehrende Energieströme wurden abgeschnürt, und das Volk wurde nicht krank. Der Gelbe Fluß offenbarte seine Karte *(tu)*, und der Luo-Fluß brachte die Schrift hervor, der göttliche Drache erschien, und der Phönix flog umher. Die tugendhafte Förderung erfüllte die Welt, und übernatürliches Leuchten erstreckte sich in alle Richtungen. Das nannte

> man »dem Himmel und der Erde entsprechen«, und es ist das Verdienst, die großen Dinge im Reiche richtig zu regeln. (*Hanshu* 49, S. 2293)

Die Ordnung bedurfte nicht der Minister, und so ist auch die prinzipielle Priesterfreiheit des Staatskultes zu verstehen, die allerdings nicht einzigartig war. Von priesterfreier Geistigkeit des Hellenentums spricht auch Max Weber und bezieht sich auf die Schlacht bei Salamis (gegen die Perser). Analog zu der überirdischen Instanz, wie sie in China sehr früh, gewissermaßen als Korrektiv gegen Konfuzius, besonders ausgeprägt in den strafenden Geistern bei Mo Di vorgestellt wurde (Schmidt-Glintzer 1992a), gab es nämlich im klassischen Athen in der Theologie Platons Ansätze zu dem Glauben, »daß der Weltgott ein Volk, dem er seine Fürsorge zugewendet hat, zur Strafe seiner Sünden insbesondere der Hybris und der Habsucht politisch züchtige«. (Weber 1920/2005, S. 199) Es blieb also auch in China die Vorstellung von strafenden Geistern erhalten.

> Selbst in tiefen Schluchten, weiten Wäldern und an dunklen und entlegenen, menschenleeren Orten muß man sich beim Handeln in acht nehmen, denn auch dort werden einen die Geister erblicken.

Mo Di sieht das ganz pragmatisch:

> ⟨...⟩ Wenn man heute alle Menschen im Reiche dazu veranlassen könnte zu glauben, daß die Geister in der Lage sind, die Tüchtigen zu belohnen und die Schlechten zu bestrafen, wie könnte es da im Reiche Unordnung geben? ⟨...⟩ Und wenn die Geister und Seelen wirklich nicht existieren, dann würden wir Wein, Most und Hirse bei den Opferfesten nur vergeuden. Aber selbst wenn wir dies dabei vergeuden, so ist das doch nicht so, als würden wir es in Kloaken und Gräben schütten und verkommen lassen. Die anderen Familienangehörigen und die Leute aus der Nachbarschaft kommen alle zusammen und trinken und essen, so daß, selbst wenn es keine Geister und Seelen gäbe, man dadurch eine fröhliche Gesellschaft zusammenbringen würde und so ein gutes Verhältnis zu den Nachbarn im Orte erlangt. (Schmidt-Glintzer 1992a, S. 23 f.)

Neben den Gottheiten, wie sehr verblaßt auch immer, gibt es den Himmel *(tian)*, das göttlich verstandene Dao sowie zahllose andere Gottheiten, die verschiedene Funktionen hatten und eine ausgedehnte Hierarchie bildeten. Das chinesische Pantheon, insbesondere in seiner späteren, durch Buddhismus und Daoismus erweiterten Form, war zwar einerseits nicht systematisiert, besaß andererseits aber weitgehend Züge eines bürokratischen Systems.

Umgang mit den Geistern

Vor diesem Hintergrund ist es bemerkenswert, daß es theologische Auseinandersetzungen über das Göttliche als solches oder über die Anordnung des Pantheons nicht gab. Vielmehr sind die Götter lebendig, insofern sie sich durch ihre Werke offenbaren, und ihre geistige Kraft *(ling)* ist der Beweis für ihre Existenz. So kann einerseits jedes Wesen zu einer Gottheit werden, andererseits kann jede Gottheit wieder infolge eigener Wirkungslosigkeit verschwinden. (Hansen 1990) Die Gottheiten werden also anthropomorph vorgestellt und haben damit prinzipiell keinen anderen Status als die Ahnen. Während manche Gottheiten über lange Zeit verehrt wurden, haben andere nur kurze Zeit und in vielen Fällen auch nur lokal begrenzt eine Rolle gespielt. Eine andere, bereits lange vor der Reichseinigung entwickelte Technik des Umgangs mit Geistern ist die der Abwehr. Die durch einen Grabfund in Shuihudi (Provinz Hubei) aus dem Jahr 1975/76 bekannt gewordene »Geisterbannung« verdeutlicht dies. In Form von detaillierten Anweisungen wurden für alle möglichen denkbaren Fälle der Bedrohung durch Geister, auch solche in Tiergestalt, Abwehrrezepte erteilt. (Harper 1985; Poo 1993)

Daß die lokalen Erdgottheiten *(tudi)* eine besondere Rolle spielten, ist für die Agrargesellschaft Chinas nicht verwunderlich; sie waren zugleich die Gottheiten für einzelne überschaubare Sozialverbände und dabei aufs engste mit Fruchtbarkeitskulten verbunden, für die sich in der Kaiserzeit ent-

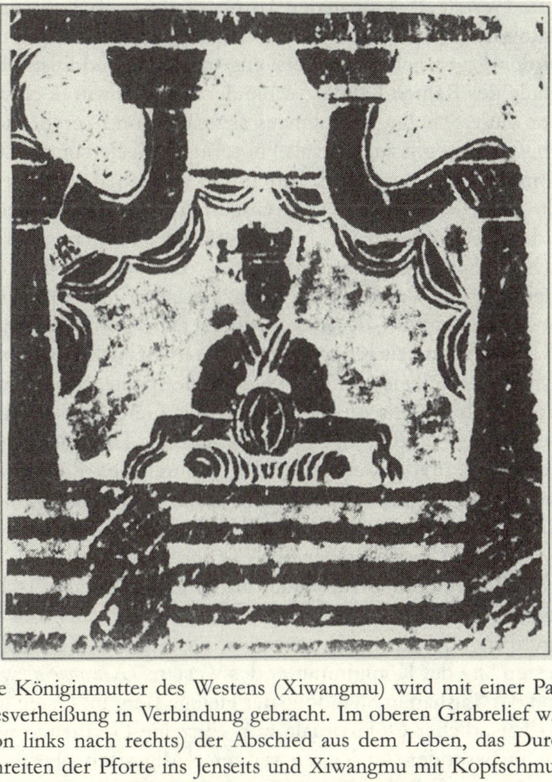

Die Königinmutter des Westens (Xiwangmu) wird mit einer Paradiesverheißung in Verbindung gebracht. Im oberen Grabrelief wird (von links nach rechts) der Abschied aus dem Leben, das Durchschreiten der Pforte ins Jenseits und Xiwangmu mit Kopfschmuck (Detailaufnahme unten) dargestellt.

sprechende hauptstädtische Kulte wie das zeremonielle jährliche Pflügen durch den Herrscher entwickelten. Die in der Kaiserzeit, insbesondere seit dem ausgehenden ersten nachchristlichen Jahrtausend so wichtig werdenden Stadtgötter (Johnson 1985) und ihre Kulte sind aus diesen Erdgottkulten heraus entwickelt worden. – Besonders populär wurden einzelne buddhistische und daoistische Gottheiten. Hierzu zählt der Barmherzigkeit spendende und in Notsituationen anzurufende Guanyin (Sanskrit: Avalokiteśvara), der später in weiblicher Gestalt als »Göttin der Barmherzigkeit« im Status eines Bodhisattva in ganz Ostasien (in Japan als Kannon) populär wurde. Eigentlich besonders eng mit der buddhistischen Schule des Reinen Landes verbunden, ist Guanyin doch weit über diese Schulgrenzen hinaus akzeptiert und verehrt worden. Guanyin gilt zugleich als Führerin der Seelen und als Gewährerin von Schwangerschaften und ist an manchen Orten mit speziellen Eigenschaften ausgestattet worden, wie etwa in der Küstenregion um Ningbo, Provinz Zhejiang, wo sie auch als Seegottheit verehrt wird. – Eine andere Gottheit ist ein der Zeit der Drei Reiche zugeordneter und später vergöttlichter Feldherr, der »vom General zum Gott« (Diesinger 1984) wurde und als Kriegsgott sowohl im Staatskultwesen als auch in der Volksfrömmigkeit eine Rolle spielte. Seine erweiterte Funktion war die des Gottes der Gerechtigkeit, aber auch die des Patrons der Literatur und des Handels. Besondere Popularität gewann diese Figur durch den Roman *Die Drei Reiche*, der seit dem 14. Jahrhundert ein Lesepublikum fand, dessen Stoff noch die Unterhaltungsbühnen und das Repertoire der Geschichtenerzähler beherrschte.

Mit besonderen Orten in der Natur und mit Naturerscheinungen verbundene Götter blieben ein wesentlicher Teil der Verehrung. Schon im Altertum war das Kunlun-Gebirge im Westen Sitz der Königinmutter des Westens *(Xiwangmu)*, während der Taishan in Shandong der Heilige Berg im Osten und Ort kaiserlicher Opferrituale war. Einzelne Gottheiten wurden insbesondere in Zeiten stärkerer Migration überformt und gelegentlich durch neue Gottheiten ersetzt, was gerade auch bei der Ausbreitung des Buddhismus der Fall war, der sich Zug um Zug vieler heiliger Orte bemächtigte und auf diese Weise auch vielerlei gefürchtete Gottheiten, insbesondere einige wichtige Berggottheiten, bannte. Eine Gruppe von Bergen hat in der Geschichte Chinas eine herausragende Rolle gespielt, allen voran die Fünf Berge beziehungsweise Gebirge *(wuyue)*, der erwähnte Taishan (Shandong), der Huashan (Guangxi), der Hengshan (Hunan), der Songshan (Henan) und der Hengshan (Shaanxi). Der Emeishan in Sichuan war den Buddhisten besonders heilig. Überhaupt ist die Religiosität in China in hohem Maße topographisch konnotiert, was auch in der Geschichte der Pilgerfahrten zum Ausdruck kommt, die in der Moderne zum Teil in innerchinesischem Tourismus aufzugehen scheinen.

Trotz aller Einhegungsversuche durch einzelne Religionen und der Bemühungen der Vertreter der staatlichen Bürokratie, den Glauben an Geister und Götter zu kontrollieren, blieb die Welt der Geister und Dämonen ebenso wie das Wirken nicht zur Ruhe gelangter Seelen ein Faktor der Unruhe und der Belebung zugleich. Es war insbesondere die Schatten- oder *yin*-Seite der Individualseele, *po*, die sich in einen Geist oder Dämon *(gui)* verwandeln und ihr Unwesen treiben konnte. Wenn allerdings diese *po*-Seele ihren Frieden gefunden hatte, durch angemessenes Begräbnis etwa, dann konnte die *yang*-Seite der Individualseele, genannt *hun*, ihre segenspendende und förderliche Wirkung, insbesondere für die Nachkommen, verbreiten. Der Übergang zwischen Gottheiten und verehrungswürdigen Gestalten war fließend, und es ist für China charakteristisch, daß Menschen, die etwas Herausragendes geleistet hatten, den Status von Gottheiten erhalten konnten, ohne daß der Vorwurf der Blasphemie erhoben worden oder die Gefahr des Neides anderer Götter zu befürchten gewesen wäre. So gab es Heilige, Unsterbliche, wahrhafte Menschen, und in gewisser Weise mußte sich auch jeder Herrscher solchen Heiligen gleichstellen lassen.

Der einzelne und die Welt: Individuierungsprozesse

Ein weitverbreitetes Vorurteil besagt, in Ostasien gebe es keinen Individualismus. Wir haben in den Berichten von Einsiedlern erkannt, daß es sehr eigenwillige Personen gab, aber die Frage bleibt, ob solche Eigenwilligkeit nicht doch bloß eine Konvention war. Auch auf seiten der europäischen Geschichtswissenschaft ist man der Frage nach der Entstehung des Individualismus neuerdings wieder verstärkt nachgegangen. (Ertl 2006, S. 28ff.) Dabei ist sogar von einer »problematischen Suche nach den Anfängen der Individualität« (Schlotheuber 2004) die Rede. Denn so einzigartig, wie es lange Zeit dargestellt wurde, sind Selbstthematisierung und Individualität auch in Europa nicht. In China jedenfalls galten die Menschen als prinzipiell gleich und als frei, so daß ebenso über die Vergeltung guter und böser Taten nachgedacht wurde, wie sich auch Bußrituale entwickelten, die oft auch mit Selbstheilungsprozeduren verknüpft waren. So berichtet der im Jahre 444 n. Chr. zum Himmlischen Meister avancierte Kou Qianzhi von einer ihm gegebenen Anweisung:

> Wenn jemand in einem zur Gemeinde der Anhänger gehörenden Haushalt krank wird, ist der Priester zu verständigen. Bevor er selbst erscheint, sollte er die Anweisung geben, Räucherwerk im Familienschrein zu verbrennen und Kerzen anzuzünden. Der Patient soll mit aufgelöstem Haar außerhalb des Schreins nach Westen gewandt auf der Erde knien und wiederholt mit der Stirn die Erde berühren. Er soll alle seine Untaten und Vergehen niederschreiben und sie wiederholt aufsagen. Der Priester muß die Offenlegung sämtlicher Verfehlungen erwirken. Danach erst darf der Patient um Vergebung bitten. Wenn er auch nur ein Vergehen verschwiege oder wenn er unaufrichtig wäre und nicht tief bereute, würde die Eingabe des Priesters nichts nutzen. Der Priester verfaßt eine Eingabe für den Patienten, indem er dessen Namen und Wünsche und sämtliche gebeichteten Vergehen berichtet. (Aus: *Laojun yinsong jiejing*, in: *Dao-*

zang [Taotsang] des Klosters Baiyunguan, Peking, Nachdruck Shanghai 1924-1926 [Taipei 1962], 562, li, 2.13a; vgl. P.-y. Wu 1979, S. 9)

Überhaupt war die Nähe zu Heilsversprechen und Krankheitsheilung so groß, daß die religiösen Gemeinschaften Regeln erlassen mußten, um nicht übermäßige Erwartungen an ihre Heilsfähigkeit zu enttäuschen. Doch Anweisungen für ein gesundes Leben kennzeichnen den Buddhismus von seinen Anfängen an. (Birnbaum 1979, S. 3 ff.) Die frühesten Bodhisattva-Vorstellungen sind an Heiler geknüpft (ebenda, S. 24), und im Lotos-Sūtra stellt sich Śākyamuni selbst als Heiler dar. (Deeg 2007, S. 239)

Für die Ausbreitung des immer auch mit Selbstkontrolle verbundenen Individualismus aber blieben die Bußrituale, die dann vor allem in buddhistischen Gemeinden weit verbreitet waren, von entscheidender Bedeutung, und auch wenn sie zunächst unter den Neokonfuzianern keine Fortsetzung gefunden zu haben scheinen, so lebten sie im 14. Jahrhundert um so stärker auf und prägten die religiöse Szene im 16. Jahrhundert, in dem besonders die von dem Buddhisten Zhuhong propagierten Bußrituale viel Aufmerksamkeit fanden.

Als ein anderes Element der Individualisierung ist die Ausbildung von Jenseits- und Höllenvorstellungen zu sehen. Auch wenn die dadurch gestillten Orientierungs- und Selbstvergewisserungsbedürfnisse durch die neuen ideologischen Erziehungskampagnen der Song-Zeit zunehmend befriedigt werden konnten, so blieben weite Kreise der Bevölkerung doch offen für die einmal gefundene Lösung individueller Sinnsuche in Zeiten der sozialen Auflösung. Jedenfalls stand China seither unter der Spannung zwischen einem Versprechen staatlich gelenkter Sozialfürsorge einerseits und der Offenheit für individuelle Heilssuche andererseits. Letztere bildete für den Staat und das Gemeinwesen insofern eine besondere Herausforderung, als sich daraus leicht soziale Bewegungen speisen konnten, die rasch unkontrollierbar zu werden drohten. Ein gesteigertes Interesse für das Individuum zeigte sich immer dann, wenn »Veränderungsschübe in Politik und Wirtschaft im Reich der Mitte für Unruhe sorgten«. (Ertl 2006, S. 32) Unter dieser Spannung stehen Staat und Gesellschaft in China bis heute.

Ahnenverehrung

Von der Gleichstellung der Götter und Ahnen war schon die Rede. Als Grundlage der chinesischen Kultur wurde die Ahnenverehrung zugleich zur Grundlage aller Religiosität. Verehrung der Ahnen und der Vollzug der Opfer an sie wurde zugleich zur Grundlegung aller religiösen Praxis in China. Dabei wurde das Ritual zunehmend wichtiger, und sein Vollzug verselbständigte sich. Einige Gesänge im *Buch der Lieder*, dem ältesten Zeugnis chinesischer Dichtung, belegen diese Rituale, und in späteren Ritualvorschriften wurden die Regeln hierfür niedergelegt. Die Abhängigkeit der Lebenden von den Toten kommt am deutlichsten in den Begräbnisriten zum Ausdruck. Von dem rituellen »Zurückrufen der Seele« bis zu den angemessenen Begräbnisformen und schließlich zur Vorstellung, daß die *hun*- oder *yang*-Seele in der Ahnentafel residiere, diente alles dazu, die Beziehung zwischen den Lebenden und den Ahnen zu festigen. In diesen Ritualen ging es um die Befolgung der richtigen Formen, so daß sich dieser Sphäre mit Vorliebe religiöse Experten und bald dann buddhistische Mönche und daoistische Priester bemächtigten.

Doch früh schon trat die Verehrung für die Ahnen in Gegensatz zur Loyalitätsforderung des Staates. Schon in der Han-Zeit stellen wir fest, daß die Trauerregeln oft nicht eingehalten wurden, weil die Erfordernisse des Staates oder der Gesellschaft den einzelnen mehr forderten als das Trauergebot. In ihrer Studie hat dies Miranda Brown eindrucksvoll belegt. (Brown 2007) Beispielhaft ist die Geschichte von Zhao Yongjian (gest. 187 n. Chr.) und ihrem Sohn, den sie, schon den Tod vor Augen, anhält, dem Einberufungsbefehl zum Dienst an der Grenze zu folgen. Kurz darauf verstirbt sie, und der Sohn, der erst nach ihrem Tod heimkehrt, beklagt die-

Bei der nach dem Tod eines nahen Verwandten obligatorischen Zeremonie des Zurückrufens oder Zurückwinkens der Seele *(zhaohun)* auf dem oberen Bildfeld eines steinernen Grabreliefs werden der Seele die Gefahren des Jenseits und die irdischen Freuden vorgehalten, um sie zur Rückkehr zu bewegen.

ses Versäumnis, was in der in Stein gemeißelten Grabinschrift des bedeutenden Autors Cai Yong (132-192) am Grabe der Zhao Yongjian deutlich wird:

> Meine Augen sahen sie nicht, als sie ihren letzten Atemzug tat, | Meine Hände berührten nicht die Jadeplättchen, die in ihren Mund gelegt wurden, | und die von den anderen ausgehängten Kleider beim Rufen nach der Seele wurden von mir nicht ausgesucht. (Brown 2007, S. 1)

Der Sohn klagt also und leidet unter dem Versäumnis, daß er die Totenrituale nicht in angemessener Form hatte durchführen können. So muß man sich die Spannung vorstellen zwischen dem Pietätsgebot und der Loyalitätspflicht gegenüber dem Staat. Und so wie die Mutter den Sohn auffordert, den Dienst zu versehen, so ist der chinesische Staatsbürger immer schon eingebunden in den Dienst, zu dem die Klage über das Versäumte gehört. Die Toten sind schon vor dem Sterben fern, und auch das »Zurückrufen der Seele« ist mehr Bekundung der Entfernung als tatsächlicher Versuch, sie zurückzuholen. Zugleich werden durch solche Totenrituale die Vorstellungen von den Sphären der Toten bekräftigt. (Y.-s. Yü 1987)

Wenn es heute heißt, pragmatischer Ahnenkult verdränge Maos Atheismus, so bestätigt das nicht nur die Diagnose sinologischer Forschung, wie sie etwa Wolfgang Bauer in den sechziger Jahren des 20. Jahrhunderts vorgetragen hat, bei dem Maoismus handele es sich um eine Massenbewegung mit stark religiösen Elementen, sondern es ist tatsächlich so, daß große Teile der chinesischen Bevölkerung in der Familie und in familiären Traditionen und Netzwerken Sinn und Orientierung suchen. (Leutner 1989) Dem entspricht die Politik, indem sie seit 2008 wieder das Qingming-Fest (am 4. April) zu einem nationalen Feiertag erklärt, jenes Fest, das seit Urzeiten als Ahnenfest gefeiert wird und an dem man gemeinsam zu den Familiengräbern zieht, um diese zu reinigen und Opfer darzubringen.

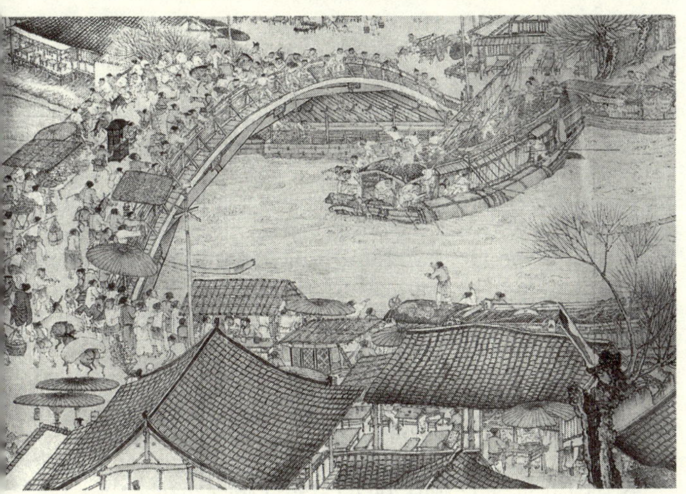

Im Zuge der Städtebildung kam es zu Differenzierungen wie einer handwerklichen Spezialisierung, der Einrichtung von Altersheimen, Waisenhäusern, Friedhöfen, Feuerwehren und Arbeitsvermittlungsstellen ebenso wie zur Ausbildung von Vergnügungsvierteln mit Schaustellern und Geschichtenerzählern, Prostituierten und Tanzmädchen, aber auch mit Schwindlern und Verbrechern. – Eine dem Maler Zhang Zeduan aus der Nördlichen Song-Zeit zugeschriebene Illustration des Lebens in der Hauptstadt Bianliang (heute: Kaifeng, Provinz Henan) der Nord-Song-Dynastie aus dem Jahr 1126, am Vorabend der Eroberung durch die Dschurdschen, ist das älteste Genrebild einer Stadt. Auf der das Stadtleben am Seelenfest *(qingmingjie)* darstellenden Querrolle *Qingming shanghetu* (548 × 24,8 cm) ist alles festgehalten, was eine geschäftige Stadt ausmacht: Straßen, Geschäfte und Restaurants, ein Fluß, Boote, Brücken, Wagen, Sänften, Stadtmauern, Häuser, Menschen mit verschiedenen Berufen, Pferde und Kamele. Der Ausschnitt zeigt einen Blick auf eine Brücke über den Fluß Bian.

Opferwesen und Rituale

Opfer waren stets ein wichtiger Aspekt der chinesischen Religiosität. Ob es früher Opferungen von Menschen gab, ist nicht gewiß, aber manche Mythen und Erzählungen weisen darauf hin, daß es Zeiten gegeben haben dürfte, in denen man Forderungen von Göttern und Geistern nur durch Darbringung von Opfern, zum Beispiel erstgeborenen Söhnen, entsprechen zu können glaubte. Im Rahmen des frühen Herrscherkultes jedenfalls gab es Menschenopfer, und spätere figürliche Grabbeigaben sind noch eine Reminiszenz an diese Kulte. Der Austausch mit den Göttern aber lebte fort, und in dem Maße, in dem nicht mehr nur Repräsentanten, sondern jedermann sich an die Götter wenden konnte, bedurfte es angemessener Austauschmittel. In diesem Zusammenhang ist die Entstehung von Opfergeld aus Papier zu sehen, welches für die Götter wie für die Ahnen und für tote Seelen überhaupt preiswert gedruckt und dann zumeist zum Zwecke der Transferierung in die andere Welt, die Unterwelt, die Hölle oder andere Aufenthaltsorte der Toten und der Götter und Geister, verbrannt wurde. (Hou 1975)

In der Sphäre des Politischen war es ein probates Mittel, Kernelemente der Religiosität an die weltliche Ordnung und deren Garanten zu binden, insbesondere im Rahmen jener Hofrituale, bei denen der Kaiser als wichtigste Figur auftrat. Die Kaiserrituale veränderten sich freilich im Laufe der Jahrhunderte, und manche angeblich sehr alten Rituale kennen wir genauer erst aus späterer Zeit. So haben wir besonders anschauliche Mitteilungen über das Opfer für den Ersten Landmann (Xiannong oder Shennong), wie es in den letzten beiden Dynastien Ming und Qing ausgeführt wurde. (Standaert 2006) Dieses Ritual steht im Zusammenhang mit dem einmal jährlich vorgenommenen rituellen Pflügen des heiligen Ackers, dessen Ertrag wiederum bei den großen Opferungen verwendet wurde. Die Opferpraxis fand auch Eingang in vielerlei sonstige Kulte, wurde aber doch weitgehend begrenzt durch die staatlichen und gesellschaftlichen Erfordernisse, weil es neben den Buddhisten und den Daoisten keine nennenswerten religiösen Spezialisten gab, die Opfer einfordern konnten. Vor allem aber begrenzte das staatliche Interesse an der Eindämmung der religiösen Kulte die Opferpraxis, so daß sich überwiegend Surrogatformen für Opfer herausbildeten, wie dies im Verbrennen von Papiergeld besonders anschaulich wird.

Nun gibt es in China keine Instanz wie den Papst in der römischen Kirche und keine Liturgiediskurse, wie sie sich in den christlichen Kirchen finden, bis hin zu den im April des Jahres 2004 vom Vatikan erlassenen Normen für die katholische Meßfeier in dem Regelwerk *Redemptionis sacramentum*, in dem die Priester der Weltkirche ermahnt werden, sich genau an die vorgeschriebene Liturgie zu halten. Wenn überhaupt, waren Diskurse über Rituale auf das Hofzeremoniell beschränkt. Dort wurde insbesondere in entscheidenden Machtfragen, auch bei Herrscherfolgeregelungen, häufig kontrovers diskutiert, wobei es ein Kennzeichen des Systems blieb, daß man sich an historischen Vorbildern orientierte, aber weder eine normsetzende Instanz noch eine Appellationsinstanz verfügbar war, auch wenn auf den »Himmel« Bezug genommen wurde. Nur Naturkatastrophen oder besondere Erscheinungen boten Deutungsspielräume.

Doch auch für China gilt, was allgemein Religionen eigen ist, daß in der Frömmigkeitspraxis für Außenstehende unzugängliche Formen praktiziert wurden. Zugleich bleibt es eine offene Frage, wie ausgerechnet der »gottferne Mensch der Moderne« ältere Traditionen versteht. Im Sinne dieser doppelten Unzugänglichkeit könnte auch in China gelten, wofür Arnold Zingerle die anregende These von der »kirchenstaatlichen« Seite des konfuzianischen Beamtentums vorgetragen hat (Zingerle 1972, S. 93-97), daß dort wie in der katholischen Kirche »bei aller menschlichen Vielfalt und Toleranz 〈...〉 in Zukunft dem Anschein nach wohl eines fehlen [wird]: ein für alle verbindlicher unverwechselbarer Kult, der die Einheit der Glaubensgemeinschaft auf rituelle Weise nach außen verbürgt«. (Schuler 2004, S. 36) Vielleicht ändert sich wie in allen komplexeren modernen Gesellschaften und für die Welt der Zukunft generell etwas, und die historische Gestalt, die eine spezifische Religion angenommen hat, muß nicht auf alle Zeiten als »universell« verbindlich betrachtet werden. China jedenfalls ist auch ein Beispiel für stetige Veränderung der Sphäre des Religiösen ohne einen kulturellen Identitätsverlust.

Eine Möglichkeit der Fortführung von Ritualen trotz fundamental geänderter Rahmenbedingungen veranschaulichen einige Werke der modernen Kunst. Ein Beispiel hierfür sind die Arbeiten des 1957 in Quanzhou (Provinz Fujian) geborenen Künstlers Cai Guoqiang, der in seinen Aktionen und Installationen Mythologie, Militärgeschichte und daoistische Kosmologie ebenso beerbt wie buddhistische Philosophie und maoistische Guerillataktik. Auch wenn sich pluralistische Gesellschaften »kaum mehr auf ein tradiertes einheitliches Symbolensemble verpflichten« lassen und Rituale in pluralistischen Gesellschaften »nur geringfügig imstande« sind, »die Kluft zwischen den Individuen und ihren ›kleinen Lebenswelten‹ einerseits und den großen gesellschaftlichen (staatlichen) Institutionen andererseits zu schließen« (Sœffner 2004, S. 171), so gibt es in der chinesischen Tradition doch einen großen Fundus von Bildern und Handlungen, welche in den Umgang mit dem Bedrohlichen einbezogen werden. So hat Cai Guoqiang in seiner Installation »I want to believe« im Solomon Guggenheim Museum in New York im Jahre 2008 von einem Pfeileregen getroffene rennende Tiger und ebenso mit von Pfeilen bespickte herabhängende PKWs gezeigt, was an Voodoo-Kulte erinnert, wie sie sich in der Tradition des Kampfes mit Geistern vielfältig finden und bis in die Ikonographie der Gegenwart, etwa in Filmen (»Geist schlägt Geist«), repräsentiert sind.

Zu den bedeutendsten Ritualen der Kaiserzeit gehörten die Feng- und Shan-Rituale, die seit der Zeit der Reichseinigung nur einige Male vollzogen und dann in der Song-Zeit nicht mehr fortgeführt wurden. Bei diesem Ritual handelte es sich ursprünglich um eine Prozession des Hofes zum Taishan in der Provinz Shandong, wo auf dem Gipfel des Berges für den Himmel das Feng-Ritual und sodann auf einem niedrigeren Gipfel das Shan-Ritual für die Erde vollzogen wurde. Wegen der hohen Ansprüche und Voraussetzungen für die Durchführung dieses Rituals wurde es nur ganze sechs Mal durchgeführt. Der Taishan war unter den Fünf Heiligen Bergen derjenige, der für den Osten, die aufgehende Sonne und den Frühling stand. Zudem glaubte man, daß an diesem Ort sich die Geister des Himmels und der Erde begegneten und auch die Seelen verkehren. Es war der Sinn dieses Rituals, den Vertrag zwischen dem Herrscher und dem Himmel, als dessen Sohn er bezeichnet wurde, und der Erde zu erneuern und zu bekräftigen. Dabei wurden Inschriften mit Berichten in einem großen Steinbehälter aufgestellt. (Chavannes 1910; Wechsler 1985, S. 170-211) Die Planungen und Vorbereitungen zu diesem Ritual und vor allem auch die Debatten im Umkreis des Hofes, ob der Vollzug dieses Rituals angemessen sei, zeugen nicht nur von dessen Bedeutung, sondern geben auch tiefe Einblicke in die jeweiligen politischen Verhältnisse.

In allen religiösen Traditionen in China waren Reinigungsrituale bekannt. Sie bezogen sich auf die eigene Person, aber auch auf die bereits Verstorbenen. Wie sehr dabei daoistische und buddhistische Rituale sich wechselseitig beeinflussen, belegen die um 400 n. Chr. aufkommenden Lingbao-Schriften, in denen die Meditation vor den im eigenen Leib repräsentierten Gottheiten auch zur Reinigung der verstorbenen Ahnen von schlechtem Schicksal dient. Ebenso wie die Lingbao-Texte selbst durch eine Leuchtschrift geoffenbart worden sein sollen, so wird auch das Reinigungsritual durch Entzünden von Lampen eingeleitet. Während später solche Rituale den Priestern vorbehalten waren, konnten in der Frühzeit »Anhänger des Dao« diese Riten vollziehen, die auch im Hinblick auf alle Mitmenschen gedacht, praktisch dann aber doch bevorzugt zum Heile der eigenen Ahnen vollzogen wurden. (Bokenkamp 1996a; Bokenkamp 1996b)

PARADIESE, UTOPIEN UND VERHEISSUNGEN

Endzeitvorstellungen

Trotz der Einbindung in den Kreislauf des Kosmos und seiner Ordnungen und trotz aller Diesseitsbezogenheit sind Endzeitvorstellungen auch in China entwickelt worden. Oft war dies mit einer Klage über den Niedergang verknüpft. Es gab sogar Vorstellungen davon, eine solche Endzeit herbeizwingen zu können. Bei der Wiederherstellung des Ideals des Altertums und der Gewißheit wiederkehrender kosmischer Erneuerung stand die Verantwortung gegenüber dem Sozialen stets im Vordergrund. Das »Leben in der Differenz«, die Gewaltlosigkeit in einer unerlösten Welt waren das oberste Gebot. Es gab keine Endzeit als Erwartung der Wiederkehr oder des Eintreffens einer Erlösergestalt, vor der jede Aktion zur Herbeiführung des besseren Zustandes gerechtfertigt sein würde. Dies hat stets zu einer gewissen Mäßigung Anlaß gegeben. So war es auch für den einzelnen nicht klar, was nach dem Tode sein würde. Zwar versprachen manche buddhistische Schulen eine Wiedergeburt in einem Paradies, und für wenige Auserwählte gab es nach daoistischen Lehren die Aussicht auf Unsterblichkeit, doch was der Mehrheit bevorstand, blieb offen. Dies war auch eine Folge der religiösen Vielfalt, bei der sich keine Jenseitslehre durchsetzen konnte. Auch die lange Zeit von Buddhisten geprägte Höllenvorstellung wurde sehr bald bürokratisch umgedeutet und verlor ihre drohende Kraft. Zumindest in den Kreisen der literarisierten Eliten gab es stets die Hoffnung auf Ruhm in Form verschriftlichter Erinnerung, auch vor dem Hintergrund der Befolgung der Ahnenrituale über neun Generationen hinweg.

Wenn Endzeit- und Erlösungsvorstellungen in China thematisiert werden, muß von Weltbildern die Rede sein, von Zeitbegriffen, Zukunftskonzeptionen, Vergangenheitsvorstellungen, von der Abkehr von der Gegenwart, von der Flucht aus der Gesellschaft, von der Suche nach anderen Gegenwar-

Auf diesem in Mawangdui (bei Changsha, Provinz Hunan) gefundenen seidenen Totenbanner aus dem Grab der Fürstin Dai (um 168 v. Chr.) wird die Dame in der Mitte als alte Frau und unten im Tode dargestellt, während sie oben im himmlischen Reich bei Mond und Sonne (mit dem dreifüßigen Raben) als junges Mädchen erscheint.

ten und nach Paradiesen in der Ferne der Welt. Natürlich spielt dabei der Buddhismus ebenso eine Rolle wie im 20. Jahrhundert der »Maoismus« und viele andere Heilsvorstellungen, darunter auch die der Falungong-Bewegung, die derzeit die Politiker – oder treffender vielleicht: die Machthaber – zu Abwehrmaßnahmen veranlaßt. Vor allen Endzeitvorstellungen steht das Hier und Jetzt. Das gilt auch für den Buddhismus in China. Denn Buddha hatte auf die unmittelbare persönliche Erfahrung verwiesen, ihm ging es um »das unmittelbare Dabeisein im Hier und Jetzt«. Die Auswirkungen dieser Einstellung ziehen sich durch die gesamte Lehre des reifen Buddha.

> Wisset nicht durch Hörensagen noch durch Tradition ⟨...⟩ noch durch Hingabe an die Spekulation ⟨...⟩ noch weil ihr einen Asketen [sein Wort] ehrt; wisset vielmehr *durch euch selbst.* (*Anguttara Nikāya* I 189)

Die Mönche des Buddha durften weder über Zukunft oder Vergangenheit spekulieren noch über so *abstruse Fragen wie Anfang oder Ende der Welt.* Sie sollten ihre Bemühungen und Anstrengungen auf eine Sache beschränken, nämlich die Entstehung und Beendigung des Leidens in »diesem Leib von sechs Fuß Länge«. (Carrithers 1996, S. 55 f.) Und ähnliches gilt für den Daoismus. Dazu schreibt Wolfgang Bauer:

> ⟨...⟩ der Daoismus strebte, obwohl er auch Paradiese und Höllen kannte ⟨...⟩, nach der Verlängerung oder gar Verewigung des Lebens hier und jetzt, und er wurde deshalb nicht zufällig zum Erfinder der Alchimie. ⟨...⟩ Das doppelte Erwachen, als das man das im Buddhismus wie im Daoismus oft nebeneinander thematisierte Erwachen aus dem Traum und aus der Realität wohl bezeichnen darf, mündete im Buddhismus in eine Art Stehenbleiben aller leidbringenden Lebensimpulse, zu dem auch das »Stehenbleiben« aller erklärenden Worte davor gehörte. Im Daoismus entsprach dem eine widerstandslose, ja fast lustvolle Auflösung der gegenwärtigen Lebensform in eine andere neue hinein, die ⟨...⟩ unverlierbar sein sollte. (Bauer 1997, S. 225)

Diese Haltung wird in dem Buch *Zhuangzi* folgendermaßen geschildert:

Wer von einem Festgelage träumt, muß [manchmal] am nächsten Morgen weinen. Wer vom Weinen träumt, wacht [manchmal] am nächsten Morgen auf, gerade recht, um an einer [fröhlichen] Jagd teilzunehmen. Während er träumt, weiß er nicht, daß er träumt, ⟨...⟩ und erst wenn er erwacht, weiß er, daß er geträumt hat. Es gibt aber auch das Große Erwachen *(da jiao)*, und danach sehen wir, daß [all] dies hier nichts ist als ein großer Traum. Die Narren freilich glauben, daß sie schon jetzt wach seien, und meinen, alle Einzelheiten zu wissen. ⟨...⟩ [Für sie] heißen solche Reden, [die die Realität als Traum betrachten,] List und Trug. Aber in zehntausend Jahren wird ein großer Heiliger erscheinen, der sie enträtselt, er wird kommen, noch ehe die Sonne untergeht. (Vgl. Wilhelm 1951, S. 20)

Am ehesten waren Endzeitvorstellungen im Buddhismus anzutreffen. Bereits in der indischen Tradition des Buddhismus hatte es die Vorstellung von dem Verschwinden des *dharma* nach einer langen Zeit des Niedergangs gegeben. Eine solche Mangelsituation bot Anlaß zu Spekulationen über die eigene Zeit; die Rede vom Niedergang der Lehre nahmen manche zum Anlaß, sich selbst einzumischen, wie dies bei Liang Wudi der Fall war, der für sich die Rolle des Oberaufsehers des Klerus beanspruchte. Ein anderes Element mit deutlich apokalyptischen Aspekten wurde im Verlauf des chinesischen Mittelalters das Bild des zukünftigen Buddha Maitreya, der zur Zentralfigur eines millenaristischen Kultes wurde. (Nattier 1991, S. 119-129)

Wenn von Zukunftshoffnungen und Paradiesvorstellungen in China die Rede ist, muß das Lotos-Sūtra erwähnt werden, das wichtigste Werk des Mahāyāna-Buddhismus überhaupt, welches in der Übersetzung des indoiranischen Missionars Kumārajīva (um 350-409) die größte Verbreitung fand und in dem sich im 25. Kapitel das Heilsversprechen Buddhas findet, der Bodhisattva Avalokiteśvara (Guan[shi]yin; jap.: Kannon) werde alle, die ihn anrufen, retten:

Angenommen, da wären unermeßliche Hunderttausende und Abermillionen von Lebewesen, die alle Übel und Lei-

> den erfahren. Wenn sie von diesem Bodhisattva Avalokiteśvara erfahren und einen Herzens seinen Namen ausrufen, dann wird der Bodhisattva Avalokiteśvara ihre Stimme wahrnehmen, und alle werden von ihren Leiden befreit werden. (Deeg 2007, S. 306)

Daran knüpfte sich ein ausgedehnter Guanyin-Kult, der bis heute lebendig geblieben ist und der verschiedene Unterformen ausgebildet hat, wie etwa die Verehrung einer weiß bekleideten Guanyin, der man Einfluß auf die Geburt eines Sohnes nachsagt. Die Darstellung der Gottheit Guanyin war in China übrigens einem Wandel unterworfen: Im 10. Jahrhundert begann diese Gottheit weibliche Züge anzunehmen, und im 16. Jahrhundert wurde sie dann nur noch in weiblicher Gestalt vorgestellt. Wichtig aber ist, daß die Inhalte der Lehren in reichem Maße illustriert und so der ganzen Bevölkerung zugänglich wurden. Im Vordergrund standen dabei Illustrationen von wunderbaren Verwandlungen wie zum Beispiel die Wiedergeburt im Reinen Land oder die Erscheinung eines Buddha in wechselnder Gestalt. (E. Y. Wang 2005)

Elite und Volk

Daß Endzeitvorstellungen in den offiziellen Überlieferungen der großen religiösen oder philosophischen Strömungen in China keine zentrale Rolle spielten, hängt neben der Vielfalt der Optionen auf eine Antwort mit der immer wieder vorgetragenen Beobachtung zusammen, daß in China eine »zyklische Geschichtsauffassung« vorherrschend war. Jeder Zyklus, gleich welcher Dauer, würde demnach »mit dem Beginn eines neuen Zyklus enden«. (Bokenkamp 1994, S. 61) Da solche Vorstellungen selten die ganze Gesellschaft erfaßten und sich je nach Milieu, sozialer Lage und auch nach Region unterschiedlich ausprägten, ist gerade hier die Unterscheidung von Elitekultur und Volksreligion hilfreich, die freilich nicht als säuberlich voneinander abgrenzbare Sphären aufgefaßt werden dürfen.

Die Feststellung, daß sich jenseits der offiziellen Traditionen, in dem, was als »Volksreligion« lange Zeit eher abwertend beschrieben wurde, Berichte von Erwartungen eines Weltendes finden, deutet schon die Antwort auf die gestellte Frage an: Es war dies nur die Kehrseite der Diesseitszugewandtheit, für die es geradezu konstitutiv war, daß es solche Unterströmungen gab. In der Trennung von hoher und niederer Kultur, so hilfreich sie ist, spiegelt sich aber zugleich ein Mißverständnis, welches dann auch mit dazu beigetragen hat, China als das »Ganz andere« zu apostrophieren, so als sei die Seele des einzelnen in China frei von all jenen Regungen, die wir so gerne für die abendländische Kulturwelt reklamieren, als kenne sie keine Widersprüche, keine Tragik. Auch das, was wir als Seelengefüge des abendländischen Menschen verstehen, war durchaus einer Veränderung unterworfen und umfaßte nicht immer die Angehörigen aller sozialen Gruppen.

Doch wissen wir nicht ausreichend viel über Europa und über China, weswegen es sich verbietet, in einer Rekonstruktion der europäischen Kulturgeschichte China und Europa kontrastiv gegenüberzustellen. Wir würden dann nämlich nur all die Irrtümer wiederholen, die mit der kontrastiven Selbstbeschreibung der Vergangenheit entstanden sind. Es gilt vielmehr, dieses Muster zu durchbrechen. Denn gerade in den letzten Jahren hat die Rekonstruktion der europäischen Kulturgeschichte einschließlich der Mentalitätsgeschichte dazu geführt, daß wir auch in den »eigenen« Traditionen Kontingenzerfahrungen feststellen. Daher ist auch die auf sicher richtigen Beobachtungen gegründete Feststellung in Zweifel zu ziehen, der antike Paradigmenwechsel der Verbannung des menschlichen Erlebens in eine private Innenwelt, durch Abschleifung und Reduktion der Außenwelt auf bestimmte Sinnesqualitäten und Verlagerung des Abfalls der Abschleifung in die Innenwelten als »bloß subjektive« Privatsache, habe ein spezifisches abendländisches Gefühlsverständnis zur Folge gehabt. Folgerichtig fordert die neue Kulturgeschichtsforschung ideologie- und fortschrittskritisch eine neue Emotionalitätsgeschichte ein. (Schmitz 2000) Die Geschlechterstudien (Gender Studies) gehören mit in diesen Rekonstruktionsprozeß, in dem deutlich wird, daß der Kultur-Natur-Gegensatz selbst eine höchst variable Konstruktion darstellt. Zugleich erweist sich daran, daß sich das Weltverhältnis auch nach der Bestimmung des Verhältnisses der Menschen zueinander sowie nach dem Verhältnis des Menschen zu sich selbst qualifizieren läßt. Da die Rekonstruktion selber ein Konstrukt ist, verbietet es sich eigentlich, von einem »abendländischen Gefühlsverständnis« zu sprechen, zumal wir in den letzten Jahren beobachten, wie in einem neuen Behaviourismus das Aushalten der Tragik und der individuellen Krise therapeutisch beschwichtigt und der existentielle Schmerz der Seele palliativ sanft zugedeckt wird. Kein lautes Wehgeschrei mehr! Mit einem akkommodativen Weltverhältnis hängt auch die Spannung zwischen den Begriffen der Nachahmung einerseits und der Schöpfung andererseits zusammen, wie sie im 18. Jahrhundert in Mitteleuropa diskutiert und dann auch von Gotthold Ephraim Lessing behandelt wurde. In China knüpft diese Spannung an das Diktum des Konfuzius an, der sagte: »Überliefern, nicht selbst machen« (*shu er buzuo*; Schmidt-Glintzer 1977a; Schmidt-Glintzer 1999a, S. 439-452; Puett 2007).

Ende als Teil des Wandels

Freilich gab es in China vielerlei Vorstellungen vom Ende, und die Vorstellung vom Ende einer Dynastie ist nur eine von einer Vielzahl an Endzeitvorstellungen. In jenem Fall allerdings verband sich die Vorstellung von einem Ende und einem Übergang mit den Begriffen des »Himmelsmandats« *(tianming)* und der Fünf Wandlungsphasen *(wuxing)*. Doch war solches Ende nicht notwendigerweise gekennzeichnet durch Katastrophen wie Kriege, Dürren, Überschwemmungen usw. Jede Zeit kannte Aufstieg und Fall auf je ihre Weise. Während aber die offizielle Tradition die Endzeiterwartung nicht kannte, ging der sogenannte »gemeine Mann« mit den

Katastrophenerwartungen gelassen um, indem er sie nämlich selbst zu berechnen suchte beziehungsweise für berechenbar hielt. Er war bereit, Aussagen darüber bestimmten Spezialisten zuzutrauen, die sich bestimmter Berechnungsmanuale bedienten und damit einem Diskurs offenstanden oder aber geoffenbarten Texten folgten, die ihnen – in der Regel auch nur vorübergehend – ein Erklärungsmonopol sicherten. In solchen Texten wurden Anweisungen gegeben, wie man den Einfluß von Geistern und Dämonen im Kontext ungünstiger und günstiger Tage und Gestirnkonstellationen beeinflussen beziehungsweise ihm entgegenwirken konnte. Hierbei wurde der grundsätzlichen Unvorhersehbarkeit des Weltgeschehens eine vorbestimmte, insbesondere jahreszeitlich geprägte Ordnung unterlegt, der sich die Kontingenz des Geschehens zu fügen habe. (Poo 1998, S. 84) Diese »Bauernregel-Mentalität« steht in Kontrast zu den abstrakten Spekulationen über die *yinyang-wuxing*-Kosmologie der *yueling* (»Monatliche Vorschriften«) des *Buchs der Riten (Liji)*, auch weil sie darauf abzielten, in pragmatischer Weise den Widerspruch zwischen Ordnungsverlangen und dem Eintreten des Unvorhersehbaren aufzulösen. Ordnung und Strukturierung boten Deutungshilfen, und dabei spielten Hierarchien ebenso wie Wechselbeziehungen und Positionswechsel eine wichtige Rolle. Historische Berichte kannten immer die Stadienunterscheidung in »erhaben«, »mittel« und »schlicht«, drei Stadien, die mit Aufstieg und Verfall verbunden sind oder ganz konkret mit der Entwicklung vom »guten ersten« bis hin zum »schlechten letzten« (Bokenkamp 1994, S. 63 f.), wie die Rede vom »letzten schlechten Minister« oder »Herrscher« belegt. Solche Konzepte wurden früh bereits in die Geschichtsspekulation integriert, etwa von Liu Xin (gest. 23 n. Chr.), (Bokenkamp 1994, S. 65) der den Anfang der Zeit mit jenem Zeitpunkt identifizierte, in dem »zur Mitternacht eines Tages 1 im 60er-Zyklus das Jahr 1 eines 60er-Zyklus beginnt, und zwar wenn bei Neumond während einer Winter-Tagundnachtgleiche Sonne, Mond und fünf Planeten in Konjunktion zueinander stehen und wenn beim nächsten Vollmond eine Mondfinsternis eintritt«. (Sivin

1969, S. 18) Mit einem solchen Ereignis war nur alle 23 639 040 Jahre zu rechnen. Demzufolge liege der Beginn von Himmel und Erde 140 000 Jahre zurück; ein Ende und zugleich ein Neubeginn werde sich erst wieder in 23,5 Millionen Jahren ereignen. Wir sehen also, und darauf hat Stephen Bokenkamp hingewiesen, daß die Vorhersage einer kosmischen Endzeit bereits in der Han-Zeit eingeführt und mit der Vorstellung einer regelhaften Dynastienfolge verknüpft (Bokenkamp 1994, S. 65), dann aber durch die schier unvorstellbare Ausdehnung entdramatisiert wurde.

Unerschaffene Welt und Prophezeiungen über das Ende

Trotz erkennbarer Ansätze zur Vorstellung von einer Schöpfergestalt (Owen 1996, S. 48 f.) wurde in China die Welt im allgemeinen nicht als erschaffen, sondern als entstanden vorgestellt, hervorgegangen aus einer großen Leere. Diese Herkunft der Welt ließ Veränderungen ausdrücklich zu. Wichtig etwa wurde der Mythos von Yu als dem Bändiger der Fluten, der damit eine neue Weltordnung gestaltete. (Birrell 1993, S. 26-39; siehe auch Puett 1998) Die Ordnung der Welt aber blieb gefährdet, sie mußte immer wieder gesichert und wiederhergestellt werden. Katastrophen blieben denkbar, und Überschwemmungen und Dürren wurden, wie etwa von Liu Xin, als Indiz für den Weltenlauf angesehen. (Bokenkamp 1994, S. 65 f.) So wie auch manche Mythen eine Wiederherstellung vorsintflutlicher Zustände beschwören, so blieb das himmlisch-irdische Leitbild an die Vergangenheit gebunden und bezog sich nicht auf die Zukunft. Die Ursprungssituation noch »vor dem Himmel« *(xiantian)* findet sich vor allem immer wieder in den daoistischen kosmogonischen Mythen und in den alchimistischen Spekulationen. Zeit wurde so zum Hort der Zeitlosigkeit. (Pregadio 1995, S. 168) Die Welt sollte stabil bleiben oder werden, aber sie mußte nicht besser werden, als sie einstmals war. (Birrell 1997, S. 256) Dabei liebte man in China die Kontraste und die Extreme. Die Vorstellung von völliger

Bei Ritualen zur Überbrückung der Trennung von Himmel und Erde wurden oft wohlriechende Substanzen verbrannt. Aus der Han-Zeit ist eine Vielzahl von Räuchergefäßen erhalten, die zumeist einen aus dem Weltenmeer (Bohai) aufstrebenden Weltenberg darstellen, mit dem bald auch der buddhistische Weltenberg Sumeru assoziiert werden konnte.

Unordnung wurde kontrastiert mit der totalen Kontrolle, doch eröffneten die Theorien und Denkmodelle Abstufungen und Übergänge, weswegen Ambivalenz zu einem Charakteristikum der chinesischen Welthaltung wurde. (Birrell 1997, S. 257)

Trotz aller Altertumsorientierung gab es aber auch ein »millenaristisches« Denken. Soweit wir zurückblicken können, gab es apokalyptische Prophezeiungen. Manche Vorstellungen wurden durch importierte Ideen beflügelt, wie dies insbesondere im Buddhismus der Fall war. (Overmyer 1981; Ownby 1999) In erster Linie aber waren die millenaristischen Traditionen in China weder Importe aus der Fremde noch bewußte Konstruktionen von alternativen Welten, sondern sind Resultate der Neuformierung vorhandener chinesischer Traditionsbestände. (Ownby 1999, S. 1514) Dabei ist die Zeit des frühen chinesischen Mittelalters (um 200-600 n. Chr.) die wichtigste Zeit der Formierung solcher Vorstellungen, jene apokalyptische Zeit von Kriegen, Invasionen fremder Völker, Hungersnöten und Epidemien, aus der sich dann doch erstaunlicherweise ein neues China mit dauerhaften Institutionen bildete. (Ownby 1999, S. 1515; Seiwert 1999) Diese Zeit kann gewissermaßen als die Wiege der breitgefächerten Religiosität der folgenden Jahrhunderte gelten.

Seit dem Ausgang der Han-Zeit hatte es Vorhersagen von Weltuntergängen gegeben, die gelegentlich mit messianischen Vorstellungen und Heilsversprechen verbunden wurden. Dabei wurde in der Regel die Vorstellung von einem Ende mit dem Beginn einer neuen Ära gleichgesetzt. Yang Jian zum Beispiel, der als Wendi in die Geschichte eingegangene Gründer der Sui-Dynastie (reg. 590-604), sah sich selbst als Herrscher einer neuen Zeit. Daher wählte er als Regierungsdevise »Anfängliches Leuchten« *(kaihuang)*, was zugleich, wie der Hofhistoriker Wang Shao bemerkte, die Bezeichnung eines Weltzeitalters *(kalpa)* war. (*Suishu* 69, S. 1607; vgl. Bokenkamp 1994, S. 73) Diese neue Ära, glaubte man, gleiche der Ära des mythischen vorbildlichen Herrschers Yao.

Apokalyptische Visionen mögen die Funktion gehabt haben, Unheil zu bannen. So jedenfalls könnte man die Mantras verstehen, die Beschwörungsformeln, die sich in Texten der daoistischen Lingbao-Tradition finden:

> Immer wenn die Zyklen von Himmel und Erde an ihr Ende kommen, sollst du dich zurückziehen, Räucherwerk anzünden und diese Schrift rezitieren 〈...〉. (Bokenkamp 1997, S. 429)

Schriftrezitation sollte die Angst bannen, die Menschen immer gehabt haben und der hier in einer durch die Schriftkultur geprägten spezifischen Weise begegnet wird. Weltuntergangsängste wurden aber auch von Machthabern instrumentalisiert, um die Menschen zu kontrollieren oder sogar Gefolgschaft zu erwirken. Dies jedenfalls legen Texte im *Klassiker der Höchsten Gleichheit (Taiping jing)* nahe, aber auch solche in dem *Klassiker der Wandlungen des Laozi (Laozi yihua jing)*. In letztgenanntem Werk lesen wir Laozis Worte:

> Komm und folge mir 〈...〉, und du wirst gerettet aus der Gefahr 〈...〉. Die Menschen leiden, und Krankheiten grassieren überall. Überall herrscht Hungersnot. Ich werde das Schicksal wenden, ich werde die Han-Herrschaft erschüttern. 〈...〉 Häufig bin ich schon aufgetreten, um Heil zu bringen. 〈...〉 Wenige verstehen mich, und zahlreich sind jene, die mich verachten. (Seidel 1969, S. 69; Ownby 1999, S. 1521)

Eine der Heilsgestalten war Li Hong (Seidel 1969/70), von dem es hieß, er werde die Gläubigen nach der überstandenen großen Flut retten und ins Paradies des Großen Friedens *(Taiping)* geleiten. (Mollier 1990) Von diesem Paradies hieß es, dort werde eine Saat neun Ernten bringen und ein menschliches Leben dreitausend Jahre dauern. (Shek 1987, S. 534) Ein anderes Beispiel ist der »Himmlische Meister« Kou Qianzhi (363-448), Mitglied der nördlichen Aristokratie, der unter der Tuoba-Wei-Dynastie (386-534) im frühen 5. Jahrhundert einen daoistischen Kirchenstaat zu etablieren trachtete. (Mather 1979)

Die daoistischen Weltuntergangsvorstellungen verbanden sich im chinesischen Mittelalter zumeist mit volkstümlichen buddhistischen Vorstellungen, wie etwa in der Erzählung von

Prinz Mondlicht. (Zürcher 1982) Daran erkennen wir, daß nicht der Buddhismus Weltuntergangsvorstellungen nach China brachte, sondern daß in China selbst Untergangsvorstellungen in buddhistischem Gewand kultiviert wurden. (Ownby 1999, S. 1525) Wie wichtig die Rolle der daoistischen Traditionen blieb, wird deutlich an der Errichtung des Königreiches »Große Vollendung« (Da Cheng) in der Ebene von Chengdu, ausgerufen im Jahre 306 n. Chr., als die Familie Li mit Li Xiong als Anführer unter Ausnutzung der Kriege in Zentral- und Nordchina ein »Königreich des Heils« errichten konnte, das erst im Jahre 349 n. Chr. von Jin-Truppen aufgelöst wurde. Als Li Xiong einen daoistischen Einsiedler namens Fan Changsheng fragte, ob er ihm als Beamter dienen wolle, verweigerte dieser sich mit den Worten: »Wenn man bis zum Großen Anfang weiterdenkt, so konvergieren die Fünf Phasen im Jahr *jiazi* (304). Dann wird der Thron auf den Li-Klan übergehen.« (Kleeman 1998, S. 155) Daoistische Vorstellungen hatten die Regierungspraxis dieses kurzlebigen Königreiches »Große Vollendung« geprägt. Li Xiong, der Gründer, senkte die Abgaben, errichtete Schulen und vermied, wo immer er konnte, die Kriegführung. Chang Qu (wirkte um 350 n. Chr.) beschreibt in seinem *Huayang guozhi* die Lage:

> Die Tore zu den Siedlungen wurden nicht verschlossen, und keiner hob einfach auf, was andere auf den Straßen hatten liegenlassen. Keiner mußte in einem Gefängnis schmachten, und Bestrafungen wurden nicht ausgeführt. (Kleeman 1998, S. 84f.)

Gegen solche Heilsversprechen setzten sich zumeist jedoch die Vertreter derjenigen Position durch, die mit kühlerem Verstand die Versprechungen und Gaukelbilder derjenigen desavouierten, denen sie bei aller Geschicklichkeit doch unsoliden Umgang mit den Texten zumeist nachweisen und oft auch persönliche Gier nach eigenem Vorteil nachsagen konnten, wie dies Lu Xiujing (406-477) tat, der Herausgeber des ersten Daoistischen Kanons. (Ownby 1999, S. 1523; Bokenkamp 1997, S. 379) Hier setzte sich das »Daoistische Establishment« gegen die Volksreligion durch.

Buddhistisch-daoistische Mischformen und Vereinnahmung von Kritik

In apokalyptischen Texten finden wir vielfältige Vermischungen daoistischer und buddhistischer Vorstellungen. Zu solchen Vorstellungen gehört der Gedanke, der einzelne bringe sich durch seine eigenen Taten hervor, aber auch die Idee von einem Anfang ohne Schöpfungsakt:

> Es gibt Vergangenheit, Gegenwart und Zukunft, und die wache Seele durchlebt alle drei Stadien, ohne je unterzugehen. ⟨...⟩ man versammelt verdienstvolle Taten, läßt die eigene Niedrigkeit dahinschmelzen, nimmt vielerlei Gestalt an, säubert den Geist, bis man das Stadium der Nicht-Geburt und die Höchste Buddhaschaft erreicht. (Hurvitz 1956, S. 32)

Diese Passage entstammt einem Text, der mit folgender, auf das *Buch der Wandlungen (Yijing)* verweisender Feststellung beginnt:

> Große Menschen traten einst auf und leiteten die Menschen an. Doch alles, was vor der Zeit der Aufzeichnung von Ereignissen durch Knotenschnüre lag, bleibt unerwähnt in der schriftlichen Überlieferung. Daher können wir darüber nichts wissen. (Hurvitz 1956, S. 25)

Bemerkenswert ist auch, wie ursprünglich gegen einen staatlich domestizierten Buddhismus vorgetragene buddhistische Prophezeiungen im Ergebnis wieder staatstragende Funktionen erhielten. (Orzech 1995, S. 139) Und wie wir heute wissen, stammte der zentrale Text, auf den man sich dabei berief, nicht aus Indien, sondern war in China verfaßt worden. Es handelt sich um das apokryphe Werk *Prajñāpāramitā-Schrift für Könige unter den Menschen, die ihre Staaten beschützen wollen (Renwang banruo boluomi jing)* (Buswell 1990), deren erste Auflage aus dem späten 5. Jahrhundert stammt und lange Zeit fälschlich als Übersetzung Kumārajīvas ausgegeben wurde. (Nr. 245 in: *Taishō shinshū Daizōkyō*, Tokyo 1924-1935, Bd. 8; Orzech 1995, S. 152) Die Absicht dieses Textes bestand darin, im Rahmen der Präsentation einer Zukunftsvision zu zeigen, daß Buddhismus und Chinesentum keinen Gegensatz bilden. Das verkündete Ende der Lehre *(famo)*, das sich in abgewandelter Form in anderen buddhistischen Texten Indiens sowie Zentralasiens findet, wird betrachtet als das Ende der korrekten Lehre. Die ersten beiden dieser drei Zeitalter sind *zhengfa* (Korrekte Lehre), gefolgt von *xiangfa* (Uneigentliche Lehre) und endend mit *mofa* (Ende der Lehre).

Diese *Schrift für Könige unter Menschen* bezog Stellung gegen die von Tanyao zur Zeit der Tuoba-Wei-Dynastie im Norden (Sargent 1957; Hurvitz 1956, S. 72f.) ergriffenen Maßnahmen, bei denen unter anderem die *saṅgha*-Haushalte nach den großen Verfolgungen während der Herrschaft Kaiser Wus (424-452) neu organisiert wurden, und behauptete die grundsätzliche Identität der Buddhisten und der Chinesen, während gleichzeitig der Unterschied zwischen einem Status als Kleriker und demjenigen als Laie von vornherein als entschieden galt. (Orzech 1995, S. 153) Die *Schrift für Könige unter Menschen* stellt eine apokalyptische Situation vor, wonach »zu jener Zeit die Korrekte Lehre *(zhengfa)* dabei ist zu verschwinden [Nr. 245 in: *Taishō shinshū Daizōkyō*, Tokyo 1924-1935, Bd. 8, S. 833b25].« (Orzech 1995, S. 144) Die »Schrift« selbst soll dazu dienen, Verwirrungen vorzubeugen, wie etwa im folgenden Falle:

> 〈...〉 Große Winde blasen, und Zehntausende von Menschen sterben, und es werden Berge, Flüsse und Forsten alle auf einmal ausgelöscht werden. Bei unerwarteten Taifunen, schwarzen, roten und grünen Winden, bei himmlischen Winden, bei irdischen Winden und bei Feuerwinden, in solchen wundersamen Zeiten solltest du diese Schrift rezitieren und auslegen. 〈...〉 Wenn Aufständische erscheinen und den Staat besetzen oder wenn sie an den Rändern des Reiches auftreten, solltest du diese Schrift rezitieren und erläutern. [Nr. 245 in: *Taishō shinshū Daizōkyō*, Tokyo 1924-1935, Bd. 8, S. 832c]

Die Spannung zwischen Anpassung an die Verhältnisse einerseits, wie sie Tanyao im Norden und Sengyou im Süden repräsentierten, und andererseits die Behauptung eines unabhängigen Saṇgha führten dazu, daß eine Schrift entstand, die sich an den König oder Kaiser wandte und ihm Hinweise dafür gab, wie er die »sieben Schwierigkeiten« vermeiden könne. (Orzech 1995, S. 150) Solche Weltuntergangsdiskurse waren in hohem Maße populistisch, doch wurden sie niemals, im strengen Sinne, heterodox, forderten also nicht etwa eine gänzlich andere Ordnung oder Hierarchiewechsel und konnten daher von Gründungsherrschern wie Yang Jian umstandslos eingesetzt werden.

Erlösungswege, Verdienste und das Mitleid des Bodhisattva

Die Wiederherstellung der Ordnung war also vor allem anderen das Ziel, vorstellbar auch als kosmische Erneuerung im Ritual und besonders im Jahresverlauf, etwa bei den Neujahrs- und Frühlingsreinigungsfesten. (Bodde 1975) Dabei ging es immer auch um Verträge mit den übernatürlichen Kräften, mit Göttern und Geistern. (Hansen 1995) Für spezielle Situationen und Gefahrenlagen wurden auch Exorzisten, insbesondere die im daoistischen Milieu angesiedelten Experten für Dämonenbeherrschung, bemüht. Doch Erlösung im engeren Sinne gab es nur durch zusätzliche Bemühungen. Suche nach den Inseln der Seligen fand auch unter Einsatz von Drogen wie Pulvern oder Pilzen statt, wodurch sich manche Glückssucher, darunter auch einige Kaiser, systematische Vergiftungen (etwa durch Quecksilber) zuzogen. Lebensverlängerungspraktiken gehören ebenso dazu wie spezielle Sexualtechniken, früh schon verknüpft mit spekulativ systematisierten Atem- und sonstigen Körperbeherrschungstechniken.

Überhaupt scheint der Erlösungsgedanke erst in der Han-Zeit aufgekommen zu sein, den Siegeszug des Buddhismus in China vorbereitend und seinerseits durch den Buddhismus stimuliert, innerhalb dessen eine spezielle Lehre eine Wiedergeburt im Reinen Land verhieß. Es bildete sich dabei bald die Vorstellung von der Buddhanatur sämtlicher Lebewesen heraus sowie der Gedanke der grundsätzlichen Erlösbarkeit sämtlicher Lebewesen, auch ohne eigene Verdienste. Doch mit Verdiensten und zusätzlichen Bemühungen blieb man auch weiterhin auf der sicheren Seite. Die wechselseitige Stimulierung der Religionen führte übrigens dazu, daß später, etwa im 15. Jahrhundert bei Wang Yangming (1472-1529), auch die Konfuzianer erklärten, jedermann sei in seinem Herzen ein Konfuzius. (Needham 1956a, S. 509)

Die Aussicht auf Verdienstansammlung und Besserung des Karmas trug wesentlich mit dazu bei, daß Statuen gestiftet, Klöster gebaut, Wohltätigkeitsveranstaltungen unternommen und Texte vervielfältigt wurden. So war neben bürokratisch-administrativen Erfordernissen die Vervielfältigung von Texten eine der Ursachen für die Perfektionierung der Buchdrukkerkunst. Doch nicht nur Aussicht auf ein besseres Karma war der Antrieb für solche Unternehmungen, sondern auch die Sinnstiftung angesichts der drohenden Katastrophe. Neben dieser durch Leistung zu erwirkenden Karmaverbesserung gab es – wenn auch nur als Ausnahme – den Altruismus. Dieser ging gelegentlich bis zur Selbstaufopferung, ja bis hin zum Freitod. Der Selbstmord war in China eigentlich kein akzeptiertes Mittel der Erlösung, doch war er der Ausweg in unlösbaren Konfliktsituationen. Im Buddhismus dann wurde die Aufopferung in Form der Selbsttötung im Interesse eines höheren Ziels akzeptabel. Dabei war die Selbstverbrennung ein Mittel der Wahl, wie frühe Biographien bezeugen sowie in jüngerer Zeit Selbstverbrennungen von Mönchen in Vietnam, aber auch in China belegen. Auch bei weiblichen Laienanhängern gab es solche Praxis der Selbstopferung, bei der sie sich auf apokryphe Texte wie das *Śuraṃgamasamādhisūtra* (Nr. 642 in: *Taishō shinshū Daizōkyō*, Tokyo 1924-1935, Bd. 15) berufen konnten. (Mann 1997, S. 187-191; Benn 1998; Benn 2008, S. 60)

Es war die große Leistung Nāgārjunas und seiner Schule, die Theorie von der »Leere« *(Śūnyatā)*, auch als »Mittlere Lehre« (Mādhyamaka; früher oft: Mādhyamika) bekannt, zu entwickeln. (Schmidt-Glintzer 2005a, S. 68-71) Die Leere ist we-

Die Sechzehn Luohans (Arhats) einer Bilderserie des Guanxiu vom Shengyin-Kloster in Hangzhou aus dem 9. Jh. waren seither Kultobjekte und wurden vielfach kopiert bzw. nachgeahmt. Der hier abgebildete Steinabklatsch (120 × 50 cm) von einer Gravur aus dem Jahre 1764 gibt den nach einer sich auf Guanxiu berufenden Kopie von Ding Guanpeng dargestellten dritten Lohan wider. Manche dieser oft grotesken Darstellungen sollten auf Traumvisionen zurückgehen.

der absolutes Sein noch absolutes Nichtsein, aber auch nicht beides zugleich oder keines von beidem, sondern uncharakterisierbar in der Mitte, unverfügbar. Diese auch als Tetralemma charakterisierte Lehre von der Leerheit setzte in China, wo sie durch die Übersetzungen Kumārajīvas bekannt wurde und in nahezu allen Lehrrichtungen Aufnahme fand, neue Impulse. Von den zahlreichen Texten, die Nāgārjuna zugeschrieben werden, ist der berühmteste das auch im Sanskrit überlieferte, in 400 Versen gefaßte *Lehrbuch der Mittleren Lehre* (*Mādhyamakaśāstra*, chin.: *Zhonglun*).

Nach dieser »Mittleren Lehre« konnten Nirvāṇa und Saṃsāra gleichgesetzt werden, und die Form der Existenz, ob als Laie oder als Mönch, war nicht mehr heilsentscheidend. Der Grund dafür, daß aktive Tugenden, wie sie von den Laien, den Unterstützern der Mönchsgemeinden, praktiziert wurden, zunehmend höher geschätzt wurden als das mönchische Leben in Einsamkeit und hinter Klostermauern, lag aber auch in sozialen Veränderungen. So hatte sich neben den Mönchen und Nonnen der Stand der Laienanhänger mit eigenem Selbstbewußtsein herausgebildet, ein Dritter Orden gewissermaßen, der sich weniger die mönchische Lebensweise als vielmehr Buddha Śākyamuni selbst zum Vorbild nahm. Die Laufbahn eines Bodhisattva, eines künftigen Buddha, wurde das Ziel für all diese Anhänger, und es war vor allem dieses Bodhisattva-Ideal, das den Siegeszug des Buddhismus in Ostasien ermöglichte.

Während die indische Bodhisattva-Vorstellung zunächst an die früheren Existenzen des historischen Buddha anknüpfte und damit einen gewissermaßen designierten Buddha meinte, entwickelte sich eine andere Bodhisattva-Vorstellung aus der Kritik des Arhat bei den Mahāsāṃghikas. Während letzterer nur an seiner eigenen Rettung und keineswegs an vollkommener Einsicht interessiert war, vertraten die Vorläufer des Mahāyāna die Ansicht, daß es das Ziel aller religiösen Praxis sein müsse, selbst die Buddhaschaft zu erlangen. Dies war gleichbedeutend mit dem Erreichen der großen Einsicht. Bei gleichzeitiger Beachtung des Mitleidsgebots begab sich so jeder, der die Buddhaschaft erstrebte, auf den Bodhisattva-Weg. Denn ausgehend von der aus dem Begriff der Empathie und des Mitleids erwachsenen Vorstellung, daß die eigene Erlösung die Erlösung aller Lebewesen einschließt, waren Bodhisattvas solche, die ihre eigene Erlösung, den Eingang ins Nirvāṇa, zum Zwecke der Errettung anderer aufschoben. Die Vorstellung von solchen Bodhisattvas verband sich einerseits mit der Vorstellung von einem »lebenden Buddha« sowie andererseits mit bestimmten Heilsgestalten, die weithin Verehrung auf sich zogen.

Das Besondere an einem Bodhisattva ist also, daß er seinen Eingang ins Nirvāṇa hinauszögert, um allen Lebewesen auf deren Weg zur Erlösung verhelfen zu können. Eines jedoch setzt der Bodhisattva-Begriff voraus: daß nämlich die erworbenen Verdienste übertragbar sind. Während zunächst lediglich die Qualität der eigenen Reinkarnation gebessert werden konnte, wurde mit diesem neuen Verdienst-Begriff, der auf der Tugend des Mitleids und der Uneigennützigkeit aufbaut, die Hoffnung begründet, durch die von anderen übertragenen Verdienste aus dem Rad der Wiedergeburten erlöst zu werden.

Der Bodhisattva ist Schützer aller Wesen, unterdrückt alles Böse und übt sich in den folgenden sechs »Vollkommenheiten« *(pāramitā)*, den Kardinaltugenden:

1. Freigebigkeit, denn er gibt Spenden bis hin zur körperlichen Selbstaufopferung *(dāna-pāramitā)*,
2. Sittlichkeit, denn er beachtet die Sittengesetze *(śīla-pāramitā)*,
3. Nachsicht, denn er übt sich in Geduld *(kṣānti-pāramitā)*,
4. Tatkraft *(vīrya-pāramitā)*,
5. Sich-Versenken *(dhyāna-pāramitā)* und
6. Weisheit *(prajñā-pāramitā)*.

   Manche Überlieferungen ergänzen diese Liste noch um folgende vier:

7. Geschicklichkeit in der Lehrübermittlung *(upāya-kauśalya-pāramitā)*,
8. Entschlußfähigkeit *(pranidhāna-pāramitā)*,

9. Wunderkraft *(bala-pāramitā)*,
10. Wissen *(jñāna-pāramitā)*.

Diese Vollkommenheiten erstrecken sich über zehn Stadien oder »Stufen«, die in den indischen Texten mit dem Wort für »Ebene« oder »Gebiet« *(bhūmi)* bezeichnet werden:

1. Stufe der Freude,
2. Stufe der Reinheit,
3. Stufe des Strahlens,
4. Stufe der flammenden Weisheit,
5. Stufe der Unüberwindbarkeit,
6. Stufe der Gegenwärtigkeit,
7. Stufe, »weitreichend« zu sein in der geschickten Anwendung der Heilmittel,
8. Stufe der Unbeweglichkeit,
9. Stufe des guten Verständnisses und
10. Stufe der Wolke des Dharma (der Lehre).

Während der Bodhisattva auf den ersten sechs Stufen noch an die Begriffe von Wesen und Gegebenheiten gebunden ist, nimmt er auf der siebten Stufe die Objekte nicht mehr wahr, auf der achten Stufe erlangt er Gewißheit, ohne Umkehr auf dem Weg zu sein und selbst ein Buddha zu werden. Auf der letzten, der zehnten Stufe erhält er aus den Händen des Buddha die Weihe der Allwissenheit und ist dann fast einem Buddha gleichgeworden. Mit grenzenloser Wunderkraft spendet dieser Bodhisattva allen Lebewesen in mehreren Weltsystemen Heil und ermöglicht ihnen die Errettung. (Schmidt-Glintzer 2005a)

Buddha Amitābha und die Verheißung des Paradieses

Im Mahāyāna treten neben Buddha Śākyamuni zahlreiche andere ähnliche Wesen. Deren bekannteste sind Amitābha, Maitreya und Avalokiteśvara, der Bodhisattva der Barmherzigkeit, der in China dann zur weiblichen Gottheit Guanyin (jap.: Kannon) wurde, und schließlich Mañjuśrī, der liebenswürdige und majestätische Bodhisattva der Weisheit. Der im

Jahre 1983 verstorbene Buddhologe Étienne Lamotte sagte hierzu: »Für gelehrte Buddhisten sind diese Buddhas und Bodhisattvas nur Erscheinungsformen der Weisheit und des Mitleids der Buddhas. Die Buddhas sind miteinander identisch in ihrem ›Körper der Lehre‹ *(dharmakāya)*, der nichts anderes ist als die Lehre selbst 〈...〉«. (Lamotte 1984, S. 92) Nach Ansicht der Anhänger des Mahāyāna gab es eine ins Uferlose vergrößerte Anzahl von Buddhas und Bodhisattvas, und entsprechend vermehrte sich auch die Anzahl der Welten.

In Ostasien wohl am meisten verehrt wird Buddha Amitābha oder Amitāyus (wörtlich: »unermeßliches Licht« oder »unermeßliche Lebensspanne«). Er ist der Herrscher des auch als »Paradies des Westlichen Landes« bekannten Reinen Landes (Sukhāvatī), der diejenigen, die ihn um Hilfe ersuchen, hört und errettet. Diese Amitābha-Verehrung, in Japan als Amidismus bekannt, band wegen ihrer starken eschatologischen Komponente große Bevölkerungsgruppen an ihren Kult. Einer Legende zufolge soll vor Äonen der an manchen Stellen auch als Bodhisattva bezeichnete Mönch Dharmākara sein Erscheinen als Amitābha nach der Erfüllung von 48 Gelübden angekündigt haben, zu denen das Versprechen gehört, eine Buddhawelt von herrlicher Pracht zu errichten, in die alle, welche an seine rettende Kraft glauben, Eingang finden würden. Als entscheidend galt dabei der Glaube an Amitābha im Angesicht des Todes. Oft werden Amitābha zwei mächtige Bodhisattvas zur Seite gestellt, Avalokiteśvara (chin.: Guanyin) und Mahāsthāmaprāpta, die auf bildlichen Darstellungen häufig mit ihm zusammen erscheinen.

Die Lehren des Mahāyāna finden sich in der, weil nicht unmittelbar an die Lehre Buddhas anknüpfend, als pseudokanonisch bezeichneten Werksammlung »Vollkommenheit der Weisheit« *(Prajñāpāramitā)*. Zentral sind auch Werke wie das *Diamant-Sūtra*, das *Herz-Sūtra* und das *Lotos-Sūtra (Saddharmapuṇḍarīka)*, von denen letzteres die größte Bedeutung erlangte. Darin wird Buddha als übernatürliches, ewiges Wesen dargestellt. Er selbst *ist* Buddhaschaft. Der Bodhisattva-Gedanke kommt im *Lotos-Sūtra* besonders im Gleichnis vom Brennenden Haus (Kap. 3) zum Ausdruck, wo der Hausherr mit einer List seine Kinder aus dem brennenden Haus lockt, ein Gleichnis, das Buddha auf sich selbst anwendet, indem er seinem Schüler Śāriputra erklärt:

> Selbst in das verfallene, alte brennende Haus der drei Welten geboren, befreit er die Lebewesen von den Feuern der Geburt, des Alters, der Krankheit und des Todes, von Kummer und Leid, von Torheit und Mißverständnis und von den drei Giften [Begierde, Zorn und Torheit]. Er lehrt und verwandelt sie und bewirkt, daß sie die höchste, vollkommene Erleuchtung erlangen.

Auf die Tradition der Bemühungen um Ordnung des ganzen Reiches haben sich Heilsvorstellungen immer wieder berufen, und dies war dann auch der Fall bei der Ideologie der Taiping-Bewegung in der Mitte des 19. Jahrhunderts ebenso wie bei den Heilsversprechen im Zusammenhang der Kulturrevolution, die mit den Praktiken der Gehirnwäsche und der rituellen Selbstbezichtigung und Selbstkritik Elemente traditioneller religiöser Bekehrungs- und Läuterungspraktiken beerbte. Und auch die Utopie von der »Großen Gemeinschaft« (*Datong*; Kang 1974), die im *Datong shu* von einer vereinigten Menschheit spricht, lebt von den alten Idealen ebenso wie die zu Beginn des 21. Jahrhunderts von dem Staatspräsidenten Hu Jintao ausgerufene »harmonische Gesellschaft« *(hexie shehui)*.

DIESSEITSBEZOGENHEIT UND TRANSZENDENZ: WAHRSAGEREI, ORAKELWESEN UND OMINA

Sonnenfinsternisse und Erdbeben – Der Glaube an Vorzeichen

Omina, glückverheißende wie unheilkündende, hat es in China gegeben, so weit wir zurückblicken. Über ihre Funktion in der Geschichtsschreibung und über ihre Deutung sind immer wieder Debatten entstanden; selten waren alle von einer Deutung zu überzeugen. Eine wichtige Rolle spielten Himmels-

und Naturerscheinungen. Insbesondere Sonnenfinsternisse erregten Aufmerksamkeit. Daher auch war deren Vorausberechnung von großer Bedeutung. Ein sinnfälliges Beispiel aus der jüngeren Vergangenheit für die Auffassung von der Wechselwirkung zwischen Himmelserscheinungen und irdischem Geschehen ist die Sonnenfinsternis am 1. August 2008. Da eine sichtbare totale Sonnenfinsternis Unheil anzukündigen pflegt, wurde es als gutes Omen angesehen, daß in Peking diese Sonnenfinsternis durch Wolken verdeckt blieb, woraus man schloß, daß diese Sonnenfinsternis kein schlechtes Omen für die eine Woche später, am Glückstag des 8. 8. 2008, in Peking beginnenden Olympischen Spiele sei.

Ein anderer Fall war die in Peking beobachtete Sonnenfinsternis am 1. September 1644, von dem jesuitische Berichte Zeugnis ablegen. Hintergrund war, daß es in der Mitte des 17. Jahrhunderts zu einem Wettstreit um die Kalendererstellung gekommen war, bei dem der Jesuit Adam Schall von Bell (1592-1666) seine Überlegenheit gegenüber den chinesischen und den mohammedanischen Astronomen unter Beweis stellte. Seine genauen Voraussagen von Gestirnkonstellationen und insbesondere von Sonnenfinsternissen brachten ihm die Bewunderung des Kaisers ein, der am 1. September 1644 durch zwei Minister die Beobachtung einer vorausgesagten Sonnenfinsternis von dem Observatorium aus verfügte. Der Kontrast zwischen den neuen genaueren Berechnungsmethoden und der tradierten Demutshaltung gegenüber Naturerscheinungen konnte nicht eindrücklicher zum Ausdruck kommen als durch die Maßgabe, daß die meisten Hofbeamten innerhalb des Palastes kniend »der Sonne in ihrem Kampf mit dem feindlichen Ungeheuer beistehen« sollten, während die jesuitischen Missionare auf der neuen Sternwarte am östlichen Tor der Hauptstadt die Sonnenfinsternis wissenschaftlich beobachteten. In der *Ausführlichen Beschreibung des Chinesischen Reiches* von Johann Baptist Du Halde findet sich im dritten Band (Rostock 1749) in einer Darstellung der »hohen Wissenschaften der Chineser« ein Bericht über das Pekinger Observatorium und über die Bemühungen der Jesuiten am

Kaiserhof, nicht mit den in ihren Augen abergläubischen »Calenderthorheiten« in Verbindung gebracht zu werden. Auch wenn auf Bitten des Jesuitenpaters Ferdinand Verbiest (1623-1688) die alten Instrumente des Observatoriums entfernt und nach Anweisung der Jesuiten neue Instrumente aufgestellt worden waren, so blieb doch weiterhin der offizielle Kalender zugleich die Grundlage für spekulativ-astrologische Wahrsagung. Den Jesuiten aber hatte der Kaiser bestätigt: »Ich verlange von euch weiter nichts, als was eigentlich den Kalender betrifft und auf die Astronomie gegründet ist.« (Schmidt-Glintzer 2008, S. 162)

Trotz solchen Austausches mit anderen Weltanschauungen bildete in China die Verbindung zu den Ahnen und den Göttern die Grundstruktur allen religiösen Handelns und prägte die Besonderheit und Einzigartigkeit der chinesischen Kultur. Dabei spielte der schriftliche Austausch sehr früh eine entscheidende Rolle, wie die Knochenorakel aus dem zweiten vorchristlichen Jahrtausend und die an die Ahnen gerichteten Fragen an die Zukunft belegen. Schon hier zeigt sich ein hohes Maß an Rationalität. Bereits die frühesten sozialen und politischen Organisationen ersetzen willkürliche oder durch Kraft und Erfolg einzelner Personen begründete Machtverhältnisse durch die Einführung von Verfahren. Diese rationalistische Wende war höchst folgenreich, denn sie begründete die Ansammlung von astronomischem Wissen und von Kenntnissen über Naturzusammenhänge, durch die bis heute die frühen Aufzeichnungen der Chinesen über bestimmte Planetenkonstellationen Sternstunden der Wissenschaftsgeschichte darstellen.

Neben der Orakelbefragung gab es immer auch Deutungswissen und Bedeutungszuschreibung, etwa bei der Interpretation von Vorzeichen oder Omina, und natürlich gab es neben der frühen Form des Wahrsagens aus dem Knochenorkal andere Techniken, etwa die Deutung aus dem Schafgarbenstengel oder dann auch aus dem *Buch der Wandlungen*, dem *Yijing*. Bei den Orakelknochen wurden in Schildkrötenschalen oder Rinderschulterblätter an bestimmten Stellen Vertiefungen an-

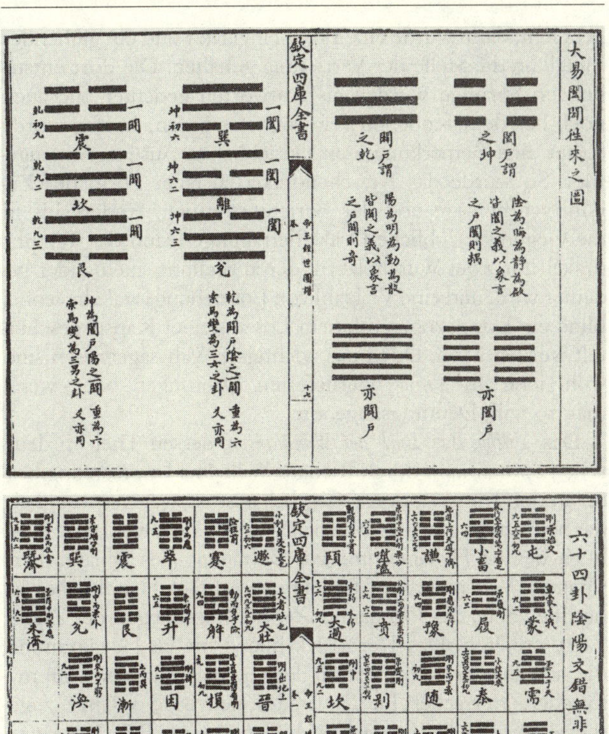

Die acht Trigramme bilden in Kombination die 64 Hexagramme, zu denen das »Buch der Wandlungen« (Yijing) Erläuterungen und Kommentare gibt.

gebracht, dann wurde eine Frage eingeritzt und ein glühendes Metall an die Stelle der Vertiefung gehalten. Die dort entstehenden Sprünge wurden als Antworten gedeutet, die auch noch auf dem Knochen verzeichnet wurden; häufig wurde später eine Bemerkung zum tatsächlichen Ausgang hinzugefügt. So wurde das Knochenorakel zu einer Form der Zukunftsvorhersage und der Berichterstattung. Andere bis in die Gegenwart übliche Orakelbefragungen sind das Tempelorakel mit zwei Wurfhölzern, deren Stellung zueinander gedeutet wird, und eine Vielzahl von Losziehungsorakeln, wobei blind ein Los gezogen oder ein Los aus einer Kapsel geschüttelt werden kann. Doch das wichtigste Wahrsagewissen sind wohl jene im *Yijing* überlieferten Deutungen oder, wenn man so will, Deutungsangebote.

Das *Yijing*, das *Buch der Wandlungen*, dessen Titel im deutschen Sprachraum durch Richard Wilhelms Übersetzung besser in der Transkription *I Ging* bekannt ist, war ursprünglich, das heißt zu Beginn der Westlichen Zhou-Zeit, wohl ein Handbuch der 64 Hexagramme zur Befragung des Schafgarben-Orakels. Von mehreren Redaktionen dieses Handbuches ist nur die letzte, das sogenannte *Zhouyi* (Wandlungen der Zhou-Zeit), erhalten. Das Kernstück bilden die 64 Hexagramme, die sich aus der Kombination der von der Tradition dem mythischen Herrscher Fu Xi (traditionell 2800 v. Chr.) zugeschriebenen acht Trigramme bilden lassen. Bei den Hexagrammen handelt es sich also um graphische Darstellungen aus sechs übereinanderliegenden, durchlaufenden oder einmal unterbrochenen Linien. Das *Yijing* ist aber über seine praktische Anwendung als Orakelbuch hinaus auch ein literarisches Zeugnis ersten Ranges. Einer der einflußreichsten Texte des *Yijing*, die erst in der Han-Zeit verfaßte »Große Abhandlung« *(Dazhuan)*, enthält den wichtigsten aus dem alten China überlieferten Text über die Urgeschichte und die Kulturentwicklung. (Schmidt-Glintzer 1999a, S. 97 f.)

Bei der Wahrsagung aus dem *Yijing* wurden zwei der 64 Hexagramme gezogen und unter Bezugnahme auf einen der zu den jeweiligen Hexagrammen gehörenden Texte gedeutet.

Dabei wurden die Hexagramme selbst als in Bewegung befindlich verstanden, das heißt, einige der Linien waren stets dabei, in ihr Gegenteil umzuschlagen. Trotz (oder vielleicht auch gerade wegen) solcher Ambivalenz wurden die Weissagungen und auch die Trigramm- und Hexagrammkonstellationen zu wichtigen Elementen bei der Deutung der Welt. Neben den Weissagungspraktiken gab es aber immer auch die Tradition, Menschen als Mittler zum Jenseits einzusetzen, eine chinesische Form des Schamanismus gewissermaßen; zugleich gab es noch den Zugangsweg über Träume und Trancezustände. Doch auch wenn später die Buddhisten und die Daoisten die frühen Magier und deren institutionalisierte Ausprägung, die *fangshi*, beerbten und es insofern eine Kontinuität magischer Praktiken gab, sah doch der Staat sehr darauf, daß dieses Heilswissen nicht allzu wirkungsmächtig wurde. Dem Interesse breiter Kreise der Bevölkerung an Zugang zu Heilsgewißheit trugen vielfältige Formen der Wahrsagerei, der Handlesekunst und andere Formen der Zeichen- beziehungsweise Vorzeichendeutung Rechnung. Dabei wurden im Prinzip sämtliche beobachtbaren Erscheinungen einbezogen, und es gibt Handbücher für die Himmelsbeobachtung ebenso wie für die Beobachtung der Erde. Dies führte zu einer Wahrnehmungswachheit und zu einer Sinnenschärfung, die ihren Niederschlag in den Künsten, insbesondere in der Malerei und in der Literatur, fand.

Bis in die Gegenwart spielen Prognosen eine wichtige Rolle, und die Politik ist in hohem Maße abhängig davon, insbesondere Naturkatastrophen nicht mit ihrem eigenen Schicksal verknüpft zu sehen. So sind die großen Erdbeben in Nordostchina im Jahre 1976 mit dem Sturz der Viererbande und dem Tode Mao Zedongs im selben Jahr in Verbindung gebracht worden. Und im Mai des Jahres 2008 hatte die Regierung größte Mühe zu verhindern, daß das große Erdbeben in der Provinz Sichuan am 12. Mai 2008 ihr zugerechnet wurde. Der damit verbundene Legitimitätsverlust wäre einer Wahlniederlage gleichgekommen. Die Regierung verweigert zwar Prognosen, doch hat sie keinesfalls die Macht der Prognostiker gebrochen. Da sich der Begriff des »Aberglaubens« in China nicht in dem Maße durchgesetzt hat, wie dies in den christlichen Ländern in der Folge der Konstantinischen Wende der Fall gewesen ist (Fögen 1997), ist die Politik verwundbar geblieben. Ein Mittel der Kontrolle aber blieb der Umstand, daß der Austausch mit den Göttern und Ahnen seit alters eng mit der Schrift verknüpft war, und dem Geschriebenen wurde nicht nur innerstaatlich, sondern auch in den zwischenstaatlichen Beziehungen größtes Gewicht beigemessen.

Hilfe und Einsicht

In den *Berichten von göttlichen Genien (Shenxian zhuan)* des Ge Hong (283-343), einem Werk, dessen Titel Robert Ford Campany mit dem Titel *Leben so lange wie Himmel und Erde* versieht, heißt es zu Beginn:

> Bo He, mit Nebennamen Zhongli, stammte aus Liaodong. Er ging in die »Erd-Lungen-Berge« [in der Provinz Jiangsu], um Dong Feng zu dienen. Dong Feng gab an ihn das Wissen um die Atemzirkulation weiter, auch wie man Disteln ißt, und er sagte zu Bo He: »Jetzt ist es soweit, daß ich meinen Weg zu Ende gegangen bin. Ich war nicht in der Lage, göttliche Essenzen, Gold oder Zinnober herzustellen, obwohl ich die ganze Welt bereist habe und es keinen Berg gibt, dem ich nicht meinen Besuch abgestattet habe. Doch Du bist jung und stark und solltest Dich selbst auf die Suche machen.«

Es geht hier um Atemtechniken, auch um innerkörperliche Luftzirkulation, um Unsterblichkeitssuche oder doch Lebensverlängerung, zugleich aber auch um die Weitergabe von Generation zu Generation.

> Bo He zog darauf zum Xicheng-Gebirge [Provinz Shaanxi] und diente Herrn Wang. Dieser sagte zu ihm: »Ich werde für einige Zeit in die Ozeanischen Gebiete gehen. Bleibe Du hier und betrachte sorgfältig die nördliche Mauer. Nach

langer Zeit wirst Du dort etwas Geschriebenes erkennen, und wenn Du das studierst, wirst Du den Weg erlangen.« Nach ganzen drei Jahren erst sah Bo He die Schrift an der Wand, bei der es sich um den *Klassiker der Großen Reinheit (Taiqing jing)* handelte, den vor Urzeiten dort jemand eingeschrieben hatte. Er rezitierte diesen Text und erlangte so Unsterblichkeit.

Hier handelt es sich um die Offenbarung eines Textes, dessen Rezitation zur Erlösung führt. Die Bedeutung des Geschriebenen, der Schrift, ist offenkundig.

Bo He hatte einen Schüler, Sun Zhen. Dessen Onkel mütterlicherseits war gestorben. Ein ordentliches Begräbnis war auszurichten. Doch der Weg war weit, und Sun Zhen hatte kein Pferd und keinen Wagen zur Verfügung. Da gab Bo He dem Sun Zhen eine Schachtel mit einem wirkkräftigen Inhalt mit den Worten: »Nimm dies und wandere 20 *li*, und du wirst einen Ochsen und einen Wagen finden sowie Speiseopfer. Die Schachtel darf nicht geöffnet werden.« Sun Zhen zog los, und tatsächlich erschien wie vorausgesagt ein Junge mit einem Ochsenkarren, der ihm übergeben wurde, zusammen mit Getränken und Speisen. Als er zum Haus seines Onkels kam, legte er die Schachtel in der Garderobe ab. Sein jüngerer Bruder, das Gebot, die Schachtel nicht zu öffnen, nicht kennend, öffnete diese und fand ein Blatt Papier mit einer Zeichnung, einen Ochsenkarren mit einem Ochsen und einem Wagenlenker darstellend. Da waren der Wagen und der Ochse verschwunden.

Eine wunderbare Hilfe in einer Notlage zeigt ein magisches Weltverhältnis, aber das Besondere an der Geschichte ist die Offenlegung des Inhalts der Schachtel: eine schlichte Zeichnung. Zeichnungen und Geschriebenem kommen magische Kraft zu!

In einer späteren Version heißt es:

Der Unsterbliche Bo Zhongli wohnte im Wuzhong-Gebirge in Zurückgezogenheit und stellte göttliches Elixier her. Auch produzierte er Tausende Barren Gold auf dem Berg und unterstützte damit die Bedürftigen. (Campany 2002, S. 133 ff.)

Übernatürliche Fähigkeiten und Unterstützung der Armen zeigen die Nähe dieser Religiosität zum Gedanken der sozialen Fürsorge, der auch dem Sozialrebellengedanken nahestand.

Spekulationen über das kosmische Geschehen finden sich ebenfalls seit ältester Zeit, und solche Spekulationen werden später sogar Teil der konfuzianischen Ordnungslehre. Das *Jinsilu*, eine zentrale Schrift des Konfuzianismus, beginnt mit den Sätzen:

> Zhou Dunyi sagte: Das Grenzenlose *(wuji)* ist zugleich die Letzte Grenze *(taiji)*. *Taiji* bewegt sich, und *yang* entsteht [läßt *yang* entstehen]. Wenn die Bewegung den höchsten Punkt erreicht hat, ruht *taiji*. *Taiji* ruht, und *yin* entsteht. Wenn die Ruhe *(yin)* den höchsten Punkt erreicht hat, entsteht wieder Bewegung. Der alternierende Prozeß von Bewegung und Ruhe bedeutet, daß Bewegung und Ruhe gegenseitig die Grundlage des jeweils anderen bilden. In der Unterscheidung von *yin* und *yang* gründen die zwei Grundformen *(liangyi)*. *Yang* verursacht Veränderung, *yin* verursacht Vereinigung, und die Fünf Wandlungsphasen [oder: Elemente, Agenzien, *wuxing*] Wasser, Feuer, Holz, Metall und Erde entstehen. Die fünf meteorologischen Phänomene breiten sich im Einklang mit diesen aus, und die vier Jahreszeiten nehmen ihren Lauf. Die Fünf Wandlungsphasen Wasser, Feuer, Holz, Metall und Erde sind nichts anderes als *yin* und *yang*. *Yin* und *yang* sind nichts anderes als *taiji*. *Taiji* ist grundsätzlich *wuji*.
>
> Sind die Fünf Wandlungsphasen entstanden, hat jedes seine spezifische Wirkweise. Die Reinheit des *wuji* [»Grenzenlosen«] und die Reinheit der zwei *yin* und *yang* und der Fünf Wandlungsphasen verschmelzen in geheimnisvoller Weise miteinander und verdichten sich. Das Prinzip des Himmels *(qian)* bildet in diesem Prozeß das Männliche; das Prinzip der Erde *(kun)* bildet in diesem Prozeß das Weibliche. Diese zwei *qi* *(erqi)* interagieren miteinander und beeinflussen

sich gegenseitig, und die unzähligen Dinge *(wanwu)* entwickeln sich. Die unzähligen Dinge reproduzieren sich immer wieder selbst *(shengsheng)*, und ihre Transformationen sind unerschöpflich.

Doch nur der Mensch erlangt das Feinste in diesem Prozeß und folglich höchste Geistigkeit *(ling)*. Er nimmt Gestalt an und wächst, und seine Geisteskraft *(shen)* entfaltet Wissen *(zhi)*. Wenn die fünf Gemütsanlagen des Menschen durch äußeren Einfluß in Bewegung geraten, werden Gutes und Schlechtes unterschieden, und die mannigfaltigen Angelegenheiten der Menschen entstehen.

Der Weise *(shengren)* bestimmt diese Angelegenheiten gemäß den Kriterien der Mitte *(zhong)*, der Richtigkeit *(zheng)*, der Menschlichkeit *(ren)* und der Rechtschaffenheit *(yi)* und nimmt dabei die Ruhe als Hauptsache. Darin ist des Menschen höchster Punkt errichtet. Somit sind die Tugenden *(de)* des Weisen »in Übereinstimmung mit Himmel und Erde; sein Glanz ist in Übereinstimmung mit Sonne und Mond; seine Ordnung ist in Übereinstimmung mit den vier Jahreszeiten; sein Schicksal in bezug auf Unheil und Heil ist in Übereinstimmung mit den negativen und positiven Wirkkräften der Natur *(gui shen)*.«

Der Edle *(junzi)* kultiviert das Heil, der Niedere *(xiaoren)* hingegen fördert das Unheil. Darum heißt es: »Wird der Weg des Himmels errichtet, spricht man von *yin* und *yang*; wird der Weg der Erde errichtet, spricht man von Weichem *(rou)* und Hartem *(gang)*; wird der Weg des Menschen errichtet, spricht man von Menschlichkeit und Rechtschaffenheit.« Außerdem heißt es: »Mit dem Ursprung beginnen und an den Endpunkt zurückkehren, so wird die Lehre von Leben und Tod erkannt.« Groß ist das *Buch der Wandlungen (Yijing)*! Es gelangt wahrlich zum Höchsten! (Ommerborn 2008, S. 11 f.)

Feste und Fasten

Von besonderer Bedeutung in einer agrarisch geprägten Gesellschaft ist der Jahreslauf. Hier sind es insbesondere die sich zum Jahreswechsel verdichtenden Feste, denen eine Vorstellung von regelmäßiger Erneuerung in kleineren beziehungsweise größeren Zyklen zugrunde liegt. (Bodde 1975) Auf diese Weise wurden Benennungen für wichtige Veränderungen und Wechsel im Jahresgeschehen gefunden, die sich entweder auf den Sonnenstand oder aber auf Ereignisse wie Regen, Schnee oder Taubildung oder Erscheinungen der Pflanzenreife wie Ährenbildung bezogen. Der Kalender, nach dem Mondzyklus aufgebaut und von einem 60-Tages- und einem 60-Jahreszyklus durchzogen, beinhaltete nicht nur die Festlegung der wichtigsten Feste, sondern enthielt in seiner veröffentlichten Form auch die Devisenvorgaben des Kaiserhauses, dem das Privileg der Kalenderverkündigung zustand.

Neben den Festen zum Neujahr haben sich einige Feste im chinesischen Kalender etabliert, die zum Teil besonderen religiösen Traditionen verpflichtet sind, wie der 8. Tag des 4. Monats, der als Geburtstag Buddhas gefeiert wird. Andere Feste gelten als gemeinsame chinesische Feste, wie der 5. Tag des 5. Monats, an dem ein Frühsommerfest – oft am Wasser – gefeiert wird. Dieser Tag ist auch der Tag des Drachenbootfestes, das in Erinnerung an Qu Yuan in ganz Mittel- und Südchina begangen wird. Es wird auch als Regenbeschwörungsfest gefeiert, und einzelne religiöse Gruppen geben ihm noch zusätzliche, eigene Bedeutungen.

Zum Feiern gehörte stets das Essen beziehungsweise dessen Kultivierung bis hin zum Fasten. Was aber wurde etwa tabuisiert, was wurde verschmäht, und wo und wann wird das Essen ganz aufgegeben, wo wird gefastet? Wurde der Körper in einer so vehementen Weise zum Angelpunkt des Austauschs mit der Natur, wie dies bei manchen Heiligen des europäischen Mittelalters der Fall war? (Bynum 1987; Sterckx 2006) Die Frage nach der Grenze des Eßbaren führt auch zum Vegetarismus, wie er sich ja nicht nur im Buddhismus, sondern in China immer schon sehr verbreitet findet. Wenn bestimmte Kreise als »vegetarische Dämonenverehrer« verdächtigt wurden, hatte dies zum Teil einfach seinen Grund darin, daß sie am Rande der Subsistenzsicherung lebten. Fastenpraxis und *chai* (»Reinigungs«)-Fest haben einen Bezug zu Zurückhaltungsgeboten wie jenem Satz bei Konfuzius (*Lunyu* 10,8): »Der Edle ißt sich nicht satt.« Mengenfragen spielen immer eine große Rolle, nicht zuletzt beim Alkoholgenuß. (Schmidt-Glintzer 1982a)

Während es für die Verbesserung des eigenen Karmas viele Wege gab, war die Errettung anderer nur durch göttliche Hilfe möglich, wenn man einmal von der Errettung von Tieren vor dem sicheren Tod durch Schlachtung absieht. Dies wird besonders deutlich bei dem nach dem Fest zu Buddhas Aufstieg in das Nirvāṇa zweitwichtigsten buddhistischen Fest im Jahr, dem im siebten Monat des Mondkalenders stattfindenden Geisterfest. Vor dem 8. Jahrhundert hatte der Weg zur Rettung der Ahnen nur über den von Mulian vorgezeichneten Weg geführt, wie er in den Berichten über Mulian, die ihre Mutter aus den Höllenqualen nur mit Hilfe Buddhas erreichen kann, geschildert wird. Dabei ist bemerkenswert, daß Buddha Mulian darauf hinweist, allein der Dienst an der Gemeinschaft könne das Schicksal der Mutter bessern. Doch mit dem 8. Jahrhundert tritt ein Paradigmawechsel ein. Nicht zuletzt dank der Förderung durch Kaiser Daizong (reg. 762-779) gelang es dem Mönch Amoghavajra (705-774), eine esoterische Tradition in China zu etablieren, die eine andere Art des Totenrituals praktizierte. Dieses neue Ritual, bei dem die Wirksamkeit bestimmter Gebete (*tuo-luo-ni*, Skt.: *dhāranī*) im Vordergrund steht und das dann auch von dem japanischen Pilgermönch Kūkai nach Japan gebracht und dort als Obon eingeführt wurde, eröffnet die Heilsvergewisserung durch rituelle Verfahren und signalisiert bereits eine Abkehr von der alten Fixierung auf die Klanstruktur. (Teiser 1988)

Allen diesen Ritualen und Techniken aber liegt eine Vorstellung zugrunde, daß das Leben genährt werden müsse im

Sinne des in der daoistischen Diätetik geübten *yang sheng*, »das Leben nähren«, welches François Jullien im Anschluß an Henri Maspéro zu Recht in den Mittelpunkt seiner Chinadeutung stellt. (Jullien 2006) Dieses *yang sheng* ist nicht im Sinne einer Fütterung oder einer Zielerreichungsabsicht zu verstehen, sondern im Sinne eines Geschehenlassens. Nicht die Unterscheidung von Körper und Seele oder Geist steht im Vordergrund, sondern es geht um die Durchdringung der »Essenz« *(jing)*, einer feinstofflichen, aber nicht sinnlich faßbaren Ausstattung des Menschen. Atemtechniken und sonstige Zirkulations- und Austauschbeziehungen sind gemeint, auch Techniken oder Praktiken wie die Ausübung von Malerei oder Musik. Jede Ängstlichkeit und Sorge um das Leben soll sich verflüchtigen, womit eine Nähe zu dem Satz des Neuen Testaments geschaffen wird, der lautet: »Wer sein Leben lieb hat, der wird's verlieren« (Johannesevangelium 12,25), oder zur Gœtheschen Einsicht des »Stirb! Und werde!«. Die Sorge um die Nährung des Lebens konnte jedoch nur die Grenzen verschieben, sie aber nicht aufheben. Denn die Begrenztheit des Lebens und der hiesigen Welt stand im Vordergrund des Bewußtseins, während sich das Nachdenken über die Grenzüberschreitung und das Jenseits veränderte. Im Laufe der zweiten Hälfte des ersten Jahrtausends setzte sich immer stärker die Vorstellung von einer Welt jenseits der Welt durch, von einer Trennung zwischen der Welt der Geister und der Welt der Lebenden. Dies führte zur Entwicklung von Vorstellungen einer Hölle und eines Purgatoriums ebenso wie zu Bildern von Paradiesen.

NEUE WELTEN: HÖLLEN UND PARADIESE

NEUE UND ALTE GÖTTER

Religion und Politik im Mittelalter

Ähnlich wie im Rom des 4. Jahrhunderts stand zur gleichen Zeit in China die Frage der religiösen Entscheidung beziehungsweise der Orthodoxie auf der Tagesordnung. Die Konfrontation mit fremden Lehren führte zu einem Diskurs über das Fremde und das Eigene und auch zu Maßnahmen gegen heterodoxe Kulte. Es ist dies die Zeit der religiösen Formierung, der Institutionalisierung, insbesondere auch der Verschriftlichung von Heilslehren und – in einigen Fällen, wie im Daoismus – von Offenbarungen. Doch anders als im Rom nach der Konstantinischen Wende, als nach anfänglicher Toleranz – wie im Schreiben Konstantins an die Provinzialen von 324 – bereits der Weg zu Intoleranz der Christen gegenüber Andersgläubigen beschritten wurde (Vogt 1968), hat China eine andere Entwicklung erlebt, die schließlich in der absoluten Superiorität des bürokratischen Staates endete und die in ihrer Entwicklung und in einzelnen Verästelungen zugleich ein religiöses Netzwerk und Fundament als Voraussetzung und Folge hatte. Es kamen dabei vielerlei Elemente zusammen: *erstens* die metaphysisch-spekulative Tendenz in der Aristokratie. *Zweitens* die Ausformung des Daoismus als Religion seit dem Ende des 2. Jahrhunderts. *Drittens* die Verbreitung des Buddhismus mit der Institution der Mönchsgemeinde *(saṅgha)*. *Viertens* die Fremdvölker im Norden und ihre Formen der Herrschaftsbildung. *Fünftens* vielerlei als Kultgemeinschaften auftretende fremde Religionen wie Manichäismus, Judentum und Östliches Christentum. – Dieser Austausch war auch eine Folge des antiken Weltverkehrs, der sich zu keiner Zeit auf solcher Höhe befand wie am Ende des 1. Jahrhunderts n. Chr. Zwei Weltreiche, das römische und das chinesische, wurden durch ihn einander nähergeführt, und Ostasien stand mit dem Mittelmeerraum in einer engen Beziehung, wie sie so den eurasischen Kontinent umspannend dann erst wieder – nach einem kurzen neuerlichen Aufleben während der Mongolenzeit – anderthalb Jahrtausende später und auf ganz andere Weise erreicht wurde.

Der Buddhismus brachte neue Elemente mit nach China und gab Impulse zu vielerlei Entwicklungen. Zugleich prägte er die Formen mit, in denen zukünftig fremde Lehren aufgenommen wurden, und natürlich auch, in welcher Weise man sich mit ihnen auseinandersetzte. Es ist daher leicht verständlich, daß im 20. Jahrhundert die Konfrontation mit dem Abendland viele chinesische Intellektuelle dazu bewog, im Buddhismus ein Beispiel dafür zu sehen, wie China imstande sein könne, eine zunächst fremde Lehre zu adaptieren, daß sie der eigenen Kultur anverwandelt und nicht mehr als fremd empfunden werden müßte. So diente vielen die Erfahrung aus der Begegnung mit dem Buddhismus zur Stärkung der eigenen Selbstsicherheit und ließ manche die Angst vor einem Identitätsverlust bei der Öffnung gegenüber dem Westen überwinden. Das Bild der Geschichte des Buddhismus in China ist auch durch diese Sichtweise geprägt worden.

Etwa zu Beginn unserer Zeitrechnung kam die indische Religion des Buddhismus nach China. Dies war zu einer Zeit, in der der Konfuzianismus sich als offizielle Staatslehre durchgesetzt, bei der Oberschicht aber an Attraktivität eingebüßt hatte. Diese wandte sich, zumindest in Teilen, daoistischen Kulten und Praktiken zu. Damit war der Boden für eine Aufnahme des Buddhismus in jener Zeit sehr günstig. Den Biographien einiger dieser Buddhisten, die als Übersetzer hervortraten, können wir entnehmen, daß der Buddhismus bis zum Ende der Han-Zeit (220 n. Chr.) vorwiegend unter den ausländischen Bevölkerungsgruppen in China zu Hause war. Viele der buddhistischen Meister der frühen Zeit kamen schon nicht mehr selbst aus fernen Ländern, sondern waren als Angehörige nichtchinesischer eingewanderter Familien in China geboren worden und aufgewachsen, oder sie waren doch erst nach ihrer Ankunft in China dem Mönchsorden beigetreten. Dadurch kam es sehr bald zu einer eigenständigen chinesischen Ausprägung dieser ursprünglich in Indien entstandenen Lehre. Um die Mitte des 2. Jahrhunderts n. Chr. hatte der Buddhismus in den Gebieten nördlich des Huai-Flusses, im östlichen Henan, südlichen Shandong und nördlichen Jiangsu, eine breitere Anhängerschaft gefunden. Zunächst fand der Buddhismus bei der Aristokratie Zugang, und sein Auftreten bei Hofe unter der Späteren Han-Dynastie war aufs engste mit dem Kult einer daoistischen Gottheit verknüpft. Daran läßt sich schon ablesen, daß von der buddhistischen Lehre dasjenige angenommen wurde, was einem bereits vorhandenen Bedürfnis entgegenkam. Bezeichnenderweise wurde der Buddhismus deshalb auch zunächst als Spielart des Daoismus betrachtet.

In dem Maße, in dem der Daoismus sich seinerseits als eine Lehre für die Oberschicht empfahl und somit in Konkurrenz zum Buddhismus trat, wurden die Auseinandersetzungen zwischen Buddhismus und Daoismus heftiger, und erst durch diese Rivalität wurde dem Buddhismus dann der Makel, barbarischer Herkunft zu sein, angehängt, den er fortan nicht mehr wieder ganz loswerden sollte. Der Streit zwischen Daoisten und Buddhisten war natürlich vor allem dann besonders heftig, wenn eine der beiden Seiten das Gefühl hatte, bei den Mächtigen der Zeit eine größere Unterstützung für sich erlangen zu können, die auf Kosten der anderen Seite zu gehen pflegte. Andererseits wurden Daoismus und Buddhismus von staatlicher Seite häufig auch auf eine Stufe gestellt, vor allem in administrativer Hinsicht, eine Tatsache, die oft als Toleranz des chinesischen Kaiserreichs gegenüber religiösen Angelegenheiten bezeichnet wurde, die aber vor allem die Folge der Bemühung um Äquidistanz war. Doch auch diese Duldsamkeit kannte ihre Grenzen, die dort lagen, wo die Grundlagen des Staatskultes, nämlich Ahnenverehrung und Suprematsanspruch des Herrschers, in Gefahr zu geraten drohten. Hierdurch waren auch der Einflußmöglichkeit des Buddhismus enge Grenzen gesetzt, auf die immer dann besonderer Wert gelegt wurde, wenn die Zentralgewalt um ihre Vormachtstellung bangen mußte.

Die Notwendigkeit der Übersetzung der fremden buddhistischen Texte aus dem Sanskrit beziehungsweise dem Prakrit ins Chinesische spielte eine nicht zu überschätzende Rolle. Dabei müssen wir uns vergegenwärtigen, daß die Tatsache der Übersetzungstätigkeit selbst schon eine Besonderheit darstellt. Denn in der Geschichte der Weltreligionen finden wir häufig den Fall, daß die heiligen Schriften nicht übersetzt, sondern in ihrer ursprünglichen Sprache verbreitet und tradiert wurden. Die im Falle des Buddhismus von Anfang an betriebene Übersetzungstätigkeit, die eine der erstaunlichsten Übersetzungsleistungen in der Menschheitsgeschichte hervorbrachte, förderte in China Überlegungen über die eigene Sprache, über deren Lautstand, dann auch über deren regionale und historische Veränderung und Verschiedenheit, eine Erfahrung mithin, die durch Konfrontation mit etwas Andersartigem, Fremdem das Bewußtsein einer eigenen chinesischen Identität förderte. Der Zwang aber, die Lehre Buddhas nicht nur in der Predigt, also im gesprochenen Wort, sondern in schriftlicher Form ins Chinesische zu übertragen, beruhte auf der in China bereits erreichten Dominanz von Schriftlichkeit (Lewis 1999), zugleich aber auf der in der buddhistischen Lehrverkündigungsdoktrin von vornherein ausdrücklich formulierten Gewißheit, daß Buddhas Wort für die Sprecher aller Sprachen gemeint sei.

Nach dem Zusammenbruch des Einheitsreiches der Han im Jahre 220 n. Chr. hatten vor allem im Süden einzelne Adelsfamilien einen solch großen Einfluß gewonnen, daß ihre Macht zum Teil bedeutender war als die des Herrschers selbst. Unter der Protektion einzelner solcher Familien konnte sich ein buddhistisches Klosterwesen entfalten, das zusammen mit gebildeten Laienzirkeln die Grundlage für den Buddhismus der folgenden Jahrhunderte bildete. – Im Norden Chinas, wo zu jener Zeit halbnomadische Stammesverbände kleinere und zumeist nur kurzlebige Dynastien zu errichten begonnen hatten, hatte der Buddhismus eine vom Süden verschiedene Stellung. Hier war der Herrscher in der Regel mächtiger, und die buddhistischen Mönche suchten sich an ihn zu halten. Daher finden wir im Norden auch erste Ansätze eines Gegensatzes zwischen staatstreuem hauptstädtischen Klerus und unbotmäßigen Mönchen in der Provinz. Die hauptstädtischen Mönche dienten oft als Vermittler zwischen der einheimischen Oberschicht und dem Herrscherhaus. Diese unterschiedliche Entwicklung in Nord und Süd, die auch im Bereich der Dogmatik ihren Niederschlag fand und im Süden zu dem sogenannten »Gentrybuddhismus«, im Norden zu dem skizzierten gespaltenen Mönchsbuddhismus führte (Schmidt-Glintzer 1972), wurde nach der Wiedervereinigung des Reiches unter der Dynastie Sui (589-618) und der nachfolgenden Tang (618-906) allmählich überwunden. Es wurden in der Folgezeit aber beiderlei Ausprägungen beerbt, die staatstragende Tradition des Nordens sowie die freiheitlichere, auf Dezentralität setzende des Südens, und diese Mischung begünstigte den weiteren Erfolg des Buddhismus. Andererseits bedienten sich zwar einzelne Herrscher immer wieder des Buddhismus, um die Loyalität bestimmter Kreise an sich zu binden, doch wurde das buddhistische Mönchswesen strengen Regelungen und einer Aufsicht unterworfen, und offizielle Förderung erfuhren nur noch einzelne Auslegungsschulen. Damit wurde der Buddhismus gegenüber der ersten Blütezeit sehr eingeschränkt und mußte sich hinfort immer wieder aufs neue neben dem Daoismus behaupten. Auch büßte er die bisherigen Privilegien, wie beispielsweise das Vorrecht der Mönche, sich nicht vor ihren eigenen Eltern oder dem Herrscher verbeugen zu müssen, ein.

Doch als Lehre und vor allem als Texttradition blieb der Buddhismus etabliert, und er erlebte in den folgenden Jahrhunderten sogar mehrere Renaissancen. Gänzlich verschwand er in China niemals mehr. Daß er aber keine spezifische Schicht ausschließlich für sich als Trägerin seiner Lehre finden konnte, war in der im Prinzip allen Lebewesen und vor allem allen Menschen offenen Lehre begründet, die im Gegensatz stand zu Erwähltheitsvorstellungen, war aber auch Folge der zusammenbrechenden Adelsgesellschaft des mittelalterlichen China. Die Vielfalt der Schulbildungen im 6. und 7. Jahrhundert in den buddhistischen Kreisen kann vielmehr als Ausdruck der letzten Selbstbehauptungskämpfe der alten Eliten verstanden werden, bei denen sich jene Ausprägung bald ankündigte, die als Chan- oder Zen-Lehre bis in die Gegenwart erfolgreich bleiben sollte. Versuche, den Buddhismus einer bestimmten gesellschaftlichen Schicht oder einer neuen Dynastie als Legitimationsmittel nahezulegen, wurden gleichwohl wiederholt unternommen, so im 11. Jahrhundert vor allem von seiten der Chan- oder Meditationsschule durch ihre Geschichtsschreibung oder im 13. Jahrhundert gegenüber den mongolischen Eroberern, denen zur Legitimation ihrer Weltbeherrschungsansprüche diese universale Religion gelegen kam.

Ganz unabhängig aber vom Niedergang des Klosterbuddhismus verbreitete sich die Lehre Buddhas, oft vermischt mit anderen Lehrtraditionen, in weiten Kreisen der Bevölkerung und prägte in starkem Maße die Volksfrömmigkeit. So sind viele der späteren religiösen Volksbewegungen, von denen etliche in Aufstände und in die schließlich den Zusammenbruch des Kaiserreiches mit verursachenden Volkserhebungen mündeten, eindeutig buddhistischen Ursprungs. Doch mit dem »offiziellen«, staatlich geduldeten Buddhismus hatten diese Bewegungen wenig zu tun. Dieser ließ vielmehr keine Gelegenheit aus, sich von jenen zu distanzieren, um seine letzten Privilegien nicht gänzlich zu verlieren. Die häufig chiliastischen, den Buddha der Zukunft, Maitreya, erwartenden religiösen Bewegungen waren an den religiösen und sozialen Veränderungen in den letzten Jahrhunderten des Kaiserreichs mit beteiligt. Da sie aber bereits ein Teil der chinesischen Kultur geworden waren, läßt sich schwer ausmachen, wie groß einerseits der Anteil des »importierten« buddhistischen Elementes war und wie bestimmend andererseits »autochthone« Elemente gewesen sein dürften. Denn auch bei diesen Bewegungen trat der Inhalt gewissermaßen in den Hintergrund, und es muß daher nicht überraschen, wenn die Lehren der religiösen Volksbewegungen zumeist eine Mischung aus verschiedenen Traditionen waren.

Der Beitrag des Buddhismus zur chinesischen Kultur reichte jedoch weit über die Sphäre des Religiösen hinaus. Auf verschiedenen Gebieten hat sein Einfluß ganz bedeutenden Anteil an der Entfaltung der Wissenschaft und Kultur des traditionellen China gehabt. Neben der Philosophie und der Dichtung prägte er die chinesische Kunst, die Malerei, vor allem aber die Plastik und den Buchdruck. So ist der Buchdruck bereits für die Zeit vor 751 nachgewiesen (Carter 1994), und das älteste überlieferte gedruckte Buch überhaupt ist ein buddhistisches Sūtra aus dem Jahre 868, das im Jahre 1907 von Sir Aurel Stein in den Tempelgrotten von Dunhuang gefunden wurde (Twitchett 1994, S. 13) und das heute in der British Library aufbewahrt wird. Die Buddhisten förderten nämlich den Buchdruck vor allem deswegen, weil sie mit der Höhe der Auflage einer Schrift auch das Maß der zu erwerbenden Verdienste anwachsen sahen; auch begünstigte, wie gesagt, die Vorstellung, daß die massenhafte Vervielfältigung von Gebeten den Heilsweg sichern würde, das Druckgewerbe. Das auf diese Weise zunächst aus religiösen Gründen sich entfaltende Druckwesen bedeutete schließlich für das gesamte Bildungs- und Verwaltungswesen eine grundlegende Umwälzung.

Neue Dimensionen der Selbst- und Weltwahrnehmung

Die Einführung des Buddhismus war von heftigen ordnungspolitischen und dogmatischen Debatten begleitet, und die dabei praktizierten Formen der Auseinandersetzung und Polemik erweiterten die Komplexität und Vielfalt der chinesischen Kultur in einem Ausmaß, welches in den letzten Jahrhunderten in China oft ausgeblendet wurde, jedoch im kulturellen Unterbewußten erhalten blieb. Auf einigen Gebieten jedoch blieb dieser Zugewinn immer offenkundig, so in der Dichtung sowie bei der Auseinandersetzung um Grundfragen des Religiösen im Meditationsbuddhismus, der später dann in Japan eine besondere Ausprägung und Bereicherung erfuhr und von dort vor allem im 20. Jahrhundert in Europa und Amerika rezipiert wurde. In der Dichtung fand ein neues Verständnis von Zeitlichkeit und von Geschichte seinen Ausdruck, und neue Formen des Diskurses, der Konfrontation des einzelnen mit den unlösbaren Fragen des Daseins und des Handelns in der Welt und der Unhintergehbarkeit des Subjektiven wurden eingeübt.

Vor mir kein Mann des Altertums in Sicht.
Hinter mir keiner der noch kommt.
Ich bedenke die Grenzenlosigkeit von Himmel und Erde.
In einsamem Kummer fließen die Tränen.
(*Quan Tang shi* 1960, Kap. 83, S. 902; siehe auch Warner 2005, S. 61)

Diese Zeilen des Chen Zi'ang (659 bis vielleicht 700) zeigen die Unhintergehbarkeit des Subjektiven. Die Einsicht, daß die Gegenwart die Zukunft der Vergangenheit ist, kommt hier ebenso zum Ausdruck wie die Verzweiflung in einem Sinnvakuum. Zahllose Dichter jener Zeit haben dieses Lebensgefühl zum Ausdruck gebracht und variiert, und wenn es eine »Seele Chinas« gibt, ein Tableau von Gefühlen und Stimmungen, dann ist es diese Dichtung der Tang-Zeit, die China und die Chinesen geprägt hat und die bis heute gepflegt wird.

Neben dieser spirituellen Seite gab es auch die Auseinandersetzung wie in den Lehrer-Schüler-Gesprächen der Chan-/Zen-Meister und immer wieder auch die Polemiken um den Geltungsanspruch und den Sinn einzelner Lehren und Lebensformen. Die Auseinandersetzung um den Buddhismus war eine zweite Zeit der »Streitenden Reiche«, deren formative Funktion für die chinesische Kultur und Religiosität bisher weitgehend übersehen wird. Dabei ging es um Fragen nach der Unsterblichkeit der Seele, aber auch nach dem Schaden oder Nutzen von Kulten. Hier stand vor allem die Bilderverehrung der Buddhisten in der Kritik der Konfuzianer, die unter Hinweis auf ähnliche Vorgänge in der Vergangen-

Um das Jahr 500 n. Chr. soll Bodhidharma aus Indien nach China gekommen sein und dort die Lehre des Meditationsbuddhismus verbreitet haben. Auf ihn als ihren Gründungspatriarchen berufen sich bis heute alle Zen-(Chinesisch: Chan-)Schulen Ostasiens. Er soll sich ganz auf die Meditation gestützt und die schriftliche Überlieferung abgelehnt haben. Die Lehre wurde nur geistig weitergegeben, so wie er sie dann in dem im Jahre 527 n. Chr. gegründeten Shaolin-Kloster an den zweiten Patriarchen, Huike, übertragen hat.

heit die Schädlichkeit des Buddhismus betonten. Oft verband sich solche Polemik mit Kritik an religiösen Praktiken überhaupt, wie bei Xun Ji, einem Zeitgenossen Xiao Yans, des Kaisers Wudi der Liang (reg. 502-549). Dieser verwies in seiner antibuddhistischen Polemik darauf, daß die Verehrung des Goldenen Buddha durch Kaiser Wudi der Han (reg. 141-87 v. Chr.) zum Aufstieg des Usurpators Wang Mang geführt habe, und die Opferpraxis der Han-Kaiser Huandi (reg. 146-168 n. Chr.) und Lingdi (reg. 168-189 n. Chr.) hätten den Aufstieg der Eunuchen zur Macht und damit schließlich den Zerfall des Reiches mit sich gebracht. Diese Polemik steht im Zusammenhang der Bemühungen des genialen Kaisers Wudi der Liang, der das gesamte Mönchswesen auf seine Herrschafts- und Verwaltungsziele hin reorganisierte und der vor allem unter Bezug auf buddhistische Lehren eine nachhaltige Sozialpolitik verfolgte und auf diese Weise bereits die Idee eines die Fürsorge für die breite Masse der Bevölkerung organisierenden Sozialstaats vorwegnahm, eine Idee, die in den folgenden Jahrhunderten immer wieder aufflammte, aber erst in den zivilgesellschaftlichen Anstrengungen seit dem Ende des Kaiserreiches eine grundlegende Wiederbelebung erfahren hat.

DIE ÄUSSERE UND DIE INNERE ALCHEMIE

Daoismus als philosophisch-religiöse Tradition

Im Zuge der Herausbildung größerer territorialer politischer Einheiten während der Zeit der »Frühlings- und Herbstperiode« (770-476 v. Chr.) und der folgenden »Zeit der Streitenden Reiche« (481-221 v. Chr.) hatte es eine Ausdifferenzierung verschiedener philosophischer Strömungen gegeben, wobei die nachträglich als »Daoistische Schule« *(daojia)* bezeichnete und insbesondere mit den Namen Laozi and Zhuangzi verbundene Lehre eine prominente Rolle spielt. Sie gründete auf der Einsicht, daß der Mensch aus der Weltordnung herausgetreten und nunmehr die Ordnung auch für den Menschen wiederherzustellen sei. Diese Betonung der Ordnung ist auch der Grund für die spezifische Verwendung des für alle chinesischen Weltanschauungen zentralen Begriffs »Dao« (»Weg«, »Sinn«, »Wahrheit«) bei der Wahl der Benennung »Daoismus« (früher oft auch »Taoismus« geschrieben). Seither ist »Daoismus« ein Sammelbegriff für einige philosophisch-religiöse Denkrichtungen sowie für eine religiöse Tradition in China. Diese lebt von der Grundannahme, daß die Welt nicht ein Abbild einer vollständigeren Wirklichkeit ist, sondern mit dieser zusammenfällt. Es gab zwar auch die Haltung des »Als-ob«, nicht aber den Rekurs auf eine existierende ideale Welt; diese hatte es im Altertum gegeben, und Wirklichkeit gab es nur in Annäherung oder Abweichung von diesem verlorenen Zustand.

Zu einer Weltauslegungslehre, einer Denkrichtung oder gar philosophisch-systematischen Lehre wurde der Daoismus erst im Laufe der Zeit. Eine Schwierigkeit besteht darin, daß einige dem Daoismus zugeordnete Texte früh schon bibliographisch der Gruppe der »Philosophen« zugeordnet wurden, sie aber dann doch wieder nicht so isoliert gesehen werden können, weil sie vielfältige Berührungen und Überschneidungen mit anderen Texttraditionen haben. Hinzu kommt, daß zwar die Grundwerke des Daoismus, insbesondere die Texte *Daodejing* und *Zhuangzi*, zum allgemeinen Bestand und auch zum Wissenskanon der Gebildeten im traditionellen China gehören, der Daoismus und auch die Gestalt des Laozi aber seit dem zweiten nachchristlichen Jahrhundert zunehmend mit religiösen Kulten verbunden waren, die später abwertend als »Volksreligion« bezeichnet wurden. Diese Kulte sind erst in der zweiten Hälfte des 20. Jahrhunderts intensiver erforscht worden. – Die sich auf Laozi berufenden religiösen Bewegungen haben ihrerseits nicht nur andere Weltdeutungsmuster übernommen, sondern auch zu deren Veränderung und Weiterentwicklung beigetragen.

Der Daoismus ist neben dem Konfuzianismus die zweite bedeutende philosophisch-religiöse Tradition in der chinesischen Kultur. Es darf aber nicht übersehen werden, daß historisch der Daoismus als Religion und religiöse Praxis nur im Kontext seiner Entfaltung, und dabei insbesondere im Zusammenhang der Auseinandersetzung mit dem Buddhismus zu verstehen ist. Der Umstand, daß diese Nähe später geleugnet oder in neuem Lichte dargestellt wurde, ist nicht ohne Folge für das Verständnis der Lehre gewesen. Dabei finden sich verschiedene Strömungen, zum Teil eher philosophisch-meditative Züge betonend, zum Teil sich zu organisierten Religionsgemeinschaften herausbildend, mit Ritualen, Gottheiten und dem Ziel der Erlangung von Unsterblichkeit. Den meisten dieser Richtungen ist die Verehrung für Laozi, den »Alten Meister«, gemeinsam.

Organisierte Religion und Textüberlieferung

Von Daoismus als einer organisierten Religion spricht man erst nach den Visionen Zhang Daolings im Jahre 142 n. Chr., während man für die Zeit davor im Hinblick auf die Religion von »Proto-Daoismus« spricht. Seit dem zweiten nachchristlichen Jahrhundert verbanden sich religiöse, kirchenähnlich organisierte Heilsbewegungen mit diesen »daoistischen« Traditionen, die Namen des Laozi und des legendären Gelbkaisers, aber auch eine Vielzahl kosmologischer und politisch-sozialer Vorstellungen aufgreifend. Wegen ihres religiös-sozialen Charakters wurden diese auch in vielfältige Aufstandsbewegungen verstrickten Lehren lange Zeit – im Gegensatz zur »Daoistischen Schule« *(daojia)* – als »religiöser Daoismus« oder »Daoistische Religion« *(daojiao)* bezeichnet.

Sozial war der Daoismus in allen Schichten verankert. Auch bei den an der konfuzianischen Tradition orientierten Literatenbeamten des kaiserzeitlichen China gab es stets eine gewisse Neigung zum Daoismus, und die breite Vielfalt daoistischer Kulte, Rituale und Praktiken fand sich auf ganz unterschiedliche Weise in nahezu allen Lebensbereichen und damit auch bei allen gesellschaftlichen Gruppen und Schichten.

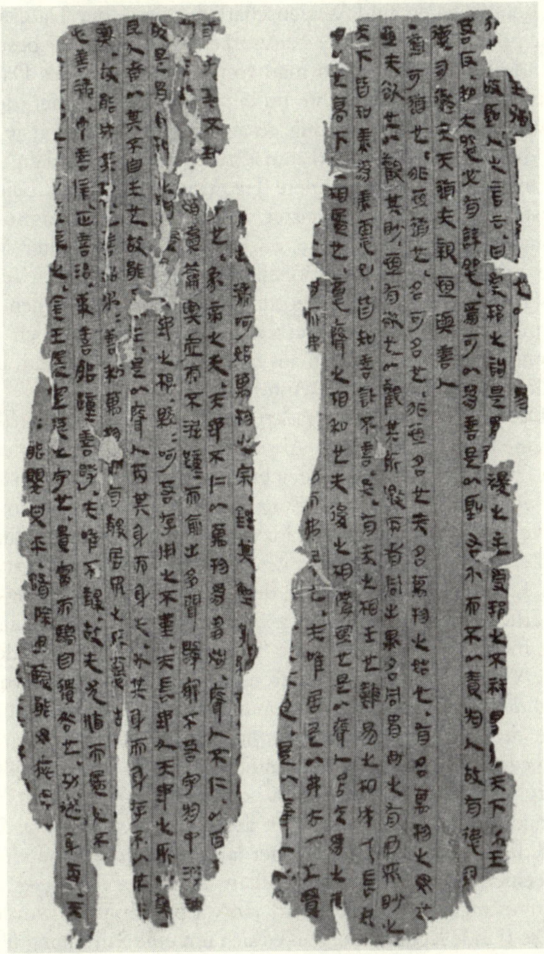

Manuskriptfunde wie die hier abgebildeten Fragmente zum Daodejing des Laozi aus dem 3. Jh. v. Chr. werfen neues Licht auf die Überlieferungsgeschichte der wichtigsten Texte, die wir lange Zeit nur aus alten Druckausgaben kannten.

In den Künsten und Wissenschaften spielte der Daoismus eine prägende, im Fall der Naturerkenntnis sogar eine bestimmende Rolle. Auch wenn man von der Herkunft des Daoismus und seiner Geschichte im einzelnen absieht, muß doch etwas zur Textüberlieferung gesagt werden, und zwar je gesondert zum *Daodejing* und zum *Zhuangzi*. Faßbar wird die später als Daoismus bezeichnete Tradition erst mit den beiden Gestalten Zhuangzi (»Meister Zhuang«, auch bekannt als Zhuang Zhou, um 365-290 v. Chr.) und Laozi (»Alter Meister«). Ihnen werden traditionell die beiden wichtigsten Texte des frühen Daoismus zugeordnet, die auch nach ihnen benannt sind. Bei beiden Werken handelt es sich jedoch um Kompilationen von Texten aus einem längeren Zeitraum und nicht um Werke einzelner Autoren.

Der unter dem Namen *Laozi* oder *Daodejing* bekannte Text ist eine kleine Schrift in 81 Abschnitten. Unter den überlieferten Fassungen des *Laozi* beziehungsweise des *Daodejing* steht der von dem Philosophen Wang Bi (226-249 n. Chr.) kommentierte Text im Vordergrund; inzwischen wissen wir allerdings, daß erstens der Kommentar des Wang Bi sich auf einen anderen Text bezieht als der Text, den wir bisher als die Wang-Bi-Überlieferung kennen, und zweitens gibt es daneben nicht nur mehrere unterschiedliche Textüberlieferungen, sondern eine Vielzahl von Kommentaren und von Kommentierungstraditionen. (Wagner 2003) Von den Kommentaren ist lange Zeit derjenige des Heshang gong demjenigen des Wang Bi vorgezogen worden. Der eigentliche Text ist aber weit älter, worüber wir Gewißheit haben, seitdem im Jahre 1973 in Mawangdui ein Seidenmanuskript aus der Zeit um 200 v. Chr. und dann noch in den neunziger Jahren des 20. Jahrhunderts bei einem Dorf namens Guodian Texte des *Daodejing* auf Bambustafeln aus der Zeit um 300 v. Chr. gefunden wurden. Diese Funde legen nahe, daß es sich um eine Sammlung über lange Zeit mündlich überlieferter Weisheitssprüche handelt, die zum Teil gereimt und häufig formelhaft gefaßt sind, so daß man davon ausgehen kann, daß der Text memoriert wurde, während die Verschriftlichung auch durch die Absicht, diese Texte Gräbern beizugeben, befördert wurde. Daß der Text einem Autor zugeschrieben wird, ist wohl eher eine spätere Zutat. In den *Aufzeichnungen des Historikers (Shiji)* des Sima Qian (vielleicht 145 bis etwa 86 v. Chr.) jedenfalls ist bereits eine Biographie des Laozi enthalten. Dort wird davon berichtet, daß Laozi sich in den Westen aufmachte, wobei ihn der Grenzwächter um eine Hinterlassenschaft bat. Dieser Bitte entsprechend soll Laozi seinen Text in 5000 Zeichen verfertigt und zurückgelassen haben.

Adressat des Werkes ist der Herrscher, und bei dem Inhalt geht es um eine Regierungslehre, in der der Herrscher dem Volk gegenübergestellt wird. Das »Dao« des *Daodejing* ist vor allem das Dao des Regierens, welches für den Herrscher so gedeutet wird, daß er durch »Nicht-Handeln« *(wu wei)* agiert, selbst gewissermaßen als ruhender Pol die Gesellschaft im Gleichgewicht hält und auf diese Weise seine »Wirkkraft« *(de)* zur Geltung bringt. Bei aller Rätselhaftigkeit vieler Formulierungen ist doch die deutliche Botschaft, daß es um die Bildung einer Leere geht, um absichtsloses Handeln, und wie der Herrscher in der Mitte des Staates, so soll auch beim einzelnen Leerheit an die Stelle des Ichs treten. Hierzu gab es Praktiken wie das »Sitzen in Vergessenheit« *(zuo wang)*, an die spätere Meditationstechniken anschließen konnten, sowie Bilder und Gleichnisse. Von diesen ist an erster Stelle das Rad mit der Nabe zu nennen: »Dreißig Speichen sind vereint in einer Nabe. – An ihren leeren Stellen liegt es, daß Wagen zu gebrauchen sind.« Das Dao ist einem Rad vergleichbar, in Bewegung und doch fixiert. Es ist Funktionalität und Prozeß, einfaches Geschehen. (Möller 2001, S. 33)

Die Lehren des *Zhuangzi* repräsentieren im Kern eine individualistische, weltabgewandte Philosophie. Die durch Anekdoten und Geschichten veranschaulichten Lehren stehen nicht nur inhaltlich, sondern auch in der Form ihrer Darstellung in einem gewissen Gegensatz zu dem sehr knapp abgefaßten und sprachlich oft rätselhaften *Daodejing*, das im Kern eben eine Staatslehre mit Elementen einer Agrarutopie darstellt und daher auch als weltzugewandt charakterisiert worden ist. Der im *Daodejing* vorgetragenen Spekulation über das *Dao* (»Weg«, »Urwesen«, »Urprinzip«), für das freilich gilt, daß »das *Dao*, über das ausgesagt werden kann, nicht das unwandelbare *Dao*« (Kap. 1) ist, entsprechen im *Zhuangzi* Maximen für die praktische Lebensführung, bei denen es vor allem darauf ankommt, sich mit dem *Dao* in Einklang zu setzen, zum Urzustand, dem Rohzustand gewissermaßen, zurückzukehren und der Spontaneität und Natürlichkeit *(ziran)* zu vertrauen. Diese Grundhaltung ist weit über die daoistische Anhängerschaft hinaus für die Kultur Chinas insgesamt bestimmend geworden und hat auch weite Teile der literarischen, namentlich der lyrischen Tradition geprägt. Die in China ausgebildeten Ästhetiken fußen alle auf diesen Grundlagen. Das Leitbild ist der »wahre Mensch« *(zhenren)*. Aber auch die Frage der Bewußtseinszustände, der Gegensatz (oder auch das Wechselverhältnis) von Wachen und Träumen, die Beziehung zwischen Sprache und Wirklichkeit werden erörtert.

Das oft dem Buch *Zhuangzi* beigesellte Werk *Liezi* (Schriften des Meisters Lie), dessen siebtes Buch über den allgemein ins 4. Jahrhundert v. Chr. datierten Hedonisten Yang Zhu berichtet, wird einem »Meister Lie« zugeschrieben, der auf dem Winde geritten sein soll und von manchen sogar bereits ins 6. Jahrhundert v. Chr. datiert wird. Das Buch, das seinen Namen trägt, enthält zwar Material, das bis ins 3. Jahrhundert v. Chr. oder auch weiter zurückreicht, doch ist es vermutlich erst eine Kompilation des 3. Jahrhunderts n. Chr., und es verrät bereits Einflüsse der entwickelteren daoistischen Alchemie sowie von aus dem indischen Raum nach China gedrungenem Erzählgut. Weitere Werke beziehungsweise Textsammlungen enthalten eine Vielzahl von Texten aus den daoistischen Traditionen, deren Zuordnung zu einzelnen Richtungen aufgrund des nicht vollends rekonstruierbaren Kompilations- und Überlieferungsprozesses bisher weitgehend im dunkeln liegen. Hier ist die aus dem 2. Jahrhundert v. Chr. stammende Sammlung *Huainanzi* (Roth 1992) zu nennen.

Die religiös-soziale Seite des Daoismus

Ein den legendären Gelbkaiser (Huangdi) und Laozi verbindender Huang-Lao-Kult war besonders dazu geeignet, politische Ordungsvorstellungen und religiöse Deutungsmuster und Rituale aufeinander zu beziehen. Dieser Huang-Lao-Daoismus, der sich um 200 v. Chr. zu einer führenden Lehre entwickelte, stellte eine »Verengung des *Laozi* auf eine Theorie des politischen Handelns dar«. (Möller 2001, S. 22) In der Verschmelzung des legendären Urkaisers Huangdi und der legendären Gestalt des Laozi im Huang-Lao-Kult entstand eine auf den Herrscher zentrierte politische Philosophie, neben der sich andere Ausdrucksformen bildeten, welche stärker einem aristokratischen Weltbezug entsprachen, wie dies im Werk *Zhuangzi* seinen Ausdruck findet, oder soziale Organisation und Heilsversprechungen in den Vordergrund stellten. Letztere Ausprägungen wurden später als »religiöser Daoismus« etikettiert.

Im Zuge der durch soziale und politische Veränderungen bewirkten Auflösung der Gemeindestrukturen und der lokalen Machtdelegation während der Han-Zeit (Schmidt-Glintzer 1989a) kam es zu individuellen Formen der Heilssuche und der Gläubigkeit, und es bildeten sich neue Formen religiöser Vergemeinschaftung. Diese Entwicklung hatte auch gegenläufige Bewegungen hervorgerufen, und das Erstarken des sogenannten »religiösen Daoismus« *(daojiao)* und durch ihn getragener Bewegungen sind hierfür ein Ausdruck. Damit etablierten sich neue, nicht mehr durch Verwandtschaft, sondern durch Gesinnung und gemeinsame Interessen gestiftete soziale Verbände, deren bekannteste im Osten die »Gelben Turbane« oder »Taiping« und im Westen der »Weg der Himmlischen Meister« *(Tianshidao)* waren. Letztere war auch als »Fünf-Scheffel-Reis-Bewegung« *(Wudoumidao)* bekannt, da ihre Mitglieder regelmäßig fünf Scheffel Reis abzuliefern hatten.

Zwar waren manche der mit diesen Lehren verbundenen

Aufstandsbewegungen nur von kurzer Dauer, doch sind die Lehren selbst ebenso wie die daran geknüpften sozialen Gruppierungen zum Teil durch hohe Kontinuität gekennzeichnet. Die Nachkommen des legendären Heilers Zhang Daoling hatten ein hierokratisches Regiment ausgebildet, und diese Organisationsstruktur war einer der Gründe dafür, daß der von Zhang Daolings Nachfolger Zhang Lu gegründete Staat in Westchina von längerer Dauer war. Dieser von religiösen und neuen Vergemeinschaftungsidealen geprägte Staat mußte sich erst im Jahre 215 n. Chr. dem Feldherrn Cao Cao unterwerfen. Zur selben Zeit wie in Westchina hatten in den östlichen Provinzen Zhang Jue und seine Taiping-Bewegung, die unter dem Einfluß des Unsterblichkeits-*(xian-)*Daoismus und des Buddhismus stand, im Jahre 184 n. Chr. einen Aufstand mit »Ameisen-Rebellen« inszeniert und dabei den Untergang der Dynastie Han verkündet. – In jener formativen Epoche bildeten sich vor allem drei Traditionen oder Richtungen aus, die längere Zeit Bestand hatten: »Himmlische Meister« *(Tianshi)*, »Höchste Klarheit« *(Shangqing)* und »Geistjuwel« *(Lingbao)*. Diese Traditionen sind durch Textüberlieferungen bezeugt.

Ob die als »Schule des Dunklen« oder »Schule des Verborgenen« *(xuanxue)* bezeichnete Richtung einer »Daoistischen Mystik« noch vor dem Eindringen des Buddhismus und davon unabhängig zu einer Blüte kam (Möller 2001, S. 23; Friedrich 1984, S. 3), kann offenbleiben. Diese spekulative Denkrichtung fand in erster Linie in der Kommentarliteratur ihren Ausdruck und ist mit den Namen He Yan, Wang Bi, Xiang Xiu und Guo Xiang (gest. 312 n. Chr.) verknüpft. Von diesen stellte Wang Bi im Zusammenhang des *Laozi* das »Nichts« oder die »Leere« in den Mittelpunkt seiner Überlegungen, identifizierte es mit dem *Dao* und bezeichnete es als »Ursprung aller Dinge«, während Guo Xiang in seinen *Zhuangzi*-Kommentaren eine Philosophie der Gleichgültigkeit, der mentalen Reserviertheit, um nicht zu sagen des Attentismus propagierte. Viel über die intellektuelle Atmosphäre jener »Schule des Dunklen« erfahren wir aus der Anekdotensammlung *Neue Be-*

richte von Geschichten aus der Welt (*Shishuo xinyu*; siehe auch Mather 1976). Hier geht es um Metaphysik, aber auch um Fragen wie die nach dem Verhältnis von Sprache und Wirklichkeit und von Zeit und Raum. Es wird vorwiegend in Entsprechungsbeziehungen gedacht und dabei auch der Frage nach intersubjektiver Verständigung und Sinnvergewisserung nachgegangen.

Der Shangqing-Daoismus und Geltungsansprüche

Die religiöse Entwicklung des Mittelalters war auch eine Reaktion auf die veränderten Verhältnisse und die durch Kriege und Naturkatastrophen geprägten Erfahrungen der Menschen. Mit dem Fall von Chang'an im Jahre 311 und der Errichtung der von fremden Stämmen geführten Dynastien im Norden war ein großer Teil der Eliten in den Süden gezogen. Auf diese Weise war auch die Lehre der Himmlischen Meister nach Süden gekommen und von den neuen Siedlern mit Nachdruck propagiert worden. Die im Süden verbreiteten schamanistisch-ekstatischen Kulttraditionen wurden von dieser aus dem Norden kommenden Heilslehre als Provokation empfunden; andererseits bildeten sich Widerstände gegen die Überfremdung durch die Lehre der Himmlischen Meister. Eine neue Lehre entstand aus diesem Gegensatz, die unter Einbeziehung von Elementen der Lehre der Himmlischen Meister für sich den Zugang zu höheren Himmeln und noch erhabeneren Göttern reklamierte. Die Wende kam mit einem begabten Medium namens Yang Xi, den Götter aus dem Himmel der Höchsten Klarheit *(Shangqing)* besuchten. Von einer der mächtigen Adelsfamilien im Süden in den Jahren zwischen 364 und 370 besonders gefördert, erhielt er von den Göttern Auskünfte über das Schicksal einzelner Familien ebenso wie über die Wirksamkeit bestimmter Rituale und vermochte diese Auskünfte in glänzendem Chinesisch mitzuteilen. So wurde dieser Shangqing-Daoismus nicht nur zum Sammelbecken der alten, von den nördlichen Immigranten dominierten Adelsgesellschaft, sondern zog bald auch weitere Kreise in seinen Bann. Es war dann dem Engagement und Geschick des dem Kaiserhof nahestehenden Gelehrten Tao Hongjing (452-536) zu verdanken, daß die dem Yang Xi geoffenbarten Texte in einem *Erklärungen der Vollkommenen (Zhengao)* betitelten Konvolut gesammelt und überliefert wurden. Diese als »Vollkommene« oder »Wahre« *(zhenren)* bezeichneten Gottheiten unterschieden sich von früheren, oft als »Unsterbliche« bezeichneten »Jenseitigen« *(xian)* dadurch, daß sie tatsächlich dauerhaft existierten und mit den Gestirnen gleichgestellt waren oder als mythische Wesen in den sagenumwobenen Hochgebirgen residierten. Ihre herausgehobene Stellung drückte sich auch darin aus, daß sie im Gegensatz zu den *xian* normalerweise keinen Umgang mit Menschen hatten und eben deswegen auch eines Mediums bedurften. Yang Xi, der die Botschaften entgegennahm, hatte mit den göttlichen Lehrern auf dem südlich von Nanjing gelegenen Berg Mao, dem Maoshan, Kontakt aufgenommen, und daher spricht man hier auch von Maoshan-Daoismus. (Strickmann 1977; Bokenkamp 1996a) Die Offenbarungstexte des Yang Xi in der Redaktion des Tao Hongjing begründeten nicht nur die Religion des Shangqing-Daoismus, sondern inspirierten lang anhaltende literarische Traditionen, welche die Dichtung der Tang-Zeit nachhaltig prägten. Yang Xi blieb nicht der einzige, dem Götter begegneten. Auch Zhou Ziliang, ein Schüler Tao Hongjings, hatte in den Jahren 515/516 als 19jähriger göttliche Besucher, die ihm anstelle des für ihn vorgesehenen langen irdischen Lebens einen weit höheren Posten im höchsten Himmel anboten, woraufhin er sich das Leben nahm. Tao Hongjing hat dies dokumentiert, auch um von vornherein den ohnehin dem Daoismus gegenüber kritisch eingestellten Herrscher Liang Wudi zu besänftigen. (Strickmann 1978)

Das Besondere an dieser Shangqing-Richtung besteht auch darin, daß sie nicht mehr, wie dies bei den Himmlischen Meistern üblich war, ihre Anhänger eine sexuelle Vereinigung unter der Bezeichnung »der Weg von Gelb und Rot« (weil die Vorschriften mit roter Tusche auf gelb umrandetes Papier geschrieben waren) vollziehen ließen, bei denen unterschiedliche Techniken wie Massagen und *coitus reservatus* geübt wurden. Vielmehr geht es um die Vereinigung mit einem göttlichen Partner. Auch beruhte die Shangqing-Lehre nicht auf der Vorstellung von der Beseelung des Körpers durch ein »energetisches Prinzip«, das sich aus einem Schöpfungsprozeß vom *Dao* selbst herleitet, sondern sie sah den menschlichen Körper als von 24 verschiedenen geistigen Elementen *(jing)* besetzt. Im Zuge dieser Neuformierung daoistischer Praktiken bildete sich, ganz gewiß auch unter dem Einfluß des Buddhismus, der Gedanke des Zölibats heraus, eine Lebensform, die später offiziell – keineswegs aber immer in der Praxis – zur Standardregel für den Priesterstand wurde.

Ein Beispiel dafür, wie es sowohl im daoistischen wie im buddhistischen Milieu jener Zeit zu einer neuen Versöhnung zwischen Eremitentum und Staatsdienst kam, gibt in sinnfälliger Weise Cui Hao (381-450), der in der Verfolgung des Ziels, die Nördliche Wei-Dynastie zu einem chinesischen Staat zu machen, dem Magier Kou Qianzhi (gest. 448), der ihm dabei behilflich sein soll, gegenüber gesteht:

> »In Zurückgezogenheit habe ich den Weg praktiziert und mich niemals in weltliche Dinge gemischt, bis ich den geheimen Auftrag der Götter erhielt, daß ich die Lehren des Konfuzius *(rujiao)* kultivieren und zugleich dem Vollendeten Herrscher des Großen Friedens [das ist ein Titel des Tuoba-Herrschers Taiwu, reg. 424-452] beistehen soll, indem ich die Tausendjährige Herrschaft fortführe, die unterbrochen ist.«

Beiden, Kou Qianzhi wie Cui Hao, ist übrigens der Traum von einer gereinigten Gesellschaft beziehungsweise einer Gesellschaft von »Auserwählten« gemeinsam, die sich Cui als eine Wiederverkörperung der Feudalgesellschaft der Zhou-Zeit vorstellte, mit den Fünf Adelsrängen und Untertanen, die alle ihre Stellung und ihre Pflichten kennen.

Bezeichnend ist, daß bei dem Versuch, am Hofe der Tuoba-Wei eine daoistische Theokratie zu errichten, Elemente der »Fünf-Scheffel-Reis«-*(Wudoumidao-)*Bewegung (beziehungsweise der späteren *Tianshidao*, seit dem 11. Jahrhundert dann *Zhengyidao*) und der *Taipingdao* zusammenwirkten. Der Tuoba-Herrscher Taiwu sah sich als »Wahren Herrscher des Großen Friedens« *(Taiping zhenjun)*, wozu die Ideologie Kou Qianzhi lieferte, der von seinem älteren Bruder Kou Zanzhi (363-448), nach 417 Gouverneur der Nördlichen Wei für die Flüchtlinge aus dem Späteren Qin-Staat in Luoyang, gefördert wurde. Die Attraktivität der daoistischen Kirche für den Wei-Hof und die konservative Ideologie Kou Qianzhis wirkten hierbei ebenso zusammen wie die Koinzidenz von Kous Traum vom »auserwählten Volk« *(zhongmin)* mit den Plänen des Ministers Cui Hao, im Norden einen chinesischen Staat zu errichten.

Nachdem im Jahr 452 Kaiser Taiwu (reg. 424-452) von einem Palasteunuchen ermordet worden war, hob der neue Herrscher, Wencheng (reg. 452-465), die antibuddhistischen Gesetze auf und erklärte nun den Buddhismus zur Staatsreligion. Damit war die daoistische Theokratie beendet, und es begann eine ausgiebige staatliche Förderung des Buddhismus. Für die Geschichte des Daoismus war diese Periode dennoch von größter Bedeutung, so daß der japanische Gelehrte Fukui Kōjun so weit geht, diese Zeit als die Phase des »Anfangs des Daoismus« zu bezeichnen. Seit jener Zeit spielte der Daoismus ebenso wie der Buddhismus eine wesentliche Rolle bei der Gewinnung und Sicherung von Sympathien für die jeweiligen Herrschaftsverhältnisse in breiteren Kreisen der Bevölkerung.

Der Kanon

Obwohl die teilweise mündlich überlieferten, in manchen Fällen als geoffenbart geltenden Texte des Daoismus zunächst nur einer Priesterschaft zugänglich waren, kam es auf kaiserliche Anordnung im Jahre 471 n. Chr. zu einer ersten Zusammenstellung eines daoistischen Kanons, woran der aus einer alten Adelsfamilie stammende Lu Xiujing (406-477) als Verfasser des ersten Katalogs daoistischer Schriften und Systematisierer der Lingbao-Texte maßgeblich beteiligt war. Mit dem Namen Lu Xiujings aber ist vor allem die Reorganisation des Daoismus als Kirche verbunden. Lu beruft sich auf den Gründer, den ersten Himmlischen Meister, Zhang Daoling, und dessen Enkel Zhang Lu und weist darauf hin, daß mit ebendieser Lehre viele ungute Kultformen abgeschafft und eine bürokratisch geregelte Form des Umgangs mit den wirkmächtigen Gottheiten und zugleich ein System sozialer Unterstützung eingeleitet worden sei. Auch wenn es diese Regelungen am Ende des 2. Jahrhunderts noch nicht gegeben haben dürfte, so ist doch bemerkenswert, mit welcher Sorgfalt nun die Notwendigkeit von Haushaltsregistern, einem regelmäßigen Berichtswesen, von der Befolgung bestimmter Feste wie des Küchenfestes dargelegt und auch sonst Regelungen festgelegt werden. Diese Kodifizierungstendenz findet sich auch bei anderen Vertretern des Daoismus jener Zeit, so daß man allgemein für das 5. Jahrhundert von einer Reformbewegung sprechen kann. Ähnliche Bewegungen gab es zugleich im Norden Chinas, als es dem bereits erwähnten Kou Qianzhi sogar nach einer Reform gelang, sich als Himmlischen Meister zu etablieren und unter dem Schutze des Tuoba-Herrschers Taiwu der Nördlichen Wei eine Theokratie zu errichten. Mit anderen geistigen Bewegungen gemeinsam war dieser Reformbewegung das Interesse an Räumen für Kontemplation und Rückzug innerhalb des Alltagslebens, so daß die große Alternative zwischen Eingebundensein in die Gesellschaft einerseits und »freiem und unbeschwertem Umherwandern« andererseits durch eine kleine Alternative ersetzt wurde. So wie es Miniaturgärten und Möglichkeiten des Rückzugs in den eigenen »vier Wänden« gab, so sollte auch nach den Vorschriften des Lu Xuijing jeder daoistische Haushalt einen Raum der Stille vorweisen. Dieser Raum sollte dann auch der Ort sein, an dem der daoistische Priester mit den Autoritäten des Himmels in Austausch treten konnte. (Nickerson 1996)

Der Tang-Herrscher Xuanzong (reg. 713-756), der Laozi als seinen Vorfahren betrachtete, ordnete abermals eine Zusammenstellung des Kanons an. Dieser wurde vervielfältigt und an verschiedene daoistische Klöster verteilt. Das gleiche geschah mit dem im Jahre 1019 vorgelegten Kanon der Song-Zeit. Der erste gedruckte Kanon erschien dann erst um 1120 n. Chr. Nach einer weiteren Ausgabe im Jahre 1244 in 7000 Rollen *(juan)* erschien in den Jahren 1444-1445 der noch erhaltene Kanon der Ming-Zeit, der, ergänzt durch einige Anhänge, bis heute die Standardausgabe bildet. Seit den Textfunden in den Gräbern von Mawangdui in der Nähe von Changsha (Provinz Hunan) im Jahr 1973 hat sich das Bild von der frühen Textüberlieferung, insbesondere des *Daodejing*, zwar geändert, doch bis heute ist die grundlegende Ausgabe der Texte des Daoismus dieser Ming-Kanon geblieben.

Staatskritik und Eskapismus

Die Bewahrung der Lebenskräfte und ein langes Leben bis hin zur Unsterblichkeit sind Konstanten daoistischer Diätetik. Hierzu wurden Atem- und Meditationstechniken erprobt und Arzneien beziehungsweise Drogen eingesetzt, so wie wir sie bis heute in den Heiltraditionen Chinas und seiner Nachbarländer finden. Der Atemstrom, verbunden mit der Körperlage beziehungsweise -stellung und dem Pulsrhythmus, spielt eine Rolle, und diese Körperfunktionen und -rhythmen werden auf in unterschiedlichen Sphären des Mikrokosmos und des Makrokosmos bis hin zum Universum angesiedelte Entsprechungssysteme projiziert. Das Ideal war der Genius oder der Unsterbliche *(xian)*, die Gewinnung des Status der Vollkommenheit und der Unsterblichkeit, bildlich gelegentlich vorgestellt im Federkleid als bedürfnislose Gestalt in der friedlichen Natur. Die höchste Stufe solcher Unsterblichkeit war der Aufstieg in den Himmel bei hellichtem Tage. Die Rezepte und Techniken der Daoisten, zu denen neben Atemtechniken auch Sexualtechniken gehören, haben sich im Laufe der Zeit gewandelt und bilden einen Fundus heilkundlichen Wissens, das einen wesentlichen Teil der traditionellen chinesischen Medizin ausmacht. (Unschuld 1980, S. 68-97)

Eine besondere, verschiedene Techniken integrierende Form der Heilssuche war die Meditation, bei der man in Kontakt mit den Göttern treten konnte. Diese gelegentlich bis in Trancezustände reichende daoistische Meditation begünstigte die Verbreitung aus Indien kommender buddhistischer Meditationstechniken, wurde aber auch von diesen selbst nachhaltig beeinflußt. Die daoistischen Gottheiten waren für die geregelten kosmischen Abläufe zuständige Funktionsgötter und zugleich selbst Teil dieses Kosmos. Hinzu trat die in der Lingbao-Tradition (5. Jh. n. Chr.) begründete Vorstellung des alle möglichen Aspekte des Dao repräsentierenden »Himmlischen Erhabenen«. Diese Göttervielfalt suchte man immer wieder auch in entsprechenden Kompendien zu beschreiben. Einer der ersten solcher Versuche war der des auch für die Zusammenstellung des ersten daoistischen Kanons zuständigen Tao Hongjing, der die Texte der Maoshan-Schule sammelte, unter denen sich – im Schlaf oder in Trance – geoffenbarte Texte finden. Doch auch hierbei gab es erhebliche Veränderungen im Laufe der Zeit. So wurden die Drei Reinen *(sanqing)* der Lingbao-Schule im 10. Jahrhundert durch den Jadekaiser (Yuhuangshangdi) ersetzt.

Daoistische Heilige und die Ritualpraxis

Die siebzig kurze Berichte über daoistische Heilige enthaltende Sammlung »Biographien von Unsterblichen« *(Liexian zhuan)*, als deren Autor lange Zeit Liu Xiang (77-6 v. Chr.) bezeichnet wurde, deren Entstehung aber wohl erst in die Zeit der Späteren Han-Dynastie und damit in das erste oder zweite nachchristliche Jahrhundert zu datieren ist, ist die früheste Sammlung ihrer Art. Auf dieses Werk gehen spätere Sammlungen wie das *Shenxian zhuan* (Berichte von Göttern und Unsterblichen) und Wang Shizhen's (1526-1590) *Liexian quanzhuan* (Sämtliche Biographien von Unsterblichen) zurück. Auch die buddhistische Hagiographie, die im 6. Jahrhundert n. Chr. mit der Sammlung *Gaoseng zhuan* (Biographien herausragender Mönche) des Sengyou ihre erste Vollendung erlebte, steht unter dem Einfluß der frühen daoistischen Heiligenbeschreibung, wie sie das *Liexian zhuan* repräsentiert. Dabei ist die Übersetzung des Ausdrucks *»xian«* mit »unsterblich« unzulänglich, denn gemeint sind auch solche, die die Fähigkeit haben, »sich in die Lüfte zu erheben«, oder solche, die einfach »in den Bergen leben«. (Engelhardt 1987, S. 20) Mit den die Shangqing-Richtung begründenden Offenbarungen des Yang Xi wurden nicht nur die kanonischen Schriften dieser Lehre, sondern es wurde auch die Hagiographie neu geprägt. Und in der allmählichen Veränderung dieser Heiligenlegenden spiegelt sich auch eine Veränderung in der Lehre. Während die frühen biographischen Darstellungen noch den Werdegang eines »Echten Shangqing« schildern, steht in der Tang-Zeit bereits die »Machtfülle der daoistischen Schule und das Lob für den jeweiligen hochgestellten Daoisten im Vordergrund«. (Engelhardt 1987, S. 24f.)

Im Daoismus durchziehen die magischen Elemente alle Bereiche. Sie finden sich in bestimmten erkenntnistheoretischen Aussagen ebenso wie in der Ritualpraxis. Und nicht so sehr von Texten als von Ritualen war der Daoismus geprägt. Bestandteil aller daoistischen Rituale ist das Verbrennen von Räucherwerk oder anderen Gegenständen. Andererseits finden sich hochspekulative Ausarbeitungen zur Entsprechung von Mikrokosmos und Makrokosmos, die weitgehend auch von konfuzianischer Seite geteilt werden. Daher auch ist von den chinesischen Lehren des Altertums und der Kaiserzeit zusammenfassend, wie oben bereits erwähnt, von einem »Universismus« (de Groot 1918) gesprochen worden, dem am ehesten der Begriff des »Himmelsweges« *(tiandao)* entspricht. Hier sind die »Fünf-Elemente-Lehre« (*wuxing*: Wasser, Feuer, Holz, Metall, Erde) ebenso wie die dualistische *Yin-Yang*-Theorie zu nennen. Dabei handelt es sich um Vorstellungen von einer antithetischen, komplementären und sequentiellen Struktur alles Geschehens und allen Seins. Obwohl nicht nur dem Daoismus eigen, hat dieser doch in besonderem Maße die Lehren von der kosmischen Wandlung, von dem

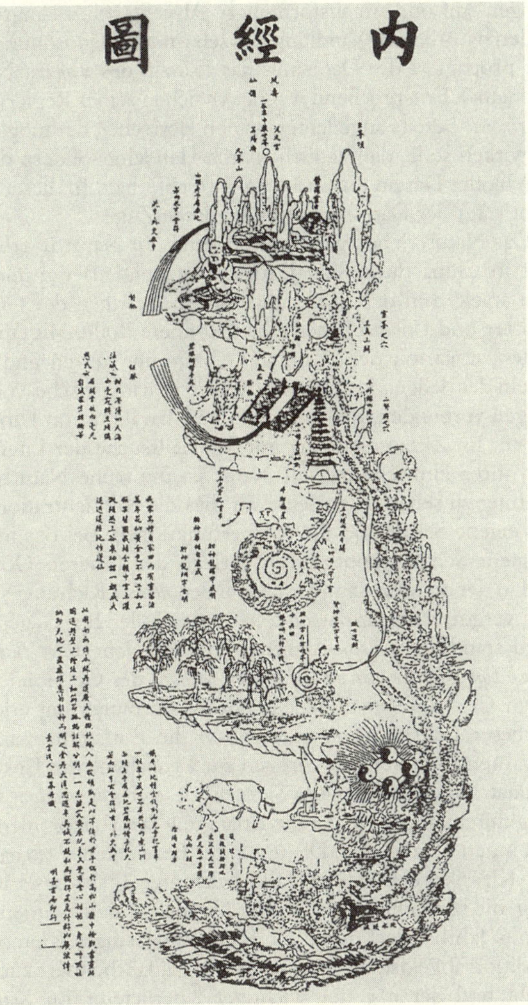

Darstellung der Physiologie des menschlichen Körpers in Gestalt einer dörflichen Idylle in der daoistischen Überlieferung.

ewigen Auf und Ab ausformuliert. Absichtsvolles Eingreifen in den natürlichen Wandlungsprozeß führt zu Unordnung; daher propagiert der Daoismus das Prinzip des *wuwei* (»Nichthandeln«). Entsprechend wendet er sich in seiner Regierungslehre, wie bereits angedeutet, an den Herrscher, der möglichst so wirken solle, daß er nicht durch Handeln, sondern durch sein bloßes Dasein die Ordnung aufrechterhält. In dieser Hinsicht trägt der Daoismus kulturkritische Züge.

Das Naturerleben wie das Verhältnis zur Natur überhaupt war in China durch den Daoismus geprägt. Berge und Inseln spielten in der Beziehung zu den Bezirken der Götter, Geister und Unsterblichen eine besondere Rolle. Mit einigen Orten, etwa mit dem Kunlun-Gebirge im Westen und den Inseln der Seligen im Ostmeer, wurden phantastische Vorstellungen verbunden, die zum Teil den Charakter von Utopien haben. Im Zusammenhang mit der Heilssuche der Literaten und ihrer Hinwendung zur Natur ist die frühe Naturbeobachtung zu sehen. Einerseits war dies die Konzentration auf das eigene Selbst und die Körperfunktionen. Bei der in der Hygiene-Schule propagierten »Pflege der Inneren Götter« und in der damit zusammenhängenden *neidan*-Richtung spielt der vergöttlichte Laozi eine zentrale Rolle. Im Gegensatz dazu stand die *waidan*-Alchemie, die mit dem Text *Baopuzi (Buch vom Meister, der am Einfachen festhält)* des Ge Hong (283-343 n. Chr.) ihre erste bedeutende Ausformulierung erlebte; in dieser Lehrtradition ging es um die Einnahme von bestimmten Elixieren und Drogen zur Erreichung der Unsterblichkeit. Doch auf längere Sicht setzte sich die *neidan*-Richtung durch, bei der es um die Erlangung der Vollkommenheit von innen heraus ging. Die unter der Bezeichnung *Huangtingjing* (Klassiker der Gelben Halle) bekannten Texte dieser Richtung, die seit dem 3. Jahrhundert überliefert sind, werden seit dem 6. Jahrhundert durch die Lingbao-(»Heiliges Kleinod«-) Tradition abgelöst, die ihrerseits bis ins 4. Jahrhundert zurückreicht und deren erster wichtiger Überlieferer Lu Xiujing (406-477) war. Im *Klassiker der Gelben Halle* (Homann 1971) stehen die die einzelnen Körperregionen beherrschenden Gottheiten im Vordergrund, und es kommt darauf an, diese durch Aktualisierung so zu kultivieren und zu pflegen, daß man in einen Zustand der Reinheit gelangt. Die mit Gottheiten besetzte »Landschaft« des Körpers ist nichts als eine Spiegelung des gesamten Kosmos, ein Mikrokosmos im Makrokosmos. Dabei werden die Fünf inneren Organe mit den Fünf Wandlungsphasen *(wuxing)* parallelisiert.

Daoismus im heutigen China

Die Lehren des Laozi wie des Zhuangzi haben in ihrer Betonung des einzelnen und der Rätselhaftigkeit der Welt und des Lebens auf europäische Dichter und Denker der letzten beiden Jahrhunderte immer wieder eine große Faszination ausgeübt, und sie bedeuteten auch dem traditionellen chinesischen Literatenbeamten meist mehr, als er nach außen hin zuzugeben pflegte. Beim *Daodejing*, dessen Titel bei uns auch in der Transkription »Daudedsching« oder »Tao-Te-King« bekannt und mit »Das Buch des Alten vom Sinn und Leben« oder »Das Heilige Buch vom Weg und von der Tugend« übersetzt wurde, handelt es sich um das am häufigsten in eine westliche Sprache übertragene Werk der älteren Überlieferung, das zugleich einen der am schwierigsten zu verstehenden Texte darstellt. Eine Schwäche und zugleich eine Stärke war der Umstand, daß der Daoismus keine zentrale Organisation hatte, und die einzelnen Schulen beziehungsweise Sekten hatten oft durchaus einen deutlichen regionalen Bezug. Die Chengyidao-Schule/-Sekte hat sich vor allem in Südostchina, in Fujian und Taiwan, bis jetzt gehalten. Heute kommt dem Weiße-Wolke-Tempel (Baiyunguan) in Beijing, dem Hauptsitz der 1957 gegründeten Chinesischen Daoistischen Gesellschaft, eine besondere Bedeutung zu. Gegen mögliche Verselbständigungstendenzen sucht die Regierung ihrerseits jede Gelegenheit, eigene Ordnungsvorstellungen und daoistische Lehre in Übereinstimmung zu bringen, wenn sie etwa im April 2007 auf einer internationalen Tagung zum *Daojeding* von einem

Vertreter verkünden läßt, daß das Prinzip der Mäßigung und der Friedfertigkeit bei der für China angestrebten Errichtung einer Harmonischen Gesellschaft hilfreich sein werde. (Siehe auch Ye 2007.)

DIE ARCHITEKTUR DES SPIRITUELLEN

Heilige Orte, Berge und Pilgerschaft

Vor allem mit bestimmten Bergen hat sich der Buddhismus früh verbunden, und man könnte die Geschichte des Buddhismus in China auch als eine Geschichte verschiedener Berge beschreiben. Denn es waren zunächst diese Gebiete, die oft als unwegsam oder als von gefährlichen Geistern besetzt betrachtet wurden, in denen sich buddhistische Mönche niederließen, womit sie nicht selten die bisher von lokalen Geistern geängstigte Bevölkerung von ihrem Schrecken erlöste. Und solche Kühnheit der Inbesitznahme brachte ihnen viel Anerkennung. Einer dieser Berge ist der Wutai shan, im Nordosten der Provinz Shanxi gelegen, der das Ziel ungezählter Pilgerfahrten war und über den immer wieder Gedichte verfaßt wurden. Ihn, auch als Qingliang-(»Klare Kälte«-)Berg bekannt, sollen die ersten buddhistischen Gesandten besucht haben, nachdem unter ihrer Anleitung im Jahre 68 n. Chr. in Luoyang der erste buddhistische Tempel namens Paima si (»Weißes-Pferd-Tempel«) errichtet worden war. Der Wutai shan wurde als Ort des Reinen Landes des Mañjuśri, der dort auch erschienen sein soll, verstanden, aber auch Anhänger des Reinen Landes des Amitābha zog es an diesen Ort. Mehrere umfangreiche Werke wurden über diesen Berg verfaßt. Vor allem aber zahllose Gedichte sind überliefert, die sich mit dem an diesem Berg angesiedelten, meist auf einem Löwen sitzend dargestellten Mañjuśri beschäftigen. Dieser, die Weisheit verkörpernd, hält oft ein Schwert in der Rechten, um damit die Unwissenheit zu zerschlagen. Wie die in den Gebirgshöhen nach diesem Bodhisattva suchenden Pilger, um-

Der Maijishan ist eines der bedeutendsten Zeugnisse buddhistischen Tempelbaus in Berggrotten. Im Süden der Provinz Gansu, am Oberlauf des Wei-Flusses und unfern des Fernhandelsweges nach Westen gelegen, wurden dort seit den zwanziger Jahren des 5. Jahrhunderts Grotten gegraben. Darin und an den Seitenwänden wurden buddhistische Kultbilder modelliert und Gemälde aufgetragen. Das Foto des Eingangsbereichs zum Tempelberg wurde 1958 aufgenommen.

geben von den Naturgewalten, erschauerten und wie sie sich den Göttern nahe fühlten, wird in den Gedichten geschildert. Überhaupt war Bergbesteigung immer auch verbunden mit der Vorstellung, den Göttern nahe zu sein (Schmidt-Glintzer 1989b), und manche der schönsten Gedichte des Mittelalters wie etwa Sun Chuo's Bereisung des Tiantai shan verdanken sich solchen mystischen Bergreisen. (Mather 1961)

Wie in nahezu allen Religionen gab es auch in China die Tradition der Pilgerreisen, nicht nur das Wandern der Mönche, derjenigen, die die Familie verlassen hatten, sondern ganz allgemein bestand das Bedürfnis, durch Wanderschaft jenen näherzukommen, die der Welt entrückt waren. (Naquin, Yü 1992) Allerdings sind Berichte über solche Pilgerreisen nicht sehr zahlreich, da insbesondere die gebildeten und daher des Schreibens mächtigen Chinesen traditionell eine gewisse Scheu hatten, ihre religiösen Gefühle öffentlich zu machen. Eine der wenigen Ausnahmen ist etwa der Bericht des Zhang Shangying über seine Besuche des Wutai shan. (Gimello 1992) Solche Orte wurden mit Bedacht und oft aufgesucht; eine nicht geringe Rolle spielte auch die mentale Pilgerschaft, die Lektüre eines Textes oder die Bildbetrachtung, etwa die Meditation vor einem Bild mit Buddha im Reinen Land. Im Buddhismus stand natürlich der Ort von Buddha Śākyamunis Erleuchtung, Bodhgaya, im Vordergrund, aber auch andere Orte seiner Lebensstationen. Orte, an denen Reliquien aufbewahrt wurden, Stupas, traten hinzu (Kieschnick 2003, S. 29ff.) und dann all jene Orte, an denen sich Personen aufhielten, die wegen ihrer Entrücktheit bekannt waren. Einer dieser Fälle ist der junge Mönch Sudhana, der zu 53 verschiedenen »guten Freunden« reiste, die ihn zur Erleuchtung führen sollten, eine Geschichte, die im *Huayan jing (Avataṃsaka-Sūtra)* berichtet wird und die sicher viele Chan-Mönche zum Vorbild nahmen, die üblicherweise in ihrem Leben in mehreren Klöstern verweilten, bis sie auf »ihren« Lehrer trafen. Wie sehr die heiligen Orte miteinander in Verbindung standen, belegen nicht nur die einzelnen Pilgerberichte, sondern auch die Biographien von Mönchen. Zwischen einzelnen Orten muß die Verbindung besonders intensiv gewesen sein, etwa zwischen dem Wutai shan und der Oase Dunhuang an der Seidenstraße während der Tang- und der Fünf-Dynastien-Zeit, aus der besonders viele Gedichte zum Wutai shan in der Höhlenbibliothek von Dunhuang gefunden worden sind. (Cartelli 2005)

Der Besuch heiliger Stätten war also durchaus üblich. Allerdings ist es kennzeichnend, daß es nicht nur einen einzigen herausragenden Ort gab, wie etwa Mekka im Islam oder Jerusalem in der jüdischen und christlichen Welt. Auch scheint die Bedeutung heilsmächtiger Geistlicher bereits seit dem Ausgang des ersten Jahrtausends abgenommen zu haben, so daß das etwas unklare und konturlose Bild von Pilgerschaft als religiös-sozialer Aktion in China in kennzeichnender Weise die Stellung des Religiösen in der Gesellschaft insgesamt spiegelt. Wegen dieser eher randständigen Rolle der Pilgerreise sind die aussagekräftigsten Berichte über Pilgerschaft durch das Studium heiliger Orte, insbesondere von Bergen mit zahlreichen Tempeln und Klöstern, zu gewinnen. Dabei kann es sich um einzelne Erhebungen, aber auch um Bergketten oder ein ganzes Gebirge handeln. Auf Pilgerschaft gehen heißt demnach auch, da das Räucheropfer im Zentrum allen Austauschs mit den Göttern und Geistern stand, »respektvoll Berge aufsuchen und Räucherduft präsentieren« *(chaoshan jinxiang)*. Eine Sonderform der Pilgerschaft waren die bereits erwähnten *fengshan*-Opfer, der rituelle Besuch des Herrschers auf dem Taishan, und wie tief die Verbindung von Rauchopfern und Bergen beziehungsweise Inseln in die kulturelle Ikonographie eingegraben war, zeigt die Form der seit der Han-Zeit überlieferten Räuchergefäße, die dann auch als Repräsentationen der Inseln der Seligen oder des Weltenberges Sumeru gesehen werden konnten. Das *Shanhaijing*, der »Klassiker der Berge und Meere«, in dem die Ordnung der Welt durch den Heiligen Yü dargestellt wird, sowie der *Bericht von den Reisen des Kaisers Mu (Mutianzi zhuan)* und das Werk *Huainanzi* handeln von solchen Bergen und ihren Gottheiten, allen voran vom Kunlun-Gebirge im Westen. Damit werden Pilgerschaft und Austausch mit den Göttern und Geistern ganz prominent in der Sphäre des Herrschers angesiedelt.

In daoistischen Kreisen wurden manche Berge in besonderer Weise gedeutet. So sah man in den Fünf Heiligen Bergen *(wuyue)*, gemeint waren Tai shan, Heng shan (Shanxi), Song shan (in Henan), Hua shan (in Shaanxi) und Heng shan (in Hunan), die fünf Finger des vergöttlichten Laozi. Kaiserliche Protektion konnte hier dazu beitragen, das Ansehen eines Berges zu steigern. Protektion und Regierungskontrolle dienten allerdings auch dazu, übermäßige Reichtumsakkumulation in den Tempeln und Klöstern zu verhindern. Auch wenn die Pilgerreisen während der Zeit des späten Kaiserreiches seltener wurden und insbesondere die Angehörigen der Bildungselite, die sich das Reisen auch eher leisten konnten beziehungsweise beruflich reisten, einfach zu ihrem Vergnügen zu Lande oder zu Wasser die Landschaften erkundeten und bereisten (Eggert 2004), so gab es doch immer wieder auch ernsthafte Pilger. Von dem Chan-Meister Xuyun wird berichtet, er habe im Jahre 1882 eine Pilgerfahrt vom Putuo shan zum Wutai shan begonnen, um Mañjuśri zu bewegen, seinen verstorbenen Eltern eine vorgezogene Wiedergeburt im Westlichen Paradies zu gewähren. Und da er nach jedem dritten Schritt sich zu Boden warf, um seine Bitte auszusprechen, soll er für die 1500 Kilometer zwei Jahre gebraucht haben. Auch von ekstatischen Vorgängen wie dem Springen von Bergklippen, um sich mit einer Gottheit zu vereinigen, oder von Selbstverstümmelungen in Kauf nehmenden Prozessionen mit die Haut versengenden Räucherbehältnissen wird berichtet. Das unter der Qing-Dynastie (1644-1911) sich ausdehnende Netzwerk von Pilgerrouten, in die auch lamaistische Kultstätten einbezogen wurden, brach im 20. Jahrhundert weitgehend zusammen. Doch während die Bemühungen der KPCh, eigene Pilgerorte zu definieren, wie zuletzt mit dem Mausoleum für Mao Zedong inmitten Pekings, nur bedingt erfolgreich waren, sind in den vergangenen Jahrzehnten die klassischen Pilgerstätten zum großen Teil wiederbelebt worden.

Verdienstanhäufung durch Buddhastatuen

Schon lange vor der Ausbreitung des Buddhismus nach Osten ist die bildliche Darstellung der wichtigsten Gestalten des buddhistischen Pantheons gebräuchlich gewesen, und seit dem Eindringen des Buddhismus nach China finden wir auch dort Plastiken von Buddhas, die nicht nur ein Element der Präsentation, sondern auch der Glaubenspraxis waren. Denn den Buddha anzublicken oder vor seinem Bild zu meditieren war seit früher Zeit ein wichtiger Bestandteil buddhistischer Frömmigkeitspraxis. Dabei wurde den Bildern und Plastiken selbst eine reale Wirkkraft zugeschrieben. Nur so erklärt sich auch der große Aufwand, der zum Ausbau von Klöstern und Tempeln und ihrer Ausstattung mit Skulpturen und Malereien getrieben wurde.

Die Herstellung von buddhistischen Bildern und Statuen, deren Anfänge mit der ersten durch den König Udayana veranlaßten Abbildung Buddhas in Verbindung gebracht werden, führte zu handwerklich-künstlerischen Traditionsbildungen, die auch davon profitierten, daß die Erstellung solcher Kultobjekte als dem Karma förderlich betrachtet wurde. Die Stifter ließen sich daher nicht selten in Bildern oder auf der Rückseite von Stelen darstellen und namentlich verzeichnen. Udayana soll, weil sich Buddha für einen Sommer in den Himmel begeben hatte, um seiner verstorbenen Mutter zu predigen, diesen so vermißt haben, daß er einen Schüler Buddhas mit einem Stück Sandelholz und 32 Bildhauern in den Himmel entsandte, um ein Abbild Buddhas zu schnitzen. Von diesem Sandelholzbuddha wird auch berichtet, daß er inzwischen nach China gelangt sei, und eine spezielle Version hält den Sandelholzbuddha aus der Gegend um das heutige Nanjing für ebendieses Abbild Buddhas, das jener nach seiner Rückkehr aus dem Himmel respektvoll begrüßt und gewissermaßen als seinen zukünftigen Stellvertreter anerkannt haben soll. (Sharf 1996, S. 262f.) In der Mitte des 10. Jahrhunderts soll dieser Sandelholzbuddha nach Kaifeng, in die Hauptstadt der neugegründeten Song-Dynastie, gebracht worden sein.

Es ist bezeichnend, daß eine ganze Gattung von Texten überliefert ist, welche die Verdienste beim Errichten eines Stupa, bei der Herstellung eines Buddhabildes, beim Umschreiten einer Pagode oder beim Waschen einer Buddhafigur thematisieren. Und es war diese Zuversicht, sein Karma durch gute Taten verbessern zu können, die ganz wesentlich zur Finanzierung und Errichtung von Tempeln und Klöstern in China beigetragen hat. Und was zunächst eher Angelegenheit des Adels war, wurde bald vom Kaiserhof aufgegriffen. So ließ Tang Taizong ein Kloster errichten und die daran geknüpften Verdienste seiner früh verstorbenen Mutter »gutschreiben«. (Kieschnick 2003, S. 192; Weinstein 1987, S. 22f.) Ein anderer Herrscher der Tang, Dezong, soll sich erst durch das Drängen dreier seiner Minister dazu verstanden haben, Klöster zu fördern. Auf seine Frage, ob es denn zutreffe, was von der karmischen Vergeltung behauptet werde, sollen sie entgegnet haben:

> Das Schicksal eines Staates *(guojia)* kann nur glückhaft sein, wenn er gutes Karma angesammelt hat. Wenn solches gutes Karma bereits angesammelt ist, wird er selbst bei gelegentlichen kleineren Katastrophen keinen Schaden nehmen. So kam es, daß An Lushan und Shi Siming auf dem Gipfelpunkt ihrer Rebellion von ihren eigenen Söhnen gemeuchelt wurden; und als Pugu Huai'en seine Truppen zu einem Putsch anfeuerte, wurde er plötzlich krank und verstarb. Ähnlich war es, als die Uighuren und die Tibeter mit ihren Truppen in unser Land einfielen und sie sich, noch ehe es zu einer einzigen Kampfhandlung kam, wieder zurückzogen. Dieses alles war nicht die Folge von Menschenhand. Wie kann da einer sagen, es gebe keine karmische Vergeltung? (*Zizhi tongjian* 224, S. 7196; vgl. Kieschnick 2003, S. 193)

Zwar waren die Klöster Orte für solche, welche die Familie verlassen hatten. Und doch blieb die Bindung an die Familie nicht nur bestehen, sondern es gab noch andere Verbindungen aus der Welt der Laien und des Diesseits in die einen Heiligen Bezirk außerhalb der Welt darstellende Sphäre der Klö-

Das im Bodhisattva repräsentierte Ideal des Mitleids gegenüber allen leidenden Wesen hatte Auswirkungen in die chinesische Gesellschaft und prägte Heilserwartungen und Hoffnungen. Der abgebildete stehende Bodhisattva (Höhe 93 cm) wurde in der Mitte des 6. Jahrhunderts im Nördlichen Qi-Staat aus Kalkstein gefertigt. Der Kopfschmuck identifiziert ihn als Bodhisattva Avalokiteśvara, der als wichtigster Begleiter Buddhas gilt und mit diesem sowie mit Bodhisattva Mahāsthāmprābta im Westlichen Paradies residiert. In diesem Buddhaland suchten vor allem all jene Gläubige, die den Anbruch des Weltuntergangs erwarteten, ihre Zuflucht. – Die Statue entstammt einem 1996 in der Stadt Qingzhou (Provinz Shandong) entdeckten unterirdischen Depot mit über 400 buddhistischen Skulpturen, die dort im frühen 12. Jahrhundert »bestattet« worden waren.

ster und Tempelanlagen. Insbesondere der Stifter und Spender, der Wohltäter, der etwas gibt, spielt dabei eine große Rolle, aber auch ganze Familien haben sich durch eine enge Verbindung mit einem Tempel oder Kloster offensichtlich Heilschancen versprochen. So hat die Familie Zhai im Jahre 642 eine üppig mit Malerei ausgestattete Tempelhöhle in Dunhuang errichten lassen. (Ning 2004)

Staatstragende Funktion des Buddhismus

Während im Süden die Vertreter der Aristokratie am buddhistischen Saṅgha die Unabhängigkeit schätzten und auch im Norden einzelne Familien durch Stiftungen die Mönchsgemeinde förderten, wurde, wie erwähnt, von den Völkern im Norden der Buddhismus vor allem als geradezu staatstragende Lehre geschätzt. Beide Tendenzen verbanden sich im Laufe der Jahre, und der Buddhismus trat allgemein als eine die Verhältnisse fördernde und staatstragende Instanz auf. Dies wird deutlich an einigen Texten, die ganz zu diesem Zwecke verfaßt und dann als originäre, aus Indien stammende und ins Chinesische übersetzte Werke ausgegeben wurden. (Buswell 1990) Ein Beispiel für solche apokryphe Literatur ist die erwähnte Schrift *Für weltliche Könige, die ihre Staaten beschützen wollen (Renwang hu guo banrou boluomiduo jing).* Dieser Text wurde seit dem 5. Jahrhundert immer wieder aufgerufen und griff sowohl Mahāyāna-Vorstellungen als auch prototantrische Gedanken auf und fand rasch Verbreitung. Ein Bericht über eine größere Inszenierung des Textes ist für das Jahr 559 n. Chr. überliefert, als Kaiser Wu aus der Dynastie Chen ein vegetarisches Bankett veranstaltete, mit hundert Buddhabildern und hundert Klerikern, welche den Text erläuterten. Im Jahre 585 wurde Zhiyi, der Begründer der Tiantai-Schule, aus seinem Bergkloster in die Hauptstadt gebeten, um dieses Werk auszulegen, und tatsächlich trug dies mit dazu bei, die enge Beziehung zwischen der Sui-Aristokratie und der Tiantai-Schule zu festigen. Der Text fand seinen Weg nach Korea und Japan, wo er dann in einer neuen »Übersetzung« des Amoghavajra von 765-766 die Verbreitung des esoterischen Buddhismus, der Zhenyan-(jap.: Shingon-)Schule, beförderte. Tatsächlich lehnte sich dieses Werk in der Diktion und im Inhalt an die Literatur der Vollendeten Weisheit *(prajñāpāramitā)* an, und es appellierte an die Herrscher, in der Zeit des Niedergangs des Buddhismus diesen zu befördern und selbst dessen segensreiches Wirken anzunehmen, was auf seine Weise ja in besonders prominenter Weise Liang Wudi in der ersten Hälfte des 6. Jahrhunderts in der Hauptstadt des Südens befolgt hatte. Buddha selbst wird mit der Warnung an König Prasenajit zitiert:

> Nach meiner Auslöschung wird die wahre Lehre *(zhengfa)* vergehen. Nach fünfzig, nach fünfhundert oder nach fünftausend Jahren wird es keinen Buddha geben, keine Lehre und keine Gemeinde. (Nr. 245 in: *Taishō shinshū Daizōkyō*, Tokyo 1924-1935, Bd. 8, S. 833b13-14; vgl. Orzech 1995, S. 144)

Es wird eine verkehrte Welt vorgestellt, in der die Schlechten die Oberhand gewinnen und die Guten untergehen. Ausgehend von dieser Vision konnten sich Bewegungen bilden, welche in einer Haltung des »Dennoch« die Lehre aufrechterhielten und damit für sich und ihre Anhänger die Errettung aus dem Rad der Wiedergeburten sicherstellen zu können glaubten. So eröffneten sich neue Heilswege.

Zu den apokryphen Werken zählt auch eine der grundlegenden Schriften des ostasiatischen Buddhismus, das lange Zeit dem indischen Mönch Aśvaghoṣa zugeschriebene *Dasheng qixin lun* (Über den gewahrwerdenden Glauben im Mahāyāna), das in der zweiten Hälfte des 6. Jahrhunderts in China verfaßt worden sein dürfte. Auf dieses Werk bezog sich der gelehrte Mönch Zongmi (780-841), als er die in die Beliebigkeit driftenden Chan-Lehren des ausgehenden 8. Jahrhunderts mit Lehren des Huayan konfrontierte und auf diese Weise mit dazu beitrug, ein völliges Auseinanderfallen des Buddhismus zu verhindern. (Gregory 1991) Nicht zufällig gilt er daher auch als Patriarch sowohl in der Chan-Tradition als auch in der Huayan-Tradition. Die Lehre von der allen sinnenbegabten Wesen eigenen Buddhanatur blieb dank dieses Engagements die gemeinsame Grundlage aller Schulrichtungen. Der geistige Austausch Zongmis mit seinen Zeitgenossen und seine klärenden Dispute zählen daher mit zu den Gründungstexten des Buddhismus in Ostasien.

Zu keiner Zeit waren die religiösen Welten eindeutig geschieden. So gab es in den folgenden Jahrhunderten zwischen den einzelnen buddhistischen Lehrrichtungen und den daoistischen Praktiken vielerlei Austausch. Ein Beispiel hierfür ist der 820 n. Chr. gestorbene buddhistische Mönch Fazhao, der für seine »Buddha-Anrufung in fünf Geschwindigkeiten« *(wuhui nianfo)*, mit denen fünf rhythmisch und melodisch unterschiedliche Rezitationen des Buddhanamens gemeint sind (»na-mo A-mi-tuo-fo«), berühmt wurde. (Weinstein 1987, S. 67-74; Birnbaum 1986) Diese visionäre Ekstase, eigentlich untypisch in der buddhistischen Tradition und eher in den daoistischen Kultformen beheimatet, wurde eine Zeitlang im Bambuswald-Kloster (Zhulin si) gepflegt, wo sie noch der japanische Pilgermönch Ennin (793-864) im Jahre 840 n. Chr. erlebte. Fazhao selbst beschreibt diese Rezitation mit den Worten:

> Diese fünf Formen des Rezitierens verlaufen von langsam bis rasch, wobei man sich ganz auf Buddha, Dharma und Saṇgha konzentriert und alle anderen Gedanken aufgibt. Das Denken wird zum Nicht-Denken und so zum Tor der Nicht-Dualität Buddhas; der Ton wird zum Nicht-Ton und wird zur absoluten Wahrheit. So in den verbleibenden Tagen an Buddha denkend wird man stets im Einklang sein mit seiner wahren Natur. (Nr. 1983 in: *Taishō shinshū Daizōkyō*, Tokyo 1924-1935, Bd. 47, S. 476b)

Diese Rezitationspraxis, die zunächst in den staatlich geförderten Tempeln in der Hauptstadt und in allen Provinzen Verbreitung fand, brachte Ennin übrigens mit nach Japan, wo sie im Zentrum der Tiantai-(jap.: Tendai-)Schule in der Gemeinde auf dem Berg Hiei bei Kyoto gepflegt wurde.

Das größte Vermittlungsproblem aber blieb, daß der Buddhismus die dem chinesischen Kaiser zustehende oberste po-

Auf einer Tür zum Grab des Prinzen Li Shou (577-631) sind Phönix und Pfau dargestellt. Der Phönix *(fenghuang)* kündet friedliche Zeiten und reiche Ernten an.

litische und geistliche Autorität relativierte, indem er den Kaiser bestenfalls zu einem Schüler Buddhas erklärte. Was einzelnen Herrschern trotz der Akzeptanz dieser Position gelungen war, nämlich sich zum Aufseher der Gemeinde zu erklären und damit die Kräfte des Buddhismus in ihrem Sinne zu lenken, bot auf Dauer nicht Gewähr, daß ein als Schüler Buddhas angesehener Herrscher auch die Akzeptanz bei den konfuzianischen Eliten erhielt. Dies zu ändern war Zanning (919-1001) angetreten, der mit einer speziell an die konfuzianische Beamtenschaft gerichteten Argumentation die Wiedereinführung der Totenrituale für verstorbene Herrscher für geboten erklärte, insgesamt den Buddhismus als angemessenen und besten Ausdruck chinesischer Frömmigkeit bezeichnete und die buddhistische Lehre im Einklang mit den chinesischen Tugendlehren sah. Auf diese Weise suchte er jene Gruppen zu erreichen, die an der Entscheidungsfindung in politischen Grundsatzfragen beteiligt waren. Diese Zustimmungsgepflogenheiten belegen zudem, daß es bereits zu jener Zeit ausgedehnte Formen politischer Partizipation gab.

Höllen und Paradiese

Die Trennung von Diesseits und Jenseits hatte in China angesichts der Präsenz des Göttlichen einen Zug von Weltverdoppelung. Manche bestritten die Möglichkeit solcher Weltverdoppelung, für andere bedeutete sie nachhaltige Bemühung um eine Fortsetzung des Lebens im Diesseits. Vor allem die frühen Tang-Herrscher waren besessen von der Idee, Substanzen zu finden, die ihr Leben verlängern oder sie gar unsterblich machen könnten, und sie ersuchten insbesondere Händler und Fernreisende, ihnen solche Substanzen zuzuführen. So kam das Wissen über viele Pflanzen und Wirkstoffe nach China und wurde in den Enzyklopädien überliefert. Daß es ein Jenseits geben würde, war, wie oben bereits angedeutet, schon eine alte Vorstellung in China, die dann unter dem Einfluß des Buddhismus weiterentwickelt wurde und zur Vorstellung von Höllen und Himmlischen Gefilden führte. Ursprünglich war die Jenseitsvorstellung mit der Praxis des Zurückrufens der Seele *(zhaohun fupo)* verknüpft. (Y.-s. Yü 1987, S. 365)

Bereits in der Shang-Periode hatte es die Vorstellung von einem »Himmlischen Hof« gegeben, und seit dem 8. Jahrhundert v. Chr. wußte man von den »Gelben Quellen« *(huangquan)* als dem Aufenthaltsort der Toten, von denen es aber nur eine vage Schilderung gab. Erst in dem »Zurückrufen der Seele« in der dem Qu Yuan zugeschriebenen Textsammlung *Chuci* wird die Seele aufgefordert, weder in den Himmel zu entweichen noch unten in die Gefilde der Finsternis. Hier werden erstmals »Himmel« und »Hölle« als Verweilorte der Seele angesprochen, wobei man von der *hun*-Seele glaubt, daß sie beim Eintritt des Todes »zum Himmel zurückkehrt«. In dem daoistischen Klassiker *Taipingjing* aus dem 2. Jahrhundert n. Chr. ist schon von einer himmlischen Bürokratie die Rede mit Abteilungen für Schicksal, Langlebigkeit, Gute Taten und Schlechte Taten. (Y.-s. Yü 1987, S. 382f.) Einige hanzeitliche Grabfunde aus den siebziger Jahren des 20. Jahrhunderts haben weitere Informationen über bereits in jener Zeit vorhandene Unterweltsvorstellungen offengelegt. Auch dort, wohin die *po*-Seele beim Begräbnis geht, gibt es eine Bürokratie. Doch wichtiger als diese Vorstellungen wurde der Gedanke an die *xian*-Unsterblichkeit, das freie In-der-Welt-Umherschweifen, verbunden mit Atemtechniken und einer Form der mystischen Vereinigung mit dem »Atem« *(qi)* des Universums. Es wurde bald zur vorherrschenden Überzeugung, daß nur solche Unsterbliche, die sich mit dem Dao vereinigt haben, Eingang in die himmlischen Gefilde finden. Den anderen und deren *hun*-Seele blieb die Unterwelt, in der man sich dann auch die Vergeltung guter und böser Taten vorstellte, womit letztlich nichts als die Strafverfolgungspraxis des Staates abgebildet wurde. So wurde die Unterwelt im alten China zu einer ausgedehnten dualistischen, weil eben für beide Seelenteile zuständigen Bürokratielandschaft. Dies bot die beste Voraussetzung für die Übernahme von Höllenvorstellungen, die mit den buddhistischen Lehren in China weite Verbreitung finden und die sich in vielfacher Hinsicht an daoistische Vorbilder anlehnen sollten.

Der in dem auf das Jahr 926 datierten Manuskript erhaltene Text des *Klassikers der Zehn Könige* (*Shiwang jing*; Teiser 1994) schildert ausführlich, wovon wir sicher bereits seit dem 7. Jahrhundert Kunde haben, nämlich die Unterwelt als Reich der Zehn Höllenkönige, deren Wohlwollen man sich schon zu Lebzeiten durch besondere Spenden versichern könne. Der vollständige Titel beschreibt, worum es geht: »Schrift aufgrund der Darlegungen Buddhas gegenüber den Vier Orden [gemeint sind: Mönche, Nonnen, männliche und weibliche Laien] über die Prophezeiungen des Königs Yama über die Feste zur Vorbereitung auf das Sterben und für die Zeit der sieben Wochen dauernden Übergangszeit bis zur Wiedergeburt im Reinen Land.« Vor allem Opfervorschriften sind enthalten, und so nimmt es nicht wunder, daß in den nächsten Jahrhunderten solche buddhistischen Vorschriften und Wiedergeburtsaussichten dem Buddhismus im Zusammenhang mit dem Sterben eine besondere Stellung verschafften. Es handelt sich um eine 49tägige Begleitung des Gangs der Verstorbenen durch die Höllen der Unterwelt, bei deren bürokratischer Struktur Verhör, Niederschrift und Kalkulation von guten und bösen Taten ebenso eine Rolle spielten wie die Möglichkeit der mitleidsvollen Erlösung durch einen Bodhisattva. Bereits eine frühe Darstellung dieser zehn Höllenkönige zur Rechten und Linken des Bodhisattva Kṣitigarbha (Dizang) auf einem Seidengemälde ist aus Dunhuang bekannt. Die berühmteste Darstellung sind wohl die zwischen 1177 und 1249 entstandenen monumentalen Gravuren mit Szenen aus der Unterwelt auf dem Da Baoding shan bei Dazu in der Provinz Sichuan.

Berichte über Besuche in der Unterwelt waren nicht selten, und so wissen wir von manchen, daß sie gegenüber den Höllenrichtern durch Hinweis auf ihre guten Taten, etwa die Errettung zahlreicher Tiere vor dem sicheren Tod, eine Verlängerung ihres Lebens erreichen konnten. Es gab also nicht

Von den 10 Höllenkönigen werden hier der siebte in der Mitte zwischen dem 8. und 9. dargestellt. Die darunter gezeigten Höllenqualen betrachten umstehende Gerichtsdiener. Links neben dem Topf mit siedendem Öl wird eine Frau von Kindern, die sie abgetrieben hat, umringt. Unten ist die »Brücke von Gold und Silber« auf dem Weg in das »Paradies des Westens«.

nur die Möglichkeit des Verhandelns vor den Höllenrichtern, sondern auch eine Verlängerung der Lebensspanne und die Rückkehr zu den Lebenden waren nicht ausgeschlossen. Dieser Kult um die zehn Höllenkönige ist zugleich ein Beispiel für einen religiösen Kult, der sich unabhängig von der gelehrten Geistlichkeit entwickelte. So versuchte der Tiantai-Mönch und Historiograph des Buddhismus Zhipan (um 1260) die Herkunft dieser zehn Höllenkönige zu ermitteln; trotz intensiver Recherche gelang ihm dies nicht, und er fand zudem heraus, daß die meisten nicht der buddhistischen Vorstellungswelt entstammten, weswegen die Aufnahme dieses Textes über die Zehn Höllenkönige in den buddhistischen Kanon verweigert wurde. Der Kult um die Zehn Höllenkönige oder Höllenrichter wurde in daoistischen wie in buddhistischen Kreisen in im Prinzip ähnlicher Weise durchgeführt. (Teiser 1993, S. 136-139) Darin zeigt sich einmal mehr, wie nahe sich diese beiden Lehren und ihre Kulttraditionen waren.

RELIGIONSKRITIK UND VERSELBSTÄNDIGUNG DES RELIGIÖSEN

»Atheistische« Traditionen

Skepsis gegenüber Geister- und Götterglauben hatte seit der Epoche des Konfuzius in China eine Tradition. Auf diese Weise konnten durch eine Erweiterung legitimierter Handlungsspielräume des Herrschers die Beamtenschaft und die Hofberater ihr Deutungsmonopol sichern. Doch sie respektierten tunlichst die Grenze zur Blasphemie, weil sie nicht allein für alles verantwortlich gemacht werden wollten. Von »Atheismus« im engeren Sinn kann daher auch nicht die Rede sein, wie sich auch nicht ein Begriff entwickelte, der der Hybris gleichkam. Allerdings gab es Berichte von göttlicher Abstammung oder Hinweise von hinter Herrschererwählungen stehenden Götterrivalitäten wie im Bericht des *Shiji* aus der Jugend des postum als Gaozu bezeichneten ersten Kaisers der Han-Dynastie (reg. 206-194 v. Chr.):

> Als Gaozu eine große Schlange in den Sümpfen getötet hatte, fand man später an der nämlichen Stelle eine alte Frau weinend, die behauptete, die Mutter der Schlange gewesen zu sein. Die Schlange sei der Sohn des Weißen Di [das ist des Weißen Gottes] gewesen, sagte sie, und sei von dem Sohn des Roten Di erschlagen worden. (*Shiji* 8, S. 347).

Damit wurden nicht nur der Mut und die Überlegenheit Gaozus betont, sondern auch ein Hinweis auf seine göttliche Abkunft gegeben. Eine radikale Götterschmähung wird von Qin Shihuangdi, dem »Ersten Erhabenen der Qin«, berichtet, der sich auf einer Reise mit einer Gottheit auseinanderzusetzen hatte:

> Auf der Reise nach Südwesten überquerte er den Huai-Fluß und kam zum Heng-Gebirge. In Nanjun nahm er ein Boot und reiste zum Xiangshan-Schrein. Als ein großer Sturm aufkam und er fast das rettende Ufer nicht mehr erreicht hätte, fragte der Herrscher seine Berater: »Was für eine Gottheit ist diese Fürstin vom Xiang (Xiangjun)?« – Diese antworteten: »Nach allem, was wir wissen, handelt es sich um eine Tochter des [Urkaisers] Yao und um die Frau Shuns; sie ist hier begraben.« – Daraufhin erfaßte den Ersten Erhabenen großer Zorn, und er ließ dreitausend Zwangsverpflichtete die Bäume des Xiang-Berges fällen und den Berg rot anstreichen. Daraufhin verließ er Nanjun und kehrte über den Wu-Paß nach Xiangyang zurück. (*Shiji* 6, S. 248)

Nanjun ist hier die alte Stadt Ying, die Hauptstadt der Könige von Chu; Xiangshan ist ein anderer Name für Junshan, »Berg der Göttin«, oder Dongtingshan, eine Insel im Nordosten des Dongting-Sees. Shun als Mann der Xiang-Göttinnen hatte selbstverständlich Shihuangdi, dem Eroberer, keinen freundlichen Empfang bereiten können.

Eine ähnliche Reise wie Shihuangdi unternahm später Kaiser Han Wudi im Jahre 113 v. Chr., und auch diese Reise steht in der Tradition der kosmischen Reise, die auf eine ältere, in den *Gesängen des Südens (Chuci)* überlieferte schamanistische Tradition zurückgeht, der dann auch Mao Zedong große Aufmerksamkeit schenken sollte. Während jedoch der Kosmos des *Lisao*-Textes noch nicht genau definiert ist, ist der Kosmos eines anderen in den *Chuci* enthaltenen Textes mit dem Titel *Yuanyou* genau umschrieben: Es handelt sich um ein symmetrisches, mandalaähnliches Gebilde, so wie man es auch auf den Rückseiten der hanzeitlichen Bronzespiegel findet. Die Itineraria, die ursprünglich Schamanenreisen und dann Repräsentation einer Flucht aus einer korrupten Gesellschaft beziehungsweise vor einem törichten und vertrauensunwürdigen Fürsten waren, wurden also in Herrscherreisen zur Durchführung des Herrscherrituals umgedeutet.

Diese Wendung wird auch durch die Rhapsodie *Darenfu* (Rhapsodie vom Großen Mann) des Sima Xiangru (gest. 117 v. Chr.) bestätigt. Hierüber berichtet das *Shiji*:

> Xiangru sah, daß der Herrscher [das ist Wudi] eine Vorliebe für Magie und Mystik hatte, und sagte: »Was ich über den Shanglin-Park geschrieben habe, ist nicht besonders lobenswert. Ich habe etwas viel Besseres. Einst verfaßte ich ein Darenfu, das ich jedoch nicht zu Ende gebracht habe. Ich würde es gern vollenden und Eurer Majestät vorlegen.« Xiangru hatte das Gefühl, daß das herkömmliche Bild des Unsterblichen, der in den Bergen und in den Marschen lebt und körperlich ganz ausgezehrt ist, nicht geeignet sei für den zur Mystik neigenden Herrscher; doch sein Darenfu sollte dessen Ansprüchen genügen. (*Shiji* 117, S. 3056)

Es folgt in dem Bericht die Rhapsodie, von der Sima Qian in seiner Übersicht sagt, sie habe satirischen Charakter. Der Herrscher sollte sich jedenfalls mit dem »Großen Mann« des Titels identifizieren. Die Rhapsodie beginnt:

> In der Welt gibt es einen Großen, ach,
> Der in dem Mittleren Kontinent lebt.
> Auch wenn seine Behausung sich über zehntausend Meilen erstreckt, ach,
> Verweilt er darin doch nicht einen Augenblick.
> Vielmehr bekümmert über die Welt und ihre Stickigkeit, ach,
> Steigt er hastig auf und reist in weite Fernen.

Es schließt sich die Beschreibung einer grandiosen kosmischen

Reise an, in der das Trauerelement früherer solcher Weltfluchtbeschreibungen gänzlich getilgt ist.

Eine Beantwortung der Frage nach »atheistischen« Elementen in einer Kultur ohne einen monotheistischen Hintergrund fällt schwer, denn der Begriff des Atheismus hat mit dem Monotheismus eine spezifische Qualität gewonnen. Daher auch setze ich den Begriff des Atheismus in Anführungsstriche, ganz eingedenk der Warnung von Philippe Couplet, SJ (1623-1693) in seiner *Proëminalis declaratio*, europäische Begriffe wie den des »Atheismus« möglichst nicht unkritisch auf China zu übertragen. (Couplet 1687, S. XXIX; siehe auch Heyndrickx 1990) Diese Warnung ist bisher auch zumeist von Sinologen beachtet worden, die eher von »Agnostizismus« oder von »Rationalismus« sprachen. Die Berechtigung dieser Warnung liegt in der Sache. Wenn nun der Atheismus-Begriff für China eigentlich obsolet ist – und dies ist auch der Grund dafür, warum es in China nicht eine dem Werk Fritz Mauthners vergleichbare Abhandlung über den Atheismus gibt (Mauthner 1920) –, dann muß mit besonderer Sorgfalt der Zugang zu jenen Fragen gesucht werden, die sich in den Glaubens- beziehungsweise Vorstellungs- und Lebenswelten der chinesischen Tradition mit einem wie immer gearteten Gottesbegriff auseinandersetzen. Denn es ist ja nicht zu leugnen, daß China wirksame Götter hatte und kannte, angesichts deren eindrucksvoller plastischer Repräsentation Ernst Weiß vom »Schweigen tiefster Ergriffenheit« sprach.

Nun gibt es in China keinen ausgeprägten Monotheismus, aber doch die reduktionistisch gewonnene Instanz des »Himmels«, und in der Frühzeit der Orakelknocheninschriften des ausgehenden zweiten vorchristlichen Jahrtausends den Shangdi, den Obergott. Zugleich gab und gibt es Geister und Gottheiten, deren Existenz gelegentlich angezweifelt wurde. (Thrower 1980, S. 103-135) Schließlich ist über die Beziehung von Menschen und Geistern, von Diesseits und Jenseits in China vielfältig nachgedacht worden, wie etwa in dem Sammelband *Aufsätze zum atheistischen Denken in China* (1980), der in einer Zeit erschien, als das »Fürchte-keine-Geister«-*(bupagui-)*Denken gefördert wurde und damit zusammenhängende Kampagnen die öffentliche Diskussion nachhaltig bestimmten. Aus diesen Zusammenhängen heraus müssen alle Betrachtungen zum »Atheismus«-Problem in China entwickelt werden. Nach Abhandlung der »Gottesfrage in China« (Zhuo 1988, S. 83 ff.) und der Erörterung westlicher Gottesvorstellungen kommt Xinping Zhuo zu dem lapidaren Schluß:

> Nachdem die chinesischen Theoretiker eine Identität Gottes mit der Weltganzheit annehmen, besteht für sie die Religion im Bezug des Menschen zu dieser Weltganzheit. (Zhuo 1988, S. 132)

Die Figuristen und die Historisierung durch Leibniz

Nun hat die Erörterung des Gottesbegriffs in China noch eine andere Tradition, nämlich in der Chinamission der Jesuiten. Zunächst war die Diskussion der Figuristen, in welcher der Gottesbegriff eine wichtige Rolle spielt, eine primär innereuropäische Debatte gewesen (Lundbæk 1994; siehe auch Lundbæk 1991), die dann aber die Chinamission zeitweise vollständig beherrschen sollte und in die sich auch Leibniz einschaltete. So hatte Pater Joseph de Prémare, ein Schüler des Figuristen Joachim Bouvet (1656-1730), der bis zu seinem Tode 1736 die meiste Zeit in Peking weilte (Collani 1985), die Auffassung vertreten, daß die Chinesen immer schon den wahren Gott gekannt hätten. Als einer der wichtigsten Wortführer in dieser Angelegenheit hatte er sich in den letzten Jahren von seinem Lehrer abgesetzt, weil ihm manche der Vorstellungen Bouvets abwegig erschienen. Prémare war nach einem intensiven Studium der Klassiker, namentlich des *Yijing*, *Shijing* und *Shujing*, zu der Überzeugung gelangt, daß den Chinesen der Gott der mosaischen Tradition und der Gott der Christen immer schon bekannt gewesen sei. Mit einem Brief vom 10. September 1723 hatte er sich an den Ordensgeneral Tamburini mit einer eigenen Stellungnahme zur richtigen Benennung Gottes im Chinesischen gewandt. Die von Prémare vertretene Position hielt die frühesten Dynastien für eine spätere Erfindung, und die Herrscher des Altertums, Yao, Shun, Yu, Wen und Wu, seien keine chinesischen Herrscher gewesen, sondern »Typen« oder »Figuren« von Jesus Christus, und dies würden die Chinesen auch bald selbst erkennen. Sein wichtigstes Argument war, daß sich in den von ihm studierten Klassikern so viele gute vorzügliche und weise Gedanken fänden, daß sie unmöglich von diesem Volk erdacht worden sein könnten. Und zur Lösung der Streitfragen schlug er vor, erstens trotz aller Vermittlungsschwierigkeiten beim Begriff »Tianzhu«, das ist »Himmelsherr«, für Gott zu bleiben und zweitens die Chinesen, damit sie Christen werden können, nicht zu zwingen, ihre Ahnentafeln zu entfernen. Denn wenn man das anordne, werde kein Chinese Christ.

Für Gottfried Wilhelm Leibniz (1646-1716) spielten neben den bekannten Briefen Bouvets die Mitteilungen eines anderen Gewährsmannes, Nicholas de Remond, eine Rolle. Dieser, Berater des Herzogs von Orléans und Anhänger von Nicholas Malebranche (1638-1715), begann, angeregt durch die Lektüre von Leibniz' *Theodicée*, im Jahre 1713 eine Korrespondenz mit dem Philosphen (Mungello 1977, S. 69ff.), in deren Verlauf er am 12. Oktober 1714 Nichola Longobardis *Traité sur quelques points de la religion des chinois* (Paris 1703) erwähnt und Leibniz nach seiner Meinung befragt. (Leibniz 1714, S. 30) In diesen Dialog mit Leibniz führt de Remond auch Malebranches Werk über die Existenz und die Natur Gottes ein, das den Titel trägt *Entretien d'un philosophe chrétien et d'un philosophe chinois sur l'existence et la nature de Dieu* (Paris 1708). Auf wiederholte Nachfrage teilt Leibniz mit, er kenne beide Schriften noch nicht. (Leibniz 1875-1890, Bd. 3, S. 644) Doch am 17. Januar 1716 berichtet Leibniz an de Remond:

> Weit davon entfernt, die Chinesen vergessen zu haben, habe ich einen ganzen Aufsatz über ihre Vorstellung von Gott, den Geistern und der Seele geschrieben. (Leibniz 1875-1890, Bd. 3, S. 665; siehe auch Leibniz 1714/1968, S. 30)

In diesem in seinen letzten Lebensmonaten verfaßten Text (Leibniz 1716/2002) teilte Leibniz nicht die Ansicht Longobardis, die Chinesen seien immer schon Atheisten gewesen, sondern er historisiert die chinesische Religiosität und unterscheidet einerseits zwischen der »natürlichen Religion« des chinesischen Altertums, wozu er auch noch den Neokonfuzianismus zählt, und dem Atheismus einiger chinesischer Literaten der Gegenwart andererseits.

Gott, meinte Leibniz, habe sich in der Natur allen Menschen und Völkern erkennbar geoffenbart. Entsprechend seiner Vorstellung »Gott ist ganz Ordnung« (Vorwort zu seiner *Theodicée*) sah er in Chinas »natürlicher Theologie« nicht nur die Erkenntnis Gottes erreicht, sondern er erkannte zugleich, daß die alten Chinesen den neueren Chinesen sowohl durch Erkenntnis des wahren Gottes als auch an wissenschaftlichen Kenntnissen weit überlegen seien. Eine ähnliche Struktur hat übrigens auch der Grundgedanke Joseph Needhams (1900-1996) von den wissenschaftlichen Errungenschaften im alten China, die er dann in seinem monumentalen Werk *Science and Civilization in China* zu untermauern suchte; und ähnlich ist auch die Gedankenführung von Heiner Roetz, der in der chinesischen Klassik wesentliche Gedanken, wie sie die europäische Aufklärung einforderte, ausgebildet sieht. (Roetz 1992)

Spannung zur Welt

In Gegensatz zu den alten Chinesen stellt Leibniz einige moderne Gottlose, »die in China, wie anderswo, die Freidenker spielen« und denen Longobardi seine Aufmerksamkeit schenke. Leibniz verweist immer wieder auf die alten Texte und argumentiert:

> Die große Frage ist, ob die Chinesen SHANG-TI [das ist Shangdi] als ewige Substanz oder nur als Geschöpf betrachten. P. Longobardi gibt zu, daß die ältesten Texte besagen (oder wenigstens zu sagen scheinen), es gebe einen höchsten König, SHANG-TI genannt, der im Himmelspalast wohnt und von dort aus die Welt regiert, die Guten belohnt und die Bösen bestraft. Derselbe Pater hält dem (auf der-

> selben Seite) entgegen, die alten Ausleger hätten das alles dem Himmel oder der umfassenden Substanz oder Wesenheit, die LI heißt, zugeschrieben. Aber dieser Einwand, weit davon entfernt, denen, die unserem Gott den Namen SHANG-TI geben, zu schaden, wird ihnen im Gegenteil höchst nützlich sein. Denn das LI ist ewig und mit allen möglichen Vollkommenheiten begabt; mit einem Wort, man kann es, wie oben schon gezeigt worden ist, für unseren Gott halten. Wenn demnach SHANG-TI und LI dasselbe sind, ist man durchaus berechtigt, unserem Gott den Namen SHANG-TI zu geben. P. Matthieu Ricci war also ganz im Recht mit seiner Behauptung, Chinas alte Philosophen hätten ein höchstes Wesen unter dem Namen SHANG-TI, König von oben, wie auch untergeordnete Geister, die ihm dienen, anerkannt und verehrt, und hätten insofern Kenntnis vom wahren Gott gehabt. (Leibniz 1714, S. 77f.)

So konstruiert diese Aussage Leibniz' und die Position der Figuristen auch erscheinen mag, so zeigt sie doch die Einsicht in die hochentwickelte Moralität der altchinesischen Weltanschauung. Die Diskussion der Gottesfrage im Kontext der Chinamission der Jesuiten ist zu einem Teil der sinologischen Exegese geworden. (Mungello 1989) Auch wenn man der von Leibniz geteilten Annahme der Figuristen nicht folgt, bleibt die Tatsache bestehen, daß die Versuche der Einhegung göttlicher Macht und die Legitimierung des Staates zu ordnendem Handeln in China durchaus vor dem Hintergrund eines Weltverantwortungsgedankens zu verstehen sind, dem sich die konfuzianische Tradition verschrieben hatte und der immer wieder thematisiert wurde. Die Debatten über Grundfragen menschlicher Existenz und gesellschaftlicher Ordnung wurden in diesem Sinne einer Verschränkung von Transzendenz und Immanenz im Reich der Mitte stets neu verhandelt. Dabei war natürlich allen klar, daß China nicht die Welt ist, daß aber in diesem Ausschnitt so gehandelt werden müsse, als handele es sich um die ganze Welt.

Wie sehr die heutige Atheismus-Debatte auch in China noch durch die jesuitische und Leibnizsche Debatte geprägt ist, zeigt der letzte Absatz des Kapitels »Gottesfrage in China« in der Münchener Dissertation von Xinping Zhuo, *Theorien über Religion im heutigen China und ihre Bezugnahme zu Religionstheorien des Westens*:

> In der geschichtlichen Entwicklung der Gottesfrage in China sehen wir, daß sich der Gottesbegriff vom Anthropomorphismus durch die kosmologische Theorie zu einem Panentheismus entwickelt hat. Der personifizierte Gott der Religion wird in der Philosophie abstrakt erläutert. Mit der Abstraktion des Gottesbegriffs gibt es die Möglichkeit für Austausch, Vergleich und Dialog nicht nur innerhalb der verschiedenen Religionen, sondern auch außerhalb der Religionen, d. h. zwischen Religion und Philosophie, sogar zwischen Theismus und Atheismus. Die Begriffe »Tao« und »Li« erläutern in gewisser Weise die transzendentale Immanenz »Gottes«. Darauf kann man eine Synthese von Deismus und Pantheismus, von Polytheismus und Monotheismus aufbauen. Gott ist nicht etwas »ganz Anderes«, sondern bleibt auch in der Welt. Im Geheimnis und Dunkel kann man noch die Spuren der Gottesordnung oder einer Gesetzmäßigkeit verfolgen. Damit verschwindet der Gegensatz zwischen Transzendenz und Immanenz, zwischen Abstrakt und Konkret, zwischen Absolut und Relativ. Alles steht in einer harmonischen Einheit. Selbstverständlich taucht dadurch auch das Problem auf: Es ist sehr schwer für die meisten einfachen Gläubigen, diesen philosophischen Gottesbegriff zu verstehen und anzunehmen. (Zhuo 1988, S. 105)

Die Rede von der »transzendentalen Immanenz« wirft die Frage nach dem Wesen Gottes und nach seiner Stellung in der Welt beziehungsweise der Welt gegenüber erneut auf. Damit ist zugleich die Rolle der Schöpfung beziehungsweise der Welterschaffung angesprochen und die typische Ausprägung der chinesischen Weltbildkonstruktion, ein Begriff, den ich von Wolfgang Schluchter übernehme. (Schluchter 1979) Trotz einiger vager Ansätze kannte das chinesische Bild von der Welt keinen Schöpfergott, und daher war die Frage nach dem

Uranfang beziehungsweise dem Anfang der Welt nachrangig gegenüber der Vorstellung von einer durch Polarisierung und Differenzierung gekennzeichneten Entwicklung. (Zürcher 1995) Die Frage nach den atheistischen Traditionen in China kann man vielleicht auch mit dem Satz beantworten, der in Abwandlung eines Wortes von Dietrich Bonhoeffer formuliert wurde: »Leben, als gäbe es Götter, aber doch in der Verantwortung vor den Menschen.«

Trennung von Himmel und Erde und das konfuzianische Weltverhältnis

Die einmal gewonnene Distanz zu den Göttern mußte allerdings immer wieder bekräftigt werden. Doch gab es andererseits wenige Argumente aus der älteren Geschichte, auf die sich eine verstärkte Sakralisierung des Weltverhältnisses hätte stützen können. Bei allen Aussagen zu Weltbild- und Weltentstehungsvorstellungen in der chinesischen Frühzeit muß zuerst darauf hingewiesen werden, daß wir die Überlieferung nicht weiter als bis ins 4. Jahrhundert v. Chr. zurückverfolgen können. Es mag daher durchaus zutreffen, daß es zuvor später verlorene oder vergessene Weltschöpfungsmythen gab, wovon bereits die Rede war. Nach dem Zusammenbruch der Machtstellung der Zhou-Könige etwa um 770 v. Chr., seit dem die Zhou-Könige nur mehr nominelle Herrscher waren und sich ihre Funktion auf das Kultisch-Religiöse beschränkte, wurde mehr und mehr auch die Rolle des Himmels als bestimmend für den Lauf der Welt in den Hintergrund gedrängt. Der Himmel wurde immer weniger als eingreifende Macht benannt, und in einem Kommentar zu der dem Konfuzius zugeschriebenen Chronik *Chunqiu*, dem *Zuozhuan*, heißt es unter dem Jahr 524 v. Chr.:

> Der Weg des Himmels ist weit [von uns] entfernt, [nur] der Weg der Menschen ist nahe. Da wir den Himmel doch nicht erreichen, wie könnte es uns gelingen, ihn zu erkennen? (Legge 1893, S. 671)

Die Trennung von Himmel und Erde, von Diesseits und Jenseits, von der bereits die Rede war, wird hier als ein unabweisbarer Tatbestand angenommen. Damit wird die Vorstellung von den allmählichen kosmischen Wandlungsprozessen gestützt und zugleich als unhintergehbar verstanden. Seine Betrachtung dieser kosmischen Evolution vor dem Hintergrund der Debatte zur Gottesfrage in China schließt Erik Zürcher mit der Feststellung: »Es wird deutlich, daß die Vorstellung von einer Schöpfung *ex nihilo* durch den Willensakt einer göttlichen Macht sämtlichen Denkschulen des traditionellen China absolut fremd war.« (Zürcher 1995, S. 140; siehe auch Schmidt-Glintzer 1992e; zu Schöpfungsmythen siehe Chang 1959; Keller 1995)

Neben der Einbindung der Götterwelt in die Herrschaftslegitimation war es der Reziprozitätsgedanke, der sich im Umgang mit den Göttern immer wieder in den Vordergrund schob. Nun entsprach dem »Verblassen der Götter« die praktische Erfahrung von ihrer Wirkungslosigkeit und Ohnmacht. In ihrem Buch über die Veränderungen im Verständnis von den Gottheiten um die Jahrtausendwende vor den historischen, insbesondere den demographischen und wirtschaftlichen, aber auch den bildungspolitischen Rahmenbedingungen belegt Valerie Hansen den Funktionswandel der Götter und zeigt die Auswirkungen auf die Verehrung von Gottheiten. (Hansen 1990; siehe auch Schmidt-Glintzer 1992c) Es ist also festzuhalten, daß nach der Trennung von Diesseits und Jenseits im Zuge der Verfestigung dieser Grenzen im öffentlichen Diskurs die Götter und Geister zu einer reinen Funktion innerweltlicher Bedürfnisse und Strategien werden. Diese Konstellation ließe sich auch als Ergebnis eines spezifischen Säkularisationsvorgangs im Zusammenhang mit dem retardierten Rationalisierungsprozeß beschreiben. Die Ablehnung des Abwegigen und die Nüchternheit des Literaten, verbunden mit der Ferne vom Volk und seinen Geistern, waren zugleich jedoch vereinbar mit einem – wenn auch heimlichen – intimen und öffentlich-distanzierten Umgang mit den Geistern. Der Agnostizismus hatte zum Ziel, den einzelnen in seiner Sozialgebundenheit zu halten, und er ließ ihm im Innersten den Respekt vor den Göttern und Geistern.

Es gibt einen Satz in den *Gesprächen* des Konfuzius, der immer wieder zitiert wird, wenn es um die Haltung gegenüber den Geistern geht. Die Übersetzung dieses Satzes (*Lunyu* 2,16) bei dem Sinologen und Religionsforscher J. J. M. de Groot in seinem Buch *Sektenwesen und Religionsverfolgungen in China*: »Die Pflege der Ketzerei ist so verderblich!« (de Groot 1903, S. 11) hat Erich Haenisch aufgegriffen und mit den Worten kommentiert: »De Groot stellt sich in seinem Buche als Aufgabe, den Beweis zu erbringen, daß die Chinesen zu Unrecht als weitherzig in religiösen Fragen gälten, daß im besonderen der konfuzianische Staat von jeher ein entschiedener und rücksichtsloser Feind jeder fremden Religionslehre gewesen sei und sein müsse.« (Haenisch 1925, S. 381 f.) Und tatsächlich hat de Groot dieses Verständnis später bestätigt, wenn er sagte: »Konfuzius selbst predigte die Verfolgung der Ketzerei für alle Zeit.« (de Groot 1918, S. 30) Als Beleg erscheint der gleiche Satz aus dem *Lunyu*, diesmal in der Fassung »Greift die Irrlehre an, denn sie ist das Schädliche und Gefährliche!« (Haenisch 1925, S. 381 f.) Unter Hinweis auf eine längere Debatte unter den Sinologen zu diesem Satz – und er hätte auch auf Leibniz und dessen jesuitische Gewährsmänner verweisen können (Leibniz 1714, S. 101 f.) – wendet sich Haenisch gegen de Groots Interpretation. Haenisch gibt vier denkbare Übersetzungen des Spruches:

I. Die Beschäftigung mit Irrlehren, die ist schädlich.
II. Beschäftigt euch mit Irrlehren, sie sind schädlich.
III. Der Angriff auf Irrlehren, der ist schädlich.
IV. Greifet Irrlehren an, sie sind schädlich.

Haenisch entscheidet sich für I beziehungsweise III. Damit war der Fall freilich noch nicht erledigt, und bis in die Gegenwart wird die Frage der Toleranz in China in religiösen Fragen verhandelt. Diese Debatte legt zugleich die Ambivalenz gegenüber abweichenden oder ungewöhnlichen Glaubensvorstellungen dar. Der Agnostizismus war eben nur partiell, und der Rationalismus der Konfuzianer blieb magisch unterlegt. Die Götter blieben und wurden dabei zu Funktionen »diesseitiger« Bedürfnisse. Hierin gründet sich die Parallelität der Rede von der Religiosität beziehungsweise Areligiosität der Chinesen, die der Soziologe C.-k. Yang mit dem Begriff der »diffused religion« einzufangen versuchte. (C.-k. Yang 1961; siehe auch Gladigow 1993) Diese Ambiguität zeigt sich aber auch in der konfuzianischen Tradition im engeren Sinne. Die institutionalisierte Verehrung des Konfuzius hatte nämlich ihre Wurzel darin, daß die Literatenklasse ihn zu ihrem Patron erhoben hatte. (Schmidt-Glintzer 1992b)

Zunächst nur eine unter vielen konkurrierenden Schulen, hatte in der Zeit der Reichseinigung die in sich vielfältige, in der Geschichtsschreibung zusammenfassend als *rujia* bezeichnete konfuzianische Schultradition durch die Auseinandersetzung mit anderen Schulen allmählich eine eigene Identität ausgebildet und sich schließlich im Gegensatz vor allem zu den eine mächtige Zentrale fordernden Legalisten *(fajia)* gesehen. Der Siegeszug der konfuzianischen Bewegung hängt daher auch ganz wesentlich mit ihrer Option für einen – zunächst jedenfalls – auf den Kaiser als den Himmelssohn ausgerichteten, aber neben zentralistischen Elementen auch dezentrale Momente enthaltenden Staats- und Verwaltungsaufbau zusammen. Das Maß der Anerkennung, das die konfuzianische Bewegung in den Teilstaaten Nordchinas bereits im 3. Jahrhundert v. Chr. gewonnen hatte, läßt sich auch an der antikonfuzianischen Politik der das Reich vereinigenden, allerdings kurzlebigen Dynastie Qin ablesen. Bei den Berichten von der Bücherverbrennung und der Beerdigung von Literaten bei lebendigem Leibe durch den Kaiser Shihuangdi der Qin (259-210, Kaiser seit 221 v. Chr.) hatte es sich jedoch lediglich um das Produkt späterer Geschichtsschreibung gehandelt. (Schmidt-Glintzer 1992b)

Trotz zwischenzeitlicher Förderung anderer Gruppen, vor allem solcher, die später den Daoisten zugerechnet wurden, namentlich von Kaiserinnen und Mitgliedern ihrer Familien, nahmen Gewicht und Einfluß der Konfuzianer zur Zeit der Dynastie Han zu, so daß Kaiser Wudi der Han (reg. 141-87

v. Chr.) bereits im Jahre 136 v. Chr. die konfuzianische Lehre zur Grundlage der Politik erklärte, womit allerdings keine Entscheidung für eine Religion gemeint war, sondern die Option für eine an Texten orientierte Moral- und Ritualtradition, die gerade den Bereich des Transzendenten auf Distanz hielt. Und was die politischen Konzepte und die Herrschaftslehre betraf, so hatte die konfuzianische Lehre bereits zahlreiche Elemente des Legalismus übernommen. Institutionellen Ausdruck erhielt diese Politik durch die Einrichtung einer Akademie im Jahre 124 v. Chr., der eine größere Zahl von Schulen und Akademien folgen sollten und die zum Vorbild der späteren, für die Staatsprüfungen grundlegenden Bildungseinrichtungen wurden.

Die Anerkennung der Konfuzianer unter Han Wudi war durch das Wiederaufleben der zeitweise vernachlässigten Klassikergelehrsamkeit begünstigt worden, hatte seinen Grund aber auch in der Notwendigkeit der Begründung und Überwachung der Zeremonialregeln. Vor allem aber hatte der Theoretiker und Berater Dong Zhongshu (179-104 v. Chr.) die konfuzianischen Lehren derart umgestaltet, daß sie den Herrschaftsbedürfnissen der Dynastie und den politischen Machtverhältnissen entsprachen. Mit der Erhebung des Konfuzianismus zur offiziell anerkannten Lehre wurden die Bildungsinstitutionen und damit die Rekrutierungswege für die Beamtenschaft den Konfuzianern und den in den einzelnen Klassikern spezialisierten Gelehrten überantwortet. Diese Konfuzianisierung der Staatsverwaltung wurde begleitet von einer zunehmenden Verehrung des Konfuzius. Der Konfuzianismus blieb weiterhin ein öffentliches Thema, weil manche versuchten, ihn als Staatsreligion beziehungsweise allgemein verbindliche Gesellschaftslehre wieder einzuführen. Inzwischen nennt die Volksrepublik China ihre Sprach- und Kulturvermittlungseinrichtungen im Ausland »Konfuzius-Institute«.

Die Lehre *(jiao)* des Konfuzius war keine Religion, doch enthielten der nicht nur in der Hauptstadt, sondern in jeder Präfektur durchgeführte Staatskult mit der Verehrung des Himmels und der Ahnen und den Fürbitten für glückliches Geschick für die Regierung religiöse Elemente. Zunächst eine nüchterne und pragmatische Gesellschafts- und Regierungslehre, hatte der Konfuzianismus also bereits früh religiöse Strömungen in sich aufgenommen, da nur auf diese Weise die irrationalen Bedürfnisse der Bevölkerung gestillt werden konnten.

Orthodoxie und Heterodoxie: Strategien zur Bewältigung

Mit dem Konfuzianismus stand also keine Lehre zur Verfügung, der gegenüber andere Lehren als heterodox oder verwerflich hätten dargestellt werden können. Vielmehr ergänzten sich verschiedene Lehren sogar, und es war Anhängern durchaus möglich, sich mehreren verschiedenen Lehren zugehörig zu fühlen. Dennoch ist der Begriff der Orthodoxie trotz der Problematik, die mit ihm impliziert ist, immer wieder mit der Etablierung des Neokonfuzianismus als Staatsideologie in Zusammenhang gebracht worden. Um ein Substrat für eine solche Orthodoxie zu definieren, hat Kwang-Ching Liu den Begriff der »moralischen Orthodoxie« von C.-k. Yang aufgegriffen und spricht von einer »moralischen Orthodoxie bei religiösem Pluralismus« (»religious diversity with moral orthodoxy«; K.-C. Liu 1990, S. 2; siehe auch Schmidt-Glintzer 1983; Seiwert 1994).

Nicht ein fester Orthodoxie-Begriff, sondern die Art des Umgangs mit den Geistern, den guten wie den bedrohlichen, ist zum Paradigma für Bewältigungsstrategien in China überhaupt geworden. (Schmidt-Glintzer 1984a) Dabei wurde die Lokalisierung des Bösen in der Peripherie oder jenseits der eigenen Grenzen geradezu konstitutiv bei der Bewältigung des Bedrohlichen, welches auf diese Weise ungefährlich und harmlos wurde und doch seine Macht für sich behielt und der Überwindung entzogen blieb. In der Antinomie vom Nahen einerseits, dem Guten, dem Verwandten, und dem Fernen als dem Bedrohlichen andererseits, das zwar faszinierte, aber dem man sich nicht ohne Schaden ungebührlich nähern durfte, in dieser Antinomie spiegelt sich ein ganz grundlegender Zug in der Welthaltung der Chinesen. Nähe und Ferne hatten die Qualitäten, die ihnen in einer auf Sippenstrukturen gegründeten Gesellschaft auch zukamen. Das Besondere dabei war, daß die daraus entfaltete Weltinterpretation und deren Systematisierung eine derart prägende Kraft behielten, daß sie die Formeln lieferte, nach denen auch dann noch argumentiert wurde, als die realen Verhältnisse längst reif für einen Wandel waren.

Nähe und Ferne sind spätestens seit der geistigen Umwälzung in den ersten Jahrhunderten der Zhou-Dynastie ganz entscheidende Größen bei der Bestimmung korrekten Verhaltens. Die Herrscher, die als die einzigen legitimen Vermittler zwischen der Welt und dem Jenseits angesehen wurden, waren demnach dem Volke näher als den Göttern und Geistern. Diese Vorstellung der Trennung zwischen Diesseits und Jenseits führte dazu, daß den einzelnen Kulturgemeinschaften nur gewisse Geister nahestanden, die sie verehren durften. Weiter entfernte, und damit natürlich auch alle neuen Götter, wurden hingegen in der Entfernung belassen, der Umgang mit ihnen war verpönt. Denn es handelte sich gewissermaßen um die räumliche Entzerrung von schicklichem und verwerflichem Verhalten, da der Kult ein wesentlicher Teil des Verhaltens und keine Glaubenssache des einzelnen war.

Nähe und Ferne sind ganz wesentliche Unterscheidungsmerkmale, ebenso wie die Chinesen-Barbaren-Unterscheidung und andere derartige Gegensatzpaare, die zur Abgrenzung dienen, wie zum Beispiel Innen und Außen *(nei wai)*, Groß und Klein *(da xiao)* und Oben und Unten *(shang hsia)*. Wenn es in dem gegen den Buddhismus gerichteten *Traktat über Barbaren und Chinesen (Yixialun)* des Gu Huan aus dem 5. Jahrhundert n. Chr. heißt: »Das eine [das ist Daoismus] ist verborgene Tugend zur Erhellung des Nahen, das andere [das ist der Buddhismus] heller Geist zur Darlegung des Entfernten« (*Nan Qi shu* 54, S. 931), so ist dies auch Ausdruck des zu jener Zeit vorherrschenden Bewußtseins der Relativität einzelner Positionen. Bei Gu Huan etwa geht es um die Betonung des Eigenrechts. Im Prinzip seien Buddhismus, Daoismus und Konfuzianismus ja gleich, doch in seinen Ausprägungen sei der Buddhismus verschieden, ja fremdartig und passe nicht in die chinesische Welt.

Die Nah-Fern-Unterscheidung ist zugleich ein Topos für die prinzipielle Gleichheit von (irrtümlich) als unterschiedlich angesehenen Positionen. In den *Regeln für die Anhänger (Menlü)* des Zhang Rong (444-497) aus derselben Zeit wird das Ferne als dasjenige gekennzeichnet, das zwar nicht unbedingt falsch, das aber schwer erkennbar und möglicherweise irreführend ist. Dafür, wie man sich allenfalls dem Fernen nähern solle, gibt es in der »Großen Abhandlung« im *Buch der Wandlungen* bereits einen Hinweis:

> Um die wirren Mannigfaltigkeiten zu begreifen und das Geheime zu erforschen, um das Tiefe zu erreichen und in die Ferne zu wirken *(zhi yuan)* und so Heil und Unheil auf Erden zu vollenden, gibt es nichts Größeres als das Orakel. (*Xici* A 11; Wilhelm 1960, S. 296)

Das Nahe ist nicht nur das Vertraute, das Ferne nicht nur das mit Boot und Wagen zu erreichende, sondern es gibt auch solches, dem man sich nähern, und solches, von dem man sich fernhalten muß. In den *Gesprächen des Konfuzius* lesen wir:

> Fan Zhi fragte nach der Weisheit. Der Meister sagte: Sich um das kümmern, was den Leuten rechtmäßig zukommt, und die Geister respektvoll fernhalten, das kann man Weisheit nennen. (*Lunyu* 6,20; vgl. Waley 1938, S. 120; siehe auch Creel 1932, S. 82 ff.)

Der Ausdruck *yüan* bedeutet also nicht immer »(sich) fernhalten, fern sein«, sondern auch »die angemessene Distanz wahren«. Bei alledem blieb aber die Distanz etwas Trennendes, dessen Überwindung in gewissen Fällen als wünschenswert galt, etwa wenn das Volk von weither einem beispielhaften Herrscher zuströmte oder wenn Fremde von Ferne her zu Besuch kamen. Bisweilen also gelang die Überwindung, zumeist aber gelang sie nicht.

Da die Eindämmung überhandnehmender Kulte dem Daoismus zufiel und dieser sich vor allem gegenüber den Volkskulten definierte und seine Reinheit wahrte, wurde das Abweichende entweder als Ausdruck einer Periode des Niedergangs bezeichnet, oder es wurde in die Ferne verlegt in dem Sinne, daß mit dem Ausmaß der Abweichung auch die Entfernung sich vergrößerte. In einem daoistischen Text aus dem 5. Jahrhundert n. Chr. heißt es bei der Erörterung von den »drei Lehren« (*san dao*, eigentlich: »drei Wege«):

> Die erste ist korrekt, ganz *yang* [das ist das männliche, helle Prinzip] und insgesamt gut für China; die zweite ist *yin* [das ist das weibliche, dunkle Prinzip] und für die Barbaren angemessen; die dritte, halb *yin* und halb *yang*, ist vorherrschend in den [halbzivilisierten] Ländern Chu und Yue. (*Daozang*, Fasz. 876, Kap. 3A, S. 2b; vgl. Stein 1979, S. 63)

Das höchste Dao zu verehren gilt als korrekt, die Verehrung nichtzugelassener Gottheiten als verwerflich, sich von den Geistern fernzuhalten ist richtig und daher ebenso gefordert wie die Distanz zu fremden Lehren und zu Fremdem überhaupt. Was fremd ist für den eigenen Kult, gilt als unschicklich, nur wird es nicht einer teuflischen Macht zugeordnet, sondern der Ferne. Mit der Abgrenzung gegenüber Fremdem konnte freilich innerhalb einzelner Traditionen noch keine kontinuierliche Identität gewährleistet werden. Gegen die Einflußnahme einzelner Mystagogen, die das Monopol des bestehenden Kultes bedrohten, wurde die Korrektheit einer Lehre und ihre Weitergabe typischerweise an den Besitz eines Insigniums gebunden, zumeist an eine Schrift, die im Daoismus häufig innerhalb einer Familie weitergegeben wurde. Solche Schriften enthielten das Wissen, zumeist die Formeln und Namen der Hilfsgeister, die es dem Inhaber des Buches ermöglichten, Macht über die bezeichneten Geister zu haben. Auf diese Weise, durch Bemächtigung oder Vertreibung, oft aber auch durch Adoption fremder Gottheiten, suchte sich der »orthodoxe Daoismus« gegen die Volksreligionen zu behaupten und diese soweit wie möglich zurückzudrängen oder aufzusaugen. Es ist in diesem Zusammenhang vielleicht nicht ohne Reiz, auf das Verbot der Weitergabe chinesischer Geschichtswerke an die Barbaren hinzuweisen, denen als »außerhalb der Kultur« *(hua-wai)* Stehenden diese Werke nicht in die Hände fallen durften. Denn es bestand bei ihnen die Gefahr, daß

> in ihrer Hand die Geschichte Chinas zu einem äußerst unberechenbaren Werkzeug [würde], da niemand garantieren konnte, daß sie die darin aus Gründen der historischen Wahrheit aufgezeichneten Untaten der Vergangenheit nicht womöglich noch zum Vorbild nehmen würden. (Rosner 1979, S. 94)

Nachdem im 11. Jahrhundert n. Chr. infolge des steigenden Bewußtseins auch dogmatischer Vielfalt Versuche, das Nebeneinander beziehungsweise das Gegeneinander verschiedener Schulen im Sinne von Fraktionen oder Parteiungen durchzusetzen, gescheitert waren, waren damit zugleich auch gewisse Wege zur Entfaltung für lange Zeit versperrt. Die Kontroverse darüber, ob es nicht gut und empfehlenswert sei, Parteien als etwas Nützliches zuzulassen, eine Kontroverse, die im übrigen selbst eine lange Vorgeschichte hatte, sei hier nur angedeutet. (J. T. C. Liu 1967, S. 52-64) Die mancherseits geäußerte Vermutung allerdings, der Versuch, den Fraktionalismus neu zu bewerten und positiv zu besetzen, hätte zu einem Ausgangspunkt für alternative Entwicklungen werden können, scheint sehr fraglich. Es spricht vielmehr einiges dafür, daß sich eine bestimmte Schicht klassisch gebildeter Amtsträger und Amtsanwärter, die ihr Privileg bedroht sahen, mit ihrem Vorschlag zur Definition einer Partei gegen eine aufkommende breitere Meinungsvielfalt hatte durchsetzen wollen. Die Tendenz, eine Orthopraxie als einheitliche allgemeingültige Lehre zu behaupten, überwog schließlich, und dies führte dazu, daß das alte Bild von der Einheit in der Vielfalt neu belebt und einem Harmoniewunsch unterworfen wurde.

Daher ist es einer der spannendsten kulturgeschichtlichen Prozesse, wie die Vorstellung des weltentrückten Unsterblichen, in Verbindung mit dem Lebensverlängerungsideal, im Laufe der Han-Zeit umgedeutet wurde und schließlich vereinbar wurde mit einem Leben in der Gesellschaft, in der Familie, ja in Amt und Würden, worin wir nur *ein* Beispiel für den immer wieder zu beobachtenden integrationistischen Prozeß, für die Vereinbarung von Amt und Rückzug (siehe auch Bauer 1981) finden.

GEFANGEN IM DIESSEITS UND DAS GESPRÄCH DER RELIGIONEN

DIE SEIDENSTRASSE

Zentralasien

Obwohl es der Buddhismus in China zu glanzvollen Zentren, einer großen Anhängerschaft und einer überwältigend reichen literarischen und philosophischen Eigenständigkeit gebracht hatte, übt er vor allem in jenen Ausprägungen bis heute, und zwar weltweit, einen besonderen Zauber aus, in denen er sich in Zentralasien erhalten hat. Und weil diese Länder und ihre Völker, namentlich Tibeter und Mongolen, nicht nur China stark beeinflußten, sondern weil sie seit dem 14. Jahrhundert zu Teilen der chinesischen Welt geworden waren, müssen sie hier wenigstens kursorisch behandelt werden. Funde alter und ältester Dokumente und Bauwerke, seit dem 19. Jahrhundert nach und nach entdeckt, zeugen vom Glanz des Buddhismus im ersten nachchristlichen Jahrtausend in den mittelasiatischen Gebieten. Zugleich erinnern diese Monumente an die Wege, auf denen der Buddhismus sich in alle Richtungen verbreitete. Von den Oasen am Ostende der Seidenstraße, von Chinesisch-Turkestan, entlang den verschiedenen Handelsrouten am Rande der Wüste Taklamakan und mitten durch sie hindurch bis in das Karakorum, das nördliche Afghanistan und weiter zum Oxus im Westen reicht die Ausdehnung des zentralasiatischen Buddhismus. Eine Vielfalt von Sprachen und Kulturen nahm hier diese Lehre auf und trug sie weiter. In den Trockengebieten Mittelasiens haben sich auf Birkenrinde und anderen Materialien Sanskrithandschriften von Texten erhalten, die über Jahrhunderte sonst nur in chinesischer oder tibetischer Übersetzung bekannt waren. Über den Buddhismus in Zentralasien, Tibet und der Mongolei wissen wir aber mehr erst seit den großen Entdeckungen des ausgehenden 19. und des frühen 20. Jahrhunderts. In verschiedenen Schriften und Sprachen haben wir so Zeugnisse aus der Frühzeit des Buddhismus wiedergewonnen. Manche Inschriften wie die Felseninschriften in Gilgit sind überhaupt erst vor wenigen Jahrzehnten entdeckt worden.

Zunächst war der Buddhismus wohl eher westwärts und nicht nach Osten gewandert. Dazu hatten das Maurya-Reich und dort insbesondere die Herrschaft Aśokas sowie das im 1. Jahrhundert n. Chr. gegründete Kuṣāṇa-Reich, vor allem mit dem Herrscher Kaniṣka günstige Voraussetzungen geboten. Von dem engen Austausch mit der griechischen Kultur zeugen nicht nur die buddhistischen Skulpturen aus Gandhāra, sondern auch Texte wie der berühmte Dialog in Pali *Die Fragen des Königs Menandros (Milinda) (Milindapañhā).* Und hinter manchen Vorstellungen und Kulten, etwa der Vorstellung des Bodhisattva Avalokiteśvara, mögen iranische Anregungen stehen. Zusammenhänge zwischen dem Amitābha-Kult und den Vorstellungen von seinem Paradies Sukhāvatī einerseits und iranischen gnostischen Vorstellungen andererseits sind nicht auszuschließen. Jedenfalls hat die Gnosis, so etwa der Manichäismus, bei der Verbreitung nach Osten an die Sprache und Terminologie des Buddhismus anknüpfen und so in ein chinesisches Gewand schlüpfen können, in dem er in China und an dessen Rändern über mehrere Jahrhunderte wirkte, weshalb wir auch von einem »zentralasiatischen« oder »östlichen Manichäismus« sprechen.

Die aus dem im 3. Jahrhundert n. Chr. zerfallenden Kuṣāṇa-Reich hervorgegangenen kleineren Staaten und Stadtstaaten hielten zwar am Buddhismus fest, doch führten die Eroberungszüge der sogenannten Weißen Hunnen, der Hephtaliten, dann aber auch das Erstarken des Hinduismus zu einer Schwächung des Buddhismus in diesen Gebieten. Weiter im Osten war es seit dem 7. Jahrhundert die Machtausdehnung Tibets, die zum Niedergang einiger Klosterzentren führte, obgleich sich die Tibeter zum Buddhismus bekannten. Die zahlreichen Kunstwerke und Texte aus diesen Kulturen in den großen Museen der Welt legen bis heute Zeugnis ab von der Verbreitung des Buddhismus zwischen Vorderasien im Westen und China im Osten. Aus diesen Regionen stammten nicht zufällig die ersten großen Übersetzer, welche die indischen Texte ins Chinesische und dann auch ins Tibetische übertrugen, wie der parthische Mönch An Shigao, der im Jahre 148 n. Chr. in die chinesische Hauptstadt Luoyang kam. Mit dem Stichwort Buddhismus in Zentralasien ist nicht nur die Verbreitung des Mahāyāna nach Ostasien verbunden, sondern noch aus dem 7. und 8. Jahrhundert haben wir Zeugnisse von der Verknüpfung des Buddhismus mit der kulturellen und sprachlichen Vielfalt damals blühender und heute zum Teil vergessener Oasenstädte wie Khotan, Kashgar und Kutscha. In der Zeit um 1000 n. Chr. hatte der zentralasiatische Buddhismus seinen Höhepunkt längst überschritten. Auch war der für das erste Jahrtausend so rege Austausch über die mittel- und südasiatischen Landwege inzwischen abgeschnitten. Dennoch hielt sich der Buddhismus in einigen Zentren, insbesondere auf der nördlichen Route der Seidenstraße, und erlebte unter der Weltherrschaft der Mongolen im 13. und 14. Jahrhundert eine Renaissance.

Verbreitung von Heilslehren

Die Vielfalt religiöser Lehren und Vorstellungen und auch die Möglichkeit, solche Lehren kontrovers zu diskutieren, waren in der Zeit der Verbreitung des Buddhismus, der ja selbst eine große Zahl divergierender Richtungen aufweist, an vielen Orten bewußt geworden. Zugleich hatte die Aufnahme des Buddhismus den Boden bereitet für die Aufnahme anderer Lehren. Diese lehnten sich häufig an die Nomenklatur des Buddhismus an, so wie dieser selbst in seinen Anfängen im Gewande des Daoismus aufgetreten war. Über die alten Handelswege, die Westasien, den Vorderen Orient und Europa mit dem Fernen Osten verbanden, kam die Kunde von Christentum, Islam, Judentum und einigen Religionen aus den späthellenistischen Kulturräumen Asiens, wie eben dem Manichäismus, nach China. Wegen der Bedeutung der Seide als Handelsgut sind diese Verbindungswege zu Recht von Ferdinand von Richthofen (1833-1905) als das System der »Seidenstraßen« bezeichnet worden.

Nun muß man andererseits davon ausgehen, daß die religiösen Bedürfnisse in China seit der Mitte des ersten Jahrtausends in hohem Maße »gesättigt« waren, so daß es den anderen dorthin gelangenden Religionen nicht beschieden war, unter der chinesischen Bevölkerung eine größere Anhängerschaft zu finden, wie dies bei dem Buddhismus der Fall gewesen war. Doch es blieb das Interesse am Austausch mit den Lehren anderer Völker, aber auch mit den Ursprungsstätten des Buddhismus lebendig, wie überhaupt die wirtschaftliche, diplomatische und religiöse Kommunikation ein integraler Bestandteil des zentralasiatischen Netzwerkes war und lange Zeit blieb. (X. Liu 1998; Höllmann 2004; Bielenstein 2005) Dabei soll hier die Frage offenbleiben, ob wirtschaftliche und Handelsinteressen dem Austausch von Ideen und Glaubenslehren förderlich waren oder umgekehrt. Fest steht aber, daß diese Religionen nicht auf einzelne Völker und Staaten begrenzt waren, sondern sich ebenso wechselseitig beeinflußten, wie sie sich in den jeweils spezifischen kulturellen Kontexten voneinander unterschieden. Zugleich wurde den Verkehrswegen der Seidenstraße bis in die Gegenwart von chinesischer Seite immer besondere Aufmerksamkeit geschenkt, nicht zuletzt weil von dort immer wieder Bedrohungen ausgegangen waren. Dies erklärt unabhängig von den dort befindlichen Rohstofflagerstätten, an denen China seit der Industrialisierung vitales Interesse hat, die strategische Rolle, die Tibet und Turkestan (heute Xinjiang) und Qinghai seit jeher zugemessen wird. (Hopkirk 1980; Wieczorek, Lind 2007)

Manichäismus

Unter den Religionen der Seidenstraße kommt dem Manichäismus eine besondere Bedeutung zu. Er kam im 6. Jahrhundert nach China und fand Aufnahme insbesondere in Städten entlang den Handelsrouten bis hin zu den Küstenstädten am Ostchinesischen Meer. Für das Auftreten anderer iranischer Kulte in China gibt es einige Anzeichen. Werner Eichhorn hat einmal die Vermutung geäußert, mittelasiatische Lichtreligionen hätten bereits in vorchristlicher Zeit die Ausbildung der chinesischen *Yin-Yang*-Lehre beeinflußt. (Eichhorn 1959, S. 531) Lange Zeit galt das Jahr 694 n. Chr. als der Beginn des Manichäismus in China, doch spricht manches dafür, daß bereits im 5. Jahrhundert manichäische Einflüsse nach China kamen. In der Tang-Zeit jedoch ist der Manichäismus präsent, blieb aber beschränkt auf kleine Gruppen von Anhängern und wurde erst prominent, als er zur Staatsreligion bei dem Nachbarvolk der Uighuren wurde, die in enger Beziehung zum China der Tang-Zeit standen. Womöglich wegen seiner Nähe zu Aufstandsbewegungen und auch wegen seiner radikalen Unterscheidung von Gut und Böse wurde die Lehre des Mani in China von Anfang an als heterodoxe Lehre gebrandmarkt, und seine Praktizierung war nur Ausländern erlaubt. Diese Nichtvereinbarkeitsregelung hing aber auch mit der Einführung des Manichäismus als Staatsreligion bei den Uighuren zusammen. Der Khan der Uighuren war im Jahre 762/763 einigen Vertretern dieser Lehre in Luoyang begegnet, wo er die Tang-Herrscher gegen den Aufstand des An Lushan unterstützt hatte. Er ließ sich bekehren und brachte den Glauben zu seinem Volk. (Schmidt-Glintzer 1991, S. 23) Nachdem das uighurische Reich zusammengebrochen war, unternahm der Tang-Kaiser Wuzong (reg. 840-846 n. Chr.) eine systematische Verfolgung des Manichäismus wie auch anderer ausländischer Religionen, nicht zuletzt weil es Konflikte zwischen den einzelnen Religionen gab. Die staatliche Verwaltung kümmerte sich darum, die religiösen Verhältnisse in

Ordnung zu bringen, wobei es nicht nur um Schließung manichäischer Tempel, sondern auch um den Schutz der Geistlichen vor Übergriffen ging. Solche im Jahre 842 zunächst moderat begonnenen Verwaltungsmaßnahmen verschärften sich in dem Maße, in dem die Konflikte mit den uighurischen Verbänden gewalttätiger wurden. Im Jahre 843 bereits kam es zu regelrechten Übergriffen und Verfolgungen, so daß der japanische Pilgermönch Ennin berichtet:

> Ein kaiserlicher Erlaß ist verkündet worden, in dem angeordnet wird, alle manichäischen Priester im Reiche zu töten. Ihre Köpfe sollen kahlgeschoren und sie sollen in buddhistische Schärpen gehüllt werden, damit sie wie buddhistische Mönche aussehen, und dann soll man sie töten. Die manichäischen Priester stehen bei den Uighuren in hohem Ansehen. (Schmidt-Glintzer 1991, S. 27f.)

Einigen Daoisten gelang es schließlich, den Herrscher Wuzong davon zu überzeugen, sämtliche ausländische Religionen zu verfolgen, so daß es im Jahre 845 zu einer grausamen Verfolgung des Buddhismus, des als Nestorianismus bezeichneten östlichen Christentums und des Mazdaismus kam. Hierbei spielten auch ökonomische Gesichtspunkte eine Rolle, aber vor allem war die Zuspitzung des Konfliktes das Ergebnis der zeitweiligen Durchsetzung der Daoisten in der bereits Jahrhunderte dauernden Geltungsrivalität zwischen Daoismus und Buddhismus. Daß gerade auch die Buddhisten aus der Verunglimpfung der Manichäer Honig saugten, wird in dem Bericht des buddhistischen Geschichtswerkes *Fozu tongji* im Kapitel 42 deutlich, wo es über einen Aufstand eines sonst wenig bekannten Wu Yi im Jahre 920 heißt:

> Die manichäische Gemeinde von Chenzhou (Provinz Henan) rebellierte und setzte Wu Yi als Himmelssohn ein. Der kaiserliche Hof entsandte Truppen, die Wu Yi einfingen und ihn enthaupteten. – Seine Anhänger verzehrten kein Fleisch und tranken keinen Wein; sie versammelten sich bei Nacht zu dunklen Exzessen. Sie stellten den Mara-König sitzend mit ausgestreckten Beinen dar, während Buddha ihm die Füße wäscht. Sie sagten, der Buddhismus

sei nur das Große Fahrzeug, während ihre Lehre das Allergrößte Fahrzeug sei. Derartig ist ihre kriminelle Anmaßung. (Schmidt-Glintzer 1991, S. 29)

Frühes Christentum in Ostasien

In Europa, dann aber auch in der ganzen christlichen Welt fanden die Anfänge einer christlichen Gemeinde in China besondere Beachtung. Als im Jahre 2006 in Luoyang (Provinz Henan) ein christlicher Grabstein aus dem 9. Jahrhundert gefunden wurde, stellte man ihn in seiner Bedeutung mit der auf das Jahr 781 datierten und im Jahr 1623 entdeckten »Nestorianerstele« gleich. Diese Stele gilt als das früheste Originalzeugnis der Verbreitung christlicher Lehre in China. Inzwischen gibt es neben dieser Nestorianerstele (Pelliot 1996) eine Vielzahl von Funden und Forschungen zu dieser »Kirche des Ostens«, als die sie zutreffender zu bezeichnen ist, weil sich nämlich in den Lehren der Kirche des Ostens keine Elemente jener häretischen Lehren des in Syrien geborenen und in Antiochien erzogenen Nestorius (etwa 381-451) finden, auch wenn dieser Bischof von Konstantinopel im Osten verehrt wird. (Malek 2006, S. 12f.) Es hatte wohl schon längere Zeit vor Errichtung dieser Stele Anhänger der christlichen Botschaft in China gegeben. So gibt es Hinweise auf eine »Kirche Persiens« aus dem 7. Jahrhundert, also vor der Zeit der muslimischen Eroberung des Perserreiches. Mit dieser Bezeichnung »Kirche (oder: Kirchen) Persiens« sind sicherlich unterschiedliche Glaubensrichtungen, darunter aber wohl auch christliche gemeint. (Leslie 1981) Engere Berührungen mit dem Christentum gab es dann während der Zeit der Mongolenherrschaft im 13. und 14. Jahrhundert, als bereits von Rom aus ein gesteigertes Interesse an Beziehungen zum Hof nach Khanbalik vorhanden war. In neuester Zeit ist die Geschichte der Begegnung zwischen Christentum und chinesischer Welt wieder stärker in den Vordergrund getreten, im Zuge dessen auch die Rolle der sogenannten »Nestorianer« neu bewertet wird. (Malek 2006)

Islam

Die Frühgeschichte des Islam in China und seinen Randgebieten ebenso wie in den Ländern Zentralasiens ist dagegen gut erforscht und bekannt (siehe Leslie 1986 und Leslie 2006b), auch wenn die chinesischen Quellen nicht sehr ergiebig sind. Zwar gab es schon in der Tang-Zeit Muslime in China, doch eine größere Ansiedlung von Muslimen und Angehörigen anderer Religionen und Völker fand erst im 13. Jahrhundert statt, und diese war eher die Folge von Handelsbeziehungen. Erst mit der Expansion Chinas unter der Herrschaft der Mongolen und dann unter der Mandschu-Herrschaft gelangten größere Gruppen von Muslimen in den Herrschaftsbereich Chinas. Als Handwerker und Städtebauer, aber auch als fachkundige Berater und Gelehrte auf vielerlei Gebieten machten sich Angehörige der muslimischen Population Chinas, aber auch aus den Nachbarländern eingewanderte Spezialisten immer wieder unersetzlich und brachten viel neues Wissen nach China. Doch in dem Maße, in dem die Muslime ihre Privilegien verloren, etwa die Erlaubnis der rituellen Schlachtung und der Beschneidung, kam es einerseits zu Widerständen, andererseits aber auch zu verstärkter Assimilation. Die muslimische Bevölkerung, insbesondere jene in Xinjiang, organisierte sich wiederholt, vor allem in Zeiten größerer Unzufriedenheit, und die daraus resultierenden sozialen Bewegungen beförderten, wie etwa am Ende der Ming-Dynastie, aber auch im 19. Jahrhundert, Reformen auf seiten der Regierung und Verwaltung.

Tibet

Abseits der Routen der Seidenstraße lag Tibet, wohin der Buddhismus erst im 7. Jahrhundert gelangte, als sich Tibet zu einem machtvollen Staat zu entfalten begann. Dort nahm er eine bis in die Gegenwart sichtbare eigene Entwicklungsrichtung, weil er sich einerseits mit einheimischen Religions- und

Kulttraditionen verband, andererseits aber von buddhistischen Missionaren aus Indien ebenso wie aus China beeinflußt wurde und so ein neues Maß an Komplexität gewann. In den folgenden Jahrhunderten gelangten ebenso die eher als rationalistisch zu bezeichnenden Schultraditionen des Sarvāstivāda, des Sautrāntika, des Mādhyamaka und des Yogācāra wie die eher als mystisch zu bezeichnende Tantra-Tradition, in der in manchen Liturgien Sexualität und Alkohol eine Rolle spielen, nach Tibet. Manche Besonderheiten gehen auf den Einfluß der einheimischen Bon-Religion zurück, welche für die besondere Bedeutung einzelner als heilig angesehener Berge und Bergmassive prägend wirkte. Mit dem Buddhismus entstanden Klöster als Kultstätten und Ausbildungsanstalten und zugleich als Zentren für die Übersetzung buddhistischer Werke. Vor allem aber begannen die Klöster einen zentralen Faktor im politischen Gefüge des Landes einzunehmen, aus dem neue Herrschaftsinstitutionen außerhalb der bis dahin bestehenden staatlichen Organisation erwuchsen. Dabei beschränkten sich die Klöster keineswegs auf das Geistig-Religiöse, sondern sie wurden selbst zu Zentren des Handels und schließlich zu entscheidenden politischen Machtfaktoren.

Die erste Blüte des Buddhismus wurde jäh durch den Zusammenbruch der Yarlug-Dynastie im frühen 9. Jahrhundert beendet, so daß die folgende Entwicklung der Lehre auch als »zweite Verbreitung des Buddhismus« bezeichnet wird. Unter der Herrschaft von Glaṅ-dar-ma (838-842) war es – unter Mitwirkung des Bon-Adels – zur Zerschlagung klösterlicher Organisationen und der Laisierung der Mönche gekommen, und nach der Ermordung Glaṅ-dar-mas (durch einen buddhistischen Mönch) folgte eine zweihundertjährige Periode der politischen und religiösen Instabilität. Die wechselvolle Geschichte des Buddhismus in Tibet ist für die heutige Bewertung der tibetischen Unabhängigkeitsbestrebungen nicht ohne Belang. Erst im 11. und 12. Jahrhundert kam es zur Gründung großer Klöster, von denen das 1073 gegründete Kloster von Sakyapaṇḍita *(Sa skya pa)*, in dem vor allem die Vajrayāṇa-Lehren gepflegt wurden, im 13. Jahrhundert als Verhandlungsfüh-

Die Herrscher der letzten mandschurischen Qing-Dynastie stellten sich insbesondere in ihrem Verhältnis zu den in ihr Herrschaftsgebiet einbezogenen Völkern Zentralasiens in die bereits durch die frühere Mongolenherrschaft begründete Tradition eines Universalherrschers und ließen sich als »Weltraddreher« (Cakravartin) oder Bodhisattva verehren, wie hier der Qianlong-Kaiser (1736-1795) im Zentrum einer Bildrolle als Bodhisattva Manjusri.

rer mit den Mongolen die Führungsrolle übernahm. Aus dem Zusammenspiel der verschiedenen Kult- und Lehrrichtungen bildete sich erst im späten 15. Jahrhundert diejenige Form heraus, die als »Lamaismus« bezeichnet wird und in die neben den buddhistischen auch viele vorbuddhistische Elemente Eingang gefunden haben. Die Bezeichnung »Lamaismus« rührt von der zentralen Rolle des Lehrers (*lama*, tibet.: *bla ma*) her, der für den Schüler in der Weitergabe der Lehre die absolute Autorität darstellt.

Von den einzelnen Schulen soll hier vor allem die als »Gelbmützen« bekannte Gelugpa-(»Schule der Tugendhaften«; tibet.: dGelugpa-)Richtung im Vordergrund stehen, deren heutige Form auf die geistige Syntheseleistung des Meisters Tsongkhapa (1357-1419) und seiner beiden Hauptschüler Gyaltshab (1364-1432) und Khedrub (1385-1483) zurückgeht. Tsongkhapa stammte aus der Kokonor-Region und hatte bei den bedeutendsten Lehrern seiner Zeit studiert, bevor er mit vierzig Jahren in einer Vision Atiśa, dem Erneuerer des Buddhismus in Tibet (gest. 1054 in der Nähe von Lhasa), begegnete. Aus der auf die Konzepte Tsongkhapas gegründeten Gelugpa-Schule ging der Fünfte Dalai Lama (1617-1682) hervor, mit dem der Anspruch dieser Linie auf die Herrschaft über ganz Tibet verbunden ist. Damit waren aber nicht alle anderen Lehrtraditionen erloschen, sondern sie lebten zum Teil kraftvoll weiter und brachten in den folgenden Jahrhunderten bis in die Gegenwart bedeutende Lehrer hervor. Zugleich waren sie Ausdruck des die gesamte Geschichte Tibets kennzeichnenden Schwankens zwischen zentrifugalen Kräften einerseits und Einheitsbestrebungen andererseits, die allerdings niemals die Einheitlichkeit des Glaubens in Frage stellten. Mit der Konsolidierung der »Gelbmützen« und der mit Hilfe fremder (mongolischer) Kräfte errichteten Einheitsherrschaft durch den Fünften Dalai Lama, der nun weltliche und geistliche Herrschaft vereinigte, wurde zugleich »der Weg zur Einmischung landesfremder Mächte in die Geschicke Tibets« eröffnet (Tucci 1970, S. 56). An die Seite des Dalai Lama trat ein weiterer höchster geistlicher Würdenträger, der Panchen Lama, der gelegentlich die theokratische Autorität des Dalai Lama relativierte. Seit dem Fünften Dalai Lama galt dieser als Verkörperung des Avalokiteśvara, der seinen Lehrer, den Panchen Lama, zur Wiedergeburt des Buddha Amitābha erklärte. Beide werden seither als »Tulku« angesehen, als Personen, die nach bestimmten Prüfungen als Reinkarnation einer zuvor verstorbenen Persönlichkeit angesehen werden, neben denen es weitere Tulku-Linien gibt. In Einklang damit steht die Bardo-Lehre, eine Lehre vom »Zwischenzustand« zwischen dem Tod einer Person und seiner nachfolgenden Wiedergeburt, die bereits im 2. Jahrhundert n. Chr. in Werken des Hīnayāna und des Mahāyāna anklingt, dann aber im Vajrayāṇa ausgebaut wurde. Dieser Zwischenzustand kennt verschiedene Phasen, die insbesondere in den Lehren vom Sterben und vom Tod, wie sie in dem *Totenbuch der Tibeter* niedergelegt sind, vermittelt werden. Trotz aller Besonderheiten kannte auch der tibetische ebenso wie der mongolische Buddhismus die Bedeutung der Ordenszucht *(vinaya)* und die Bedeutung der Lehrreden und der dogmatischen Kommentartradition, die nunmehr pauschal als *»sūtra«* (mongol.: *sudur*) bezeichnet werden.

Wie bereits dargelegt, spielte der Buddhismus in Tibet als Herrschaftsinstrument eine wichtige Rolle, einerseits zur Bindung der tibetischen und dann auch der mongolischen Bevölkerung an den Herrschaftsanspruch Chinas, andererseits aber auch zur Formulierung territorialer und kultureller Eigenständigkeit. In der Auseinandersetzung um die Unabhängigkeit Tibets hat die chinesische Regierung in den letzten Jahren nichts unversucht gelassen, ihren Einfluß auch auf den tibetischen Buddhismus auszudehnen. Dies zeigte sich bei der Wahl des Elften Panchen Lama. Mit ihrer Einflußnahme gerät die chinesische Regierung zwar in Widerspruch zur verfassungsmäßig gewährten Garantie der freien Religionsausübung, verhält sich aber konform zu einer langen und im chinesischen Reich seit der Durchsetzung des bürokratischen Einheitsstaates etablierten Tradition der Dominierung jedweder religiösen Aktivität durch die Politik. Trotz tibetischer »nationalistischer« Strömungen im frühen 20. Jahrhundert ist Tibet spätestens seit dem 17. Jahrhundert ein Bestandteil des mongolisch-mandschurischen Herrschaftssystems, das China beerbt hat. Die »Eingliederung der zentralasiatischen Gesellschaften Tibets und der Mongolei« (Sabine Dabringhaus) in den Reichsverband der von Mandschus geführten Qing-Dynastie mit der Hauptstadt Peking war die Folge der Abkehr von der traditionellen passiven Tributpolitik des chinesischen Kaiserhofes gegenüber den zentralasiatischen Völkern und zugleich Zeichen des Übergangs zu einer aktiven Expansionsstrategie. Die im Jahre 1636 von dem im Nordosten Chinas ansässigen und seßhaft gewordenen Steppenvolk der Mandschu ausgerufene »Große Qing«-Dynastie, die »Große Reine«, bildete den Auftakt zu einer Eroberung nicht nur ganz Chinas, sondern bezog auch die Insel Formosa (1683) ein und hatte die schrittweise, mit der Zerstörung des westmongolischen Steppenreichs der Dsungaren im Jahre 1757 vollendete Unterwerfung der mongolischen Stämme zur Folge.

Diese Politik war in Tibet nicht unwillkommen, war es doch dem Fünften Dalai Lama nur mit Hilfe der militärischen Macht des Mongolenkhans gelungen, seinen Herrschaftsanspruch auf ganz Tibet auszudehnen, und das mandschurisch beherrschte China setzte diese Tradition fort. Diese Expansion Chinas unter mandschurischer Herrschaft fand zu einer Zeit statt, als die europäischen Mächte und schließlich auch Rußland einer ähnlichen Dynamik folgten. Die Indianervölker Nordamerikas sind vielleicht die bekanntesten Opfer. Dagegen blieb die tibetische Kultur weitgehend unangetastet und konnte sich weiter entfalten, während der Kaiser in Peking sich von den Mongolen und Tibetern als wohltätiger Bodhisattva verehren ließ. Doch erst in den Jahren 1720/21 gelang es Peking, den Mongolen ihre über die Jahrhunderte gewachsene Stellung als Schutzmacht über den Dalai Lama als geistiges und weltliches Oberhaupt Tibets endgültig zu entwinden und sich in Tibet festzusetzen. Sich als Rechtsnachfolger der Mongolenherrschaft betrachtend, unter der von dem mongolischen Großkhan Altan Khan (1507-1582) überhaupt erst das System der sich immer neu inkarnierenden Dalai Lamas geschaffen worden war, gliederten die Mandschu Tibet in ihr Reich ein, und lange Zeit galt der in Shiga-tse ansässige, zumeist aber in Peking residierende Panchen Lama, zugleich Lehrer des Qianlong-Kaisers (reg. 1736-1795), als Oberhaupt Tibets. Tibet war also am Ende des 18. Jahrhunderts »im festen Griff der mandschurisch-chinesischen Imperialmacht«. (Dabringhaus 1992, S. 47) Da diese Vormachtstellung in Tibet »Sprungbrett« und Fundament für die weiteren Eroberungen des Qing-Reiches in Zentralasien bildete, waren Zusammenstöße mit dem britischen Weltreich und dem ebenso expansiv auftretenden zaristischen Rußland absehbar. Einen Vorgeschmack davon gaben die Qing-Feldzüge gegen die in Tibet 1788 und 1791 eingefallenen nepalesischen Gurkha, die der Komplizenschaft mit den Briten verdächtigt wurden.

In manchen Punkten aber hatte sich China dann auch seinerseits über Tibet hinweg mit England über einige territoriale Fragen geeinigt, als es etwa 1890 Sikkim, ursprünglich ein Vasallenstaat Lhasas, in einer chinesisch-britischen Konvention zum britischen Protektorat erklärte, eine Regelung, der die Regierung Tibets ebensowenig zustimmte wie dem Chinesisch-Britischen Vertrag von 1893 über den Indien-Tibet-Handel. Der 1895 in sein Amt eingeführte 13. Dalai Lama (1876-1933) pflegte enge Kontakte mit Vertretern des Zaren in St. Petersburg, wogegen sich der Vertreter Chinas zu wehren versuchte. Als Reaktion auf den wachsenden russischen Einfluß in Lhasa entschloß sich der damalige englische Vizekönig von Indien, Lord Curzon, militärisch gegen Tibet vorzugehen. 1903/1904 fand die sogenannte Younghusband-Expedition gegen Lhasa statt, mit dem erklärten Ziel, Tibet zur Anerkennung der Abmachungen zwischen England und China von 1893 zu zwingen, was auch gelang, allerdings ohne Beteiligung des Dalai Lama, der in die Äußere Mongolei geflüchtet war. Diese Gelegenheit suchte die Qing-Regierung in Peking zu nutzen, indem sie den 9. Panchen Lama (1883-1937) zum Regenten über Tibet erklärte, der zunächst ablehnte, dann aber doch während der Exilzeit des Dalai Lama faktisch die Regentschaft innehatte, seinerseits dann aber im Jahr 1923 von dem Dalai Lama ins Exil geschickt wurde.

Der östliche Teil Tibets wurde von chinesischer Seite aus reorganisiert, und bei seiner Rückkehr 1908 aus der Mongolei wurde der Dalai Lama gezwungen, über Peking zu reisen und der Kaiserinwitwe Cixi seine Reverenz zu erweisen; im Jahr darauf floh er vor kaiserlichen Truppen nach Indien. Bereits 1912, nach dem Zusammenbruch des chinesischen Kaiserreiches, konnte der Dalai Lama nach Lhasa zurückkehren und die Unabhängigkeit Tibets proklamieren. Yuan Shikai (1859-1916) aber, der Präsident der neuen Republik China, ließ in einer Erklärung am 12. April 1912 festhalten, daß alle die Souveränität des Qing-Reiches anerkennenden Gebiete als feste Bestandteile der Republik China anzusehen seien. Diese Position wurde auch von der Republik China nach ihrem Rückzug nach Taiwan im Jahre 1949 in den folgenden Jahrzehnten vertreten und auch nicht von den USA als deren Schutzmacht bestritten. In der Folgezeit kreuzten sich die Interessen Englands, Indiens, Rußlands und Chinas, aber seither ist von keinem Staat die Zugehörigkeit Tibets zu China bestritten worden, auch wenn die britische Seite in der Simla-Konferenz 1913 von einer Unabhängigkeit Tibets ausgeht und nur die Souzeränität Chinas, d.h. die Berechtigung, Tibet nach außen zu vertreten, anerkennt.

Die heutige Bedrohung des Lamaismus in China, der geradezu katastrophale Substanzverlust der tibetischen Kultur und Kunst, ist neben der Kulturrevolution sowohl der Flucht der intellektuellen Führungsschicht als auch dem zunehmenden Tourismus und der »Massenproduktion von pseudoreligiöser Kunst als Andenkenkitsch« (Roger Goepper) zuzurechnen. Die Kernfrage der letzten fünfzig Jahre aber ist die der sozialen und kulturellen Modernisierung Tibets. Das alte Leibeigenschaftssystem wurde unter chinesischem Druck aufgehoben, und hier entflammt der Konflikt zwischen den Angehörigen der alten, zum Teil ins Exil gegangenen Eliten und den Vertretern einer sozialistischen Modernisierung. So wurde das Jahr 1959 zu einem Wendejahr – wegen der verfehlten

Politik des »Großen Sprungs nach vorn« übrigens ein Krisenjahr für ganz China –, als nach dem Scheitern der Einrichtung von Volkskommunen in Tibet die Regierung in Peking ein »Vorbereitendes Komitee für die Autonome Region Tibet« einsetzte und seine Volkskommunen-Politik weiterhin verfolgte. Am 10. März 1959 kam es zu einem Aufstand, bei dem Tibet seine Unabhängigkeit erklärte. Der Aufstand wurde in wenigen Tagen von den chinesischen Verbänden niedergeschlagen, und der 14. Dalai Lama floh am 17. März 1959 nach Indien. Seither gibt es nicht nur immer wieder aufflammende separatistische Aktionen in Tibet, sondern weite Teile der tibetischen Bevölkerung fühlen sich durch die chinesische Kulturpolitik auch einer Überfremdung ausgeliefert. In die durch den Wegzug eines großen Teils der Eliten entstandene Lücke sind inzwischen Chinesen vorgestoßen, deren Geschäftssinn und wirtschaftlicher Erfolg zu Neid und sozialen Konflikten führen. Zudem ist die Einführung einer Zweisprachigkeit bei der tibetischen Bevölkerung weitgehend nicht gelungen, so daß sich dort, wie übrigens auch in Xinjiang, chinesische und tibetische beziehungsweise chinesische und uighurische Parallelgesellschaften gebildet haben, deren Differenz durch die religiöse Zugehörigkeit zum Lamaismus beziehungsweise zum Islam noch verstärkt wird.

Unruhen sind seit Jahren immer wieder aufgeflammt – in Xinjiang gab es wiederholt Bombenanschläge, so daß sich China im Rahmen der Abwehr von Terroranschlägen zum Handeln gezwungen sieht. Tatsächlich aber ist das Verhalten der chinesischen Sicherheitskräfte oft ungeschickt, polizeiliches Handeln hat nicht den in den westlichen Demokratien gewohnten Standard, und auch die Kultur- und Bildungspolitik ist durch Versäumnisse und Engherzigkeit gekennzeichnet. Im Jahre 1988 etwa hatten Studenten in Lhasa dagegen demonstriert, daß an ihrer Universität nur auf chinesisch gelehrt werde. Die Pekinger Regierung hat insbesondere nach Unruhen in Tibet immer wieder eine Politik der Beschwichtigung verfolgt, zugleich aber auch regelmäßig den Ausnahmezustand über Lhasa verhängt, mit dem Hinweis auf zu befürchtende separatistische Unruhen. Wiederholt wurde bekräftigt, daß es für das »von China friedlich befreite« Tibet keine Unabhängigkeit, auch keine halbe Unabhängigkeit geben könne, wie in dem am 21. September 1992 veröffentlichen Weißbuch mit dem Titel *Souveränitätszugehörigkeit Tibets und seine Menschenrechtssituation* unmißverständlich dargelegt wird. Seither ist dennoch kein Ende der Feindseligkeiten abzusehen, und trotz gelegentlicher versöhnlicher Vorschläge von seiten des Dalai Lama äußerte sich im Sommer 2006 der KP-Chef Tibets, Zhang Qingli, über den Dalai Lama: »Das Problem ist, daß sein Verhalten und seine Aussagen nicht übereinstimmen. Er sagt: ›Ich will einen mittleren Weg gehen und akzeptieren, daß es nur ein China gibt.‹ Aber in Wahrheit hat er nicht einen einzigen Tag aufgehört, das Vaterland zu spalten.« Und tatsächlich fordert der Dalai Lama Autonomie und daß »Tibeter bei uns das Sagen haben« sowie »Tibeter in der Mehrheit sein müssen«, und nur wer tibetisch sprechen kann, dürfe bleiben.

Mit der stärkeren Einbindung Tibets in die Machtsphäre Chinas wurde auch der Buddhismus Tibets von dort mehr und mehr kontrolliert, und alle Aktivitäten von Dissidenten wurden mit brutaler Gewalt verhindert und verfolgt. Dazu diente auch die staatliche Aufsicht über die Mönchsordination und das Prüfungswesen für höhere geistliche Ämter. Nach Unruhen war die jährlich stattfindende Prüfungspraxis im Jahre 1988 aufgegeben und erst im Jahre 2004 mit Prüfungen unter anderem für den höchsten akademischen Grad der Gelugpa-Sekte wiederaufgenommen worden. Damit sollten der tibetische Buddhismus gefördert und die Fortführung der Tradition unter den Bedingungen chinesischer Vorherrschaft sichergestellt werden.

Als im Jahre 2008 im Vorfeld der Olympischen Spiele von langer Hand vorbereitete Protestaktionen in Lhasa, aber auch in den tibetischen Siedlungsgebieten in Sichuan, Qinghai und Yunnan stattfanden, kam es vor allem in Westeuropa und den USA zu großen Sympathiebekundungen. Doch bereits im Oktober 1987 schrieb der Diplomat Erwin Wickert (1915-2008) in einem *Die Worte des Dalai Lama und die Taten seiner Mönche* überschriebenen Artikel:

> Die chinesische Führung hatte schon seit einigen Jahren die schweren Fehler erkannt und anerkannt, die sie in Tibet begangen hat, und zwar schon in den fünfziger Jahren, nicht erst in der sogenannten Kulturrevolution. Die barbarische Zerstörung der Klöster, die Rücksichtslosigkeit und der Terror gegenüber der Bevölkerung Tibets sind kein Ruhmesblatt der chinesischen Minoritätenpolitik. Die Pekinger Führung zeigt doch schon seit einigen Jahren tätige Reue und leistet Wiedergutmachung; nicht nur durch den Wiederaufbau von Klöstern, sondern vor allem auch durch enorme finanzielle und wirtschaftliche Investitionen. (Wikkert 1987, S. 3)

Mongolei

Eine wichtige Rolle hat der Buddhismus in Form des Lamaismus auch bei den Mongolen gespielt, der die älteren mongolischen religiösen Traditionen nicht ersetzte, aber wegen seiner besonderen Rolle bei der Organisation von politischer und wirtschaftlicher Herrschaft genannt werden muß. Erste Begegnungen der Mongolen beziehungsweise ihrer Vorläufer, der Proto-Mongolen, mit dem Buddhismus dürften in das 4. Jahrhundert zurückreichen; mit Sicherheit hatte dann im 7. Jahrhundert der Buddhismus einen stärkeren Einfluß in dem Gebiet der heutigen Mongolei. Doch erst um die Mitte des 13. Jahrhunderts kam es bei den Einfällen der mongolischen Konföderation in Tibet zu einer intensiven Begegnung der mongolischen Führungsschichten mit dem Buddhismus, die nachhaltige Wirkung zeigte. Die Großkhane holten tibetische Lamas an ihren Hof, und zwar Vertreter verschiedener Schulen. Insbesondere die enge Beziehung des Khans Khubilai (reg. 1260-1294) zu dem Neffen und Nachfolger des Sakyapaṇḍita, dem Phagspa-Lama (1235-1280), schuf die Voraussetzungen für die »staatskirchliche« Entwicklung des Buddhismus bei den Mongolen. Der Buddhismus fand zunächst jedoch nur bei den führenden Familien Eingang; dadurch wurden zwar Klostergründungen und frühe Übersetzungen aus dem Tibetischen ins Mongolische begünstigt, doch fand die Lehre nicht bei weiteren Kreisen der Bevölkerung Anhängerschaft. Daher verschwand der Buddhismus nach dem Zusammenbruch der mongolischen Yuan-Dynastie und dem Zerfall der politischen Einheit der Mongolen auch wieder. Erst im 16. Jahrhundert, einem Wendepunkt in der Geschichte der Mongolen, kam es zu einer »zweiten Bekehrung« der Mongolen, und der Buddhismus wurde zur herrschenden Religion. Mit der Verleihung des Titels »Dalai Lama« an einen tibetischen Kirchenfürsten durch den Mongolenfürsten Altan (geb. 1506) im Jahre 1578 hielt die 1409 durch Tsongkhapa gegründete Gelugpa-Schule Einzug bei den Mongolen. Altan Khan erhielt im Gegenzug den Titel Khan und wurde zu einer Reinkarnation Khubilai Khans erklärt.

Der Titel »Dalai Lama« wurde im nachhinein den Vorgängern des Fünften Dalai Lama auf dem obersten Thron Tibets verliehen. Dieser Titel des Lama bezeichnet in einem noch prägnanteren Sinne als der indische *»guru«* den Führer zum Heil. Die »Zuflucht zum Lama« wird den drei Zufluchten, Buddha, Lehre und Gemeinde, vorangestellt. Als der Dalai Lama 1588 in der Mongolei starb, sorgte man dafür, daß die Wiederverkörperung (Reinkarnation) innerhalb der Familie des Altan Khan erfolgte, was als ein »politisches Meisterstück« zu bezeichnen ist. Jedenfalls erfuhr der Buddhismus große Förderung, die sich auch in der offiziell verfügten Übersetzung des tibetischen Kanons (Kanjur) ins Mongolische zeigte. In der Folge wurde der tibetische Buddhismus Staatsreligion bei den Mongolen. Dem tat auch die Machtausdehnung der Mandschuren nach Errichtung des großen Qing-Reiches in China in der Mitte des 17. Jahrhunderts keinen Abbruch. Die Mandschu-Kaiser förderten vielmehr den tibetischen und mongolischen Buddhismus, weil er sich als ihren Beherrschungsinteressen willfährig erwies. Freilich wurde auch sorgsam darauf geachtet, daß die obersten Lamas nichts unternahmen, was chinesischen Interessen beziehungsweise den Interessen des Mandschu-Reiches hätte abträglich sein können. Und auch nachdem der charismatische buddhistische Führer, der achte Bogdo-Gegen, als lebender Buddha sogar zu einem theokratischen Herrscher avanciert war, beherrschte noch in den zwanziger Jahren des 20. Jahrhunderts der Klerus weitgehend die Mongolei. Dieser bestimmte von 724 Klöstern aus mit fast 100 000 Mönchen das geistige Leben des Landes. Nach einer taktischen Allianz in den frühen zwanziger Jahren zwischen sowjetisch beeinflußten Revolutionären und mongolischen Lamas kam es 1924 zur Gründung der Mongolischen Volksrepublik. Die Folge war eine Entmachtung der Lamas und eine Säkularisierung des Staates, eine Entwicklung, die mit einem Ordinationsverbot und der Einführung der kyrillischen an Stelle der uighuro-mongolischen Schrift ihren Abschluß fand, der in der Inneren Mongolei als Teil Chinas jedoch nicht gefolgt wurde.

Wegen der engen Verquickung von weltlicher und geistlicher Führerschaft im Buddhismus in seiner lamaistischen Ausprägung in der Mongolei und in Tibet ist die Lage nach dem Zusammenbruch der Sowjetunion und den neuerlichen zivilgesellschaftlichen Entwicklungen in China selbst eher unübersichtlicher geworden. Dies zeigt sich insbesondere an der Reinkarnationsfrage. Denn Wiedergeburt (chin.: *zaisheng*) ist ein alter Brauch, sich für Herrschaft zu legitimieren. So war es unter den Khitan-Liao Brauch, daß ein Herrscher, unter Umständen mehrfach, ein Wiedergeburtsritual vollzog, und an eine solche Tradition konnte man bei der Einführung der Reinkarnation des Dalai Lama anknüpfen. Dabei gibt es gegenwärtig viele »lebende Buddhas«, innerhalb wie außerhalb Chinas. Unter den heutigen lebenden Buddhas gibt es neben dem 14. Dalai Lama unter anderem den 16. Karmapa, Ogyen Trinley Dorje. Dieser lebte wie der Dalai Lama im Exil, verließ aber 22jährig im Jahr 2008 seinen Aufenthaltsort in Indien, um in die Vereinigten Staaten zu reisen. Nach dem Dalai Lama gilt er als der höchste tibetische Lama und zugleich als »lebender Buddha«. Dieser Anführer der Karma-

Kagyu-Sekte des Buddhismus war erst im Januar 2000 aus Tibet nach Dharamsala geflüchtet. Er wurde und wird sowohl vom Dalai Lama als auch von der chinesischen Regierung anerkannt. Wegen der Nachfolge des Dalai Lama und der strittigen Reinkarnationsregeln kommt dieser Ausreise des 16. Karmapa eine besondere Bedeutung zu.

DIE INTEGRATION DER LEHREN IM NACH INNEN GEKEHRTEN CHINA

Einbettung der Religion

Während der Buddhismus und der Islam an den Rändern Chinas sich ausbreiteten und zum Teil ein sehr wechselvolles Schicksal erlebten, stabilisierten sich die religiösen Verhältnisse nach den wirtschaftlichen und politischen Umwälzungen des ausgehenden ersten Jahrtausends in China zusehends. Nach den Verfolgungen des Buddhismus im Jahre 840 war dieser nämlich nicht verschwunden, sondern lebte vielmehr um so stärker in seiner Ausprägung als Chan-Buddhismus weiter. Dies zeigt den engen Zusammenhang zwischen Religion und sozialer und kultureller Entwicklung und Veränderung, denn tatsächlich entsprach der Chan-Buddhismus den veränderten gesellschaftlichen Bedürfnissen, und die Veränderungen in den religiösen Gebräuchen spiegeln Veränderungen in anderen Bereichen wider. Überhaupt kann von einem Niedergang des Buddhismus in jener Zeit nicht die Rede sein. Vielmehr verdankt sich dieses Bild dem Wunsch der Song-Zeit nach Idealisierung der Tang-Zeit. Zu diesem Bild der offiziellen Historiographie in schroffem Gegensatz steht also, was wir über die buddhistischen Klöster, insbesondere die Chan-Klöster, wissen.

Es ist ein Kennzeichen des ausgehenden ersten Jahrtausends, daß die Mittel zur Kontrolle der Religion immer effizienter wurden, zum Teil einfach dadurch, daß sich das Kaiserhaus und die Verwaltung damit stärker befaßten, aber auch weil sich Religionen stärker sozial organisierten und der aufkommende Buchdruck durch die enormen Vervielfältigungsmöglichkeiten Zensurmaßnahmen erforderlich machte. Die häufiger anzutreffende Rede von den »Drei Lehren«, Buddhismus, Daoismus und Konfuzianismus, kann dabei einerseits als Reaktion auf die stärkeren Kontrollversuche des Staates, andererseits aber auch als Bekräftigung der auf Harmonisierung und Integration gerichteten staatlichen wie gesellschaftlichen Dynamik gedeutet werden. Und daß wir über die Geschichte der Religionen sowie über ihre institutionelle Seite seit der verstärkten Bürokratisierung des Reiches mehr wissen, ist eben auch eine Folge der staatlichen Beaufsichtigung, aber auch ein Ergebnis des Selbstdisziplinierungsinteresses innerhalb der religiösen Organisationen. Daneben gab es immer auch die lokale, volkstümliche oder »inoffizielle« Seite der chinesischen Religion. Insgesamt spiegelt sich in diesen Entwicklungen ein Wandel der Rolle der Religion im Zusammenhang mit dem Wandel von einer aristokratischen zu einer bürokratischen Gesellschaft wider. Exemplarisch zeigt sich dies an dem Kult für einen Patron Wenchang, der über einen Gestalt- und Funktionswandel von einer furchterregenden Schlangengottheit über mehrere Zwischenstufen hin zum Schutzpatron der Examenskandidaten wurde und der daneben noch eine besondere Rolle für daoistische Priester spielte. (Kleeman 1993) Auch der Umstand, daß Verehrungsstätten in der Song-Zeit ohne Vermittlung durch Priester zugänglich waren, verweist auf die Entwicklung hin zu neuen Formen von Öffentlichkeit. (Schmidt-Glintzer 1992c) Mit der fortschreitenden Bürokratisierung des Reiches bürokratisierte sich auch das Pantheon, so daß etwa eine indische Gottheit Eingang in das Pantheon der Volksreligion fand und die Daoisten versuchten, diese Gottheit durch Eingliederung in ihren Pantheon zu integrieren und sich ihrer zu bemächtigen. (Hansen 1993) Im Zusammenhang mit Verkündigungspraktiken und den Möglichkeiten einfacherer technischer Vervielfältigung von Höllendarstellungen verbreiteten sich, wie wir sahen, auch Vorstellungen vom Purgatorium mit einem System von Höllenrichtern. (Teiser 1993)

Wie wenig eindeutig zu jener Zeit, aber auch zu anderen Zeiten – übrigens bis heute – die Lage der Religionen war, zeigt, daß die Kritik von Angehörigen der Literatenbeamtenschicht an bestimmten Bestattungspraktiken nicht zu deren Unterdrückung führte, da andere Behörden und Dienststellen beziehungsweise deren Repräsentanten solche Unterdrükkung verhinderten oder gar die inkriminierten Praktiken selbst förderten. (Ebrey 1993) Dies ist ein Beispiel für den Komplexitätsgrad der Song-Gesellschaft. Andererseits hatten sich lokale Beamte immer wieder mit den Kulten für Gottheiten auseinanderzusetzen, welche die staatliche Autorität bedrohten oder zu bedrohen schienen, und es gelang den Beamten zumeist, einzelne ausufernde Kulte in ihre Schranken zu weisen. (Boltz 1993) Dazu mußten sie sich freilich selbst oft übernatürlicher Kräfte bedienen – oder doch vorgeben, dies zu tun, worin eine Erklärung für die Fortdauer des magischen Weltbildes selbst bei Mitgliedern der doch sonst eher aufgeklärten Schicht der Literatenbeamten zu suchen ist. Eine Ausnahmefigur, und doch auch wieder typisch für diese Zeit, war wohl der mit Donnerritualen vertraute Bai Yuchan, der Beziehungen nicht nur zu Mitgliedern der Oberschicht, sondern geradezu mit jedermann pflegte. Dabei hielt er sich oft an Orten auf, die zu Orten von Akademien wurden oder später werden sollten. (Berling 1993) Dies ist ein Beispiel für Integration, die natürlich praktisch oft Verdrängung bedeutete. Gerade neokonfuzianische Akademien standen ja oft in Konkurrenz zu daoistischen Tempeln und buddhistischen Klöstern, zumal nicht selten Teile von deren Landbesitz konfisziert und für Akademiegründungen verwendet wurden.

Mit der Bürokratisierung des Reiches und damit der Zunahme der Anzahl der Beamten beziehungsweise der Beamtenanwärter konnte der Staat ausufernde religiöse Praktiken leichter kontrollieren. Dies ist übrigens einer der Gründe für die Dauerhaftigkeit der letzten chinesischen Dynastien gewesen. Eine Folge war, daß sich mit der zunehmenden Bürokratisierung die religiöse Vielfalt und Vielschichtigkeit hin zu einer stärkeren Uniformität wandelte. Da jedoch keine strenge geistliche Führung existierte, konnten sich religiöse Bedürfnisse in immer wieder anderer Weise und in neuen Formen äußern.

Trotz aller Bürokratisierung aber und einem gewissen Rationalismus, der sich in zahlreichen Sphären des geistigen und kulturellen Lebens zeigte, etwa in der Geschichtskritik, lebte die Religiosität weiter, schuf zur Entlastung wie zur Sinnstiftung analoge Räume. Dies zeigt sich etwa an der von dem Literaten Rao Dongtian (um 994) – er hatte auf dem Berg Huagai eine Erleuchtung erlebt – begründeten Himmlisches-Herz-Bewegung, eine jener zahlreichen neueren daoistischen Bewegungen, welche die von Michel Strickmann so bezeichnete »daoistische Renaissance« des 12. Jahrhunderts vorbereiteten. (Hymes 2002) Dabei handelte es sich um eine Vielfalt von Techniken und Ritualen, mit denen unter anderem therapeutische oder exorzistische Funktionen verbunden waren (Boltz 1978; siehe auch Boltz 1993) und die dennoch eher dazu dienten, mit Hilfe dieser neuen daoistischen Lehren sogenannte unstatthafte oder unsaubere Kulte *(yinsi)* zu neutralisieren. Überhaupt blieb der Einfluß von Göttern, Geistern und Dämonen auch bei der Schicht der Gebildeten erheblich, und sie bedienten sich selbst in hohem Maße exorzistischer Kulte und Praktiken. (Liao 2007) Dabei hatte dieser regulierende Umgang mit den Göttern auch seine eigene Rationalität und schuf im Umgang selbst Entlastung. (Glahn 2004, S. 180-221; Hansen 1990, S. 79-104) Es herrschte aber keineswegs jene versöhnliche Abgeklärtheit im neokonfuzianischen China, sondern die Menschen fanden sich immer wieder mit den grausamsten Geistern konfrontiert, die, durch keinen offiziellen Kult gezähmt, nur durch den Einsatz besonderer Mittel befriedet werden konnten. Die in der Zeit des Mittelalters noch von Buddhisten angebotene Bannung von Berggeistern wurde durch die staatlichen Einschränkungen dieser Lehre praktisch verhindert. An eine Überwindung, wie sie in den monotheistischen Religionen versprochen wird, war auch nicht zu denken. Es blieb das Dilemma und in gewisser Weise auch der Charme der Kultur des Kaiserreiches, daß die Geister weiterlebten, in so großer Freiheit, daß eine Vielfalt darstellender und performativer Mittel eingesetzt wurde, um mit ihnen umzugehen. Das prägte die Literatur, das Singspieltheater, aber auch die Formen von Kultgemeinschaften und verborgener Religiosität.

Fremde Reiche auf chinesischem Boden

Die von dem Volk der Khitan begründete Dynastie Liao (907/946-1125) war eines der »sinisierten Reiche«, die eine Dynastie chinesischen Typs begründeten. Dies Reich hatte nicht von Anfang an alle einer chinesischen Dynastie eigentümlichen Merkmale. Erst 916 wurde eine Regierungsdevise eingeführt, und auch der Name Liao, genannt nach einem Fluß in der Mandschurei, wurde erst 937 zum Namen der Dynastie. Die Beziehungen zwischen dieser Dynastie und den anderen chinesischen Territorien waren vielfältig. Zur Zeit des Liao-Kaisers Liao Jingzong (969-982) griff der zweite Song-Herrscher Taizong Anfang 979 den auf dem Gebiet der heutigen Provinz Shanxi gelegenen Nördlichen Han-Staat, einen der sogenannten »Zehn Staaten« (oder »Zehn Königreiche«) im Süden, persönlich an. Anschließend belagerte er Youzhou (das heutige Peking), doch wurde er von den Liao zurückgeschlagen. Damit hatte Taizong aber seinen Anspruch angemeldet, verlorenes Gebiet der Tang zurückzuerobern. Der 1005 unterzeichnete Friede von Shanyuan hielt dann mehr als 100 Jahre. Als die Liao-Dynastie in schweren Abwehrkämpfen gegen die ehemaligen Untertanen, die Dschurdschen, lag, sah der Song-Hof eine Möglichkeit, die 16 Präfekturen zurückzugewinnen, und suchte ein gemeinsames Vorgehen mit der Jin-Dynastie der Dschurdschen gegen Liao. Dann aber warfen die Dschurdschen den Song fortgesetzten Vertragsbruch vor, eroberten Peking, und im Jahre 1127 besetzten sie Nordchina. Sowohl unter den Khitan als auch unter den Dschurdschen spielte der Buddhismus in Nordchina eine wichtige Rolle, was auch darin seinen Ausdruck findet, daß unter bei-

Die noch aus 30 km Entfernung sichtbare hölzerne Yingxian-Pagode aus dem Jahre 1056 (hier ein Aufriß) wurde auch in Erwartung eines bevorstehenden Weltendes von den Khitan unter der von ihnen begründeten Liao-Dynastie (916-1125) errichtet. Das Bauwerk wurde 1933 von japanischen Truppen bis auf Reste zerstört.

den Dynastien der Buddhistische Kanon im Druck erschien. Kaiser Daozong (reg. 1055-1101) etwa war ein gläubiger Anhänger des Buddhismus. Beim Tod seines Vaters 1055 ließ er für ihn eine 67 Meter hohe Pagode errichten. Ursprünglich war es nämlich zum Befremden der Chinesen Brauch bei den Khitan, einen Toten, ohne ihn zu beweinen, für drei Jahre in einem Baum abzulegen und dann erst die blanken Knochen zu begraben. Daozong nun erbaute für seinen verstorbenen Vater eine zwölfstöckige Pagode, die ja eine Ableitung des für die Reste Buddhas gedachten Stupas darstellt, in die er eine überdimensionierte Buddhastatue stellen ließ. (Hansen 2000, S. 309) So erklärt sich, daß die größte hölzerne Pagode Chinas von den Khitan errichtet wurde, gewissermaßen als Tribut an die chinesische Kultur.

Am Nordwestrand der chinesischen Ökumene bildete sich im frühen 11. Jahrhundert ein von tangutischen Volksstämmen beherrschter neuer Staat namens Xia oder Westliche Xia (Xixia, gelegentlich auch: Xi Xia), der bis zur Unterwerfung durch die Mongolen im Jahre 1227 bestand. (Dunnell 1996) Die Führungsschicht dieses Staates bestand aus mit Xianbi vermischten Tanguten, die ihrerseits Nachkommen der Tabγac-Tuoba und der Tuyuhun mit einer tibeto-birmanischen Sprache waren, die der Sprache der Yi (Luoluo) in Südwestchina ähnlich ist. Im Jahre 1028 nahmen die Tanguten, aus dem Ordosgebiet kommend, zwei große Handelszentren ein, nämlich Wuwei, das bis dahin tibetisch gewesen war, und das lange von den Uighuren kontrollierte Zhangye. Im Jahre 1038 gaben sie ihrem Reich den Namen Xia, und nahe dem Gelben Fluß, stromabwärts von Lanzhou, bezogen sie ihre Hauptstadt. In diesem unabhängigen Tanguten-Reich in dem sich über die heutigen Provinzen Ningxia, Shaanxi, Gansu und die Innere Mongolei erstreckenden Ordosgebiet bediente sich die mit den Tibetern verwandte Führungsschicht des Buddhismus zur Legitimation ihrer Herrschaft. Damit stellten sie sich in eine lange, insbesondere von den Tuoba-Wei (386-534) geprägte Tradition. Doch während sich diese noch ganz auf die chinesische Sprache und Schrift ge-

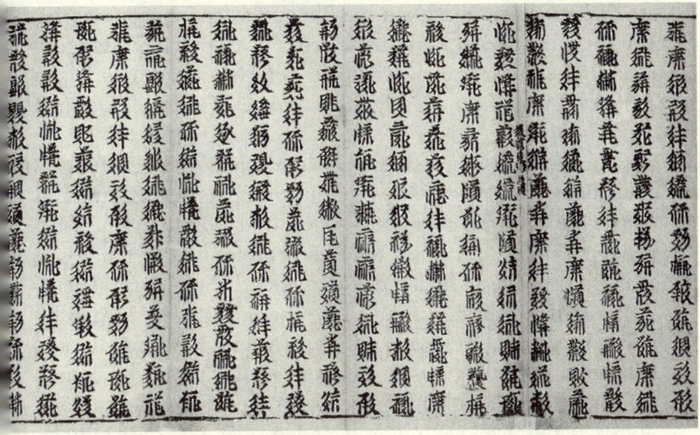

In dem von Tanguten beherrschten Xixia-Reich (1032-1227) im Nordwesten Chinas wurden zentrale Texte des Buddhismus wie hier das Lotos-Sutra in einer eigens für das Tangutische entwickelten Schrift gedruckt. Die Dominanz von Schriftlichkeit in der chinesischen Kultur hat auch andere benachbarte Kulturen zu eigener Schriftentwicklung angeregt und deren religiöse Praxis beherrscht wie bei den Khitan im 10. Jahrhundert und den Dschurdschen im 12. Jahrhundert. Auch der Druck des tibetischen buddhistischen Kanons wurde in China betrieben.

stützt hatten, entwickelten die Tanguten eine eigene Schrift. Das prominenteste Zeugnis ist eine zweisprachige (tangutische und chinesische) Inschrift in der Hauptstadt des Xixia-Reiches Liangzhou (das heutige Wuwei, Gansu). (Dunnell 1996)

Ganz gewiß auch, weil die Dschurdschen-Herrschaft (1115-1234) über China sich im wesentlichen über altes Kulturland erstreckte und die zivilisatorischen und bürokratischen Errungenschaften des Song-Reiches beerbte, ist der religiösen Situation in dieser Phase der Geschichte Chinas vergleichsweise geringe Aufmerksamkeit geschenkt worden. In den historischen Berichten gibt es aber genügend Hinweise darauf, daß auch unter der Dschurdschen/Jin-Dynastie der Status des buddhistischen und des daoistischen Klerus diskutiert wurde, sei es, weil sie mit Aufständen oder Volkserhebungen in Zusammenhang gebracht wurden, sei es, weil ihr Verhalten als anstößig galt, etwa weil sie ihren Eltern nicht genügend Ehrerbietung entgegenbrachten oder einfach weil man das hohe Ansehen einzelner Mönche als Gefahr betrachtete. Als zwei hohe Beamte regelmäßigen Kontakt zu dem Mönch Fabao pflegten, gab der Kaiser Hailing im Jahre 1155 den hochrangigen Beamten seines Hofes folgende Anweisung:

> Ich habe gehört, daß Ihr immer, wenn Ihr in das Kloster geht, an der Seite des Mönches Fabao sitzt. Ich mißbillige das aufs äußerste. Buddha war ursprünglich ein Königssohn in einem kleinen Staat. Er konnte daher leicht Reichtum und Position aufgeben, sich selber eine mühevolle Lebensführung zumuten und so zum Buddha werden. Wenn heutzutage die Menschen ihn verehren, weil sie sich davon Wohlstand und Nutzen versprechen, so irren sie sich gründlich. Darüber hinaus sind solche, die in den Mönchsstand eintreten, gescheiterte Examenskandidaten oder Müßiggänger von den Märkten und Gassen und solche, die einfach nicht genug zum Leben haben, und daher sind sie Mönche geworden. Bezogen auf ihre Stellung haben sie beschlossen, sich über zivile und militärische Dienstgrade zu stellen. Alte Witwen vom Lande haben sich aus Angst vor

> dem nahenden Tod häufig dem Buddhismus zugewendet und vertrauen jenen Mönchen. Ihr, die Ihr im Ministerrang steht, verhaltet Euch wie diese und beschädigt so Euer Amt als Minister. (*Jinshi* 83, S. 1861; Yao 1995, S. 165)

Die Minister erhielten daraufhin je zwanzig Stockschläge, der Mönch Fabao zweihundert Schläge, und vermutlich aus Neid gegenüber der großartigen Zeremonie bei dem jährlich am achten Tag des zweiten Monats durchgeführten Buddha-Willkommensfest ließ Hailing dieses Fest kurzerhand untersagen. Doch nicht nur Kaiser Hailing, auch andere Herrscher, die sonst den Buddhisten und Daoisten gegenüber freundlicher gesonnen waren, äußerten Zweifel am Wert und Nutzen dieser Lehre, wie Kaiser Shizong, der im Jahre 1179 in einer Hofbesprechung sagte:

> Häufig werden Leute zu Anhängern von Buddha Śākyamuni oder Laozi, weil sie sich davon Glück erhoffen. Als ich selbst jung war, ließ ich mich auch von ihnen täuschen, bis ich bald dann doch erkannte, wie falsch dies war. Überdies hat doch der Himmel da oben den Herrscher eingesetzt, damit er das Volk regiert. Dieser Aufgabe könnte er wohl kaum gerecht werden, wenn er sich irgendwelchen Freuden hingäbe, nachlässig wäre, für ein günstiges Schicksal beten und sich auf Glück verlassen würde. Doch gesetzt den Fall, er vermöchte mit Liebe das ihm unterstellte Volk zu nähren, dann würde er mit dem Herzen des Himmels übereinstimmen, und dies würde ihm mit Glück vergolten. (*Jinshi* 7, S. 173; Yao 1995, S. 166)

Dies bleibt die Rhetorik der Herrschaft und der Verwaltung in China bis in die Gegenwart.

Die Zeit der Fremdherrschaft war aber auch religiösen Neubildungen günstig wie jener Lehre eines Wang Zhe, der auf der Grundlage von drei Texten, die er den drei Traditionen Buddhismus, Daoismus und Konfuzianismus entnahm, seinen Anhängern eine spezifische Form der Unsterblichkeit predigte, die durch entsprechende Lebensführung und Meditation zu erreichen sei. Diese sich als eine Variante des Daoismus verstehende und »Vollständige Selbstverwirklichung«

(quanzhen) erstrebende Schule des 12. Jahrhunderts wurde zwar 1190 verboten, doch fand sie danach eher noch mehr Zulauf, und bis in die Gegenwart gibt es Anhänger dieser Lehre. (Hansen 2000, S. 325 f.)

Laienreligiosität und die Antwort der Konfuzianer

Wiedergeburt im Paradies oder Unsterblichkeit erwarteten die wenigsten für sich, doch nachdem sich die Vorstellungen von einer Unterwelt herausgebildet hatten, wußte man, daß aus dieser Sphäre Gefahren kommen könnten, gegen die man sich schützen mußte. Wichtig war dabei zunächst die Lage des Grabes. Schon seit der Reichseinigung gab man Verträge mit in die Gräber, um die Erdgottheiten zu binden. Man bezahlte für das Land mit hohen Summen, mit glückverheißenden Zahlen, etwa 99 999 Schnüre Kupfermünzen. Dazu nahm man Papiergeld, Opfergeld, Geistergeld. Und was lange Zeit die Befolgung von Sitte und Gebrauch war, wurde nach der Konsolidierung der kaiserlichen Bürokratie nach der Jahrtausendwende unter der Song-Dynastie Gegenstand penibler Darstellung, wurde zu Handbuchwissen und in gedruckter Form landesweit angeboten. Dahinter stand die Vorstellung, daß sich auch Geister an Gesetze halten, ja, daß die Unterwelt im Prinzip genauso bürokratisch organisiert sei wie das Diesseits. Für die Verträge gab es Formulare, Musterverträge ähnlich den für Landkäufe vorgesehenen, die mehrfach ausgefertigt wurden, auf unterschiedlichen Materialien, mal auf Stein, mal in Metall oder auf Papier. Es wurde alles geregelt, die Zahlungsweise und die Folgen bei Nichteinhaltung, auch gab es Zeugen und Bürgen, welche die Erfüllung der Vertragsabsprachen garantierten. Eine Vertragsausfertigung ging an die Gottheit, eine andere blieb bei dem Toten, damit er sie im Falle eines Streites in der Unterwelt vorzeigen konnte.

Daß es sich um eine realistische Form der Regelung handelte, verbürgten die zahlreichen Berichte solcher, die einmal in der Unterwelt gewesen und wieder zurückgekehrt waren.

Anlässe für solche Reisen in die Unterwelt waren etwa Streitfälle, bei denen jemand – im Schlaf – vor einen Gerichtshof der Unterwelt zitiert wird, um als Zeuge auszusagen. Der Zeuge wird sogar aufgefordert, nach seiner Rückkehr zu den Lebenden von diesem Aufenthalt zu berichten. Der leitende Gedanke hierbei ist, daß manches Unrecht erst im Jenseits beseitigt wird, daß am Ende aber doch Gerechtigkeit wiederhergestellt wird. (Hansen 1995)

Gerechtigkeit zu bekräftigen und gute Regierungs- und Verwaltungspraxis herauszustellen, wozu auch die Rolle der Verwaltungsbeamten als Vorsitzende bei den lokalen Gerichten gehörte, war das Ziel der konfuzianisch geprägten Beamtenschaft. Und so wie es Ahnenaltäre gab und Tempel zur Verehrung des Konfuzius (Shryock 1966; siehe auch Taylor 1986), so wurde auch besonders verdienstvoller Beamter gedacht. Und es mag als Kompensation für die stärker rationale Welt der Geldwirtschaft und für die Urbanisierung gesehen werden, daß nicht mehr wie noch im frühen Kaiserreich Lobreden auf verdiente Beamte in Stein gemeißelt und aufgestellt, sondern für herausragende Beamte Schreine und Tempel errichtet wurden, um darauf die Verehrung zu lenken und damit religiöse Rituale zu verbinden. Solche Schreine für frühere Helden, die durch Mitleid, Menschlichkeit, Loyalität, Gelehrsamkeit herausragten, wurden in der Song-Zeit zu sinnstiftenden Orten insbesondere für die Angehörigen der Oberschicht. Dazu wurden in der Regel Gedenkessays verfaßt, die auch dazu dienten, die Werthorizonte der Zeit zu bekräftigen, was man auch als Fortsetzung der bereits in der Han-Zeit ausgebildeten »Ziviltheologie« des chinesischen Kaiserreiches bezeichnen kann. Als beispielhaft für einen solchen Gedenkessay kann man denjenigen bezeichnen, den Zhu Xi (1130-1200) für Gao Deng (um 1127) verfaßte, in dem er darlegt, daß auch ein weniger bekannter und nicht vollkommen perfekter Mensch verehrungswürdig sei. (Wilson 1995; Neskar 1996)

Gottheiten von überregionaler Bedeutung hatten ihren Ursprung in der Regel an bestimmten Orten und wurden erst mit der Zeit und unter günstigen Umständen zu landesweit bekannten Gestalten. Doch andere Gottheiten blieben lokal verankert, insbesondere die Stadtgottheiten, die eng mit dem für die Verwaltung des Kreises beauftragten Beamten verknüpft waren. Seit der Tang-Zeit wurde der Stadt(befestigungs)gott (wörtlich: Gott der Wälle und Gräben, *Chenghuang shen*) die Ergänzung zu dem Vertreter der Zentralregierung vor Ort. Neben dem jährlichen Fest wurden diesem Stadtgott in seinem dem Verwaltungssitz ähnelnden und mit staatlicher Unterstützung erhaltenen Tempel Bitten um Unterstützung und um Abwehr von Unheil vorgetragen.

Ein Beispiel für eine Gottheit lokalen Ursprungs ist der Gott der Literatur, zugleich Schutzgottheit bei staatlichen Prüfungen, der zunächst als »Göttlicher Herr von Zitong« in einer kleinen Stadt im Norden der Provinz Sichuan verehrt wurde. (Kleeman 1996) Dessen Lebensbeschreibung, die im Jahre 1168 geoffenbart und niedergeschrieben wurde – und weitere geoffenbarte Texte folgten –, berichtet von dem ersten Auftreten dieser Gestalt und ihren verschiedenen Wiedergeburten durch die Zeiten bis hin zu ihrem ersten Auftritt als Gottheit. Hier wie auch in den meisten dieser Texte ist der buddhistische Einfluß unverkennbar. Alle diese Texte sollen einer als Medium fungierenden Person eingeflüstert und von dieser niedergeschrieben worden sein. So wurden seit der Song-Zeit nicht nur Gottheiten überregional bekannt, sondern in den mit ihnen verbundenen Texten wurden auch Hinweise zur Erlangung von Glück und Erfolg sowie zur Vermeidung von Schaden gegeben. Einige dieser geoffenbarten Texte werden als »Moralbücher« *(shanshu)* zusammengefaßt, wie der von dem »Göttlichen Herrn von Zitong« handelnde *Text über die Verborgene Verwaltung (Yinzhiwen)*. Dieser weitverbreitete und in reich illustrierten Fassungen gedruckte Text berichtet von der Welt im Jenseits, wo ganz bürokratisch die guten und schlechten Taten verzeichnet und das Schicksal des einzelnen bestimmt wird. Dort für sich Fürsprache zu erbitten war das Hauptanliegen.

Aufnahme fand solche erbauliche Literatur bei den sich be-

Unter den Steinstelen des »Stelenwaldes« in Xi'an befindet sich auch eine Darstellung des Pinsel schwingenden Gottes der Literatur, Guixing, die nach einer Malerei des Ma Dezhao, tätig Tongzhi-Periode (1862-1874), in den Stein gemeißelt wurde. Die Figur setzt sich vom Kopf ausgehend aus folgenden Schriftzeichen zusammen: »Das Herz gerade richten, die eigene Person kultivieren, sich disziplinieren und die Riten des Altertums wiederherstellen.« (zheng xin, xiu shen, ke ji, fu li). Der rechte, nach oben gestreckte Fuß trägt das Schriftzeichen für Scheffel (dou), das auf die Tusche verweist, in die der Examenskandidat seinen Pinsel taucht. Die Darstellung legt nahe, daß wer die Lehren der Weisen des Altertums befolgt, bei den Beamtenprüfungen auf die Unterstützung des Gottes der Literatur zählen darf, dies wiederum verspricht Wohlstand und Ehre.

reits im 10. Jahrhundert neu bildenden Laienvereinigungen, nur daß sie sich im Laufe des 11. und 12. Jahrhunderts von Tempeln und Klöstern als ihren Mittelpunkten entfernten und eigene identitätstiftende Rituale, Texte und Versammlungsorte wählten. Manche Laienvereinigungen hatten auch bestimmte Verehrungspraktiken zum Ziel, etwa den Namen Buddhas anzurufen (»Anrufungsvereinigungen«, *nianfo hui*) oder Tiere vor dem Geschlachtetwerden zu befreien und sie so vor dem Tod zu retten wie die »Lebenserhaltungsvereinigungen« *(fangsheng hui)*. In der Yuan-Zeit bildete sich eine als Weiße-Lotos-Schule bezeichnete Laienvereinigung, die buddhistisches mit daoistischem Gedankengut und Ritualen verknüpfte. Bald gab es immer mehr solcher Vereinigungen, und diese wurden neben Klöstern als Versammlungsorten zu einem der bestimmenden Elemente beim Zusammenbruch der Mongolenherrschaft in China und bei der Neubildung der folgenden Dynastie. Die von ihnen auch in den folgenden Jahrhunderten verwendeten Schriften hießen »Kleinodienrollen« *(baojuan)*. Sie waren nicht alle gleich, aber zumeist waren es Ritualtexte, die mit Bildern von Gottheiten begannen, Segen für den Herrscher oder die Dynastie erbaten und dann eine Opferhandlung begleiten sollten. Gelegentlich die Geschichte besonders verehrungswürdiger Personen oder von Schicksalen berichtend und passagenweise Anweisungen erteilend, wie dies auch die *shanshu*-Literatur tat, dienten sie zur Verbreitung buddhistisch-daoistischen Gedankenguts.

Neokonfuzianismus

Die auf den großen Gelehrten Zhu Xi (1130-1200) zurückgehende »Lehre vom Dao« *(Daoxue)*, die zumeist als Neokonfuzianismus bezeichnet wird, hatte freilich ihre Vorläufer und seither vielerlei Erneuerungen erfahren. Sie wurde zur dominierenden Lehre und Auslegungstradition im China der späten Kaiserzeit. Dazu hatte die Förderung durch die Mongolenherrscher und dann auch die Neuerrichtung der »nationalen«

Dynastie Ming wesentlich beigetragen. Insbesondere weil die Vorschriften des Zhu Xi zum Fundament des staatlichen Prüfungswesens und damit zur Voraussetzung für eine Beamtenkarriere wurden, ist diese Lehre prägend geworden. Wie kaum eine andere Lehre hat der Neokonfuzianismus das Weltbild der Elite bestimmt und damit auch die Rahmenbedingungen für staatliches Handeln formuliert. Und obwohl Zhu Xi gegenüber allem Geisterglauben eine gewisse Skepsis an den Tag gelegt hatte und sich damit ganz in die Tradition des Konfuzius stellte, so hat er sich doch ausführlich mit der Existenz und dem Charakter von Geistern *(guishen)* beschäftigt. Diesem Begriff subsumierte er sowohl Naturphänomene wie Wind, Blitz und Donner, Tag und Nacht als auch wirklich vor Menschen auftretende Geister und Dämonen und ferner die verehrungswürdigen Geister der Ahnen. (Gardner 1990; Gardner 1995) Seine Erklärungen basieren auf der Annahme des Zusammenwirkens eines die ganze Welt prägenden Prinzips *(li)* einerseits mit dem die jeweilige Erscheinung, das jeweilige Einzelwesen, die jeweilige Sache prägenden »energetischen Prinzip« *(qi)* andererseits. Dabei transponiert Zhu Xi das Wirken der Geister in seine Vorstellungen abwechselnder zyklischer Prozesse, wenn er etwa das Aufkommen von Wind, Blitz oder Donner mit der Ausdehnung von *shen* deutet und das Abklingen des Windes und das Aufhören von Blitz und Donner mit *gui* als sich zusammenziehender Bewegung. Werden und Vergehen sind nach seinem Verständnis die Grundvorgänge. Die Wahrnehmung von Gespenstern dagegen wird lediglich als Wahrnehmungsphänomen gedeutet, ohne daß Zhu Xi aber die Existenz von Geistern oder deren Möglichkeit gänzlich in Abrede stellt. Auch wenn er im Grunde eine rationalistische Haltung einnimmt, räumt er doch die Existenz von Geistern und unterschiedlichen Dämonen als Ausdruck von Unordnung oder von Fehlentwicklungen, etwa das Ereignis eines unnatürlichen Todes, ein. Wie wichtig die Rolle der Geister im Leben und Denken Chinas in der Vergangenheit war, wird auch in der Roman- und Erzählliteratur deutlich, die ohne dieses magische Inventar nicht auskommt. (Yu 1987 und Yu 2006)

VERLUST DER MITTE UND DIE SUCHE NACH EINEM NEUANFANG

DIE GÖTTER DER MING-ZEIT

Staat und Regionen

Wir haben uns angewöhnt, den Nationsbildungsprozeß in China mit dem späten 19. und dem 20. Jahrhundert zu verbinden, als der von einem mandschurischen Herrscherhaus geführte Vielvölkerstaat mit den Reichen des Westens und mit Japan konfrontiert war. Diese Zuschreibung ist mit dem Namen des politischen Denkers und Reformers Liang Qichao (1873-1929) verbunden und hat zu einer lang anhaltenden Debatte geführt, die dann Prasenjit Duara mit seinem Plädoyer, die »Geschichte vom Nationbegriff zu erlösen« (»Rescueing History from the Nation«), maßgeblich beeinflußte. Doch selbst wenn man inzwischen die Regionen und die lokalen Netzwerke wieder in ihr Recht setzt, so zeigt doch ein Blick zurück, daß Versuche, die alte Ordnung durch eine neue Staatlichkeit zu ersetzen, viel weiter zurückreichen. Bereits die Reichsbildung unter Zhu Yuanzhang, dem Gründungsherrscher der Ming-Dynastie, war eine Nationbildung. Deswegen auch ist es so verständlich, daß im 19. Jahrhundert der Ruf nach »Wiederherstellung der Ming« in den meisten Protest- und Aufstandsbewegungen eine der zentralen Parolen war. Denn mit Zhu Yuanzhang wurde erstmals ein integriertes Reich geschaffen mit einer zentralisierten Ideologie, festgelegten Ritualbestimmungen und einer lückenlosen Erfassung der Bevölkerung, aus der die Beamtenschaft allein durch Bildung und Prüfung und ungeachtet der Herkunft rekrutiert wurde.

Auf diese Weise konnte sich dann auch ein Regionalitätsprinzip durchsetzen, welches die Klanstrukturen und damit verbundene Rituale und religiöse Feste überlagerte. So wurden lokale Gottheiten im 16. Jahrhundert immer wichtiger, und ihr Kult trug wesentlich zur Integration des Reiches bei. Dieser Prozeß, der in den einzelnen Regionen des Reiches unterschiedlich und auch nicht gleichzeitig verlief, ging übrigens einher mit der weitgehenden Ersetzung der Arbeitsdienstpflicht durch Steuerabgaben in Form von Geld. Diese Transformation Chinas seit dem 16. Jahrhundert unterstreicht noch einmal, daß China nicht immer schon so war, wie es das Bild nahelegte, welches insbesondere die Berichte der Jesuiten im 16. und 17. Jahrhundert von China zeichneten. Bei allen Veränderungen aber blieben rituelle Verehrung der Ahnen und der Austausch mit Gottheiten weiterhin ein die Gesellschaft Chinas strukturierendes Element, welches integral zu China dazugehört, weswegen die Rede von einem religionslosen China abwegig ist und sich nur als Wunschbild der europäischen Aufklärung und mancher bürokratischer Vertreter Chinas verstehen läßt.

Von der Sektenbewegung zur Dynastiegründung

Wie bei keiner anderen Dynastiegründung ist der Übergang zur Ming-Dynastie mit religiösen Bewegungen verbunden. Zhu Yuanzhang, postum auch als Ming Taizu bekannt, kommt selbst aus buddhistischem Milieu. Er war eine Ausnahmepersönlichkeit. Als Mann aus einfachsten Verhältnissen ist er allenfalls mit dem Gründer der Han-Dynastie zu vergleichen, auf den er sich später selbst bezog. Er begründete unter Bezugnahme auf das Altertum eine Herrschaftstradition, die bis ins 19. Jahrhundert Bestand hatte.

Bereits Khubilai Khan hatte im letzten Viertel des 13. Jahrhunderts den chinesischen Ritualen und der chinesischen Kultur ein immer stärkeres Gewicht gegeben, und sein Urenkel Ayurbarwada, Kaiser Renzong (1312-1320), hatte 1315 die Staatsprüfungen wiedereingeführt und Zhu Xis Klassikerauslegungen zum Standard erklärt. Es war bereits eine Blüte der chinesischen Kultur angebrochen. So bedarf es doch einer ausführlicheren Erklärung, was als das »Nationale« und das spezifisch »Chinesische« an der neuen Ming-Dynastie zu bezeichnen ist. Denn war die Yuan-Dynastie nicht eigentlich schon chinesisch geworden? An Legitimation hatte es der Yuan-Dynastie jedenfalls unter den Angehörigen der Bildungselite nicht gemangelt. Da aber die Aufrechterhaltung der Ordnung und die Gewährleistung der notwendigen Rahmenbedingungen für ein friedliches Auskommen der chinesischen Bevölkerung als das oberste Prinzip galt, sahen die Angehörigen der chinesischen Oberschicht Handlungsbedarf. Sie waren nicht einem Herrscherhaus, sondern einer guten Ordnung verpflichtet, und auch deswegen hat die junge Bildungselite der ausgehenden Mongolenzeit – sicher auch mit dem Ming-Gründer neue Handlungsspielräume für sich erwartend – sich nicht gegen die Abdankung der Mongolendynastie gestellt und wesentlich zur Etablierung und Gestaltung der Ming-Herrschaft beigetragen. Die Gebildeten waren es nämlich, die gewährleisteten, daß auf der örtlichen und regionalen Ebene trotz der Militarisierung und der Bürgerkriegssituation gewisse Ordnungsstrukturen fortbestanden, die dann auch zur Basis der neuen Ordnung wurden. Dort also müssen wir einen Teil der Wurzeln und Antriebe für das Gelingen der Dynastiegründung suchen. Daß diese Elite passiv gewesen sei und nicht aktiv am Umsturz der Yuan beteiligt war, was man ihr später zum Vorwurf gemacht hat, ist sicher eben auch Ausdruck der Hoffnungsstärke, daß es vielleicht doch noch gut werde. Denn sie wollten keine neue Zeit, keine neue Ordnung, sondern die Herstellung einer »alten« Ordnung.

Die Entwicklung entsprach auch dem sogenannten »dynastischen Zyklus«, wozu Desintegration der Zentralgewalt und Regionalismus gehören. Dabei spielten unter anderem regionale Kriegsherren, lokale Machtnetzwerke, Banditen und Schmuggler und Sektenbewegungen, namentlich die »Roten Turbane« *(Hongjin)*, eine Rolle. Aber dieser Zyklus war zunächst nicht im Bewußtsein der Eliten. Doch er mußte bemüht werden, als die Sektenbewegung zum Ausgangspunkt einer neuen Dynastiegründung wurde. Wie aber wandelte sich diese Sektenbewegung in eine »konfuzianische Dynastie«? Denn zunächst sah alles nach Zersplitterung und Desintegration aus. In der Mitte des 14. Jahrhunderts war China höchst fragmentiert und hatte sich in einzelne Herrschaftsgebiete aufgespalten. China war in Auflösung wie seit Jahrhunderten nicht, es herrschten »allgemeines Chaos« und »fortschreitende Militarisierung«. Es war ein Prozeß, in dem Yuan-Loyalisten, lokale Selbstverteidigungsorganisationen und ein ausgedehntes Banditenunwesen lokale und regionale Machtzentren bildeten und in dem Sektenbewegungen miteinander rivalisierten. (Mote 1999, S. 522-533)

Die Rettung durch den »Prinzen des Lichts«

In dieser zersplitterten Gesellschaft wurden religiöse Bewegungen zum Ferment für eine neue Gesellschaft. Manichäische und buddhistische Lehren, insbesondere der in China zu einer messianistischen Lehre gewandelte Maitreya-Kult, hatten sich mit dem neuen, als Weiße-Lotos-Gesellschaft bezeichneten populären buddhistischen Kult verbunden. Daraus war eine Heilslehre entstanden, als deren Vollstrecker sich die sogenannten »Roten Turbane« *(Hongjin)* verstanden. Diese in den dreißiger Jahren des 14. Jahrhunderts erstmals belegte Bewegung wurde prominent unter ihrem ersten großen Anführer, einem revolutionären Volkshelden namens Peng Yingyu, auch als »Mönch Peng« bekannt. (Mote 1999, S. 530) Zhu Yuanzhang bezog, als er die Nachfolge in der Anführerschaft der Roten Turbane des Nordens übernommen hatte, im südlich gelegenen Nanjing sein Hauptquartier. Von dort gelang es erst Jahre später, die weiter westlich residierenden Rivalen, die eine Han-Dynastie errichtet hatten, zu neutralisieren. So hatten sich zwei große Kräfte herausgebildet, die seit der Mitte des 14. Jahrhunderts mit jeweils dynastischem Anspruch um die Vorherrschaft kämpften. Dies waren der Yuan-

Hof und seine Verbündeten einerseits und die Aufständischen unterschiedlichster Couleur andererseits.

Als der Sohn des 1351 hingerichteten Anführers der Roten Turbane Han Shantong, Han Lin'er, der auch als »König des Lichts« *(Ming wang)* bezeichnet wurde, im Jahre 1363 in Gefangenschaft geriet, war es Zhu Yuanzhang, der ihn und seine Mutter rettete und auf diese Weise sich des Trägers dynastischer Legitimität bemächtigte. Die Erbschaft der Jahrzehnte des Bürgerkriegs und der damit verbundenen Entwicklung für die folgenden Jahrhunderte bedeutete einen gegenüber früheren Zeiten im Höchstmaße gesteigerten kaiserlichen Herrschaftsanspruch. Als Zhu Yuanzhang den Anspruch auf das Zentrum und die Abgrenzung gegenüber den Barbaren kombinierte, bestritt er das Fortdauern von deren Legitimität mit dem Hinweis auf den moralischen Niedergang der Mongolen. Hier findet sich ein neuer Ton, der besonders in dem »Kriegsaufruf zum Nordfeldzug« von 1367, der »ersten nationalen Propagandaschrift«, seinen Ausdruck findet. Woher aber konnte ein junger Mann wie dieser Zhu Yuanzhang seine Ordnungsvorstellungen nehmen, der als Sohn eines armen Bauern in Anhui in der Ebene des Huai-Flusses am 21. Oktober 1328 in eine Situation des Chaos hineingeboren worden war? Er stützte sich vor allem auf die Vertreter der Tradition der Suche nach einer stabilen Ordnung, die diese unabhängig von der Loyalität zum Herrscherhaus anstrebten. Diese an einen allgemeinen Wohlstand geknüpfte Loyalität machte sie zugleich offen für solches Engagement stützende Lehren, wie etwa den Buddhismus, der in der Ming-Zeit eine breite Anhängerschaft gewann. (Brook 1993) Die Gründung der Ming-Dynastie konnte jedoch nur deswegen so erfolgreich sein, weil nicht wenige Angehörige der Bildungselite – Dardess bezeichnet sie als »geistige beziehungsweise konzeptionelle Begründer der Ming-Autokratie« (Dardess 1983, S. 5) – von Welterrettungsvorstellungen beseelt waren. Die Ablösung der Mongolenherrschaft durch die später als »national« bezeichnete Dynastie Ming war ja nicht einfach ein Sieg, sondern ein langer Entwicklungs- und Lernprozeß. Daß am Ende dann der letzte Mongolenherrscher Toghon Temür, mit dessen Vertreibung aus China die Gründung der neuen Dynastie »Ming« zusammenfällt, von seinem Besieger mit dem postumen Tempelnamen Shundi, als »der sich fügende Herrscher«, in die Ahnenreihe aufgenommen und zugleich als »weibisch« belästert wurde, ist nur eines jener Indizien für die enge Verzahnung von Macht und symbolischer Repräsentation. Folge des Lernprozesses war der spezifische Charakter der konfuzianischen Elite, eine Professionalisierung – Dardess spricht von einer »national community of Confucian public-service professionals« (Dardess 1983, S. 1) – und eine moralische Verselbständigung der Elite. Das war der eigentliche Grund für die langfristig erfolgreiche Reformierung des Reiches und die Durchsetzung von Zentralismus und Autokratie und bildete zugleich die Ursache für die Stagnation im späten Kaiserreich.

Vom Mönch zum Rebell

Nicht alles wird durch solche Umstände erklärt. Mit 16 Jahren war Zhu Yuanzhang, der spätere Ming Taizu, infolge von Seuchen und Plagen zum Vollwaisen geworden und hatte große Teile seiner Verwandtschaft verloren. Er wird 1344, bereits mit seinem pockennarbigen Gesicht mit vorspringendem Unterkiefer als eindrucksvoll geschildert, in ein buddhistisches Kloster geschickt und muß in den folgenden Jahren als Bettelmönch – manche vermuten auch Militärdienst und das Erlernen von Kampfkünsten – umherziehen. 1347 kehrt er ins Kloster zurück und bleibt dort bis 1352, wo er sich weiter Bildung und Wissen aneignet. So wurde das buddhistische Kloster zur Pflanzstätte eines außergewöhnlichen Erfolges. Im Zuge von wahllosen Militäraktionen der Mongolenherrschaft gegen Aufständische wird sein Kloster zerstört, und hier ist wohl der entscheidende Antrieb dafür zu suchen, daß er selbst das Heft in die Hand zu nehmen sich entschloß. Er verbindet sich am 15. April 1352 mit dem Anführer der Roten Turbane, Guo Zixiang (gest. 1355), in der Stadt Haozhou. Dort wird er mit der 19jährigen Adoptivtochter Guos, einer Waisen namens Ma, verheiratet und auf diese Weise in die Familie Guos eingebunden. Nach der schließlich erfolglosen Belagerung Haozhous durch die mongolischen Truppen im Winter 1352/53 kehrt Zhu, Schwiegersohn eines der mächtigsten Rebellenführer, in sein Heimatdorf zurück und rekrutiert über 700 Mann unter der Anführung von 24 früheren Freunden. Zunächst im Auftrag des Schwiegervaters Guo Zixiang, baut er allmählich eine eigene Armee auf. Nach etwa zwei Jahren am Unteren Yangzi-Lauf zieht er weiter nach Süden in Richtung Nanjing, nimmt diese Stadt schließlich am 10. April 1356 ein und besetzt damit einen Ort, der bereits eine lange Geschichte als Hauptstadt und Regierungssitz hinter sich hatte.

Die Ordnung der Welt, die der junge Militärführer anstrebte, war auch im Sinne seiner konfuzianischen Berater, und diese trugen erheblich zur Propagierung der neuen Politik bei. Es war eine Zeit der Propaganda und der Massenerziehung. Ganz offenkundig analysierte Taizu selbst die Ursachen und Folgen sozialer Unruhen und setzte dagegen seine *Großen Ankündigungen (Dagao)*. Eines seiner Erfolgsrezepte war die Durchsetzung moralischer Regeln bei seinen Truppen. Weil er die verheerenden Folgen plündernder und vergewaltigender Truppen kannte, stellte er Regeln auf, deren Universalisierung zugleich auch als »totalitär« empfunden wurde. Diese Kontrolle trat als Retraditionalisierung, als »Wiederherstellung der vorbildlichen Zustände des Altertums« *(fugu)*, auf.

Die Leitlinien seines Handelns entsprechen in gewisser Weise zwar noch dem traditionellen Konzept der Abfolge von Unordnung, Erlösungswunsch und Utopie, Ordnungsgewinnung durch einfachen Rigorismus und schließlich Mäßigung. Und doch entwickelte sich Taizu erst allmählich vom »Anführer einer religiös inspirierten militärischen Aufstandsbewegung« zum »Führer einer politischen Bewegung mit traditionellem Führungsanspruch«. Bei der Ausgestaltung dieses

Rollenwechsels waren seine Literatenberater entscheidend, die ihn der Vorbildfunktion Han Gaozus versicherten. Bei der Dynastiegründung konnte er sich dann selbst gegen die Lehren der Roten Turbane wenden und diese als Massenverführungsideologie brandmarken.

Im Jahr 1367 lobte Taizu Staatsprüfungen aus und errichtete die Hanlin-Akademie. Ferner ließ er einen Tempel für seine Vorfahren bauen sowie einen Himmels- und Erdaltar errichten. Im Dezember 1367 verkündete er seine ersten Gesetze, auch in Umgangssprache, und einen weiteren neuen Kalender und die Große Ming-Dynastie, die am 20. Januar 1368 begann, nachdem er am 12. Januar 1368 nach dreimaliger Ablehnung die Kaiserwürde angenommen hatte. Hier finden wir also die ganze konventionelle Symbolik einer Dynastiegründung. Insofern stellte sich Taizu in die Tradition. Am 23. Januar 1368 vollzog dann der neue Herrscher die Opfer für Himmel und Erde; seine Thronbesteigung wurde den Geistern mitgeteilt, und der Dynastiename wurde verkündet: »Ming«, das heißt: »Leuchtend«, übrigens nach dem programmatischen »Yuan«, das heißt: »Uranfänglich«, Khubilai Khans die erste programmatische Dynastiebezeichnung. Das war neu! Der Tradition entsprechend aber war, daß Taizu seinen Vorfahren, vier Generationen zurück, obwohl er deren wirkliche Namen ja nicht einmal kannte, postume Tempelnamen verlieh. Zwei Herrscherrollen wurden hier verknüpft. Taizu agierte als Repräsentant einer Ahnenreihe sowie als Vertreter des Reiches gegenüber dem Himmel und der Erde. Die Thronbesteigungsproklamation verdeutlicht dies unmißverständlich. Der Geltungsanspruch des neuen Herrschers drückte sich auch darin aus, daß er in dem Amnestieerlaß aus dem Jahre 1368 die Mongolen und Innerasiaten innerhalb seines Landes als seine »Kinder« bezeichnete; zugleich wandte er sich gegen fremde Sitten und betonte die Notwendigkeit der Wiedereinführung und der Stärkung alter chinesischer Sitten und Gebräuche.

Welche Rolle die kaiserliche Familie hinfort spielen soll, zeigt sich auch in den Himmels- und Erdzeremonien, die Taizu

Ende 1369 auch für seinen Vater ausrichten ließ. Damit wurde das Herrscherhaus zugleich gegenüber dem Staat verselbständigt, und der Herrscherklan wurde gegenüber früheren Zeiten weiter herausgehoben. Im März 1369 vollzog Taizu das rituelle Pflügen am Altar des Xian Nong und belebte damit eine unter den Mongolen aufgegebene Tradition wieder. Im selben Jahr wurde die Rolle der Prinzenmacht neu gefaßt, auch wenn die entsprechende Verordnung *Zuxunlu* (»Familieninstruktionen, Hausgesetze«), das Hausgesetz des Herrscherhauses, das Kernstück des »Modernismus« Taizus, erst 1373 verkündet wurde. Das Vorwort beginnt mit den Eingangssätzen: »Ich habe festgestellt, daß seit ältester Zeit, wenn Staaten ihre Gesetze erließen, dies immer von dem Herrscher ausging, der als erster das Mandat erhielt.« Bezeichnend ist, daß erst mehr als zwei Jahre nach der Inthronisierung, am 12. Juli 1370, der endgültige Sieg über die Yuan am Himmelsaltar im Süden der Hauptstadt verkündet wurde. Im selben Jahr errichtet der Herrscher – eine weitere Neuerung – den Palast zur Verehrung der Ahnen *(Fengxian dian)*. Im Jahr 1371 wird Sichuan in das Reich integriert und ein Feldzug gegen das Xia-Reich unter dem manichäischen Prinzen Ming Sheng gestartet. Teil der Konsolidierung war auch die Regelung der Außenbeziehungen (etwa zu Japan), bei denen der Buddhismus eine gewisse Rolle spielte. Denn 1372 sandte der Herrscher den buddhistischen Mönch Zushan (wirkte 1360-73) als Leiter einer Gesandtschaft nach Japan, nachdem zuvor eine große Zeremonie für alle Seelen *(pudu hui)* in Nanjing durchgeführt worden war, an der drei Tage lang neben tausend Mönchen der Herrscher selbst teilnahm.

Religionspolitik und die Dissoziierung von Herrschaft und Staat

Mit der Durchsetzung des Primats weltlicher Herrschaft durch den Kaiser und seinen Hof wurde auch die Stellung der Religionen neu geordnet. Gleich nach der Thronbesteigung hatte Taizu Ämter für die Religionen, das heißt für Buddhismus und Daoismus, eingerichtet; die Bezeichnung *»tianshi«*, »Himmlischer Meister«, die er als »Lehrherr des Himmels« deutete, war ihm ein Dorn im Auge, daher gab er dem obersten Daoisten, dem *tianshi*, den neuen Titel *Da zhenren* (»Großer Vollkommener«). Am Zhong-Berg außerhalb Nanjings vollzog der gelehrte Mönch Fanqi (1296-1370) Zeremonien zum Gedenken an die im Kriege Gefallenen. Dort übrigens ließ Taizu sein Grab errichten, an einer Stelle, an der sich tausend Jahre zuvor die Verehrungsstätte des Kriegergottes Jiang Ziwen befand und dann ein buddhistisches Kloster errichtet worden war. Solche regionalen Wurzeln blieben also lebendig, und doch richtete sich die Bemühung des Gründungsherrschers auf die geistliche Befriedung des ganzen Reiches, wenn er zu Beginn des Jahres 1369 alle Geister der Wälle und Gräben im gesamten Reich, die Stadtgötter, einsetzte und damit an sich band.

Mit der Übergabe des Throns an seinen Nachfolger, einen seiner Enkel, der als Jianwen-Kaiser kanonisiert wurde, geriet die Dynastie in eine Krise. Diese nutzte der Onkel des Kaisers, Zhu Di, Prinz von Yan, der mit seiner Militärmacht in der Gegend des heutigen Peking seinerseits den Thronfolgeanspruch stellte. Unter Berufung auf die »Hausgesetze« des Gründers machte dieser sich daran, seinen Neffen »von schlechten Einflüssen zu erretten«. Im Sommer 1399 kam es zu kriegerischen Auseinandersetzungen, die erst im Juli 1402 mit der Einnahme Nanjings endeten. Jianwen verbrannte – angeblich nach Selbstmord – mit Frau und Kind im Palast. Zhu Di ließ sich sodann unter der Devise »Yongle« (»Anhaltendes Glück«) inthronisieren. Zhu Di, der seiner Sache nicht ganz sicher war, suchte nach legitimierender Bestätigung. Dabei fand er sein Heil in einem Vorbild aus dem Altertum und wollte nun Lian Zining überzeugen, daß dieser ihm bestätigen sollte, er habe wie der Herzog von Zhou im Jahre 1116 v. Chr. (traditionelle Datierung) gehandelt, der seinem Neffen, König Cheng, dem Sohn seines Bruders, König Wu, zur Hilfe geeilt sei, was Konfuzius stets als Beispiel für höchste Staatsräson betrachtet hatte. Doch Lian Zining weigerte sich, dies zu bestätigen, und noch nachdem ihm die Zunge herausgeschnitten worden war, schrieb er mit dem Finger die Frage auf den Boden: »Wo ist König Cheng?« Er wollte die Analogie nicht bestätigen. Sodann ließ Zhu Di Fang Xiaoru (1357-1402) aus der Gefängniszelle holen und stellte ihm die gleiche Frage, ob er nicht ein zweiter Zhougong sei. Der Dialog ist bezeichnend: Als auch Fang Xiaoru fragte: »Wo ist König Cheng?«, erwiderte Zhu Di: »Er hat sich durch Feuer getötet.« – Frage: »Warum kommt dann nicht der Sohn von König Cheng auf den Thron?« – Die Antwort: »Die Dynastie braucht einen erwachsenen Herrscher.« – Frage: »Warum wird dann nicht König Chengs jüngerer Bruder inthronisiert?« – Antwort: »Dies ist allein eine Angelegenheit meines Hauses.« Familienangelegenheiten des Kaiserhauses wurden hier also erstmals auch rituell von den Staatsregeln getrennt behandelt. Diese Wendung war nur eine Reaktion auf den Zhou-Traditionalismus des Jianwen-Herrschers, und Yongle berief sich gegen diesen Traditionalismus auf die Hausregeln Zhu Yuanzhangs als die für ihn verbindlichen Regeln. (Elman 1997) Fang Xiaoru aber weigerte sich weiterhin, woraufhin er gevierteilt wurde, seine Verwandten »bis zur zehnten Verwandtschaftsstufe« wurden ausfindig gemacht und exekutiert. Die Säuberungen betrafen auch alle, die in irgendeiner Weise zu dem vorherigen Herrscher besondere Loyalitätsbeziehungen hatten. (Mote 1999, S. 588f.)

Die Rede aber von der »Familienangelegenheit« gründete auch auf der Errichtung eines zweiten Ahnenschreins namens Fengxiandian (»Tempel zur Verehrung der kaiserlichen Ahnen«; Mote 1999, S. 590) durch Taizu im Inneren Palast, nachdem er bereits 1368 einen Ahnentempel außerhalb, den Tai Miao, errichtet hatte. Dieser Dissoziierung von Herrscherfamilie und Staat war die »Konfuzianisierung« der Beamten im Laufe der Yuan-Zeit vorausgegangen. Es war der alte Konflikt des Widerspruchs zwischen *Gong tianxia* (»das Reich für alle«) und *Jia tianxia* (»das Reich als Sache der [einer] Familie«). Fang Xiaoru und seine Position, institutionell an die Regeln der Zhou-Zeit anknüpfen zu können, war also äußerlich gescheitert. Statt dessen siegte eine zynische Variante militärischer Macht. Doch die Erinnerung an die Verdrängung des Gründerenkels Jianwen durch den als Yongle-Herrscher kanonisierten Zhu Di lebte fort und führte bald zu einer Heroisierung der dem Jianwen-Herrscher dienenden Opfer. Nicht nur wurden die »Jianwen-Märtyrer« zu lokalen Heiligen umgebildet, sondern sie galten bereits hundert Jahre später als Vorbilder für Loyalität, und die Erinnerung an sie bildete ein wesentliches Element des Selbstverständnisses und geradezu eines stolzen Selbstbewußtseins der Literatenschicht. (Ditmanson 2007)

Zhu Yuanzhang hatte seine Macht durch Befolgung von Traditionen und Begründung neuer Standards abgesichert, und zwar in einem bis dahin nicht gekannten – und daher auch: neuen Maße. Aber auch er mußte seine Macht in Formen kleiden. Dabei wurden Autokratie und Bürokratie nicht als Widerspruch empfunden, sondern es ging um die Ausgestaltung eines durch Gegensatzbegriffe wie Himmel und Erde und »weich« und »hart«, *Yin* und *Yang* gefaßten Kontinuums. So wurde eine eigene Form der Herrschaftsausübung begründet, sehr personenzentriert und kaum übertragbar. Anders als im Rom der Kaiserzeit wurde dem Kaiser Macht nicht von Institutionen delegiert, sondern er »wuchs« selbst in das Zentrum der Macht. Daraus resultierten Chancen zur Neugestaltung, die er wahrnahm. Auf diese Weise brach er mit der Tradition, gerade indem er auf sie zurückgriff. Solche durch eine professionalisierte und verselbständigte Literatenbeamtenschicht getragene Innovationskraft wurde schließlich zerschlagen durch die Durchsetzung der Machtansprüche des Yongle-Herrschers, des »zweiten Gründers«, dessen Traditionsbezug in einer doppelten Abkehr bestand, einmal in der Ausblendung der Innovationen des Gründungsherrschers, zum anderen in der Ablehnung des Traditionsbezugs des Jianwen-Kaisers und seiner Berater. Diese »Veralltäglichung« eines Modernisierungsprogramms wurde bald schon zum Hindernis, weil es nicht gelang, den Impuls, sich immer wieder neu zu erfinden, auf Dauer zu stellen. Es herrschten aber doch

Elemente von Unsicherheit, in der Hauptstadtfrage, in der ständig neu überarbeiteten Gesetzgebung, in der Thronfolgefrage, um nur einige zu nennen. Dies steht in merkwürdigem Gegensatz zur Kontinuität etwa der Regierungsdevise Hongwu, die von 1368 bis zu seinem Tode 1398 beibehalten wurde. Von jener Zeit an blieben die Regierungsdevisen, die zuvor häufig wechselten, während der Regierungszeit eines Herrschers zumeist unverändert.

Klöster als Zufluchtstätten und ein neues Verantwortungsethos

Innerhalb der Veränderungen während der Zeit des Kaiserreiches fällt aus heutiger Sicht wohl die größte Wende in das 17. Jahrhundert, in dem China von einem ursprünglich halbnomadischen Volk, den Mandschu, erobert wurde und unter deren Herrschaft eine bis dahin nicht gekannte Ausdehnung erreichte. Nicht nur die Mission der Jesuiten prägte in jenem Jahrhundert insbesondere die Gelehrtenwelt im Kaiserreich, sondern infolge der Ausdehnung des Herrschaftsgebietes wurden auch weitere Völkerschaften und ihre Religionen Teil Chinas. Eine Herausforderung im Inneren bedeuteten die geänderten Loyalitätserfordernisse. Auch deswegen blieb die Sakralisierung des Herrschers begrenzt und bezog sich vor allem auf die neu hinzugetretenen tibetischen und mongolischen Völker, gegenüber denen der Mandschu-Herrscher als Bodhisattva und »Weltraddreher« dargestellt wurde. Als Kennzeichen für die Liberalität und Weltoffenheit und vor allem für den Pragmatismus der neuen Zeit ist der Umstand zu werten, daß diejenigen Beamten, die im Übergang von Ming zu Qing die Seite wechselten und somit zwei Dynastien dienten, in ihrer eigenen Zeit durchaus akzeptiert und geachtet wurden, während sie in der Historiographie des 18. Jahrhunderts dann, insbesondere zur Zeit des Qianlong-Kaisers, als Verräter gebrandmarkt wurden. Der Prototyp dieses »Dieners zweier Herren« *(erchen)* war Hong Chengchou (1593-1665). (C.-m. Wang 1999) Dies zeigt, wie die Entstehungssituation der Mandschu-Dynastie selbst später tabuisiert wurde, sicher mit der Intention, abermaligen Dynastiewechsel zu verhindern – und dann eben doch gerade solchen befördernd. Schwierig war der Loyalitätswechsel dennoch für viele, und so wie der Gründungsherrscher der Ming-Dynastie im 14. Jahrhundert zeitweise seine Zuflucht in einem buddhistischen Kloster gefunden hatte, so wurden in der Zeit des Zusammenbruchs dieser Dynastie im 17. Jahrhundert buddhistische Klöster abermals zur Zufluchtstätte – nun aber für eine so bisher nicht dagewesene große Zahl von Literatenbeamten, die, um auch aus Pietätgründen eine vollständige Tonsur zu vermeiden, sich eine Zopffrisur zulegten. Viele gingen für längere Zeit ins Kloster, und ganz allgemein war die Kultivierung der eigenen Gefühle, Träume und Erinnerungen Ausdruck einer Form der »inneren Emigration«. Auf diese Weise suchten sie auch die Erfahrungen der Kriegsereignisse, die ihnen oft den Verlust ihres Besitzes gebracht oder ihre Familien auseinandergerissen hatten, zu verarbeiten. Dabei war für viele zur Verarbeitung ihrer Verlusterfahrungen die Hinwendung zum Buddhismus der Zuwendung zum Daoismus vorzuziehen. Denn während der Daoismus ihnen zwar einen Weg der Selbstkultivierung durch Steigerung der inneren Reinheit und durch Einbindung in das kosmische Beziehungsgeflecht eröffnete, verhieß der Buddhismus Mitleid und Barmherzigkeit und die Wiedergeburt in einer besseren Welt. (Struve 2007)

Das 17. Jahrhundert war auch das Jahrhundert, in dem sich China erstmals intensiv mit den europäischen Einflüssen auseinandersetzte und an dessen Ende es noch einmal die ganze Vielfalt der eigenen Traditionen einzufangen und zu konservieren suchte. Es war jenes Jahrhundert, in dem China auch noch in Europa sich höchster Wertschätzung erfreute und in dem sich der Westen ein intensiveres Bild von China verschaffte, dessen Rezeption ein Chinabild kreierte, das dann für China selbst in mehrfacher Hinsicht bestimmend werden sollte. Denn es stabilisierte sich durch die Spiegelung in europäischen Reiseberichten die Vorstellung eines China der ausgehenden Ming- und der frühen Mandschu-Dynastie, samt

Palastanlagen und bürokratischer Verwaltungspraxis, in einer Weise, daß China sich auch bald selbst so wahrnahm. Die Vorstellung von dem mehrtausendjährigen Reich begünstigte noch im frühen 20. Jahrhundert eine Identitätskrise Chinas, die sich gelegentlich bis zum Selbsthaß steigerte. (Spence 1990, S. 236ff.) Die neue Wahrnehmung Chinas im 17. Jahrhundert wird besonders deutlich in den Werken des aus Südtirol stammenden Martin Martini (1614-1661), der als Mitglied der Societas Jesu 1643 über Goa nach China gelangt war, wo er seine Eindrücke aufzeichnete, die er in dem Werk *De Bello Tartarico Historia* niederlegte. Berühmter noch als dieses Werk wurde sein *Novus Atlas Sinensis*, ein Meilenstein in der Kartographie Chinas, den Joan Blaeu 1655 in Amsterdam als Band VI seines *Theatrum orbis terrarum* veröffentlichte. Wie groß bald die Nähe der Jesuiten zum Kaiser wurde, veranschaulicht die aus Anlaß des Todes des jungen Shunzhi-Herrschers (reg. 1644-1661) von Adam Schall veröffentlichte Trauerbekundung:

> Ich muß wohl vorzüglich über den Kaiser trauern, da er während der siebzehn Jahre, durch welche er das Reich beherrschte, mich fortwährend mit Liebe und mit besonderem Wohlwollen behandelt hat, und auf mein Anhalten Vieles zum Nutzen des ganzen Reiches verfügt hat, und wohl auch noch Mehreres gethan hätte, wie er es versprochen hat, wenn er nicht durch einen so unerwarteten Tod, als junger Mann von unglaublichem Geiste und Scharfsinne im blühendsten Alter uns entrissen worden. (China heute 27 [2008], Nr. 3, S. 119)

Doch wirtschaftlich wie sozial und kulturell gilt bereits die Mitte der Ming-Zeit, das 16. Jahrhundert, als eine Epochenschwelle. Neue Formen der Öffentlichkeit bilden sich heraus, und in der wirtschaftsgeschichtlichen Literatur ist von »kapitalistischen Sprossen« die Rede. Die Wanli-Periode (1573-1619) war eine Zeit der Dekadenz und der Unordnung. Es gab zahlreiche Bauernrebellionen sowie Massendemonstrationen, zum Beispiel in Suzhou, wo Literaten und Tausende aus der Bevölkerung gegen den grausamen Eunuchen Wei Zhongxian (1568-1627), den Vertrauten der für den Kaiser Xizong (reg. 1620-1627) herrschenden Regentin, protestierten. Überhaupt war die Stimmung der Zeit einem gesteigerten Selbstgefühl und einem gewissen Hang zur Exzentrik förderlich, was nicht nur in der Dichtung, sondern auch in den Künsten zum Ausdruck kam, beispielsweise in der Malerei bei dem mit dem individualistischen Dichter Yuan Hongdao (1568-1610) befreundeten Maler Dong Qichang (1555-1636).

Die Neuentdeckung des eigenen Selbst im 16. Jahrhundert (Chaves 1985) fand ihren Ausdruck auch im religiösen Bereich, in der Praktizierung etwa von Sündenbekenntnissen und einer täglichen Beobachtung der eigenen Taten. (Brokaw 1991) Am bekanntesten sind entsprechende Anweisungen zur Selbstkontrolle, zu einer täglichen Bestandsaufnahme der eigenen guten Werke und der Verfehlungen durch Zhuhong (1535-1615), der die Chan-Lehre der Selbsterkenntnis durch Meditation einerseits und die eine Wiedergeburt im Paradies des Westens predigende Lehre vom Reinen Land andererseits miteinander vereinigte. (C.-f. Yü 1981; P.-y. Wu 1979) Im 16. Jahrhundert war das Bewußtsein eines großen Teils der Literatenschicht offenbar geprägt von dem Gedanken, in einer Zeit eigenen Rechts zu leben.

Das hervorstechende Merkmal der Ming-Zeit ist mit der Abkehr von der sich auf die Lehren des Zhu Xi (1130-1200) berufenden Orthodoxie und der Hinwendung zu Denkern wie Wang Shouren (1472-1529, besser bekannt unter seinem anderen Namen Wang Yangming) aufs engste verknüpft. Im Gefolge der Internalisierung konfuzianischer Moralvorstellungen bei großen Teilen der Bürokratie seit der Zeit der Mongolenherrschaft (13./14. Jh.) empfanden sich, wie bereits angedeutet, viele nicht mehr als Stellvertreter beziehungsweise Werkzeuge eines Himmelssohnes, sondern sie fühlten sich verantwortlich für das Gemeinwohl eines Staates, ganz unabhängig von dem jeweiligen Herrscher. (Dardess 1983) Diese Entwicklung konnte nicht ohne Einfluß auf die geistige Welt bleiben, die im Literarischen sich oftmals viel deutlicher Ausdruck zu verleihen vermochte als im Felde der Politik.

Im 16. Jahrhundert wurden über einzelne Regierungsämter Handbücher erstellt, in die authentische Fälle und Dokumente aufgenommen wurden. Diese Handbucherstellung steht in Zusammenhang mit der »Staatskunstlehre«-*(jingshi-)*Bewegung, wie sie vor allem auch von der Donglin-Partei vertreten wurde, jener nach der Donglin-Akademie bezeichneten Strömung, die eine besondere Ausprägung des Ethos der Staatsverantwortung der Literaten repräsentierte. (Busch 1949) In der späten Ming-Zeit hatte die Zahl der Akademien derart zugenommen, daß sie nicht nur zu Stätten der Ausbildung und des intellektuellen Diskurses, sondern auch der politischen Fraktionen- und Parteibildung geworden waren. Die bedeutendste, insbesondere politische Ziele verfolgende Gruppierung jener Zeit war neben der Donglin-Akademie die »Erneuerungs-Gesellschaft« (Fushe, wörtlich übersetzt eigentlich »Rückkehr-zum-Altertum-Gesellschaft«). Dabei rückten die Regionen stärker in den Vordergrund. Neben den als Lokalchroniken *(difangzhi)* bezeichneten Provinz-, Präfektur-, Kreis- und Stadtbeschreibungen geben hierzu Reiseberichte Auskünfte, die zunehmend Eigenbeobachtungen in den Vordergrund stellen. Der bekannteste ist der des Xu Hongzu (1586-1641) *(Xu Xiake youji)*. Die monumentale Reichsbeschreibung Gu Yanwus (1612-1682), das *Tianxia junguo libingshu* von 1662, zeigt jedoch weniger Interesse an historischen Stätten, sondern nimmt vielmehr »die Gegenden bäuerlicher Aufstandsbewegungen persönlich in Augenschein, um so die strategischen Gegebenheiten kennenzulernen«. (Balázs 1965, S. 31 f.) Das Interesse an der Sicherung der Ordnung stand also im Hintergrund und hatte natürlich Folgen nicht nur für das Vorgehen gegen oft religiös motivierte Protestbewegungen, sondern auch für die Selbstorganisation dieser Bewegungen, die insbesondere Geheimhaltungsstrategien ausbildeten.

Eine andere Neuerung war das Verfassen einer Form biographischer Geistesgeschichte wie des 1676 fertiggestellten *Mingru xue'an* von Huang Zongxi (1610-1695). Unter der Dynastie Ming schien vielen das konfuzianische Ideal der Kultivierung der eigenen Person und der Vervollkommnung der

Welt durch die Komplizenschaft einer die moralischen Ideale mißachtenden autoritären Monarchie mit der Korruption des einzelnen unerreichbar geworden. Daher wurde der Sturz der Ming-Dynastie in der Mitte des 17. Jahrhunderts von vielen als Scheitern sowohl des öffentlichen als auch des privaten Konfuzianismus betrachtet. Bei dem Versuch einer Neuorientierung der Literaten und Intellektuellen in den ersten Jahrzehnten der Mandschu-Herrschaft glaubte man sich daher nicht mehr auf Selbstkultivierungsideale des 16. Jahrhunderts berufen zu können, sondern suchte einen neuen, unmittelbaren Zugang zu den Quellen der konfuzianischen Lehre, vor allem zu den Klassikern. Die konsequente und schonungslose Anwendung philologischer und anderer Wissenschaften, wie der Astronomie zur genauen Datierung, hatte eine Offenheit für das Unverhoffte und Unvorhergesehene zur Folge, wie es sie in China zuvor nicht gegeben hatte. Den Gelehrten dieser Epoche, die vor allem in den wohlhabenderen Gegenden am unteren Yangzi-Lauf lebten oder in der Hauptstadt Peking residierten, verdanken wir übrigens zu nicht geringem Teil unsere Kenntnisse des chinesischen Altertums und der Klassiker. (Elman 1984)

Die neue Wendung der Literaten im 17. Jahrhundert hin zu philologischen sowie sonstigen praktischen Interessen hatte jedoch auch andere Gründe. Hier ist einmal die durch eine rigide Zensur bewirkte und aufrechterhaltene Entpolitisierung der Intellektuellen zu nennen. Diese hatten zudem die Verfolgung der Donglin-Partei durch den Eunuchen Wei Zhongxian (1568-1627) am Ende der Ming-Dynastie als abschreckendes Beispiel vor Augen, so daß ihnen die Klassikergelehrsamkeit eine willkommene Zuflucht bot, zumal sich die Zensur in erster Linie und fast ausschließlich auf regierungsfeindliche Äußerungen bezog und die sonstigen Bereiche literarischer Aktivitäten weitgehend unbehelligt ließ.

Diese Veränderungen standen in jener Zeit bereits in einem globalen Kontext. Denn nicht erst im 17. Jahrhundert gab es einen internationalen Handel, doch erst in jener Zeit scheinen sich die Folgen internationaler Geld- und Währungsmärkte gezeigt zu haben, und es spricht manches dafür, daß es bereits im 17. Jahrhundert eine Krise im globalen Ausmaß gegeben hat. (Parkert, Smith 1978; Mousnier 1993; Mazumdar 1998, S. 201 ff.) Während einer Phase wirtschaftlicher Depression zwischen 1660 und 1690 klagte der Provinzgouverneur von Jiangning:

> Ich erinnere mich noch genau der Jahre 1649-50, vor der Einführung des Seehandelsverbots, daß die Märkte überquollen mit ausländischen Waren. Käufer und Verkäufer benutzten überwiegend ausländische Silbermünzen, die überall im Reiche verbreitet waren. Doch heute findet man solche Münzen nicht mehr. Daran zeigt sich, daß die Quelle des Wohlstands versiegt ist. (van Glahn 1996, S. 217; Cipolla 1998)

Allerdings sollte man die Intensität der Geldströme in jener Zeit nicht überschätzen. Denn die erst 1683 wieder aufgehobene, im Jahre 1661 verfügte Seehandelsverbotspolitik alleine hätte nicht einen solchen Einfluß auf den Rückgang des Silberzuflusses nach China gehabt, wenn es nicht darüber hinaus eine generelle Münzsilberknappheit in jener Zeit gegeben hätte. (van Glahn 1996, S. 224)

Die Hoffnung einer Kaiserinwitwe auf die Hilfe des Papstes und die Jesuitenmission

Hoffnungen hatten sich schon seit Urzeiten nach außen gerichtet, inzwischen aber nun auch in ganz konkreter Weise. So waren es gerade die Frauen am Ming-Kaiserhof – der sich in der Mitte des 17. Jahrhunderts immer weiter nach Süden zurückziehen mußte –, die ihre Zuversicht auf den Papst zu setzen begannen, nachdem ihnen der Jesuit Andreas Xavier Koffler, der seit 1645 in China weilte und etwa die Kaiserinwitwe Wang auf den Namen Helena und den Thronfolger auf den Namen Constantin getauft hatte, Hoffnung gemacht hatte. Mit einem Brief hatte dieser seinen Assistenten Michael Boym zum Papst in Rom gesandt (Struve 1993, S. 235), der, ohne eine Audienz bei Innozenz X. oder bei dessen Nachfolger Alexander VII. erlangt zu haben, im Jahre 1658 im Golf von Tonkin wieder eintraf, um feststellen zu müssen, daß die meisten seiner Auftraggeber inzwischen gestorben beziehungsweise ermordet worden waren. Erschöpft starb er selbst im August 1659 in der Grenzregion zu Vietnam, wo er auch beerdigt wurde.

Dem auf den 4. November 1650 (= 4. Jahr Yongli, 10. Monat, 11. Tag) datierten Schreiben der Kaiserinmutter an den Papst könnte man entnehmen, China habe sich auf dem Weg befunden, ein katholisches Land zu werden. (Struve 1993, S. 237f.) Tatsächlich war die Akzeptanz des Christentums im China des 17. Jahrhunderts nicht gering. Die Chinamission der Jesuiten hatte Matteo Ricci (1552-1610) begründet, der nach 19jähriger Missionsarbeit vor allem im Süden sich im Jahre 1601 in Peking niederlassen durfte. Es ist dies tatsächlich eine Erfolgsgeschichte, die in dem Toleranzedikt des Kangxi-Kaisers vom 5. Februar 1692 gipfelte, der alle Kirchen im Reich unter seinen Schutz stellte und christliche Gottesdienste und Missionsarbeit erlaubte. Diese Erfolge sind wesentlich mit den Nachfolgern Matteo Riccis verknüpft, mit Giulio Aleni (1582-1649), Martino Martini (1614-1661), Johann Adam Schall von Bell (1592-1666), Ferdinand Verbiest (1623-1688), Joachim Bouvet (1656-1730) und vielen anderen, wobei die Toleranz der Chinesen gegenüber den christlichen Missionaren beinahe größer war als deren Toleranz untereinander. Bemerkenswert ist aber auch, daß zu jener Zeit manche der Jesuiten ebenso im Auftrag des Königs von Frankreich standen, wie sie Beamte des Kaisers von China waren.

Die Missionspraxis der Jesuiten hatte eine Affinität zu den geistig-moralischen Strömungen jener Zeit, die in Erbauungsbüchern *(shanshu)* ihren Ausdruck fanden. (Sakai 1970) Andererseits hatte es doch einige Zeit gedauert, bis die wahren Absichten der Jesuiten deutlich wurden. Noch Li Zhi (1525-1602), der Matteo Ricci in Nanjing getroffen hatte, schreibt:

> Aber ich weiß nicht, warum er hierhergekommen ist. Ich bin schon dreimal mit ihm zusammengewesen und weiß

> schließlich doch nicht, wozu er hierhergekommen ist. Sollte es etwa sein Wunsch sein, auf Grund seiner Lehre unsere Lehren des Herzogs von Zhou und des Konfuzius umzuwandeln, dann wäre das allzu töricht. Ich glaube, darin besteht nicht [der Zweck seines Hierseins]. (W. Franke 1962, S. 34f.)

Tatsächlich gab es fundamentale Hindernisse für eine Implementierung christlichen Glaubens in China. (Standaert 2001) Wie nicht anders zu erwarten, wurden die christlichen Missionare bald in den interreligiösen Disput einbezogen, an dem sie sich ihrerseits engagiert beteiligten. Antichristliche Polemik erhob sich. In den sechziger Jahren des 17. Jahrhunderts war der Mandschu-Hof beherrscht von dem von Yang Guangxian (1597-1669) angestrengten Verfahren gegen Angehörige des Astronomieamtes, das unter der Überschrift *»Budeyi«* lief. Doch Polemik hatte es bereits lange zuvor gegeben – von einer ersten wirklich antichristlichen Bewegung wird für die Zeit von 1616-1621 in Nanjing berichtet. (Zürcher 1971) Die antichristliche Polemik der ersten Verfolgung von Nanjing findet sich in dem Sammelwerk *Poxieji*, während die antichristlichen Polemiken des Yang Guangxian in dem Werk *Budeyi* (1665) gesammelt sind. Es ist aber bemerkenswert, daß die Hauptgegner der Christen in der ersten Hälfte des 17. Jahrhunderts nicht die Konfuzianer, sondern die Buddhisten waren, die im Christentum viel Ähnliches zu ihrer Religion sahen. Zur Entfremdung zwischen Christen und Buddhisten trugen aber auch die Jesuiten selbst erheblich bei, die ihre Lehre mit der des Buddhismus für weitgehend unvereinbar hielten. Der bedeutende Mönch und Organisator von Laienvereinigungen am Ende der Ming-Zeit, Zhuhong (1535-1615), wiederum beschäftigte sich mit dem fehlenden Tiertötungsverbot bei den Christen und mit dem Himmelsbegriff *(tian)*. In den Jahren 1635/36 hatten sich verschiedene Mönche aus der Linji-(Rinzai-)Schule gegen das Christentum gewandt; aber am ausführlichsten kritisierte 1642/43 Ouyi Zhixu (1599-1655), noch als Laie, das Christentum. Diese Tendenzen sind nicht zu verstehen ohne das seit dem 16. Jahrhundert ver-

Der Kangxi-Herrscher (1662-1722), der »Architekt des Mandschu-Reiches«, hier in einer Abbildung aus dem Jahre 1700 in einem von Jesuiten verfaßten Bericht, hatte als Achtjähriger den Thron bestiegen und sich bald als geschickter Administrator und Förderer von Kultur und Wissenschaften erwiesen. Er hat sich auch nachhaltig für westliche Wissenschaft interessiert. Seine Toleranz verhalf ihm bei den Missionaren zu hohem Ansehen.

stärkte Engagement von Teilen der chinesischen Elite für den Buddhismus. (Brook 1993)

Wichtig für das Selbstverständnis der Elite, zugleich ungemein wirksam wurde die Verbreitung der in Europa gewonnenen astronomischen und mathematischen sowie auch medizinischen Kenntnisse, die im 16. und 17. Jahrhundert insbesondere durch die Jesuiten nach China gelangten. Beachtenswert ist, daß einzelne oft ihrer Zeit weit voraus waren, doch es entbehrt nicht einer gewissen Ironie, daß es selbst dem Kaiser von China, dem theoretisch mächtigsten Mann Ostasiens, nicht umstandslos möglich war, seine Überzeugungen durchzusetzen. So wissen wir etwa von dem Kangxi-Herrscher (1662-1722), daß er ein nachhaltiges Interesse an der euklidischen Geometrie hatte und sich etwa im Jahr 1703 ausführlicher darüber unterrichten ließ. (Engelfriet 1998, S. 432) Kaiser Kangxi war es auch, der die erwähnten Zwistigkeiten der jesuitischen Missionare, die er gezielt zu seiner Unterrichtung einsetzte und deren Lehren er zunächst ins Mandschurische und – jedenfalls in der Regel – dann erst ins Chinesische übersetzen ließ (Engelfriet 1998, S. 436), zu unterbinden trachtete. So publizierte er im Jahre 1702 einen Erlaß, wonach alle Jesuiten sich wie eine Familie verhalten sollten, mit einem Oberhaupt und ohne die Unterscheidung von »wir und ihr«. Freilich – und ganz ähnlich der kaiserlichen Politik gegenüber buddhistischen Mönchen in früheren Jahrhunderten – ging es dem Kaiser um Stabilisierung, wenn er etwa 1706 forderte, die Missionare sollten sich zu einem lebenslangen Verbleib in China verpflichten, was nichts anderes bedeutete, als Untertanen zu werden. Das Konzept der Exterritorialität gab es zu jener Zeit also noch nicht, auch wenn bereits zu Beginn des 5. Jahrhunderts Huiyuan einen Vorstoß zur Anerkennung einer Zwei-Welten-Theorie gemacht hatte. (Zürcher 1959; Schmidt-Glintzer 1972)

Der Erfolg der Mission der Jesuiten mit ihrer »Akkommodationsstrategie« in China war nicht von langer Dauer, was auch der Rivalität der katholischen Orden untereinander zuzuschreiben ist. Der Grund für den nur vorübergehenden Erfolg lag sicher nicht in der Schwierigkeit der Chinesen – manche wie Jacques Gernet haben sogar von einem Unvermögen gesprochen –, mit den christlichen Lehren der europäischen Renaissance umzugehen. Auch haben wir Belege für authentische Frömmigkeitspraxis, wie sie in einem von Erik Zürcher erschlossenen Tagebuch aus dem frühen 17. Jahrhundert belegt ist. (Zürcher 2007) Doch während der Buddhismus in der Zeit des frühen chinesischen Mittelalters zunächst von einer adligen Elite aufgegriffen und zur Durchsetzung einer mit den Macht- und Herrschaftsinteressen konformen Massenreligiosität eingesetzt wurde, gab es im 17. Jahrhundert für die christliche Botschaft in China keine derart aufnahmebereite breitere Öffentlichkeit, und der Kaiserhof war letztlich zu schwach, sich mit einer solchen fremden Lehre zu verbinden, auch wenn es große Anstrengungen gab, die christliche Lehre gegen den Buddhismus und den von seinen »Bonzen« vertretenen Aberglauben, wie die jesuitischen Berichterstatter formulierten, auszuspielen. Von der Rolle der jesuitischen Priester in China zeugen heute noch die Sternwarte am Osttor Pekings, die Grabmäler, die sich innerhalb des Geländes einer Parteihochschule befinden sowie die 1650 von Adam Schall von Bell (1592-1666, chinesisch: Tang Ruowang) errichtete Nantang-Kirche, deren heutiges Gebäude allerdings aus dem Jahr 1904 stammt. Von Macau aus war Adam Schall im Herbst 1622 nach Peking aufgebrochen, das er am 25. Januar 1623 erreichte. Abgesehen von einer dreijährigen Unterbrechung in der Stadt Xi'an, dem alten Chang'an, in den Jahren 1627-1630, wo man in jener Zeit, im Jahre 1625, wie erwähnt, das älteste Zeugnis einer christlichen Kirche wiederentdeckte, die sogenannte Nestorianer-Stele, blieb Schall bis zu seinem Tod in Peking, hochgeschätzt, in kaiserliche Dienste genommen, wurde jedoch 1664 mit anderen Missionaren verhaftet und unter Anklage gestellt, weil er eine »verwerfliche Religion« lehre und China einer fremden Macht unterwerfen wolle. Kurz vor seinem Tod begnadigt, rehabilitierte ihn unmittelbar danach der junge Kangxi-Kaiser, der sich auf den Nachfolger, den belgischen Jesuiten Ferdinand Verbiest (1623-

1688, chinesisch: Nan Huairen), bei astronomischen Fragen stützte.

Die Jesuitenmission scheiterte nicht an China, sondern an Streitigkeiten innerhalb der römischen Kurie, wo sich bald diejenigen durchsetzten, die das Missionierungsprinzip der Jesuiten ablehnten. In der Folge dieses »Ritenstreits« verbot die Kurie die weitere Erörterung des Themas, ein Schweigegebot, das erst 1939 revidiert wurde. (Mungello 1994) Auch in China war die Lage inzwischen wieder ungünstig geworden, nachdem der den Jesuiten wohlgesonnene Kangxi-Kaiser, der 1692 ein Toleranzedikt erlassen hatte, am 22. Dezember 1722 gestorben war. Dessen Nachfolger, der Yongzheng-Kaiser, rückte die Missionare wieder in die Nähe der Weißen-Lotos-Sekte, der man Aufstandspläne unterstellte, so daß, nachdem Anschuldigungen gegen die christlichen Missionare vorgetragen worden waren, sie schließlich mit Ausnahme einiger Jesuiten am Pekinger Hof alle nach Kanton geschickt wurden.

Durch das Scheitern der Jesuitenmission konnte sich der Eindruck verfestigen, die Chinesen seien christlichen Lehren nicht zugänglich, wie dies noch in der ersten Hälfte des 20. Jahrhunderts der junge Sinologe Werner Eichhorn berichtete, der gewissermaßen eine »konfuzianische Selbstauskunft« erstellte:

> Der gebildete Chinese steht dem Christentum kühl und ablehnend gegenüber, wenngleich er es im allgemeinen zu dulden pflegt. Charakteristisch ist die Antwort, die ein bekehrungswütiger Missionar erhielt: »Wir haben einen Körper«, so sagte ein Chinese, »der dient uns und nimmt uns schon sehr viel in Anspruch. Er will gekleidet, genährt, vor Wind und Wetter geschützt sein; er hat allerlei Gebrechen und ist manchen Krankheiten unterworfen. Nun ist aber allgemein bekannt, daß die Gesundheit das höchste Gut ist. Wir müssen also alltäglich auf den Körper, welchen wir sehen und fühlen, große Sorgfalt verwenden. ⟨...⟩ Unser Geist und unser Herz reichen kaum aus für die Ansprüche, welche das gegenwärtige Leben an uns stellt. Wozu ist

es dann gut, sich auch noch wegen des künftigen Lebens abzuquälen? Wozu soll man sich dann um zwei Leben, ein diesseitiges und ein jenseitiges, kümmern? Ein Reisender kann nicht auf zwei Straßen zugleich wandern; wenn man über einen Fluß setzen will, darf man nicht seinen Fuß auf zwei Nachen setzen, denn dann läuft man Gefahr, ins Wasser zu fallen und zu ertrinken.« (Eichhorn 1929, S. 78)

Werner Eichhorn fügt hinzu: »Diese Antwort ist charakteristisch für den nüchternen, einfachen, auf das Diesseits gerichteten Sinn der Chinesen, der sich auch im Konfuzianismus deutlich ausprägt durch die Ablehnung jeglicher metaphysischer Spekulation.« (Ebenda) Daß diese Feststellung nur eine Seite beleuchtet und es daneben eine ausgeprägte spirituelle Seite gibt, hat Eichhorn später selbst erkannt.

Das Europabild im China des 17. Jahrhunderts wurde, wie das Bild Chinas in Europa, von Jesuiten geprägt, von der Begegnung mit Jesuiten sowie von den Mitteilungen der Jesuiten über Europa. Ein chinesischer Autor hat nach der Begegnung mit Matteo Ricci um 1600 folgendes Bild gezeichnet:

> Das Land des Großen Westens liegt 60 000 *li* westlich von China. Das Land heißt Ou-hai [»Europäisches Meer«]. Das Land hat drei Herrscher. Einer regelt die moralische Erziehung, einer leitet das Rechnungswesen, und einer ist allein für die Rechtsprechung da. Obgleich sie als von gleichem Rang geehrt werden, respektieren die Leute denjenigen, der Recht spricht 〈...〉 [usw.] (H. Franke 1976, S. 124)

Herbert Franke hat zu Recht vermutet, daß hier Mitteilungen über die Verhältnisse im alten Rom wiedergegeben werden. (Ebenda, S. 126) – Ein treffliches Beispiel für die Vermittlung des jesuitischen Europabildes in China ist das 1637 in chinesischer Sprache erschienene Werk des bereits erwähnten Paters Giulio Aleni, der zunächst (1613) in Peking und in Zhejiang war und dann, ab 1625, in Fujian wirkte, wo er auch 1649 starb. Dieses Werk mit dem Titel *Antworten auf Fragen über den Westen (Xifang dawen)*, das in mehreren Ausgaben überliefert ist (Mish 1964), schildert nicht nur Europa, sondern geht auch auf die chinesischen Verhältnisse ein, denen gegenüber ein hohes Maß an Respekt an den Tag gelegt wird. Es handelt sich bei diesem Werk Alenis um die Selbstauskunft eines europäischen Jesuiten, das daher eben auch nur zum Teil die Frage beantwortet, wie im 17. Jahrhundert China Europa gesehen hat.

Die Beurteilung Europas im China der Frühen Neuzeit war zweifellos eine Reaktion auf den Auftritt europäischer Mächte in China, aber sie ist auch als Reaktion auf die Erfahrungen mit der Fremdherrschaft der Mandschu zu verstehen. Chinas Selbstbewußtsein war nicht erst durch die europäischen Mächte herausgefordert worden, sondern hatte sich seit der Reichseinigung immer wieder neu zu bewähren – ja, neu zu konstituieren, in der Auseinandersetzung mit nichtchinesischen Völkern am Rande, dann aber vor allem in Zeiten der Besetzung durch fremde Völker. Fremdherrschaft in China war im vergangenen Jahrtausend die Grunderfahrung, es war die Beherrschung Nordchinas durch die Dschurdschen im 12. und 13. Jahrhundert und dann die vollständige Eroberung durch die Mongolen für etwa 100 Jahre. Nach der chinesischen Ming-Herrschaft (bis 1644) und fortgesetzter Bedrohung durch mongolische Völker an der Nordgrenze setzte wieder eine Fremdherrschaft ein, durch die Mandschu, die bis 1911 dauerte. So unterschiedlich die Erfahrungen mit diesen Fremdherrschaften auch waren, so haben sie am Ende doch immer China bereichert. Die Eroberer wurden oft sogar sinisiert, weil die chinesische Kultur eben nicht nur einfach überlegen, sondern in höchstem Maße integrativ war.

DAS SCHICKSAL DES EINZELNEN UND DIE VIELFALT DER VÖLKER UND GÖTTER

Selbstprüfung und Verdienstbuchhaltung

Die Vorstellung von bestrafenden Geistern sowie von der Anhäufung von Verdiensten war zwar seit der Zeit des Konfuzius oft geleugnet worden, doch eigentlich immer lebendig geblieben, nur hatte sich der Umgang damit verschoben. (van Glahn 2004) In der späten Kaiserzeit nun griffen insbesondere Angehörige der Elite den Vergeltungsgedanken erneut auf, um ihr Schicksal in die eigene Hand zu nehmen. So wandte sich der in eine über Generationen dem Medizinerberuf verpflichtete Familie geborene Yuan Huang (1533-1606) von dieser Tradition ab und suchte den Weg über das Studium der Klassiker und die Staatsprüfungen in den Staatsdienst. Den herausragenden Erfolg, den er – was hierfür durchaus nicht unüblich war – im fortgeschrittenen Alter im Jahre 1586 bei der letzten Staatsprüfung erzielte, deutete er als Folge moralischen Handelns und als Belohnung durch die Geister und Götter. Diese, meinte er, belohnen gute Taten und moralisch korrektes Verhalten und bestrafen Schlechtigkeit. Aus dieser Überzeugung heraus entwickelte er ein System der Buchhaltung über die eigenen Taten. So wurde das eigene Schicksal durch Aufzeichnung von Punkten für gute beziehungsweise weniger gute oder schlechte Taten berechenbar, und er legte diese Theorie als Anweisung für seine Nachkommen schriftlich nieder, denen er vorschlug, solche Verdienstbuchhaltung zu befolgen und täglich abends entsprechende Aufzeichnungen vorzunehmen. (Brokaw 1987 und 1991; siehe auch Eberhard 1967) Neu waren diese Gedanken freilich nicht, doch griff hier ein Angehöriger der Elite eine Vorstellung auf, die lange Zeit eher unter einfachen Leuten und von Vertretern daoistischer oder buddhistischer Lehren, nicht aber von Konfuzianern vertreten worden war. Das zeigt, daß sich die überwiegend konfuzianisch geprägte Elite mehr und mehr mit Fragen der Gerechtigkeit auseinanderzusetzen hatte. Mit solchen Gedanken zur Selbstkultivierung stand Yuan Huang nicht allein in seiner Zeit, und nur so erklärt sich, daß die ursprünglich für seine Söhne verfaßte und stark autobiographische Züge tragende Anweisung weite Verbreitung fand und zu den Büchern gerechnet wurde, die unter der Bezeichnung *shanshu*, »Moralbücher« (wörtlich: »Bücher zum Gutsein«), in jener Zeit eine eigene Gattung bildeten. (Sakai 1970) Die Liste zu berechnender Handlungen beginnt mit der Bemerkung, solche guten Taten nicht zu vermerken, für die man eigens bezahlt beziehungsweise bestochen wurde. Einige Beispiele:

Zähle 100 Verdienstpunkte:
- Errettung eines Menschen vom Tod
- Bewahrung der Jungfräulichkeit einer Frau
- Verhinderung des Ertränkens eines Kindes oder einer Abtreibung

Zähle 50 Verdienstpunkte:
- Einen Waisen aufziehen
- Jemanden, der keine Nachkommen hat, beerdigen

Zähle 30 Verdienstpunkte:
- Jemanden dazu bewegen, buddhistischer Mönch zu werden
- Einen Menschen von seinem schlechten Lebenswandel abbringen

Zähle 10 Verdienstpunkte:
- Einen tugendhaften Mann weiterempfehlen

Zähle 1 Verdienstpunkt:
- Eines Menschen Güte lobend erwähnen
- Die schlechte Tat eines Menschen verbergen
- Einen Menschen von einer einzelnen schlechten Tat abhalten

Auch Geldspenden sollte man aufzeichnen, wobei 1 Verdienstpunkt für den Betrag von 100 Kupfermünzen zu verbuchen sei, wenn sie zum Beispiel für Straßen- oder Wegebau, Brunnenbohrung oder die Reparatur von Heiligenbildern oder Tempelausstattung gegeben würden.

Weiße-Lotos-Schule

Parallel zu solcher neuen Moral bei Angehörigen der Oberschicht waren religiös orientierte Gesellschaften entstanden. Die Weiße-Lotos-Schule – manche sprechen von Sekte –, deren Anfänge in die Zeit der Mongolenherrschaft zurückgehen (Overmyer 1976), war im 15. Jahrhundert zu einer Lehre *(jiao)*

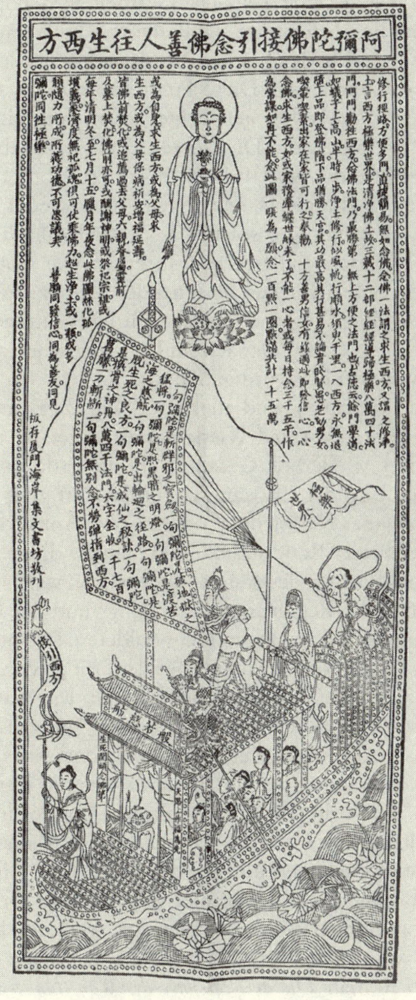

Unter Anrufung des Buddha Amitabha treten die Gläubigen eine Reise übers Meer in das Paradies des Westens an.

geworden, bei der eine weibliche Gottheit als Schöpferin der Menschheit im Mittelpunkt stand, deren Kunde einige Prediger insbesondere in den Städten Nord- und Zentralchinas verbreiteten. (Naquin 1985) Diese Predigten wurden als »Kleinodienrollen« *(baojuan)* in gedruckter Form verbreitet und in kleinen Zirkeln gelesen. Die *baojuan*-Tradition blieb lebendig bis in die Mitte des 20. Jahrhunderts und erlebt jetzt, zu Beginn des 21. Jahrhunderts, an einigen Orten wieder eine Neubelebung. Mehr als 1500 solcher Texte sind, zum Teil in verschiedenen Ausgaben, erhalten. Ihre zentrale Botschaft ist ein aus acht Schriftzeichen bestehendes Mantra: »Wahre Leere, unsere Heimat, Ungeborene Ehrwürdige Mutter« *(zhenkong jiaxiang Wusheng laomu)*. Danach sind alle Menschen als Kinder der Ungeborenen Ehrwürdigen Mutter und des Alten Buddha göttlichen Ursprungs, sind aber vom Weg abgekommen und im Meer der Leiden und Wiedergeburten gefangen. Die Eltern schicken wiederholt Gesandte auf die Erde, um die Kinder auf den Weg der Erlösung zu führen. Oft ging es um die Erwartung einer Katastrophe oder um die Ankündigung des Erscheinens einer Rettergestalt, und manche dieser Gruppen sannen über Formen des Aufstandes nach. So war es auch konsequent, daß die Regierungen der Ming- und der Qing-Zeit diese religiösen Bewegungen nicht duldeten. Dennoch waren solche Heilsangebote attraktiv vor allem für solche, die nicht fest in soziale Bezüge eingebunden waren, wie Wanderarbeiter, Menschen ohne Familien, aber auch Mönche ohne Anschluß an einen Tempel, Zugereiste oder sonst sozial marginalisierte. Neben Predigten und Texten waren die Weiße-Lotos-Gruppen durch die Praxis bestimmter Atemtechniken und andere Rituale sowie seit der Mitte des 18. Jahrhunderts auch durch bestimmte Kampfkünste verbunden. Im letzten Viertel des 18. Jahrhunderts traten immer wieder solche Gruppen als Kerne von Aufstandsbewegungen auf, wie 1774 beim Aufstand des Wang Lun, der Alfred Döblin zu seinem expressionistischen Roman *Die drei Sprünge des Wang-lun* von 1915 anregte. Das ganze folgende Jahrhundert sollte eine Vielzahl solcher Aufstände und Unruhen erleben. Die soziale und religiöse Basis dieser Aufstandsbewegungen hatte sich über eine lange Zeit und ganz allmählich herausgebildet. Es handelte sich um Sutrenrezitationszirkel, oft verbunden mit bekennendem Vegetarismus, aber auch um Vereinigungen, die sich lokal engagierten, ganz allgemein und besonders bei bestimmten Anlässen wie Begräbnisriten und Tempelfesten. Doch im wesentlichen wollten sie unauffällig bleiben und konnten dies am besten in größeren Städten, um so einer Verfolgung zu entgehen. Die meisten bekannten sich zu buddhistischen Lehrtraditionen und bezogen sich alle auf ihre jeweiligen Lehrer als ihren Patriarchen, ohne daß es aber zu einer zentralisierten Organisation kam. So bildeten sich neben den horizontalen auch vertikale Bindungen, doch die wichtigste Institution war die »Versammlung« *(hui)*, und es war diese Form der außerfamilialen Vergemeinschaftung, die zur sozialen Basis aller Modernisierungsansätze im spätkaiserzeitlichen China wurde und die dann zu Beginn des 20. Jahrhunderts auch in die Formierung politischer Parteien mündete. Für die Aufrechterhaltung des Selbstverständnisses der jeweiligen Versammlungsgruppen aber war die Sutrenrezitation und damit die Bezugnahme auf einen zentralen Text entscheidend, der zumeist eine stark performative Seite hatte, das heißt die gemeinsame Befolgung geregelter Rituale verlangte.

Zahlreich sind die Berichte von den volksreligiösen Bewegungen, ebenso wie von den alltäglich geübten Formen religiösen Lebens. Dabei gab es in besonderer Weise verdichtete religiöse Räume. An erster Stelle sind hier immer die Hauptstädte und ihre Umgebung zu nennen, was übrigens für die Hauptstädte in ganz Süd- und Ostasien gilt. In China sind hier Luoyang, Chang'an und Kaifeng, dann Nanjing und vor allem Beijing (Peking) zu nennen, dessen religiöse Welt für die Zeit von 1400 bis 1900 Susan Naquin nachgezeichnet hat. (Naquin 2000) Wie gefährdet die Welt durch religiös unterlegte Bewegungen bis hin zur Massenhysterie war, zeigt der Fall der »Seelendiebe« im Jahr 1768 in der Provinz Zhejiang und an anderen Orten. Kunde ging durch das Land, es seien Leute unterwegs, welche durch Verwendung eines Personennamens, vorzugsweise aber mit Hilfe persönlicher Gegenstände, eines Kleidungsstücks oder eines abgeschnittenen Zopfes etwa, den zu tragen die Mandschuverwaltung verfügt hatte, die nämliche Person krank machen und schließlich sterben lassen würden. (Kuhn 1990) Solche Vorgänge waren selbst für die agnostisch gestimmten Verwaltungsbeamten Anlaß zu höchster Aufmerksamkeit und zwangen sie zum Handeln in einer Sache, die sie für reinen Aberglauben hielten. Sie fühlten sich zum Vorgehen gegen solche Verdächtige gezwungen, denen etwas zur Last gelegt wurde, woran sie selbst eigentlich nicht glauben konnten und wollten. Auch wenn es Versuche gab, die Quelle der Gerüchte ausfindig zu machen, so wurden den staatlichen Ordnungs- und Zwangsmaßnahmen oft zu Unrecht Beschuldigte unterworfen. Häufig handelte es sich um Bettler oder auch um wandernde Mönche. Nicht selten aber kam es, wie auch im Jahre 1768, zu Selbstjustiz. Fälle wie der Auftritt eines Ehepaares am Kaiserkanal an einer Haltestation in der Provinz Shandong war einer von vielen: Der Ehefrau sei von einer 71jährigen Bettlerin ein Zipfel ihres Gewandes abgetrennt worden, worauf es ihr gleich schlecht wurde, berichtete der Ehemann dem gerade einen Transport begleitenden Leiter der Kaiserlichen Getreidetransportverwaltung. Der Fall wurde aufgegriffen, und auch die Angehörigen der Bettlerin wurden vernommen. Der Zwang zur Erledigung des Falles führte zu weiteren Verdächtigungen und Festnahmen, und um die Erwartungen des Kaiserhofes, dem berichtet worden war, zu erfüllen, erfolgten landesweite Fahndungs- und Suchaktionen. (Kuhn 1990, S. 151 ff.)

Rebellionen und religiöse Konflikte

Doch nicht nur einzelne und besonders auffällige Personen konnten Anlaß zu verstärkten Ängsten und Verdächtigungen sein und zu Verfolgungsmaßnahmen führen, sondern es gab auch tatsächliche Bedrohungen für die Mandschuherrschaft. In der zweiten Hälfte des 19. Jahrhunderts wurden die Mus-

Mit einer Inschrift aus dem Pinsel des Qianlong-Kaisers aus dem Jahr 1780 in vier Sprachen (Chinesisch, Tibetisch, Mandschurisch und Mongolisch) fand sich im »Gelben Tempel« (Huangsi) in Peking, der Residenz des Panchen Lama, eine Darstellung des »Baums des langen Lebens«, der zugleich »Baum der Erleuchtung« war. Dies unterstreicht die am selben Ort befindliche »Diamantsitzpagode« (Vajrāsana), die den Ort von Buddhas Erleuchtung in Bodhgayā repräsentieren sollte. Zugleich handelt es sich um eine Anspielung auf Bodhidharmas Meditation unter einem Baum, wovon der Qianlong-Herscher in einer Lobpreisung des Panchen Lama dichtete.

lime zu einer Bedrohung für den Bestand des Kaiserreiches. Seit seiner frühen Präsenz in China hatte der Islam eine Rolle gespielt. Muslime hatten den Herrscherhäusern und den Bürokratien durch die Jahrhunderte gedient, und die zahlenmäßig geringe islamische Bevölkerung hatte an vielen Orten, insbesondere in Städten gelebt und den eigenen Kultvorschriften Folge geleistet. Doch mit der Ausdehnung des Reiches unter der Mandschuherrschaft, die nach der Überwindung des Ming-Reiches zugleich die Machtpositionen der Mongolen an den Rändern des Reiches beerbte und so China eine bis dahin nie gewesene Ausdehnung verschaffte, wurde das Vielvölkerreich der Mandschu um eine große Bevölkerungsgruppe muslimischen Glaubens erweitert.

Mehrere Faktoren kamen zusammen, die in der zweiten Hälfte des 19. Jahrhunderts unter den Muslimen Unruhen aufkommen ließen. Es war vor allem die ungeschickte Politik des Kaiserhofes sowie die Bildung von als *khwajas* bezeichneten Sufi-Gefolgschaften, die im Jahre 1864 zu einer Reihe von Aufstandsbewegungen in Xinjiang, dem früheren Chinesisch-Turkestan, führten. Im folgenden Jahr 1865 gelang es dem aus Kokand im heutigen Usbekistan eingereisten Yakub Beg (1820-1877), diese Aufstände zu einer einzigen Bewegung unter dem Begriff des *Jihad* zu vereinen. Er gründete ein Emirat mit Kashgar als Hauptstadt und suchte die Anerkennung durch Rußland, England und das Osmanische Reich, unter anderem auch, um sich damit bei seinen Anhängern zu legitimieren. Doch während ihm zunächst die muslimische Bevölkerung Xinjiangs in Scharen folgte, kam es bald wieder zu einem Scheitern dieser Bewegung. Denn die neue islamische Administration begann die Mißwirtschaft der Mandschu-Verwaltung in vielerlei Hinsicht zu überbieten, so daß sich die meisten seiner Anhänger wieder von Yakub Beg abwandten. (Kim 2004) Erst in neuerer Zeit versuchen manche, wieder an diese Tradition anzuknüpfen.

Sosehr in der neueren Zeit die Religionen friedlich miteinander umgehen, wozu sicher auch die staatlichen Aufsichtsbehörden beitragen, so waren die Beziehungen zwischen den

In antichristlicher Propaganda kam es im späten 19. Jahrhundert zu Schmähkritik. Jesus wird als Inkarnation des Himmelsschweins dargestellt, wobei durch Substituierung von Schriftzeichen aus »Katholizismus« »Himmelsschweinsgrunzen« wird. – Das untere Bild ist eine Aufforderung, die (fremden) Dämonen zu erschlagen und deren Bücher zu verbrennen.

Religionen oder von breiteren Bevölkerungsgruppen gegenüber einzelnen Religionen nicht immer ungetrübt. Trotz des Anwachsens der christlichen Kirchen auch in China ist eine Situation wie in Korea jedoch eher unwahrscheinlich, wo Buddhisten öffentlich gegen die Diskriminierung ihrer Religion durch den Präsidenten Lee Myung-bak, der wie die Mehrzahl seiner Kabinettsmitglieder Christ ist, protestieren. (Neidhart 2008) Ein Blick auf die antichristlichen Polemiken im 17. Jahrhundert und die antichristlichen Kampagnen im 19. Jahrhundert (P. A. Cohen 1963) sowie die staatlichen Verfolgungen der am Papst in Rom orientierten katholischen Kirche im 20. Jahrhundert zeigt, daß das Konfliktpotential sehr groß ist. Andererseits könnte das Bewußtsein von der langen Geschichte des Christentums in China, beginnend mit der Erinnerung an die ersten Missionen syrischer Mönche im 7. und 8. Jahrhundert (Raguin 2002) bis hin zu der neuerlich wieder stärkeren Würdigung der frühen Kontakte mit den wissenschaftlich orientierten Jesuiten, insbesondere mit Adam Schall von Bell (Malek 1998), ein Gegengewicht bilden. Und tatsächlich hatte sehr früh Christus auch schon ein chinesisches Gesicht gewonnen (Malek 2002), so daß diese Lehre gelegentlich gar nicht mehr als fremd empfunden werden mußte.

Eine andere Form der Akkommodation bezieht sich auf die Nähe zwischen Urchristentum und Kommunismus, durch die, trotz ihrer Widersprüchlichkeit, die christliche Kirche in China mehr Gläubige gewonnen habe als andere Religionen. (Zhuo 1988, S. 175)

> Einige Priester versuchen in ihrer Interpretation und Verkündigung die religiösen Dogmen mit dem Ziel des Kommunismus zu »verbinden« und bezeichnen sogar die Dogmen des Urchristentums als den geistigen Ursprung des Kommunismus, um dadurch die Stellung der Religion in der sozialistischen Gesellschaft abzusichern. In der Verbreitung des religiösen Glaubens legen sie den Akzent nicht auf das himmlische Reich, sondern auf das Erstreben des glücklichen Lebens in dieser säkularen Welt. Sie fordern nämlich zum Aufbau eines Paradieses ohne Ausbeu-

tung und Unterdrückung auf Erden auf. (Jiang Wenxuan, zitiert nach Zhuo 1988a, S. 175)

Nun ist es keineswegs erstaunlich, daß als Folge internationaler Debatten und Trends China im 20. Jahrhundert weniger von religiös stimulierten Konflikten als von nationalen beziehungsweise nationalistischen Bestrebungen und in den achtziger Jahren sogar von einer allgemeinen Liberalisierung geprägt war. Doch auch die ideologischen Entwicklungen nach der Machtübernahme durch die KPCh im Jahre 1949 trugen zeitweilig Züge einer religiösen Bewegung.

KULTURREVOLUTION, MAO-KULT UND NEUER PRAGMATISMUS

Mao Zedong – die »Inkarnation Chinas«

Die Mitte des 20. Jahrhunderts in China war das China Mao Zedongs, und seine Bedeutung für China hat er bis heute nicht verloren. Es war die Zeit eines Personenkultes, dem gegenüber jeder andere Kult zurückzutreten hatte. Das erste und das letzte Viertel dieses Jahrhunderts werfen Licht auf die Zeit und die Person Mao Zedongs, der, trotz vieler persönlicher Schwächen und zahlreicher Gegner, innerhalb der Kommunistischen Partei Chinas und auch bei den meisten Chinesen einen Kult auf sich zog, der ihn zu einer Heilsgestalt, zu einer Symbolfigur weit über China hinaus werden ließ. Die Funktion des Mao-Kultes war allerdings zu Lebzeiten eine andere als nach seinem Tode. Als in der Nacht vom 8. auf den 9. September 1976 die Nachricht vom Tode Mao Zedongs veröffentlicht wurde, spiegelte sich in den Reaktionen auch die Tatsache, daß Mao Zedong nicht nur für viele Chinesen, sondern auch für die übrige Welt zur Inkarnation Chinas geworden war. Daran änderte nichts der Umstand, daß Mao bereits in jener Zeit Versäumnisse, von vielen sogar schwerste Verbrechen angelastet wurden.

Die unter jungen Westeuropäern in den späten sechziger

und den siebziger Jahren zu beobachtende Mao-Euphorie, die neben gedankenloser Begeisterung auch ein Akt der Sympathie und der inneren Beteiligung war, läßt sich zum Teil aus dieser zentralen Rolle Mao Zedongs für die Identität der Chinesen erklären. Zwar wurden gerade die deutschen Erfahrungen mit Massenbewegungen und quasireligiösen Führerkulten solcher Begeisterung entgegengehalten und von manchen mit der Psychodynamik des Totalitarismus gleichgesetzt, doch verbanden sich bei der Mao-Begeisterung vor allem in Westeuropa der globale Entkolonisierungsprozeß und die Parteinahme für die seinerzeit als »Dritte Welt« bezeichneten Länder mit eigenen Reform- und Restrukturierungsabsichten und zum Teil mit Befreiungsbewegungen, die bewußt an die Guerillataktik Mao Zedongs anknüpften. Allerdings sind die Zusammenhänge bis heute nur unzureichend erforscht beziehungsweise reflektiert worden, wie dies Wolfgang Bauer (1930-1997) noch 1993 in einem anläßlich des 100. Geburtstags Mao Zedongs verfaßten Beitrag formulierte:

> Der Zusammenhang zwischen der Kulturrevolution und der Studentenbewegung, die ja weit über die Studenten im engeren Sinn hinausgriff, ist bis heute wissenschaftlich noch nicht wirklich aufgearbeitet worden. Das scheint nicht zuletzt psychologisch bedingt, weil diejenigen, die sich damals aus der Ferne für die »Kulturrevolution« am meisten begeisterten, heute mit einer gewissen Verlegenheit auf diese Phase ihrer Entwicklung zurückblicken. (Bauer 1995b, S. 89)

Es darf auch nicht verkannt werden, daß die Nachrichten aus China in jener Zeit, insbesondere, wenn sie aus Taiwan oder aus Moskau kamen, das sich mit China seit 1962 in einer deutlichen Konfrontation befand, mit Mißtrauen betrachtet wurden. Übrigens erfaßte die Faszination Chinas konservative Politiker ebenso wie eine große Zahl von Sinologen, die sich für die Opfer der politischen Bewegungen in China allenfalls am Rande interessierten. Alle waren von der epochalen Bedeutung Mao Zedongs und überhaupt der Entwicklung in China überzeugt. So schrieb Tilemann Grimm 1968 über Mao Zedong:

> Mao Zedong ist zur Symbolfigur für den Aufstand der unterdrückten Völker geworden, er wird darüber hinaus zur Symbolfigur jugendlicher Unruhe in den entwickelten Ländern. ⟨...⟩ Es mag wohl dahin kommen, daß eine künftige Generation in China die ins Mythische erhobene Gestalt, die »rote Sonne« und den »Retterstern«, wieder zurückführt in eine historische Angemessenheit, die ihr zukommt. Die weltgeschichtliche Bedeutung für die zweite Hälfte unseres Jahrhunderts wird jedoch kaum noch in Frage gestellt werden. Aber Mao ist sicher ebensosehr Chinese. Er hat China den Chinesen gleichsam zurückgegeben, er hat ihr Selbstgefühl wiederhergestellt, er ist vorab Chinas großer Mann. Zu keinem Zeitpunkt seines Lebens hat er die chinesische Basis seines Mutter- und Vatererbes verleugnet oder wäre ihm solches auch nur zum Bewußtsein gekommen. Gestalten und Bücher des Westens haben ihn gelegentlich bewegt, kein Zweifel, aber er ist, wirklich und im übertragenen Sinn, mit beiden Beinen in China geblieben. Die welthistorische Dimension seines Lebens ist mithin eine Resultante aus ihren chinesischen Grundlinien. (Grimm 1968, S. 7 und 11)

Heute wissen wir mehr über die Abermillionen Hungertoten der Politik des »Großen Sprungs«, jener Initiative, bei der unter anderem jedes Dorf seinen Hochofen zur Stahlerzeugung errichtete, was scheitern mußte, und wir wissen, daß die Ernteausfälle nicht die Folge von Unwettern waren, auch wenn in China über Jahrzehnte diese Hungersnot in den historischen Darstellungen verschwiegen wird. Damit freilich ist noch nicht die Zurechenbarkeit von Verantwortung entschieden, sondern nur die Relativierbarkeit der Bedeutung Mao Zedongs, die seit dem Ende der achtziger Jahre auch in China selbst öffentlich diskutiert werden kann. Und der Umstand, daß bestimmte Traumata erst nach längerer Latenz bewußt und dann auch erst »verarbeitbar« werden, ist ja ein für das 20. Jahrhundert vielfach konstatiertes Phänomen.

Mao Zedong war gerade wegen seiner Funktion als Leitfigur auch für die Formulierung von Zielen und Handlungsmaximen von zentraler Bedeutung. Darauf beruhte die Funktion der »Ausgewählten Worte des Vorsitzenden Mao« *(Mao zhuxi yulu)*, jener Schrift, von der gesagt wurde, sie sei das am weitesten verbreitete Buch und weltweit in höherer Gesamtauflage als selbst die Bibel erschienen. Die Kanonisierung der Schriften Mao Zedongs war seit den fünfziger Jahren ein wesentliches Element staatlicher Propaganda und wurde daher zu Recht im Zusammenhang der Entstehung des »Staatsmaoismus« gesehen. (Martin 1978) Durch offizielle Propaganda und gezielte Desinformation wurde die Glaubwürdigkeit von Mitteilungen über und Informationen aus China in der ganzen Welt ebenso nachhaltig erschüttert wie durch einzelne Meldungen, zu denen auch solche über das bevorstehende Ableben oder den Tod Mao Zedongs gehören, so in der ›New York Herald Tribune‹ vom 18. März 1951, wo es heißt: »Entweder ist Mao sehr krank, oder 〈...〉 er wird bald ausgeschaltet. Mao hat Tuberkulose, und er hatte bereits mehrere schwere Herzinfarkte. Sein Tod durch natürliche Umstände wäre daher nicht überraschend.« Derartige Meldungen hat es später wiederholt gegeben, woran eben auch deutlich wird, daß dieser Mann zur Schlüsselgestalt für China geworden war.

Die mit der Kulturrevolution versuchte Befeuerung einer Veränderungsdynamik, wie sie Robert Jay Lifton im Begriff der »revolutionären Unsterblichkeit« zusammengefaßt hat (Lifton 1970), ist nach Mao Zedongs Tod trotz aller Relativierungen seiner Leistungen auf unterschiedliche Weise wiederholt beschworen, aber auch kritisiert worden. Dies steht in engem Zusammenhang mit dem Pragmatismus Deng Xiaopings (1904-1997), dessen Comeback seit Anfang 1977 gleichwohl auch etwas mit Charisma zu tun hat und an eine jahrhundertealte Tradition erinnert, bestimmten Führern, insbesondere Militärs, durch Mundpropaganda besondere Fähigkeiten zuzusprechen. Seit Ende 1992 hatte auch Deng Xiaoping einem Personenkult zugestimmt, in dessen Mittelpunkt seine Werke standen, ganz in der Tradition der Kanonisierung der Worte Mao Zedongs, von denen Hua Guofeng am 26. Oktober

1976 gefordert hatte, »was immer Mao sagte«, es dürfe nicht kritisiert werden. Charisma hatte auch der wenige Monate vor Mao gestorbene Zhou Enlai, bei dessen Gedenken am traditionellen Totenfest am 4. April, dem Qingming-Fest, einige forderten: »Nieder mit der Kaiserinwitwe, nieder mit Qin Shihuang!«, womit Mao und seine Frau gemeint waren. Doch alle diese charismatischen Gestalten sind nicht vergleichbar mit Mao Zedong, der eben nicht nur der Führer und der Große Steuermann war, sondern die Verkörperung Chinas und die »leuchtende rote Sonne« im Herzen jedes Chinesen. Noch lange nach der auch öffentlich vorgetragenen Einsicht, daß in der Ära Mao Zedongs auch manches Negative zu verzeichnen sei, welches freilich zumeist anderen Personen zugeschrieben wurde, wurden Maos Reden im Originalton unter dem Titel »Die Stimme des Giganten« *(Juren zhi sheng)* verbreitet.

Ein Sohn seiner Zeit: Einzelwille und Kollektivität

Der Schwung einer eigenen Lebensphilosophie, der Mao Zedong über Jahrzehnte beseelte und zur Triebfeder für seine beispiellosen Erfolge wurde, zeigt sich bereits in einem Aufsatz des Vierundzwanzigjährigen in der Aprilnummer 1917 der Zeitschrift ›Neue Jugend‹ mit dem Titel *Eine Studie über Leibeserziehung*, in der er seine Landsleute zum Sport und zur Selbstertüchtigung aufruft. Er forderte wie viele seiner Zeitgenossen einen Paradigmenwechsel; das Alte solle überwunden und ein neuer Weg eingeschlagen werden. Leibeserziehung bewirke nicht nur »Harmonie der Gefühle, sondern stählt auch den Willen«. Die Leibesübung

> sollte wild und hart sein. Wenn man auf einen Pferderükken springt und gleichzeitig schießt, wenn man von Kampf zu Kampf eilt, Berge durch sein Geschrei erzittern läßt und die Farben des Himmels durch ärgerliches Gebrüll verändert 〈...〉, dann ist das alles wild und roh und hat mit Zartgefühl nichts zu tun. (Schram 1972, S. 135 ff.)

Und seinem Biographen Edgar Snow gegenüber erklärte Mao nach dem Ende des Langen Marsches:

> Wir entwickelten uns außerdem zu eifrigen Verfechtern der Körperkultur. In den Winterferien wanderten wir durch die Felder, stiegen auf Berge, gingen Stadtmauern entlang und überquerten Ströme und Flüsse. Wenn es regnete, zogen wir unsere Hemden aus und nannten dies ein Regenbad. ⟨...⟩ Wir schliefen im Freien, wenn es schon fror, und schwammen im November in kalten Flüssen. (Snow 1971, S. 187f.)

Dieser an die Himmelsreisen der Genien erinnernde voluntaristische und zugleich antitraditionalistische Zug, die Hervorhebung der über Jahrhunderte von der Elite verdrängten kriegerischen und kämpferischen Ideale, verband sich nicht nur mit der seit dem Ausgang des 19. Jahrhunderts thematisierten »nationalen« Frage nach dem Überleben der »chinesischen Rasse«, sondern die Bemühungen um Selbstbehauptung Chinas gegenüber den imperialistischen Mächten waren zum Teil auch erst die Grundlage für diese neue Denkungsart gewesen, die sich auf chinesische Traditionen berufen konnte, aber in hohem Maße doch von westlichen Ideen, unter anderem denjenigen Charles Darwins, geprägt war. Nur kollektiver Kampf und die »Einheit der Volksmassen« könnten im Zuge des weltweiten Wandels das Überleben der Chinesen sichern. Eine Flut überrolle stürmisch die Welt, nur »wer mit ihr geht, wird überleben; wer sich ihr widersetzt, geht zugrunde«. (Schram 1972, S. 141) Neben diesem lebensphilosophischen Element muß die Steigerung der Persönlichkeit Mao Zedongs im Zusammenhang mit der Rolle der KPCh im Kontext der sich seit dem ausgehenden 19. Jahrhundert verstärkenden innerchinesischen Reformdiskussion sowie vor dem Hintergrund der Oktoberrevolution in Rußland und der innerchinesischen Machtkämpfe gesehen werden. Neben Vorschlägen zu einer konstitutionellen Monarchie, wie sie die Gruppe um den Reformer Kang Youwei (1858-1927) im Zuge der Hundert-Tage-Reform von 1898 vertreten hatte, oder anarchistischen beziehungsweise anarchosyndikalistischen Vorstellungen hatten sich, insbesondere unter der seit der Jahrhundertwende rapide zunehmenden Zahl von im Ausland studierenden jungen Chinesen, sozialistische und marxistische Vorstellungen herausgebildet. Von sich selbst berichtete Mao gegenüber seinem Biographen Edgar Snow, er habe sich seit dem Sommer des Jahres 1920 als Marxist verstanden. Die von ihm in Changsha in der Provinz Hunan damals organisierte Gruppe stellte sich bereitwillig unter die Vormundschaft der von Moskau dominierten Dritten Internationale und war nach Gründung der KPCh im Frühjahr 1921 in Shanghai sogleich zu einer Allianz mit der Guomindang Sun Yatsens (1866-1925) bereit, was wegen zum Teil ähnlicher sozialistischer Vorstellungen nicht allzu schwer fiel.

Bei den Machtkämpfen innerhalb der KPCh gelang es Mao Zedong, der zunächst eine Außenseiterposition vertrat, erst während des legendären Langen Marsches (Oktober 1934 bis Oktober 1935), sich endgültig durchzusetzen. Seit seiner Wahl zum Vorsitzenden des Zentralkomitees der Partei im Januar des Jahres 1935 durch die auf dem »Marsch« anwesenden Mitglieder des Politbüros blieb Mao Zedong – trotz gelegentlicher Anfechtungen und innerparteilicher Auseinandersetzungen – der unbestrittene Führer, dem China seither seine Stabilität und Einheit verdankt. Der Aufstieg Mao Zedongs ist nicht zu verstehen ohne seine ersten revolutionären Erfahrungen in der Provinz Hunan, seiner Heimat, und in seiner Orientierung an den Massen der chinesischen Bevölkerung, den Bauern. Auf diese hat er immer gesetzt, an diese hat er sich gewandt, insbesondere wenn es darum ging, seine Macht innerhalb der Partei zu behaupten. Der Große Sprung, vor allem aber die Kulturrevolution, die »Große proletarische Kulturrevolution«, wie sie zeitweise hieß, waren solche Kampagnen der Massenmobilisierung. So hatte im Frühsommer 1966 Mao Zedong, nachdem er sich der Unterstützung der Armee unter der Führung Lin Biaos versichert hatte, die Kulturrevolution eingeleitet, um seine eigene Machtposition innerhalb der Partei zu stärken. Er tat dies mit dem Argument, die Partei säubern und von bürokratischen Fehlentwicklungen befreien zu wollen. Dabei bediente sich Mao Zedong besonders der Jugend, die sich in »Roten Garden« organisierte. Nachdem Schulen und Universitäten im Sommer 1966 geschlossen worden waren, damit sich Schüler und Studenten an der Kulturrevolution beteiligen konnten, gab es eine große Massenmobilisierung und zum Teil einen geradezu grotesken Terrorismus der junger Kader gegen die bisherigen Entscheidungsträger und Repräsentanten. Zugleich ermöglichten die Aufbruchstimmung und der revolutionäre Elan die Freisetzung von Utopien und Freiheitsvorstellungen, die nicht ohne langfristige Folgen für die chinesische Gesellschaft insgesamt blieben. Denn erstmals wurde in großem Stil der Widerstand gegen traditionale Autoritäten, Lehrer und Eltern, eingeübt, da sich alles an der Partei und deren großem Führer, der Person Mao Zedongs, orientieren mußte. Er setzte auf die Massen und lebte zugleich wie ein Gott. Der androgyne Heilsbringer in den Augen der Massen oder wenigstens doch in der Propaganda und der Ikonographie, der in seinen jungen Jahren für die Rechte der Frauen gestritten hatte, war er in Wirklichkeit doch auch ein Zyniker von hohen Graden, dem Mißbrauch von Macht und Menschen nicht fremd war.

Es war nicht erst eine Folge des Mao-Kultes, daß bereits früh nach dem Mann hinter dem Mythos gesucht wurde. Dies war schon explizit die Absicht Edgar Snows in seinem zum »Klassiker« gewordenen, 1937 erstmals unter dem Titel *Roter Stern über China* erschienenen Bericht. Im Laufe der Jahre regten die zahllosen und oft widersprüchlichen Informationen über Mao Zedong vermehrt dazu an, nach der Persönlichkeit hinter den vielen verschiedenen Mao-Bildern zu suchen. Unter allen Facetten trat im Ausland am deutlichsten die Etikettierung Maos als »Chinas letztem Kaiser« – oder als »Chinas neuem Kaiser« hervor. Diese Vorstellung bediente das Klischee von Mao als dem Monster und Despoten, der China zu einer »modernisierten Ausführung der traditionalen Orientalischen Despotie« habe werden lassen, ein Bild, das auch von manchen chinesischen Dissidenten und Exilchinesen bekräftigt wurde. Obwohl dennoch Mao Zedong immer wieder geschont und so getan wurde, als seien die Verantwortlichen andere gewesen, so ließ sich doch auf Dauer immer weniger verbergen, daß die großen Schandtaten nicht nur den anderen, sondern auch Mao Zedong zuzurechnen sind. Zwar haben noch nach der Kulturrevolution einige Historiker darauf hingewiesen, daß die innerparteilichen Säuberungen während jener Zeit zwischen 1942 und 1945, die auch als die Yan'an-Periode bezeichnet wird, Kang Sheng anzulasten seien, die Mao Zedong eben nur nicht verhindert habe. Doch tatsächlich war es ganz offensichtlich Maos eigene Absicht, Abweichlertum auszumerzen und durch Meinungsterror und Gehirnwäsche (Gedankenreform) die Mitglieder seiner Organisation – und später die ganze Bevölkerung – auf seine Ideologie zu verpflichten. Am Ende sollte jedermann sein Innerstes der Partei offenbaren. Die bereits vor jener Zeit praktizierte Bespitzelung der Parteimitglieder führte zu einem System der Unfreiheit und der Repression und Verdächtigung, das bis in die Gegenwart existiert und das immer wieder und in erster Linie dazu eingesetzt wurde, Mißliebigkeiten fernzuhalten. Dies System aber führte dazu, daß schließlich ein großer Teil der Bevölkerung, einschließlich zahlreicher Kommunisten, gebannt wurde durch die Angst vor drohender »Entlarvung«.

Himmelssohn, Reichsidee und Nationalismus

Nicht nur die Bedürfnisse der Zeit und die Absichten der Parteipropaganda, sondern auch die eigene Absicht zielte auf Überhöhung. Das Bewußtsein von der Einzigartigkeit Mao Zedongs jedenfalls scheint sich im Laufe der Bürgerkriegszeit verfestigt zu haben. Im Jahre 1945 erschien Maos Gedicht »Schnee«, das mit dem Satz endet: »Suchst du nach großen Männern, | Wende den Blick zum Heute«, dem der Anspruch des Autors zu entnehmen ist, selbst die mächtigsten Herrscherpersönlichkeiten der Vergangenheit zu übertreffen, Qin Shihuangdi, Han Wudi, Tang Taizong, Song Taizu und Dschingis Khan. (Barmé 1996, S. 3 f.) Seit dem 19. Jahrhundert war die Beziehung zwischen Aufstieg und Niedergang, Blüte und Verfall neuen spekulativen Ideen zugänglich geworden. So sahen manche das politische wie das kosmische Geschehen in Kreisläufen, in großen Zyklen, und solche Vorstellungen haben dann ihrerseits in besonderem Maße Reformüberlegungen beeinflußt. Man sah sich angesichts der Konfrontation mit dem Westen in einer Wendezeit, in einer Zeit des Umbruchs und am Beginn eines neuen Zeitalters. Ansätze dazu finden sich bereits Ende der Ming-Zeit. In dem Büchlein *In einer Zeit der »Verfinsterung des Lichts« verfaßte Aufzeichnungen in Erwartung der Konsultation [eines erleuchteten Herrschers]* des Huang Zongxi (1610-1695) etwa wird genau das, was der Titel verspricht, thematisiert. Die solchen Vorstellungen zugrunde liegenden Spekulationen waren insbesondere seit der Song-Zeit durch buddhistische Weltzeitalter-Vorstellungen beflügelt worden, doch war der Begriff eines großen Umschwungs weit älter. So ist schon im Kommentar zu den »Berichten über die Drei Reiche« im Hinblick auf die Ablösung der Han-Dynastie davon die Rede, daß sich einer Großen Wendung des Himmels keiner widersetzen könne. Auch hier ging es um die Frage nach der Legitimität, und das beste Beispiel aus späterer Zeit ist die in dem Werk *Darstellungen in Wort und Bild von der Tugendbahn der Großen Jin-Dynastie* niedergelegte Diskussion im 12. Jahrhundert unter der Dschurdschen-Jin-Dynastie. (Chan 1984) Gedanken an Erneuerung, Wiedergeburt oder Wiederaufblühen, solche Renaissance-Vorstellungen verbanden sich leicht mit dem Blick in die Vergangenheit, in das idealisierte Altertum. Der Ruf nach Wiederherstellung idealer Zustände, der sich in der Literatur und Dichtung ebenso artikulierte wie in der politischen Essayistik, ist seit der Tang-Zeit (618-907) immer wieder laut geworden. Im 19. Jahrhundert und dann natürlich während der 4.-Mai-Bewegung verknüpften viele Intellektuelle die Forderung nach einer unverfälschten Wahrnehmung des Altertums mit der Erwartung einer Stärkung Chinas.

Eine solche Stärkung suchten viele durch Adaption westlicher Ideen und westlicher Technik; nicht wenige aber glaubten, durch das Anknüpfen an die guten Seiten der chinesischen Traditionen zu einem starken China gelangen zu können. Dazu zählte die mit der Überwindung des Feudalismus gleichgesetzte Herrscherfigur des Reichseinigers und Reichsgründers Qin Shihuangdi. Während der Zeit der Kulturrevolution, aber auch danach, wurde die Einschätzung dieses Qin Shihuangdi einer grundlegenden Revision unterzogen, der einerseits ja immer dadurch fasziniert hatte, daß er und seine Berater es schafften, ein Einheitsreich gebildet zu haben, der aber doch das Schaudern aller Mitglieder der Elite hervorrief, weil er angeblich Literaten und wahrscheinlich auch Historiker bei lebendigem Leibe habe begraben lassen. Er wird auch sonst als Unhold – und Faszinosum zugleich – dargestellt, als der große, böse, blutrünstige – aber eben doch notwendige – Tiger. (Schmidt-Glintzer 1990c) Diese negative Einschätzung nun wurde während der Zeit der Kulturrevolution beiseite geschoben; man setzte auf den starken, zentralistischen Staat, der nur noch Untertanen hat und keine Zwischenschichten kennt. Um solche Zwischenschichten drehten sich ja (und drehen sich bis heute) sämtliche Debatten über die Stellung der Intelligenz zum Staat. Zwar gab es während der Kulturrevolution einen starken antiintellektualistischen Trend, so daß etwa Funktionäre und Akademiker zur Land- oder Industriearbeit abgeordnet wurden, doch waren bestimmte Grundstrukturen wie die Vorstellung einer durch Erziehung und Bildung sich für Führungsaufgaben qualifizierenden Elite auch innerhalb der kommunistischen Bewegung bestimmend geblieben.

Die Orientierung an einer starken Herrscherpersönlichkeit kommt auch darin zum Ausdruck, daß sowohl von Yuan Shikai, dem mächtigen Militär der Jahrhundertwende, der von 1912 bis 1916 Präsident der Republik China war, als auch von Mao Zedong, jedenfalls zeitweise, die Kaiserwürde angestrebt wurde. Hier zeigt sich auch die Wirksamkeit des Einheitsstaatsideals, das aufgrund der Demütigungen durch die Kolonialmächte eher verstärkt als relativiert worden war. Der Höhepunkt der ersten Phase des Mao-Kultes fiel in die frühen

Jahre der Kulturrevolution, in die zweite Hälfte der sechziger Jahre des 20. Jahrhunderts. Der postume Mao-Kult war dann von ganz anderer Art, denn er verdeutlichte, daß das Mao-Idol zu einem – wohl auf längere Sicht – unverzichtbaren Bestandteil Chinas geworden war. Auf Mao berief man sich in der Mitte der neunziger Jahre, um gegen bürokratische Autoritäten zu protestieren. Der neue Mao-Kult wurde zum Ausdruck der Unzufriedenheit mit den Unzulänglichkeiten der Reformpolitik und zugleich zum Träger von Hoffnungen. Dies fand seinen Ausdruck in einer Neuauflage seiner Gesammelten Werke (1991), in der weiten Verbreitung von Talismanen und Amuletten mit dem Bild Mao Zedongs, die wie St.-Christophorus-Anhänger getragen wurden.

Diese Verehrung hielt an, in besonderer Weise in dem Dorfe, in dem Mao Zedong am 26. Dezember 1893 das Licht der Welt erblickte, aber auch sonst überall. Zwar wurde die Gottgleichheit offiziell immer wieder bestritten, doch galt Mao Zedong als Lehrer, Staatsmann, Stratege, Philosoph, Dichter und Nationalheld, als der große Befreier. Dabei widerspricht sein Bild als kämpfender Held nur scheinbar der männlichen und zugleich weiblichen Darstellung in der offiziellen Ikonographie, in der er als Vater-Mutter-Figur vorkommt. (Barmé 1996, S. 20f.) Die besondere Verehrung, die die Gestalt Mao Zedongs gerade bei Angehörigen einfacherer Schichten noch in den neunziger Jahren genoß und die anläßlich seines 100. Geburtstages 1993 einen neuen Schub erfuhr und eine Vergötterung ahnen läßt (A. P. Cohen 1993), steht nur scheinbar im Gegensatz zu einer ausgesprochenen Gleichgültigkeit gegenüber Mao bei Teilen der Studenten in den Metropolen und gehört mit zum komplexen Beziehungsgeflecht von »bäuerlichem Denken« einerseits und dem Selbstverständnis der Elite und der unterschiedlichen Gruppen von Intellektuellen beziehungsweise Akademikern andererseits.

Es muß daher auch offenbleiben, ob Maos Charisma nur für bestimmte Generationen gilt, einschließlich derer, die besonders unter ihm gelitten haben. Denn in einer sublimierten Form folgte etwa die These Kate Xiao Zhous, die Bauern und nicht Deng Xiaoping hätten die Phase wirtschaftlicher Prosperität nach dem Ende der Kulturrevolution eingeleitet, der Lehre Maos von der tragenden Bedeutung der Bauern. Das Verständnis der herausragenden Rolle Mao Zedongs bliebe unvollständig, wenn nicht neben den zeitgenössischen sowie den historischen und insbesondere den psychosozialen Prädispositionen und Umständen auch die Mechanismen der Machtsicherung und des Machterhalts berücksichtigt würden. Denn die Machtfülle, die Absolutheit der Machtausübung durch Mao Zedong war ja nicht unangefochten. Zunächst waren es sein persönlicher Lebenstil und seine Einstellung zum Leben, die zum Machterhalt beitrugen. Selbst leidgeprüft, war er zur Mitleidlosigkeit in der Lage und forderte uneingeschränkte Unterwerfung. Dieser autokratische Zug äußerte sich in seinem Hang zu höchstem Luxus und in der Unregelmäßigkeit seiner Lebensführung, weswegen seine Berater und sein Personal zu den ungewöhnlichsten Zeiten gefordert wurden. Zu solchem fordernden Gestus trat die Neigung zu häufigem Ortswechsel und vielfältigen Reisen durch das Land, wodurch er jede Kontrolle durch die Bürokratie durchbrach und sich selbst in die Tradition der Herrscherreisen der Kaiserzeit stellte.

Alle Versuche, ihn zu entmachten, verstand Mao Zedong ins Leere laufen zu lassen. Er, der sich auf die Armee und ein System persönlicher Beziehungen und Abhängigkeiten stützte, betrieb in den Jahren 1950 bis 1952 eine Kampagne gegen Konterrevolutionäre, bei der etwa 700 000 Menschen getötet wurden. Immer wieder konterte Mao Umsturzversuche. So versuchte er im Rahmen der am 27. Februar 1957 einsetzenden Hundert-Blumen-Kampagne seine Parteifreunde davon zu überzeugen, daß die 116 Jahre Kampf seit dem Opium-Krieg nunmehr beendet seien. Was in Ungarn passierte, sei in China unmöglich, da hier die Konterrevolutionäre vernichtet worden seien. Auch der Versuch der Entmachtung auf der Lushan-Konferenz im Jahre 1959, als sich das Desaster infolge der Politik des »Großen Sprungs« abzeichnete, schlug fehl. Selbst wenn er dann zeitweise in den Hintergrund treten mußte, verschaffte er sich doch mit der Kulturrevolution eine neue Machtposition, so daß er 1969 als der große Sieger dastand, den auch einer seiner engsten Vertrauten und Mitstreiter, Lin Biao (1907-1971), 1971 nicht zu stürzen vermochte. Noch 1981 stellte die KPCh fest, daß Maos Verdienste seine Fehler und Versäumnisse überwiegen.

Der Herrscher als Heilsbringer

Trotz aller Tendenzen zur Beschränkung herrscherlicher Macht, trotz der Bedeutung des von Hofstaat und Beamtenschaft verwalteten und kontrollierten Ritualgeschehens und der damit verbundenen Bändigung jeglicher Herrscherwillkür war China weder die Vorstellung von einer tüchtigen Herrscherpersönlichkeit noch der Gedanke an einen gottgleichen Kaiser gänzlich fremd. In der Vergangenheit hatte es immer wieder regionale Helden (oder auch: Gottheiten, wie zum Beispiel bestimmte Stadtgötter) gegeben, bei denen es sich zumeist um vergöttlichte Personen handelte. So finden wir etwa, um ein Beispiel zu nennen, einen Stadtgott in einem Ort in China, der eigentlich das Opfer einer imperialen Disziplinierungsmaßnahme gewesen war. Ein General, der einen Aufstand angeführt hat, wird besiegt, getötet und findet sich etwa zwei Generationen später als Stadtgott wieder. (Dudbridge 1990) Die Vergöttlichung von Herrscherpersönlichkeiten hatte im alten China jedoch ihre Grenzen, die strukturell bis in die Gegenwart zu gelten scheinen, innerhalb deren einerseits ein gewisser Personenkult geduldet, ja gewollt ist, andererseits aber Personenkult auch wieder perhorresziert wird. So wurde etwa in einer Resolution des Politbüros vom 5. Dezember 1980 Hua Guofeng bezichtigt, um seine Person einen Personenkult entfaltet zu haben; er habe »sein eigenes Porträt neben dasjenige des Genossen Mao Zedong gehängt«. (Baum 1994, S. 117)

Die Begrenzung der Vergöttlichung hängt mit dem »Verblassen« der Götter und Geister in der formativen Periode der Teilstaatenzeit zusammen. Götter und Geister wurden zu jener Zeit nicht negiert oder ersetzt, sondern sie »verblaßten«. (Bauer 1995) Gegen diese Tradition, die auch als »rationalistisch« bezeichnet worden ist, hat es immer Gegenströmungen gegeben, die im Laufe der Auflösung der alten Ordnung seit dem Ausgang des 18. Jahrhunderts stetig zunahmen und zugleich den Boden für die politischen Umwälzungen des 19. und 20. Jahrhunderts bereiteten. Natürlich war zunächst die KPCh, waren bürgerliche Gruppen und westlich geprägte Intellektuelle zumeist gegen den Mao-Kult und überhaupt gegen jede Vergötterung einzelner Personen. Andererseits aber scheint gerade die Ausstrahlung Mao Zedongs jenes Vakuum ausgefüllt zu haben, das nach dem Zusammenbruch der alten Strukturen, nach der Liquidation der Landbesitzerklasse und des städtischen Mittelstandes und vor allem nach der Abschaffung des alten Palastprüfungssystems und damit der Neuordnung gesellschaftlicher Aufstiegs- und Erfolgswege entstanden war.

Die gegenseitigen Erwartungen zwischen Bevölkerung und Regierung waren im chinesischen Kaiserreich zumeist gering, mit Ausnahme von Krisenzeiten, in denen Führergestalten ihre Chancen bekamen und in denen sich Fortune, wenn nicht Charisma bewähren konnte. In diesem Sinne freilich kann auch die Erscheinung Mao Zedongs noch in der Tradition solcher traditionalen Führergestalten gesehen werden. Denn auch in seiner Person verbanden sich Charisma, Genie und das Gefühl, auf der Höhe der Zeit zu sein. Es war das Ideal des Heiligen als des Herrschers und eine Ersetzung der alten konfuzianischen Lehre vom Heiligen als dem ungekrönten König, wie sie bei Wang Chong (27 bis etwa 97 n. Chr.) formuliert wird:

> Es ist der Phönix, der unter den Vögeln keinen Stammbaum kennt, das Einhorn unter den Vierfüßlern, das keine Verwandten besitzt, der Heilige unter den Menschen, der keine Vorfahren sein eigen nennt, und das Juwel unter den Dingen, das nicht seinesgleichen hat. Und so steht es denn auch mit denen, die überragendes Talent besitzen und da-

> her herabgesetzt werden zu ihrer Lebenszeit. So reifen Menschen von Wert einsam heran, so wachsen Dinge von Wert für sich allein. (Bauer 1990, S. 116)

An solche Vorstellungen konnten unter dem Einfluß des Buddhismus die Herrscher anknüpfen, um als Heilsbringer und Erlösergestalten hervorzutreten, wie dies insbesondere im Volksglauben geschah und im 5. und 6. Jahrhundert, dann aber auch von einigen Herrschern der Tang-Zeit sowie von einigen Herrschern der mongolischen Yuan-Dynastie angestrebt wurde, die sich als »Weltraddreher« *(cakravartin)* verstanden. Vor dem Hintergrund solcher Bemühungen sind daher auch manche Niedergangszeiten als die Folge des Fehlens einer charismatischen Führergestalt interpretiert worden, wie etwa der Zusammenbruch des Westlichen Jin-Reiches am Ende des 3. Jahrhunderts n. Chr. Andererseits führten die heftigen Widerstände gegen jede Form der Deifizierung von Herrschergestalten bei den Literaten zu einer Spannung zwischen Elite- und Volkskultur, weil bei der breiten Masse Heilserwartungen besonders leicht aufflammten. Zugleich aber war die Anerkennung des chinesischen Kaisers als Gottheit bei den »Barbaren« ein Mittel, deren Unterwerfung zu erleichtern, und immer wieder gab es Darstellungen chinesischer Herrscher in Bodhisattva-Pose. Mao Zedong stand ganz bewußt auf der Seite der »Massen«, und es ist daher konstitutiv für die politische Kultur des neueren China geworden, daß einerseits Aberglaube und Irrationalität abgelehnt und der alten feudalen Ordnung zugerechnet wurden, andererseits aber zugleich ein starkes irrationales Moment in der Unterwerfung unter das Diktat des Führerkultes wieder wirksam werden konnte.

Wenn Mao als Erlöser fungierte, wie es in dem Lied »Der Osten ist rot« heißt:

> Der Osten ist rot, die Sonne geht auf, aus China kommt ein Mao Zedong. Er kämpft für das Glück des Volkes, er ist sein Erlöser 〈...〉,

so steht dies sicherlich im Einklang mit seiner historischen Rolle bei der Überwindung der Zersplitterung Chinas, bei der Durchführung der Landreform und der Wiedergewinnung internationaler Reputation. Eine ähnliche Rolle wurde dem ersten Reichseiniger, Qin Shihuangdi, zugewiesen. Auch wenn es zwischendurch immer wieder Tendenzen zur Herrscherverherrlichung gab, wie etwa bei Kaiser Xianzong (reg. 805-820), der als »die im Osten aufgehende Sonne« apostrophiert wurde, so gelang es dann doch nur noch dem Kangxi-Kaiser, der China von 1661 bis 1722 regierte, ein solches Maß an Verehrung auf sich zu vereinigen. Viele Herrscher suchten ausdrücklich nicht Verehrung, sondern trieben ein rhetorisches Understatement, beschworen ihre Fürsorge für das Reich – und erreichten auf diese Weise nicht selten größere Anerkennung und Akzeptanz, wie etwa Tang Taizong (reg. 626-649 n. Chr.), dessen erklärtes Selbstverständnis insbesondere durch seine Anweisungen an seinen Nachfolger besonders gut bekannt ist.

Im 20. Jahrhundert trat aber nun noch hinzu, daß auch in China sich alte Sozial- und Kultbeziehungen aufgelöst hatten und gewissermaßen ein »religiöses Vakuum« entstanden war. Mao Zedong fragte 1927 provozierend:

> Und die Götter? Verehrt sie auf alle Weise. Doch hättet ihr allein mit Guandi und Guanyin und ohne einen Bauernverband die örtlichen Tyrannen und die üblen Grundbesitzer vertreiben können? Die Götter und Göttinnen sind tatsächlich bedauernswerte Gestalten. Ihr habt sie jahrhundertelang verehrt, und sie haben doch nicht einen einzigen der örtlichen Tyrannen und der üblen Grundbesitzer vernichtet! Jetzt wollt ihr, daß eure Pacht reduziert wird. Wie wollt ihr das erreichen? Glaubt ihr an die Götter oder an den Bauernverband? (McInnis 1972, S. 10)

War dies aber wirklich die Alternative? Offenbar sah Mao Zedong in einer Instrumentalisierung traditioneller religiöser und sozialer Strukturen keinen Ansatzpunkt zu einer Reform und Rekonstruktion des ländlichen Chinas, obwohl natürlich der ganze spätere Mao-Kult sich solcher Elemente bediente. Vielmehr brandmarkte er das ländliche China als rückständig, indem er die religiösen und sozialen Aspekte aus ihren

Kontexten löste und auf diese Weise der Lächerlichkeit preisgab. Diese Haltung findet sich auch heute noch. Darauf hat Myron L. Cohen hingewiesen:

> Es scheint eine Übereinstimmung zwischen der Führung der Kommunistischen Partei und den Protagonisten der Protestbewegung von 1989 zumindest in einem Punkt zu geben, daß sie nämlich, ebenso wie einige der intellektuellen Meinungsführer und nicht wenige der im Exil lebenden und sich zur Demokratiebewegung zählenden Intellektuellen, der Ansicht sind, daß die bäuerliche Bevölkerung Chinas aus kulturellen Gründen nicht in der Lage sei, an einer politischen Demokratie mitzuwirken. Diese elitäre Haltung gründet sich meiner Meinung nach weniger auf die tatsächlichen Verhältnisse wie Lebensumstände, kulturelle Fähigkeiten etc. der Landbevölkerung, sondern vielmehr auf die Ansprüche dieser Elite auf eigene Privilegien und auf Macht. Was immer die Bauern tun, das eigentliche Problem ist das Verständnis der Elite von ihrer eigenen Rolle in Chinas Politik und Gesellschaft. (M. L. Cohen 1993, S. 166)

Bereits Max Weber hatte erkannt, daß die Regierung das Dorf als politische Einheit in der Regel ignorierte. Weber war es, der nach der Lektüre einiger Arbeiten über das Dorf in China den Dorftempel und die daran gebundenen Organisationen als die Keimzelle von Selbstverwaltung in China erkannte (Weber 1919/1989, S. 267), womit er, der sich ja zunächst mehr für die Städte interessierte, dem Dorf in China eine zukunftsweisende Rolle zubilligte. Die Elite und die Regierung jedoch kooperierten, wie bereits angedeutet, weiterhin, trotz sonst widerstreitender Interessen, und vernachlässigten den Agrarsektor. Und was im traditionellen China die Erziehung in den Klassikern wurde, setzte sich fort in den Marxismus-Leninismus-Studien seit der Yan'an-Periode.

Angesichts der zumindest latenten Tendenz zur Zersplitterung und zum Regionalismus war es gerade die Funktion transformativer Impulse, die Integration des Reiches stets neu zu rekonstruieren. Ein solcher Impuls war Mao Zedong, insbesondere dort, wo sich seine Gestalt mit alten kollektiven Mythen verbinden konnte. Dies wird am stärksten am Mythos vom Großen Yu deutlich, jenes Kulturheroen und Urkaisers, dem die Regulierung der Gewässer zugeschrieben wird. (Birrell 1993, S. 146-159) Auf diesen bezog sich Mao Zedong mehrfach, darunter auch in seinem Essay *Yugong kann Berge versetzen (Yugong yishan)*. (Schmidt-Glintzer 1986) Manche Handlungsfelder waren freilich seit der Han-Zeit, seit der Konfuzianisierung der bürokratisch-imperialen Macht nicht mehr alleiniges Privileg des Herrschers. Dies trifft vor allem für die literarische Bildung zu, die der Herrscher wohl spätestens seit er in das Ritualgeschehen aktiv eingebunden worden war, mit einem großen Teil der Elite teilte. Und doch blieb die Bildung des Herrschers etwas, worauf sich der Blick der Massen richtete. Jedenfalls ist in diesem Kontext die Selbstdarstellung, ja gelegentlich Stilisierung Mao Zedongs zum Dichter zu sehen, die sich auch in der in den sechziger Jahren aufgelegten großformatigen Briefmarkenserie mit Faksimiles seiner Gedichtmanuskripte niederschlug.

Die Eroberung der Städte und die Rolle der Intellektuellen

Wohlstandssuche und Religion verbinden sich leicht bei aufstiegsorientierten Schichten, bei Akademikern und Angehörigen der Funktionselite. Diese Gruppe steht am ehesten in der Tradition der Literatenbeamten und ist an einer Beteiligung an der Deutungsmacht interessiert. Sosehr Mao Zedongs Erfolg sich dem Krieg und der Verbindung der kommunistischen Streitkräfte mit der agrarischen Bevölkerungsstruktur verdankt, so mußte er doch schließlich auch die Städte erobern und die städtische Intelligenz gewinnen, um erfolgreich zu sein. Allerdings war der militärische Sieg das Resultat der Verkettung vielfältiger Umstände, und gerade die Betonung der moralischen Komponente und der Disziplin hatte den kommunistischen Verbänden am meisten Zustimmung auch auf seiten der Intellektuellen eingebracht. Die geringe Autorität der Bürokratie und der politischen Zentrale, ein Kennzeichen der Zeit von 1917 bis 1927, hatte die Erfolge der Kriegsherren und dann auch der partikularen politischen Gruppierungen begünstigt. Bis zur Bildung der antijapanischen Einheitsfront im Jahre 1937 blieben Universitäten und Küstenhandelsstädte trotz des Versuchs starker ideologischer Einflußnahme der leninistischen Guomindang ein Refugium liberaler Intellektueller. Erst in den folgenden Jahren verloren die Intellektuellen, nicht zuletzt aufgrund der Erschütterungen der sozialen, wirtschaftlichen und politischen Verhältnisse, die Grundlage für ihre weitgehende geistige Autonomie. Erst nach der Gründung der Volksrepublik am 1. Oktober 1949 kam es zu einer wirklichen Kontrolle der Intellektuellen durch die Regierung, und zwar in einem Ausmaß wie wohl nie zuvor seit Qin Shihuangdi. Allerdings hatten sich extreme Kontrolle und Überwachung seit der Zeit in Yan'an angekündigt, die dann später in »Gehirnwäsche« und die systematische und gnadenlose Forderung nach Selbstkritik münden sollte. Diese Formen von Terror und Bedrohung, von Traumatisierung und Gewalt sind im Kontext der sich verändernden Kultur im China des 20. Jahrhunderts zu verstehen, wobei es ja auch vielfältige Allianzen zwischen Terror und Entwicklung gegeben hat und noch gibt. In der Folge des gescheiterten Großen Sprungs, begleitet von einem Machtverlust Mao Zedongs in der Zeit von 1960 bis 1965, meinten einige Intellektuelle, sie müßten remonstrieren, ganz in der Tradition des kritischen Literatenbeamten der Vergangenheit. Diese Tendenz wurde bald überlagert und dann gänzlich verdeckt von dem Kampf junger Intellektueller und politischer Anführer gegen die Alten und das sogenannte »Establishment« in den ersten Jahren der Kulturrevolution (1966-1971). In den Folgejahren begann wieder eine engere Zusammenarbeit zwischen den Intellektuellen und den Parteikadern.

Inzwischen, nach bald 60 Jahren Einparteienherrschaft, ist es für die Intellektuellen eine Selbstverständlichkeit, daß sie auf bürokratischen Schutz und Begünstigung angewiesen sind. Auf die wechselseitige Kooptation zwischen Partei und Intellektuellen setzen beide Seiten. Nicht die Bevölkerung, sondern bestimmte Gruppen und Schichten sind es, denen sich die Akademikerelite und die Parteielite verpflichtet fühlen. Dort haben sie ihre Anhängerschaft. Hier ist nach wie vor die Tradition und das bleibende Einverständnis darüber wirksam, daß die politische Kontrolle der Kultur und damit auch aller Religionen durch den Staat legitim sei. Die wichtigste Frage für die meisten Intellektuellen war, neben der Sicherung ihrer eigenen familiären und persönlichen Existenz, wie sie ihrem Lande dienen könnten, damit es reich und mächtig und in jeder Hinsicht modern würde, ohne daß sie dabei ihre eigenen Grundsätze verraten müßten. Nur wenige stellten ihre eigenen Wertüberzeugungen, wenn sie im Gegensatz standen zu den politischen Zielen der Partei- und Staatsführung, über letztere.

Entscheidend war – und ist es noch heute –, daß es einem einzelnen gelang, zum Teil heterogene umfangreiche Gruppen an sich zu binden und diesen das Gefühl zu vermitteln, daß man deren Interessen angemessen vertrete. Wie konnte die Mobilisierung größerer Anhängerschaft gelingen in einer überwiegend bäuerlichen und in vergleichsweise kleinen Gruppen organisierten Gesellschaft? Wie konnte der Kontakt zu dieser Mehrheit von den überwiegend städtisch orientierten Kadern aufrechterhalten werden? Diese Fragen hatte die KPCh mit dem Personenkult um Mao Zedong beantwortet, mit der Fokussierung auf eine einzelne Person, an der sich alle, und auch noch die unterschiedlichsten Gruppen, orientieren konnten.

Diese Orientierung wieder aufzulösen stellte sich als eine der größten Herausforderungen der Nach-Mao-Zeit heraus. Selbst die Darstellung der Mao-Ära als »Ancien Régime«, das es zu überwinden gelte, konnte die hochgradig internalisierten Denkfiguren nicht sogleich auflösen. Schon an der Mauer der Demokratie (1978/1979) gab es neben Verdammungen und Preisungen Mao Zedongs differenzierende Stimmen wie die eines anonymen Eisenbahnarbeiters in einer auf den 22. November 1978 datierten Stellungnahme: »Der Vorsitzende Mao war ein großer Führer des chinesischen Volkes und eine große Gestalt in Chinas Geschichte. Doch seine Verdienste anzuerkennen bedeutet nicht, daß er keine Fehler begangen hat.« (Goodman 1981, S. 6) Wie tiefverwurzelt aber der Mao-Kult war, zeigt die Okkupation des Bewußtseins durch die Ikone Maos am Beispiel des Aufsehens, welches das 2,4 × 1,6 Meter große Porträt eines zerfurchten Bauerngesichtes mit dem Titel »Vater« aus dem Jahre 1980 erregte. Als dieses Gemälde des 32jährigen Künstlers Luo Zhongli 1981 in Peking öffentlich ausgestellt wurde, empfanden es die meisten Betrachter als unerhört, daß hier ein Gesicht in einem Format präsentiert wird, das nur dem »Großen Steuermann« Mao Zedong vorbehalten war. Ein Kunstkritiker schrieb:

> Hat man je ein zwei Meter hohes Porträt eines Bauern gesehen? Nein, das hat es bisher kein einziges Mal in der Weltgeschichte der Kunst gegeben. ⟨...⟩ Wenn man es genauer bedenkt, warum sollte nicht dem »Vater« als dem Ursprung der ganzen chinesischen Rasse ein solch würdevolles Format zustehen? Wir verehren unseren Steuermann, aber wir sollten nicht unseren schwer arbeitenden »Vater« vergessen. (Zhang 1981, S. 44)

Noch diese Betonung der Rolle des schwer arbeitenden Bauern wiederholt gewissermaßen die Betonung der Stellung, die Mao Zedong selbst der Bauernschaft und dem agrarischen Sektor zugewiesen hat, ein Tenor, der auch noch so regimekritische Arbeiten wie die von Kate Xiao Zhou durchzieht, die nicht den Reformen Deng Xiaopings, sondern den Bauern das Verdienst am wirtschaftlichen Aufbruch der achtziger Jahre zuschreibt. (Zhou 1996)

Ewiges Gedenken und postumer Mao-Kult

Einen Monat nach seinem Tode wurde am 8. Oktober 1976 der Beschluß gefaßt, zum Zweck des ewigen Gedächtnisses an Mao Zedong »erstens für ihn in Beijing eine Gedenkhalle zu errichten und zweitens in dieser Gedenkhalle seinen Leichnam in einem Kristallsarg aufzubewahren und den Volksmassen zugänglich zu machen.« (Ledderose 1988, S. 311) Im Mao-Kult und insbesondere in der Plazierung der Gedenkhalle in die Mitte des für das Volk gedachten Platzes, was ja nur im Kontext der Tradition der Hauptstadtarchitektur verstanden werden kann, zeigt sich das ambivalente Verhältnis zur imperialen Tradition. Die Diskussion über das Mao-Mausoleum ist aber seit dessen Errichtung nicht mehr verstummt. Bereits 1980 kursierte das Gerücht, die Konservierung des Leichnams sei unzureichend und bereits im Herbst 1997 hatte der Dissident Bao Ge die Partei aufgefordert, Maos Mumie einzuäschern.

Eine Kehrseite der Vergöttlichung und des Personenkultes um Mao Zedong ist die Zurechnung aller Opfer der Politik des Großen Sprungs und der Kulturrevolution zu seiner Person. Long Jingtai formulierte dies etwa folgendermaßen, als er von einem Freund berichtete, der sich ein riesiges Mao-Bild von Andy Warhol, Mao mit knallrosa Lippen, in die Wohnung gehängt hatte:

> Das Mao-Bild ist ein Mosaikstein seiner Jugendzeit, eine leise Erinnerung an seinen jugendlichen Idealismus oder sogar ein leichter Anflug von Selbstironie im reifen Alter. Wie auch immer, für ihn ist das Mao-Bild ein Bild von Mao. Für mich ist es das nicht. Ich sehe den Mann darin, konkret und gegenwärtig, und von seinen Händen trieft Blut. Guter Gott, dachte ich, wie sollte ich ihm nur meine Gefühle verständlich machen? Ich sagte zu ihm: »Würdest du auch ein Bild von einem Hitler mit knallrosa Lippen in dein Wohnzimmer hängen, lieber Freund?« (Long 1998, S. 35)

Ganz anders sieht dies der Künstler Zhang Hongtu, der in einer Collage (Acryl auf Leinwand, 1989) Leonardo da Vincis Gemälde vom Abendmahl – möglicherweise auch angeregt durch Andy Warhol's »The Last Supper« – kopiert und alle Köpfe durch Köpfe Mao Zedongs ersetzt. In diesem Protestgemälde gegen die brutale Niederschlagung der Demokratiebewegung auf dem Platz vor dem Tor des Himmlischen Friedens am 4. Juni 1989 wird das »Einer unter euch wird mich verraten« (Matthäusevangelium 26,21) zu »Mao wird durch Mao verraten«. (Hay 1994, S. 296)

Zu solchen Urteilen im Gegensatz steht das Mao-Fieber *(Maore)* seit dem Ausgang der achtziger Jahre, das eher spontan war und allgemeinen Bedürfnissen entsprach. Zu seinem 100. Geburtstag im Jahre 1993 gab es eine Vielzahl von Würdigungen, die sich ihrerseits bereits auf eine umfangreiche Literatur als Resultat der Auseinandersetzung mit Mao Zedong beziehen konnten. Es ist auffällig, daß das Mao-Fieber dann wieder in dem Maße abnahm, in dem die offiziellen Feierlichkeiten zum 100. Geburtstag Mao Zedongs die öffentliche Szene beherrschten, woran erkennbar wird, daß Mao Zedong und sein Kult von der Staatsführung nicht ganz aus der Hand gegeben werden sollte, da sie nicht Gefahr laufen wollte, daß er zur Leitfigur einer gegen die Verhältnisse gerichteten Bewegung wurde. Mao Zedong ist also ein Produkt der Geschichte des neueren Chinas. Bis heute scheiden sich an ihm die Geister, bis heute steht sein Name als Chiffre für Zukunftshoffnung und Katastrophe zugleich, und es ist gänzlich ungewiß – und eher unwahrscheinlich –, ob mit der Festschreibung marktwirtschaftlicher Grundsätze in der Verfassung im Jahre 1993 die Ära Mao Zedongs tatsächlich als endgültig abgeschlossen gelten kann. Auch wenn das Bild Mao Zedongs als Dichter und Staatsmann, als der Visionär oder Heilsbringer verblaßt und eine Ernüchterung eingetreten ist, findet sich bei vielen Intellektuellen und Jüngeren ein wieder zunehmendes Interesse an systemischem Denken, an dem Zusammenhang von Mensch und Natur und natürlich auch an der Beziehung zwischen Menschen und Göttern/Geistern.

»Vorsitzender Mao geht nach Anyuan«, Ölgemälde von Liu Chunhua, 1967, den jungen Revolutionär Mao Zedong im Jahre 1921 auf seinem Weg durch das Wugong-Gebirge darstellend, um die Berg- und Bahnarbeiter der Kohlenminen von Anyuan für den revolutionären Kampf zu organisieren. – Der Maler bekannte später, durch Raphael beeinflußt zu sein. Eine Kopie des Gemäldes mit der Aufschrift »Junger chinesischer Missionar« soll im Jahre 1969 für einige Monate in Räumen des Vatikan gehangen haben, bis man den Irrtum entdeckte.

Modernisierung, Zerstörung von Klöstern und Tempeln und erneute Suche nach Spiritualität

Der Aufbau Chinas nach dem Ende des Bürgerkrieges und der Machtergreifung der Kommunisten veränderte China zusehends, doch manche Pläne, wie die vollkommene Erneuerung Pekings etwa, konnten trotz weit fortgeschrittener Planungen zum Teil nicht realisiert werden, weil die Mittel nicht vorhanden waren oder politische Turbulenzen den Fortgang hinderten. So wurde das Desaster während der Zeit des Großen Sprungs zu dem für den Kaiserpalast rettenden Ereignis, weil sonst möglicherweise die Pläne der Umwandlung des Palastes in den Regierungssitz und die Ideen zur Bebauung des Platzes vor dem Tor des Himmlischen Friedens umgesetzt worden wären. (Barmé 2008, S. 8ff.)

Einen Veränderungsschub mit zugleich vielen Turbulenzen, Zerstörungen und Traumatisierungen hatte auch die Kulturrevolution gebracht. Die Roten Garden der Kulturrevolution, in der Annahme, es müsse das Alte und Überkommene überwunden werden, um ein neues, prosperierendes China zu ermöglichen, hatten mit Vorliebe Tempel und Kultstätten des Buddhismus, des Konfuzianismus und des Daoismus zerstört, in den Städten ebenso wie auf dem Land. Als die Partei mit Hilfe der Armee der Zerstörungswut Einhalt zu gebieten begann, war nicht mehr viel übrig. Doch ebenso wie es früher bereits Zerstörungen, darunter neben mutwilligen auch solche durch Brandkatastrophen, gegeben hatte, so wurden auch nach der Kulturrevolution viele Tempel wiederaufgebaut. Dies gilt für Orte im Zentrum und im Osten Chinas ebenso wie für die Städte an den Rändern und in Gebieten mit einer hohen Zahl an Minderheitenangehörigen. Die 56 verschiedenen Religionen und Kulten zugehörigen Tempel von Hohhot, der Hauptstadt der Inneren Mongolei, die während der Kulturrevolution zerstört worden waren, wurden seit den achtziger Jahren nach und nach wieder aufgebaut. Die Wiedererrichtung eines Tempels der Göttin der Barmherzigkeit (Guanyin) stand am Anfang. (Gaubatz 1996, S. 197)

Doch auch wenn die Kulturrevolution in ihren exzessiven Ausformungen bald beendet war, blieb der Geist noch am Werk, die voluntaristische Bestrebung und der Glaube, China, wenn es nur wolle, in wenigen Jahrzehnten zur bedeutendsten Volkswirtschaft entwickeln zu können. Auch die Aufforderung zur Abkehr von agrarischen Traditionen atmet den Geist der Kulturrevolution, und wie einst die große Zahl den Gedanken Mao Zedongs folgte und wenigen Führern vertraute, daß sie ihnen die Orientierung gäben, so öffnen sich die Menschen in China heute angesichts des globalisierenden Kommerzes neuen Heilsbotschaften, christlichen Kirchen oder anderen Heilslehren, darunter Qigong-Meistern, Meditationslehrern oder anderem zur Gewinnung von Wohlbefinden, Glück und langem Leben. Und was wir heute als Taiji kennen, geht auf Systematisierungen von Kampfsportarten zurück, die im 16. Jahrhundert vorgenommen und dann weitertradiert wurden und bei denen die Beherrschung des Körpers und seiner kontrollierten Bewegungen unter gleichzeitiger Berücksichtigung der Umgebung – einschließlich der Intentionen des Gegners – im Vordergrund steht. (Wile 1996; B. Davis 2003)

Religiöse Gruppen und Sekten

Parallel zur wirtschaftlichen Öffnung erlebt China seit Beginn der achtziger Jahre einen Zuwachs an religiösen Gruppen, Kirchen und Sekten. Als besondere Herausforderung werden dabei offiziell nicht anerkannte Vereinigungen gesehen, deren Zahl sprunghaft angewachsen ist und die als »schlechte« oder »heterodoxe« Kulte *(xiejiao)* bezeichnet werden, weil sie als Rivalen zu den offiziell anerkannten Massenorganisationen gesehen werden und damit als Bedrohung für den Staat und für den Geltungsanspruch der KPCh. Nach den Falungong-Protesten im Jahre 1999 ist infolge staatlicher Repressionsmaßnahmen die Zahl dieser Organisationen rückläufig. Doch haben sich die katholische Untergrundkirche und die protestantischen Hauskirchen, die seit der Einräumung größerer religiöser Freiheiten 1979 stark zugenommen hatten, am besten behaupten können. Inzwischen übersteigt die Mitgliederzahl in der katholischen Untergrundkirche die Zahl der Gemeindemitglieder der offiziell anerkannten Katholischen Kirche. Die Anhängerschaft der sogenannten volksreligiösen Bewegungen ist ebenfalls zahlenmäßig sehr groß, so daß sich die Regierung veranlaßt sieht, auf verschiedenen Ebenen gegen solche Bewegungen vorzugehen, in zunehmendem Maße auch durch Informationskampagnen und eine Art Gegenpropaganda.

DAS HEIL IN DER REFORM UND IN RELIGIÖSER ERNEUERUNG

Neues Selbstbewußtsein und religiöse Vielfalt

Nach den traumatischen Erfahrungen der Niederlagen gegen Japan und gegen die Kolonialmächte des Westens hatte die Jugend Chinas nach einer Neuausrichtung gesucht. Nicht nur als Nation wollte man sich stärken, sondern auch ganz persönlich. Das war die Pragmatik des 20. Jahrhunderts. Inzwischen lebt die sich als aufgeklärt gebende Gesellschaft in einem großen Durcheinander. Prostitution und Konkubinat und eine große Leichtfertigkeit in der Abtreibungspraxis stabilisieren eine Gesellschaftsstruktur, in der das Glück des einzelnen losgelöst von der Verantwortlichkeit für den anderen im Vordergrund zu stehen scheint. Darin liegt eines der Grundprobleme der chinesischen Gesellschaft, die sich gegenwärtig in einer Weise entsolidarisiert, wie wir es in Europa nicht für möglich halten würden. Während einerseits der im Vergleich zur westlichen Welt leichtfertige Umgang mit dem menschlichen Leben in China zu einem gewissen Anpassungsdruck in der Stammzellendebatte führt, wird die Leichtfertigkeit im Umgang mit dem Leben, wenn es um Abtreibungszwänge geht, sehr schnell zum Ausgangspunkt der Anklage

»Erfolg im Lotosjahr« (oben) und »Wie der Fisch im Wasser tausend Jahre Harmonie« wünschen die beiden Neujahrsbilder, wobei die Zeichen für »Erfolg« bzw. »Überschuß« und »Fisch« in der Aussprache gleich klingen.

von Menschenrechtsverletzungen. Auch wenn Abtreibung kein offizielles Ziel der Regierung ist, so gilt doch allgemein, daß das Leben des einzelnen nachrangig sei gegenüber der Staatswohlfahrt und dem Wohlergehen des Staates. (Sleeboom-Faulkner 2007) An dieser Stelle könnten zukünftige interreligiöse Dialoge über das kulturelle Selbstverständnis anknüpfen.

Das Verhältnis zwischen Religionen und der staatlichen Macht war in China immer schon prekär. Denn der Staat beanspruchte die territoriale Ritualhoheit und konnte subsidiäre Strukturen und Ereignisse nur dulden, solange sie zum Herrschaftsanspruch des Staates nicht in Konkurrenz traten. Tatsächlich war dieser staatliche Anspruch oft nicht durchsetzbar, sei es, weil er dazu nicht in der Lage war, sei es, weil interessierte Kreise eine Intervention verhinderten. Denn durch vielfältige Verbindungen von Vertretern religiöser Gemeinschaften zu Angehörigen des Kaiserhauses oder einflußreichen Mitarbeitern des Hofes oder der Regierung gab es ein hohes Maß an Einflußmöglichkeiten. Die Spannung insbesondere zwischen dem Kontrollanspruch der Zentralregierung und den Interessen lokaler religiöser Aktivitäten wurde prägend für die Ausformung von religiöser Praxis bis hin zu den Organisationsstrukturen und den räumlichen Ausgestaltungen von Kultstätten und heiligen Orten. Selbst bei gelingendem Einvernehmen und trotz staatlicher Unterstützung etwa von Stadtgott-Tempeln bildeten religiöse Gemeinschaften immer wieder den Ausgangspunkt von Aufstandsbewegungen. (Perry 1980 und 2001) Vor diesem Hintergrund ist auch die Religionspolitik nach der Gründung der Volksrepublik zu sehen. (Lee 1964) Dabei waren die Eingriffe während der Zeit der Kulturrevolution besonders gravierend, während sich seither die Tendenz zu einer Liberalisierung abzeichnet. (Potter 2003) Doch wurde weiterhin sorgsam darauf geachtet, daß zwischen der zu schützenden Religion und »kriminellen und illegalen Aktivitäten unter dem Deckmantel von Religion« unterschieden wird. Auf dem 17. Nationalkongreß der KPCh am 21. Oktober 2007 wurde erstmals der Begriff

In einer Abendmahlsdarstellung aus dem Jahre 1989 verleiht der Künstler Zhang Hongtu Jesus und seinen Jüngern Maos Antlitz und spielt auf den Satz an: »Einer unter Euch wird mich verraten.« – Seine lebensbejahenden vitalistischen Grundüberzeugungen hat Mao Zedong immer wieder zum Ausdruck gebracht, durch Schwimmen im Yangzi oder wie hier beim Baden mit Mitgliedern der Kommunistischen Jugendliga.

der »Religion« in die Parteistatuten aufgenommen. Es wurde in das »allgemeine Programm« der Satz eingefügt:

> [Die Partei] verwirklicht voll den grundlegenden Kurs der Partei in der Religionsarbeit und schließt die gläubigen Massen zusammen, damit sie zur wirtschaftlichen und gesellschaftlichen Entwicklung beitragen. (China heute 27 [2008], Nr. 1-2 [155-156], S. 5)

Damit trägt die Partei dem Umstand Rechnung, daß bis heute weit zurückreichende religiöse Kult- und Verehrungstraditionen lebendig sind, zum Teil auch alte vergessene Kulte wiederaufleben und zudem neue Religionen, zum Teil aus dem Ausland eingesickert, Geltungsansprüche anmelden.

Am stärksten ist immer noch die Präsenz lokaler Tempel- und Kulttraditionen, zum Teil verknüpft mit buddhistischen oder daoistischen Elementen, und natürlich sind es die Kulte und Verehrungsstätten der anerkannten Religionen Buddhismus, Daoismus, Islam und Christentum. Manche Gottheiten haben in ihrer Geltung eine mittlere Reichweite, wie etwa der als Gottheit verehrte Heilige König Guo, der als Guo Chongfu im Jahre 963 in Fujian geboren wurde und nach seinem frühen Tod mit 13 Jahren immer wieder Menschen im Traum erschienen war. Bis heute wird er neben Guanyin, dem Gott des Reichtums und dem Herdgott in Amoy und weiten Teilen der Provinz Fujian verehrt. Zweimal im Jahr werden Feste veranstaltet, eines zu seinem Geburtstag, ein weiteres zu Ehren seiner Eltern. Obwohl zeitweise verboten, wurde das Grab Anfang der achtziger Jahre wiederhergestellt, und seither ist der Kult, an dem ebenso daoistische Priester wie Buddhisten und Konfuzianer beteiligt sind, um den Heiligen König Guo lebendiger denn je. Zur Liturgie gehören ebenso Theateraufführungen wie die Präsentation von Opfergaben und ein Reinigungsritual *(jiao)* sowie ein allgemeines Seelenerlösungsritual *(pudu)*. (Dean 1993)

Während die Spannungen zwischen Vertretern des Buddhismus in Tibet und der chinesischen Verwaltung eine lange Geschichte haben, gilt dies nicht für alle Minderheiten und ihre religiöse Praxis. So hat sich die Minderheit der Dai-lue im südlichen Yunnan, wo über tausend Jahre ein eigenständiges Königreich bestand, nach der Besetzung der Stadt Jing Hong im Jahre 1953 als Teil der Volksrepublik in einer Autonomen Region namens Sipsingpanna (Xishuang banna daizu zizhi zhou) mit der Hauptstadt Jing Hong mit den Verhältnissen arrangiert, und der in der Theravada-Tradition stehende Buddhismus dieser Gegend kann unbehelligt praktiziert werden und sieht es als eine seiner wichtigsten Aufgaben, die Dai-Kultur zu bewahren. (Borchert 2008) Die mandschurische Bevölkerung wiederum als Teil der ursprünglich tungusischsprachigen Bevölkerung an den Rändern Chinas, die das Herrscherhaus des letzten Kaiserreiches von 1644-1912 stellte und unter der Bezeichnung »Dschurdschen« im 12. und 13. Jahrhundert Nordchina beherrschte, zählt heute mehr als 9 Millionen und hat ihr Zentrum weiterhin im Nordosten in den Provinzen Liaoning, Jilin und Heilongjiang, wo bis heute Formen des Schamanismus praktiziert werden. Doch die größte Varianz gibt es im Südwesten und im Westen und Nordwesten, wie bei den Ne (oder Yi), die eine tibeto-burmanische Sprache sprechen und möglicherweise seit der Han-Zeit, also seit etwa 2000 Jahren, über eine eigene Schrift verfügen. Neuerdings fanden sich auch in Sichuan Reste einer mehr als zweitausend Jahre alten, von der chinesischen gänzlich verschiedenen Schrift.

Doch in den meisten Regionen Chinas war lange schon das Selbstverständnis vorherrschend, zur chinesischen Welt zu gehören; und dies galt in besonderem Maße bei den Eliten des Landes. Sie konnten ihre regionale Identität pflegen, solange sie die Zugehörigkeit zu China nicht anzweifelten. Dabei stellt sich die Frage, wie sich dies auf die Vielzahl Tausender lokaler und regionaler Gottheiten auswirkte. Doch bei genauerer Betrachtung wird deutlich, daß der Staat auf subtile und für die Beteiligten oft unmerkliche Weise doch regelnd eingriff. Ein Mittel war die Propagierung bestimmter Gottheiten durch das Kaiserliche Ritenministerium, wodurch oft lokale Gottheiten ersetzt wurden. Dies war etwa auch bei der entlang der Südostküste Chinas verbreiteten, auch als Tianhou bekannten Göttin Mazu der Fall, die seit dem 12. Jahrhundert zur wichtigsten Gottheit jenes Teils Chinas wurde und dies bis heute geblieben ist. Hinter dieser Tianhou (wörtlich: »Himmelskaiserin«) steht eine junge, verstorbene, unverheiratete Frau des 10. Jahrhunderts, der übernatürliche Fähigkeiten nachgesagt wurden. In einem Traum soll sie die Rettung ihres Bruders aus Seenot erfahren haben, und so glaubten die Menschen, sie selbst sei in der Lage, Seeleute zu retten. Schon bald wurde sie zur Patronin, dann zur Göttin der Seeleute. Nachdem ihr offizielle Anerkennung und die Verleihung kaiserlicher Titel zuteil geworden war, wurde diese Tianhou/Mazu zur wichtigsten Göttin an der Südwestküste Chinas, die dann von den frühen Siedlern auf die Insel Taiwan mitgenommen wurde. (Watson 1985)

Das Gefühl der Zugehörigkeit zur chinesischen Welt pflegen auch die chinesischen Muslime (Hui), die sich einerseits von den ethnisch differenten Muslimen wie den Uighuren sowie von den nichtmuslimischen Chinesen andererseits absetzen. Hierzu dienen die jährlich am 17. Tag des fünften Monats nach dem Mondkalender abgehaltenen Erinnerungstrauerfeiern, die an die verlustreiche Niederschlagung der Hui-Aufstände durch Chinesen während der Unruhen der Tongzhi-Ära (1862-74) heute noch insbesondere in Xi'an abgehalten werden. (Gillette 2008) In Verbindung mit diesen Feierlichkeiten werden die Geschichten von den Massakern wiederholt und weitergegeben, so daß auch hierdurch die Identität der Hui als eine der neben den Han-Chinesen in China lebenden 55 Minderheiten immer wieder aufs neue stabilisiert wird.

Die Gewinnung von »heiligen Bezirken«

Im Rahmen der Öffnungspolitik und einer zunehmenden Liberalisierung sind von einzelnen unternehmerischen Mönchen Klosteranlagen, zum Teil an alten Kloster- und Tempelstandorten, neu errichtet worden. Das Motiv war häufig die Sicherung einer unabhängigen Existenz als Mönch, nicht selten aber auch die Gewinnung einer unbefristeten Position als Abt. Diese Tempel haben oft keinerlei Bezug zur lokalen Einwohnerschaft, sondern sind religiöse Unternehmungen mit dem Ziel, Spenden zu sammeln sowie religiöse Feste zu Veranstaltungen und Dienstleistungen anzubieten. Den Besuchern solcher Tempel wird so die Anhäufung von Verdienst ermöglicht, während der Tempel seinen Unterhalt und der Abt sich gelegentlich sogar ein aufwendiges Leben ermöglicht. (Fisher 2008) Solche Gewinnung von heiligen Bezirken, wie sie ja auch von Protestanten in Wenzhou berichtet wird (M. Yang 2000), hat in China eine lange Tradition, von den Laienverbänden der ausgehenden Tang-Zeit über die Versuche von Gentry-Angehörigen, sich durch Förderung des Buddhismus über lokale Netzwerke Zugang in die Reichspolitik zu verschaffen (Brook 1993), bis in die jüngste Zeit. Für das Peking der Ming- und Qing-Zeit ist dieser Zusammenhang ebenso gezeigt worden. (Naquin 2000)

Unter der Aufsicht der Chinesischen Buddhistischen Vereinigung *(Zhongguo fojiao xiehui)* mit dem »Tempel Umfassender Rettung« *(Guangji si)* in Peking als einem der Zentren, aber doch auch weitgehend unabhängig davon findet der Buddhismus durch die Aktivitäten der Mönche, oft stärker aber noch durch das Engagement von Laien weitere Verbreitung und Förderung. Dabei ist die Chinesische Buddhistische Vereinigung eine vermittelnde Instanz, denn sie ist keine staatliche Einrichtung. Sie vermittelt die staatlichen Interessen, repräsentiert vor allem aber die buddhistischen Gemeinden gegenüber den staatlichen Instanzen. Am Beispiel der Lebensstationen eines der bedeutenden Buddhisten des ausgehenden 20. Jahrhunderts, Meister Jinghui, lassen sich Niedergang und Aufstieg des buddhistischen Mönchs- und Tempelwesens verdeutlichen. (Fisher 2008, S. 155 f.) In den fünfziger Jahren in den Mönchsstand getreten, war er während der Kulturrevolution laisiert worden. Nach dem Ende der Mao-Zeit trat er wieder in den Mönchsstand ein und bekleidete wichtige Funktionen im Guangji si. Eine japanische Delegation zu dem Kloster ihres Schulgründers Zhaozhou Congyu (um 777-

897, der vierte Patriarch nach Huineng, 638-713) veranlaßte Jinghui, das Bailin-Kloster (Kreis Zhaoxian, Hebei) zu renovieren, und nachdem er 1988 selbst dort Abt geworden war, ließ er eine Zehntausend-Buddha-Halle *(wanfo lou)* errichten mit mehr als 10 000 vergoldeten Buddhastatuen, welche im Jahre 2003 vollendet wurde. Diese Aktivitäten verband er mit der Bekräftigung der reformerischen Traditionen des Buddhismus und stellte sich seither ausdrücklich in die Nachfolge des buddhistischen Reformers Taixu (1890-1947) mit der Parole:

> Buddhismus muß nicht nur die Moderne wollen, sondern auch die Moderne verändern *(bu dan shi yao xiandai hua hai yao hua xiandai).*

Mit seinem Engagement für ein kultiviertes Mönchswesen und eine starke Laienbewegung setzt er die buddhistischen Reformbemühungen der ersten Hälfte des 20. Jahrhunderts fort. (Welch 1968) Unter dem Begriff »Lebendiger Chan« *(shenghuo chan)* versteht Jinghui die Verbindung von Meditation mit aktiver Anteilnahme an der Welt. Persönlichkeiten wie Jinghui dienen vielen als Beispiel und Anreiz, durch eigenes Engagement Orte der Frömmigkeit und des gesellschaftlichen Wirkens zu errichten, und als solche verstehen sich in der Regel die immer zahlreicher werdenden buddhistischen Tempel und Klöster. Sie pflegen die Beziehungen zu ihren Förderern, die durch finanzielle Zuwendungen ihre Glücks- und Lebenschancen steigern. Man unterscheidet nämlich zwischen solchem durch Spenden zu erlangenden Schutz *(baoyou)* und Verdiensten *(gongde)*, die vornehmlich an einen entsprechenden Lebenswandel oder aber an den Eintritt in den Mönchsstand gebunden sind.

Immer aber diente der Buddhismus auch der Pflege internationaler Beziehungen, wie das Zweite Weltforum im November 2008 in Wuxi, Provinz Jiangsu, belegt. Diese Internationalität wurde besonders im 19. und 20. Jahrhundert zum Thema, und Gelehrte wie der Verfechter einer chinesischen Nationalidee Liang Qichao haben sich eingehend mit dieser Tradition der religiösen und kulturellen Austauschbeziehungen beschäftigt. Andere Orte internationaler Begegnung sind der Baobaoshan im Westen Pekings, wo die Pagode mit der Buddhazahn-Reliquie von der langen Geschichte seit der Liao-Dynastie kündet, aber auch von der Zerstörung der Pagode durch die Alliierten während des Boxeraufstands, die dann auf Weisung Zhou Enlais in den Jahren der Kulturrevolution neu aufgebaut wurde. Im Zusammenhang internationaler Begegnungen werden immer auch Zahlen genannt, etwa daß es in China mehr als 13 000 buddhistische Klöster gebe.

AUSBLICK

Glückszustände und Zukunftserwartung

»Religion – und nicht nur das Christentum – scheint in China wieder eine Zukunft zu haben, die freilich sehr verschieden sein wird von dem, was Religion und auch die katholische Kirche in der Vergangenheit waren. Auf weitere Entwicklungen kann man gespannt sein.« Mit diesen Worten schließt Hans Küng im Jahre 1980 seine Ausführungen über die Zukunft der Religion in China. (Küng 1980) Angesichts des chinesischen Weltverhältnisses bestätigt sich die Erwartung, daß sich Religion im Kontext des Wunsches nach Wohlstand, Glück und langem Leben wieder ansiedelt. Gerade weil Glückszustände Ausnahmezustände sind, haben Menschen immer auch nach der Dauerhaftigkeit von Glück und nach der Erlösung vom Leid gesucht. Das war das Thema auch von Verheißungen und darauf gegründeten Religionen, die daher fast immer mehr versprachen als nur einfach ein gutes Leben. Und doch hat es die Suche nach einem guten Leben immer auch gegeben, und diese stand in China in krassem Gegensatz zu den Anforderungen des Staates zur Aufopferung. Die Aufgabe der Jenseitsreise, die Reduktion des Ausnahmezustandes auf ein »Als-ob« dagegen sollte die Legitimationsgrundlage des Staates dafür stärken, die Selbstaufopferung des Bürgers für einen höheren Zweck einzufordern.

Für den alltäglichen Lebensvollzug des einzelnen gab es zahlreiche Mittel der Optimierung, darunter Drogen, Opium und Tabak, die trotz ihrer todbringenden Wirkungen vor allem der männlichen Bevölkerung als Stimulans und Beglükkungsmittel dienten (Kohrmann 2007), aber auch Bewegungs- und Atemtechniken. Gelungenes Leben wurde vielfach im Bild der sozialen Harmonie vorgestellt, während die Realisierung in unterschiedlichen Milieus und sozialen Teilgruppen angestrebt wurde. Was im Altertum das Männerhaus war, dessen Funktion übernahmen später andere Vergemeinschaftungsformen wie Klosterverbände, Laienbruderschaften oder sonstige Kultgemeinschaften bis hin zu Schwurbrüderschaften und Geheimsekten. Dabei waren alle engeren Verbindungen jenseits verwandtschaftlicher Beziehungen dem Staat suspekt; die Privilegierung verwandtschaftlicher Beziehungen hingegen verdeckt oft den Umstand, daß auch diese leicht unter besondere Spannungen gerieten, weswegen etwa im späten Kaiserreich Brudermord nicht selten vorkam. (Davis 2000)

Aus allen Richtungen hat China sein Glück gesucht, als Unsterblichkeitsdroge auf den Penglai-Inseln im Östlichen Meer, durch Handel und durch Heilsversprechen der göttlichen Königinmutter des Westens (Xiwang mu), einer tatsächlich nach westlichem Vorbild geformten Gottheit. (Knauer 2006) Heute sucht es durch Öffnung und durch Handel sein Glück zu erreichen und betont die Harmonie im Inneren. Doch ein Blick zurück zeigt, daß es immer auch andere Grundströmungen gab, wir es also mit einer Stimmenvielfalt zu tun haben. In einer Diskussion am Kaiserhof des Han-Reiches in Chang'an, dem heutigen Xi'an, im Jahre 81 v. Chr. über die Wirtschaftspolitik äußerte in der *Yantielun* betitelten Debatte eine Stimme:

> Handel leistet der Unredlichkeit Vorschub. 〈...〉 Wenn sich schon die Herrscher an Modetorheiten erfreuen, dann wird deren extravagante Kleidung sogleich von der Bevölkerung übernommen. 〈...〉 Deshalb schätzt der wahre Herrscher nicht die unnützen Dinge. Vielmehr gibt er den Untertanen ein Beispiel und kapriziert sich nicht auf exotische Güter. (Schottenhammer 2006, S. 599)

Hier wird der Maxime der Mäßigung das Wort geredet, und vor allem solle der Verbreitung moralischer Werte mehr Aufmerksamkeit gewidmet werden als der reinen Profitgier. Solche Diskussionen sind auch heute denkbar, und sie können sich auf eine lange Tradition berufen. Tatsächlich hat es immer wieder Debatten über den Charakter der chinesischen Kultur und die Notwendigkeit ihrer grundlegenden Veränderung gegeben. Klage über die Zustände im Reich und Forderungen nach Veränderungen sind immer wieder Hand in Hand gegangen, seit dem großen Dichter und Berater des Fürsten von Chu, Qu Yuan (um 339-278 v. Chr.), bis hin zur Debatte in der Mitte der achtziger Jahre des 20. Jahrhunderts, als in einer Filmserie »Totenklage auf den Gelben Fluß« *(Heshang)* in der sechsten Folge im Bild des Zusammenfließens des Gelben Flusses mit dem Meer die notwendige Aufhebung der Isolation zugunsten einer internationalen Zusammenarbeit beschworen wurde. Eine ähnliche Alternative für China formuliert der Autor des Romans *Der Zorn der Wölfe (Lang Tuteng)*, Jiang Rong (eigentlich Lu Jiamin), der mit diesem Buch seinem Volk empfehlen will, seinen Charakter zu ändern. Er propagiert die Werte »Freiheit, Unabhängigkeit, Wettbewerb, Sturheit, Zusammenspiel«, Werte, die besonders ausgeprägt seien bei Wölfen und Nomaden. Dazu formuliert er ein Zerrbild vom Westen, wo »die Leute seit der Renaissance und durch religiöse Reformen bis hin zur Aufklärung für Demokratie gekämpft« hätten, um seinen Landsleuten zu empfehlen, sich für eine nachagrarische Zeit vorzubereiten, seine »Sklaven-Kultur«, seine »schafartige Kultur«, seine »Haustier-Kultur« abzulegen. (Messmer 2008) Wesentlich ist dabei der Rückgriff auf die Zeit vor der Bürokratisierung und der Urbanisierung, und so unrealistisch seine Option scheint, soviel Attraktivität hat sie doch, denn sie steht auch in der Tradition des »kulturrevolutionären« Voluntarismus der frühen Revolutionsphase, deren wichtigster Vertreter Mao Zedong wurde. Zugleich kann sich Lu Jiamin auf das *Buch der Urkunden (Shujing)* berufen, wo es im Text *Mushi* heißt: »Seid wie Tiger, wie Bären, wie Wölfe.« (Karlgren 1950, S. 29) Andere Entwürfe finden sich bei jüngeren Christen, die ihren Beitrag zur gesellschaftlichen Entwicklung leisten und die sich selbst positiv in Chinas Fortschritt einbinden.

Daß solche Bekenntnisse die Antwort auf die Frage nach dem Sinn des Ganzen sind, die François Jullien in China vermißt, würde jener bezweifeln, der glaubt, daß die Antwort hierauf aus Europa kommt:

> Erst einmal sind die Chinesen damit beschäftigt, sich zu bereichern. Das Land taucht auf aus einer langen Phase der Armut, viele profitieren jetzt vom neuen Geld. Aber weil sie sich mit aller Kraft ums Materielle kümmern, haben sie vergessen, nach dem Sinn des Ganzen zu fragen. Sie haben dem Westen die Naturwissenschaften abgeschaut und den Kommunismus. Aber sie haben wenig auf die europäische Kultur geachtet. ⟨...⟩ Nirgendwo ist die Frage nach dem Wozu so eindringlich gestellt worden wie in Europa. Wir haben eine Jahrtausende alte Tradition im Streit von Philosophie und Religion herausgebildet. Ich glaube, daß die Frage nach dem Sinn und vielleicht die Wiederkehr des Sinns aus Europa kommen wird. (Bloch 2008, S. 42)

Gegen diese Sicht kann man einwenden, daß auch in China seit langem nach dem Sinn des Ganzen gefragt wurde; und daß die Vielfalt europäischer Kultur in China nicht beachtet worden sei, läßt sich so pauschal nicht behaupten. Bei allem Selbstbewußtsein hat Europa sich seinerseits nicht als Ganzes im Blick, wenn es versäumt, sich seiner eigenen Expansionsgeschichte und seiner inneren Konflikte der letzten zwei Jahrhunderte zu erinnern, wovon sich bei Jullien keine Spuren finden. Und gerade jene Vorzüge, von denen Jullien auch weiß und die Jiang Rong eher als Nachteil zu werten scheint, darunter die Fähigkeit, im Kontext zu denken und abgespaltene Kulturtraditionen zu revitalisieren, sind vielleicht dann doch eine auch von Angehörigen anderer Kulturen zu beherzigende Eigenschaft.

Nun ist mangelndes Selbstbewußtsein längst nicht mehr die hervorstechende Eigenschaft der Chinesen, denn auch sie sind wie Jullien von der »überlegenen Kraft der eigenen Kultur« überzeugt. (W. Zhang 2008) Die Lösung wird vermutlich nicht aus dem Westen kommen, aber woher dann? Denn in einem Punkt hat Jullien sicher recht, daß die immanente Effizienz chinesischen Weltverständnisses das Leben erleichtern kann, sich daraus allein aber kein Verständnis für eine kulturübergreifende und damit die jeweilige Andersartigkeit fremder Kulturen anerkennende Verständigung ergibt. Es wird, und das hat man in China selbst seit langem erkannt, und darüber hat es große Debatten gegeben, China als China weiterbestehen, wenn es anerkennt, daß es einer Auseinandersetzung mit den Rahmenbedingungen westlicher Modernisierung, von der China ein Teil geworden ist, nicht entgehen kann. Dafür, daß es sich dabei gegenüber der Weltwirtschaft nicht vollständig entgrenzt, sprechen viele Argumente. Die »Verschränkung von wirtschaftlichem und politischem Unternehmertum bei territorialem Wettbewerb« gilt jetzt schon als »äußerst erfolgreich«. (Herrmann-Pillath 2007, S. 16)

Die Last der Sicherheit

Im Falle Chinas gilt gerade nicht, was seit Adam Smith sonst allgemein so gesehen wird: daß der wirtschaftliche Fortschritt dem politischen vorausgeht. Wenn man die politische Einheit eines Kontinents, etwa Europas, als eine Folge der Durchsetzung moderner Markt- und Geldwirtschaft ansieht, so haben wir in China den geradezu klassischen Fall vor uns, in dem die Vorwegnahme des Ergebnisses, nämlich der politischen Einheit, die eigentliche Voraussetzung, nämlich den wirtschaftlichen Fortschritt, geradezu verhindert, so daß sogar von einer »aporetischen Situation« gesprochen worden ist. (Herrmann-Pillath 1990, S. 274) Der Grund hierfür liegt in der schon mehrfach konstatierten »Ungleichzeitigkeit« in der Entwicklung Chinas, und zwar nicht nur in seiner »verspäteten Modernisierung«, sondern vielmehr in seiner Fortschrittlichkeit in früheren Jahrhunderten. China sei ein »Opfer« seiner frühen Erfolge geworden. (S. Wu 1970, S. vii) Das »Experiment Moderne«, welches seit dem Ausgang des 19. Jahrhunderts in einigen Städten Chinas gewagt wurde, dann aber zunächst scheiterte beziehungsweise mit seinen ins Ausland emigrierenden Vertretern China den Rücken kehrte, ist zugleich ein Hinweis auf die Gefährdungen der Moderne. Freilich hat sich die »Ungleichzeitigkeit« als Asymmetrie gezeigt, weswegen von einem allgemeinen Typus einer »modernen Nation« nicht wirklich gesprochen werden kann. Inzwischen mehren sich allerdings auch in Europa die Anzeichen, daß eine vollständige politische Einheit nicht zu verwirklichen und ein ganz dem neoliberalen Credo sich anpassender einheitlicher Markt nicht wünschenswert und vor allem nicht im Interesse der Menschen ist.

Die politische Führung Chinas ist sich des Umstandes bewußt, daß in der Vergangenheit die Zeiten der politischen Zersplitterung zu den kulturell produktivsten Perioden Chinas gehörten und daß die Konkurrenz einzelner Teilstaaten den Rationalisierungsprozeß der Frühzeit überhaupt erst ermöglichte. Daher braucht es auch nicht zu verwundern, daß es heute nicht wenige Intellektuelle in China gibt, die eine Aufspaltung ihres Landes, zumindest aber eine Regionalisierung beziehungsweise Föderalisierung, anstreben, und zwar unter anderem mit dem Argument, daß davon eine Besserung der Verhältnisse zu erhoffen sei. Der Trend zur Regionalisierung beherrschte übrigens die Politik vor und nach der letzten Jahrhundertwende und verhinderte schließlich eine erfolgreiche Republikgründung. Allerdings ist heute die Erwägung der Chance, daß – wie es im Herbst 1990 für die Sowjetunion erwogen und dann zum Teil auch verwirklicht wurde – auf dem Territorium des heutigen China »eine neue Überlebensgemeinschaft von mehreren Republiken entsteht, die unabhängig sind und doch voneinander abhängig bleiben« (Schmidt-Häuer 1990, S. 1), aus mehrfachen Gründen unrealistisch. In jedem Falle sind die Herausforderungen der Gegenwart und wohl auch der Zukunft so groß, daß eine allzu starke Partikularisierung allenfalls im Interesse anderer Hegemonialbestrebungen, nicht aber im Interesse der Menschen ist. Um so mehr kommt es darauf an, sämtliche Menschen als einzelne wie als Gruppen und Kollektive betreffenden Entscheidungen so vorzubereiten, daß alle legitimen Ansprüche und Interessen vorher einbezogen und gegeneinander abgewogen werden.

Ein Vergleich zwischen China einerseits und Europa, Nord- und Südamerika andererseits zeigt, daß bei nicht sehr verschiedener ethnischer Vielfalt auf beiden Seiten China in einem einzigen Staat, Europa und die Amerikas in mehr als 50 Staaten organisiert sind. Dabei spielen hier geographische Zwänge keine Rolle, sondern im Gegenteil, in der Formulierung J. K. Fairbanks, »[China's] frühe Einheit war ein Triumph menschlicher Institutionen über geographische Zwänge«. (Fairbank 1987, S. 14) Das Mißverständnis in Europa über China, das fälschlicherweise wie ein – eben nur sehr alter – Nationalstaat angesehen und damit abwechselnd mal als Vorbild, mal als Abschreckung betrachtet wird, haben die Chinesen durch ihre Selbstdarstellung erheblich befördert; und der Westen seinerseits hat durch die imperialistische Expansionspolitik im 19. und frühen 20. Jahrhundert mit dazu beigetragen, daß China das Selbstmißverständnis von sich aus nicht revidierte. So nur ist die Behauptung zu verstehen, bei einer Schwächung der Macht der KPCh träte ein stärkerer Nationalismus an deren Stelle. Vielmehr ist heute schon ein Wettbewerb der Teilregionen im Gange, und der ergebnisoffenen Veränderungsdynamik wird ein breiter Korridor eingeräumt.

Solange aber in der Selbstwahrnehmung der Chinesen, und gerade bei Angehörigen der Elite Chinas, die Vielfältigkeit der Vergangenheit ausgeblendet wird und der Behauptung weichen muß, China besitze eine 5000jährige kontinuierliche Geschichte, wird es China mit einer zukunftsfähigen Neuorientierung schwer haben. Man hält letztlich auch das Einheitsreich für selbstverständlich und versucht dies mit der Glorifizierung der Teilstaaten-Perioden zu verbinden. Doch schon die immer wieder beschworene Alternative: totale Verwestlichung oder kulturelle Eigenständigkeit, ist in Wahrheit nur eine Scheinalternative, die auch etwas damit zu tun hat, daß sich Völker oder Nationen als Subjekte begreifen, so daß sie, wenn sie vom Wandel ihrer Kultur sprechen, zugleich meinen, auch als Subjekte untergehen zu müssen. Dabei verkennen die einzelnen und ganze Gruppen, daß sie vielmehr etwas gewinnen könnten und daß Wandel keinesfalls Untergang, sondern – und das ist viel häufiger der Fall – Verwandlung, Erneuerung, Aufhebung, Wiedergeburt bedeuten könnte.

Die Einheit, welche die letzten Jahrhunderte kennzeichnete, scheint vielen Chinesen wichtiger als die Gewinnung einer wirklich neuen Perspektive. Dabei ziehen sie nicht in Betracht, daß die territoriale Ausdehnung des heutigen China ein Ergebnis der – allerdings schon durch frühere Eroberungen von Norden her vorbereiteten – mandschurischen Fremdherrschaft war; so gesehen müßte gerade denjenigen Chinesen, die an Identität und Fortschritt zugleich interessiert sind, an einer Reduzierung des Territoriums oder zumindest doch an einer stärkeren regionalen Autonomie gelegen sein. Eine solche Vision setzte jedoch ganz andere internationale Vertrauensverhältnisse voraus, als sie derzeit oder in absehbarer Zukunft realistischerweise zu erwarten sind.

Gedanken zu einer Aufsplitterung Chinas, zu einer politischen Organisation als Konföderation, sind gelegentlich geäußert worden. Rüdiger Machetzki faßte einmal die Schwierigkeiten einer Dezentralisierung unter der Überschrift »Die Angst vor dem Föderalismus« zusammen. Er bezeichnete als »einzigen möglichen Ausweg« aus dem Dilemma des wachsenden Abstands im Modernitätsniveau einzelner Regionen einen »politischen, wirtschaftlichen und kulturellen Föderalismus«. (Machetzki 1990, S. 16) Auch Carsten Herrmann-Pillath diskutierte den Regionalismus, unter anderem unter Hinweis auf exilchinesische Debatten, unter der Frage: »Föderalismus: Utopie oder Notwendigkeit?« Er meinte, Chinas Entwicklungsprobleme rührten daher, »daß keine klaren Kompetenzzuweisungen und -abgrenzungen politischer Institutionen auf unterschiedlichen territorialen Ebenen erfolgt« seien (Herrmann-Pillath 1990, S. 30), womit er der im Grunde berechtigten Klage über eine mangelnde Bürokratie das Wort redet.

Da sich mit dem Zusammenbruch des Mandschureiches zunächst kein neues nationales Machtzentrum herausgebildet hatte, muß man für die Zeit seit der Republik-Gründung von einer Zeit der Zersplitterung sprechen. Dies begünstigte jedoch nun nicht die Bildung und das Anwachsen einer bürgerlichen Schicht, die zum Träger einer bürgerlichen Revolution hätte werden können, sondern mit dieser Entwicklung einher ging eine zunehmende Fragmentierung innerhalb der Elite. Schon Mao Zedong (1893-1976) war sich in den zwanziger Jahren des Umstandes bewußt, daß der Sozialismus nicht gleich in ganz China würde verwirklicht werden können. Andererseits versprach er sich von der Befreiung von den imperialistischen Mächten eine Wiederherstellung einer Großmachtrolle Chinas. Daß es dann doch bald zu einem Einheitsreich kam, lag zwar auch an der Politik der Guomindang unter ihrem Generalissimus Tschiang Kai-schek (1887-1975), vor allem doch aber an dem Zusammenbruch Japans und dem Druck von außen, der die inneren Probleme und Widersprüche überlagerte.

Der Umstand, daß sich der heutige chinesische Staat erst gegen äußere Feinde und schließlich auch im unversöhnlichen Kampf zwischen KPCh und anderen Gruppen gebildet hatte, bewirkte eine Abwehrhaltung nach außen und begünstigte nach innen geradezu einen Zwang zur Harmonie. Nicht »wer sind meine Gegner, mit denen ich mich streiten und schließlich womöglich einigen kann«, wurde zur entscheidenden Frage, sondern jene, mit der Mao Zedong im März 1926 seine Schrift *Analyse der Klassen in der chinesischen Gesellschaft* einleitete: »Wer sind unsere Feinde? Wer sind unsere Freunde?« Noch bedeutsamer ist aber die alte Methode, bei der Konfrontation mit einer fremden Kultur diese aufzuspalten in dem Sinne, daß man das Nützliche übernehmen, das Fremde aber fernhalten wolle. Dieses Konzept der Aufspaltung, das mit dem Begriffspaar *ti* und *yong* am allgemeinsten beschrieben wird, hatte um die Wende zum 20. Jahrhundert dazu geführt, daß man westliche Technik übernehmen, aber chinesische Kultur und Wertvorstellungen bewahren wollte. Inzwischen hat man bei der Übernahme der westlichen Technik angeblich keine Angst etwa vor dem Verlust der eigenen kulturellen Identität, sondern will sogar die für chinesische Verhältnisse weiterentwickelte westliche Lehre des Marxismus-Leninismus bewahren.

Die Skepsis gegenüber den Freiheitsrechten des einzelnen, die Mao Zedong unter dem Eindruck des Ungarnaufstandes in seiner Rede *Über die richtige Behandlung der Widersprüche im Volke* deutlich zum Ausdruck brachte, hatte auch Sun Yatsen (1866-1925), der »Vater der Republik«, geteilt, der meinte, nicht Freiheit des einzelnen – davon gebe es in China schon zuviel –, sondern die Freiheit der Nation sei das Ziel der Revolution. Er sagte dazu:

> Einstmals lautete die Parole der Französischen Revolution: Freiheit, Gleichheit, Brüderlichkeit. Die Parole unserer Revolution lautet: Nationalität, Rechte des Volkes, Lebenshaltung des Volkes. ⟨...⟩ Wenn erst der Staat in der Lage ist, in Freiheit zu handeln, dann wird China ein starker Staat werden. Wenn wir das wollen, dann müssen alle von ihrer Freiheit opfern. Wenn die Studenten in der Lage sind, ihre Freiheit zu opfern, dann werden sie sich täglich anstrengen, in der Wissenschaft zu arbeiten. Wenn die Soldaten in der Lage sind, ihre Freiheit zu opfern, dann werden sie den Befehlen gehorchen, in Treue das Vaterland lieben, auf daß der Staat frei sei. ⟨...⟩ Warum wollen wir die Freiheit für den Staat? Weil China von den Mächten unterdrückt wird und seinen Platz als Staat verloren hat. (W. Franke ^{2}1980, S. 182)

Diese Position ist bis heute die Grundlage der politischen Kultur Chinas, was freilich nicht verhindert, daß es immer wieder zu regionalen Spannungen bis hin zu separatistischen Tendenzen kommt.

Die in China seit Jahren geäußerte Devise: »Nach langer Trennung kommt es sicher zu einer Vereinigung« *(fen jiu bi he)* läßt sich, bezogen auf die Volksrepublik China, auch rückwärts lesen: *he jiu bi fen* (»Nach langer Einheit kommt es sicher zu einer Trennung«), und manche waren im Zusammenhang der Protestbewegung 1989 sogar auf ein Auseinanderbrechen des Reiches gefaßt. Doch ob dies überhaupt zukunftsträchtig wäre, kann man angesichts des wachsenden Regelungsbedarfs mit Recht bezweifeln. Vieles hängt allerdings nicht zuletzt davon ab, daß der Dialog zwischen den Gebildeten und vor allem den Bildungshungrigen in China einerseits und den Intellektuellen anderer Länder andererseits in Gang gehalten wird, und das heißt nicht zuletzt, daß jene mit diesen über deren historische Vergangenheit, die für sie als Chinesen doch so wichtig ist, kommunizieren können und daß jene zugleich auch über die Bedingungen ihrer eigenen Lage Rechenschaft abzulegen imstande sind.

Die Möglichkeit, ein Reich unterschiedlicher Ausdehnung umstandslos als mit sich identisch zu kennzeichnen, gründet im Falle Chinas nicht zuletzt in dem Sachverhalt, daß das chinesische Reich und der Anspruch der Herrschaft über ein geeintes Reich nicht durch Rasse, sondern, wie Bodo Wiethoff es einmal formulierte, »administrativ-funktionell«, sekundär *kulturell*, definiert war. (Wiethoff 1971, S. 55) Und jede Herrschaft, die sich auf dem einmal als *chinesisch*, und das heißt vor allem: durch eine Verwaltung nach chinesischem Muster, geprägten Territorium befand, wurde letztlich zu einer chinesischen Dynastie. Auf diese Weise wurden die *Außengrenzen* des Reiches relativ früh festgelegt, auch wenn sich hier im Laufe der Zeit Veränderungen ergaben und die Grenzen immer wieder gegen Angriffe von außen gesichert werden mußten. Von mindestens ebenso großer Bedeutung wie die Außengrenzen ist für die Entwicklung Chinas die *innere Gliederung* des Reichsraumes gewesen. (Wiethoff 1971, S. 59 ff.)

Das Phänomen des Nationalismus in China muß daher vor diesem Hintergrund gesehen werden, denn insofern er sich auf Großchina bezieht, ist er erst eine Folge der Abwehrhaltung gegen die imperialistischen Mächte und als solcher wenig geeignet, zur Triebfeder von Veränderungen zu werden. Dieser Nationalismus ist es nun, der heute China beengt und den es als Prinzip dann doch auch wieder nicht anerkennt, wenn es um nationale Autonomiebestrebungen an seinen Rändern geht.

Die Rolle der Eliten

Diejenige Gruppe nun, die in der Vergangenheit wichtig für die Durchdringung des Reiches mit Elementen einer allgemein verbindlichen Ikonographie war, war die Klasse der Literatenbeamten. Innerhalb dieser Gruppe fand sich das, was im Anschluß an Robert Redfield als »Große Tradition« bezeichnet wird. Demgegenüber waren die Unterschiede zwischen den einzelnen Lokalitäten erheblich. Freilich gab es eine Vermittlung zwischen den beiden Systemen der »Großen« und der »Kleinen Tradition«. Die Schicht der Literatenbeamten bildete eine das ganze Reich überspannende Gemeinschaft, eine Interessengruppe mit bestimmten, ihr gemeinsamen, sie zugleich aber auch untereinander auf Distanz haltenden Eigenschaften und Interessen. Diese Gruppe war auch in erster Linie der Träger des Interesses an einem National*gefühl* wie an der nationalen Einheit überhaupt und hatte einen natürlichen Vorbehalt gegen jede sich auf Heilsgewißheiten berufende soziale Bewegung.

Diese Literatengruppe entzog dem Reich als ganzem ihre Loyalität, wenn es zu Mißwirtschaft kam oder die Zentrale einfach schwach wurde, so daß dann oft die Loyalität wieder der eigenen Region zugewandt wurde. Die Grenzen der Bürokratie bestimmten dabei die Grenzen des Reiches. In diesem Zusammenhang ist darauf hinzuweisen, daß die Rede vom »bürokratischen China« der Kaiserzeit leicht zu dem Mißverständnis führt, China habe eine komplexe Verwaltungsstruktur gehabt. Eine solche Verwaltung mit klaren Kompetenzen ist im Zuge der Modernisierung zur Sicherung von Verfahren und zur Steuerung allerdings unbedingt erforderlich. Bemühungen in diese Richtung sind im Gange. Heute sucht die KPCh durch Bildungs- und Erziehungsinvestitionen nicht nur Fachleute, sondern auch am kulturellen Sinnreservoir beteiligte Eliten heranzubilden, und rekrutiert für die Besetzung von Schlüsselfunktionen das Personal in zunehmend wettbewerbsmäßigen Verfahren.

Pluralismus und seine Grenzen

Daß Religion das Band der Gesellschaft sei, ist alteuropäische Überzeugung. Dies galt in der Frühen Neuzeit, in der die dogmatisch, liturgisch und durch Gesetze verfaßte Kirche dieses Band darstellt, weswegen beispielsweise noch zu Gotthold Ephraim Lessings Zeiten in Hamburg die lutherische Kirche das irdische Wohl und das ewige Heil der Bürger verbürgen konnte. Eine solche Bevormundung hatte es in China seit der Reichseinigung nicht gegeben. Das wurde in Europa früh erkannt, und entsprechend hat das 18. Jahrhundert China als das Land der Vernunftreligion gepriesen. Doch zugleich nahm man die Vielfalt religiöser Formen wahr, und tatsächlich war China immer voller Religion und Frömmigkeit mit tausenderlei Göttern und Kulten. Dies hatte schon Konfuzius irritiert und war immer wieder Stein des Anstoßes gewesen. Und doch lebte China von dieser religiösen Vielfalt und ihrer Kraft. Diese kraftvolle Seite Chinas wurde von den Eliten stets bekämpft oder zumindest gefürchtet, und so ist es nicht verwunderlich, daß von Konfuzius bis Mao Zedong stets ein Bild von China ohne Götter gezeichnet wurde. In Verbindung mit den fortschrittlichen Kräften in China übernahmen im 20. Jahrhundert viele europäische Chinawissenschaftler diese Sichtweise und schrieben die Religiosität fremden Einflüssen zu, wie Wolfram Eberhard, der sich von einer Kulturschichtentheorie leiten ließ und schrieb:

> Wir können ⟨...⟩ vertikal zwei Kulturschichten unterscheiden: die sozial untere Schicht, die in früherer Zeit wenigstens teilweise dem Blute, vielleicht auch der Sprache nach, nichtchinesisch war. Hier gab es eine bunte Götterwelt mit großer Mythologie, kultischen Tänzern, Zauberern, Magiern, mit Animismus und vielleicht auch Totemismus. Über dieser Schicht lagerte nun eine andere, für die Ahnenverehrung und astraler Kult charakteristisch sind. Beide Schichten hatten sich schon zur Zeit der ältesten schriftlichen Aufzeichnungen weitgehend durchdrungen und amalgamiert. (Eberhard 1932, S. 129)

Wahrscheinlich hat es in Wirklichkeit diese Schichtenunterscheidung nie gegeben, sondern die Vielfalt bestand von Anfang an. Wie in der Darstellung deutlich geworden ist, gab es aber Veränderungen und Konflikte auf verschiedenen Ebenen. Und aus dieser Dynamik nur ist die Eigenart Chinas zu erklären und zu verstehen.

Es wird darauf ankommen, wie sehr sich China selbst in diese Tradition stellt und sich nicht auf ein verkürztes Sittlichkeitsverständnis beschränkt, jenseits dessen erst diejenigen Kräfte frei werden, die mit dazu beigetragen haben, daß China jahrhundertelang das fortschrittlichste Land auf der Erde war. Es hatte einen Disput darüber gegeben, ob China eine gelbe oder eine blaue, eine der Steppe zugewandte oder eine auf das Meer ausgerichtete Kultur sei. Solche Alternativen haben immer auch unter dem Diktat der Überlegenheit des Westens gestanden. Die Frage stellt sich daher, ob es eine freiere Entwicklung geben könne, eine eigene, die sich nicht mehr sklavisch an der Herausforderung durch den Westen orientiert. Bis dahin scheint es noch ein längerer Weg zu sein, obwohl sich Ansätze hierzu in einzelnen Feldern bereits andeuten. Im 21. Jahrhundert mag eine neue Zeit anbrechen, die sich zugleich auf alte Traditionen beruft, wie dies bei der Eröffnungsfeier zu den Olympischen Spielen am Abend des 8. August 2008 in Peking im als »Vogelnest« bezeichneten nationalen Olympiastadion deutlich wurde. Papier, Tusche, Pinsel und die Schrift wurden als zentrale Errungenschaften dargestellt, vorgeführt durch das Schreiben von Texten, von elegant-beweglichen Körpern in den Sand geschrieben, Berge und Täler zeichnend: Es folgte die Glorifizierung einer großen und gewiß auch als Ausdruck der gegenwärtigen Öffnungs- und Außenhandelspolitik zu bewertenden Seefahrertradition. Im Kosmos des Stadions wurde eine Welt chinesischen Typs geboren, in der auf die große Zahl der Menschen gesetzt wird und in der zugleich elfengleiche Genien wie schöne Feen durch die Lüfte schweben. Eine Welt erfüllt von sinnenanregender Musik als ordnendem Geschehen, von Gesängen ebenso wie vom Einsatz des Körpers in Kampfsport und reiner Akrobatik. Und zum Abschluß dann unter dem Stadiondach am Himmelsrand der Weg des kraftvoll dem Ort der Flamme zuschwebenden Olympioniken, den Kosmos durchschreitend, wie wir es von den Vorstellungen von den Himmelsreisen seit dreitausend Jahren kennen. Es war ein Durchschreiten des Alls, des Weltraums, wie es einst Daoisten besungen haben, um dort das olympische Feuer, die »heilige Flamme« zu entzünden. Dieser Erhabenheit und Magie kontrastierten die ohne Pathos oder große Geste von dem blassen und geradezu unscheinbaren Hu Jintao als dem Staatsoberhaupt Chinas gesprochenen Worte: »Die Olympischen Spiele sind eröffnet«. Genauso wie bei dieser schlichten Bekräftigung innerweltlichen Gelingens war das Zentrum des Denkens und Fühlens der Mehrheit Chinas zugleich immer eingebettet in den Glauben an eine große Ordnung und das Wissen um förderliche wie schädliche Konstellationen, auf die Einfluß zu nehmen ein Grundanliegen aller Religiosität ist, in die auch in Zukunft die chinesische Welt eingebettet bleiben wird.

Freilich erheben sich immer wieder ganz andere Stimmen, die wie die des François Jullien davon sprechen, daß China zwar erfolgreich, jetzt aber nur dabei sei, sich zu bereichern, und es niemals die Frage nach dem Sinn, nach dem Wozu gestellt habe. Damit spricht Jullien ein Thema an, welches China seit mehr als hundert Jahren in Atem hält, nämlich die Frage, ob es seine Traditionen weiterverfolgen oder sich nicht doch grundlegend wandeln müsse. Während Europa »eine jahrtausendealte Tradition im Streit von Philosophie und Religion herausgebildet« habe, gebe es nichts Vergleichbares in China. Darin sieht Jullien die Besonderheit und Überlegenheit Europas, die zu erkennen ihm die Beschäftigung mit China dient. (Jullien 2008) Eine andere Blickrichtung wählt der erwähnte Jiang Rong, der Autor von *Der Zorn der Wölfe*. China, das ja keine Religion habe, sondern nur seine Überzeugungen, müsse wieder zur Mentalität des Nomadentums zurückkehren, wie in der Tang-Zeit, zur Aufbruchshaltung, weg vom bedingungslosen Gehorsamsgeist der Agrargesellschaft. (Messmer 2008) Gewiß ist China seit längerem im Aufbruch, doch die Sinnressourcen wird es jenseits von Markt und Wettbewerb finden. Inzwischen suchen in verschiedenen Sphären auf unterschiedliche Art einzelne Gruppen ihre religiöse Sinnvergewisserung, und der Staat hofft zugleich, daß diese Dynamik mit zum Kitt für die moderne chinesische Gesellschaft wird. Und man muß es nicht mit spöttischem Unterton begleiten, daß – wie dies Petra Kolonko tut – die Regierung jetzt eingesehen hat, »daß sie die Religionsgemeinschaften auch nutzen kann. Sie könnten sich in der Pflege der Alten, bei der medizinischen Versorgung, der Katastrophenhilfe und der Armutsbekämpfung engagieren.« (Kolonko 2006, S. 5) Angehörige der im Zuge der wirtschaftlichen Öffnung entstehenden Schicht neuer Reicher engagieren sich in besonderem Maße bei religiösen Aktivitäten. Dabei spielt gerade das Christentum eine Rolle, dem sich Unternehmer und Führungskräfte mit besonderer Vorliebe anschließen, so daß auch von »Chef-Christen« *(laoban jidutu)* die Rede ist. Diese suchen ihre Sinnvergewisserung durch religiöses Engagement und dabei insbesondere durch die Ausweisung religiöser Räume durch die Finanzierung von Kirchenbauten. (Cao 2008, S. 67) Dabei bilden Orte wie Wenzhou in Zhejiang, das von manchen wegen der großen Zahl protestantischer Kirchengründungen als »Jerusalem Chinas« bezeichnet wird, sicher Sonderfälle und werden die Ausnahme bleiben, aber die Religionsgeschichte gerade dieser am Ostchinesischen Meer gelegenen Gebiete der Provinz Zhejiang mit den fünf Zentren Hangzhou, Shaoxing, Ningbo, Taizhou und Wenzhou und den reichen buddhistischen Traditionen spricht dafür, daß dort die religiöse Dynamik auch in Zukunft eine prägende Kraft bleiben wird. Für China insgesamt meldet das China-Zentrum in Sankt Augustin, das zuverlässig und regelmäßig »Informationen über Religion und Christentum im chinesischen Raum« verbreitet, über die Katholische Kirche in China:

Katholiken: offiziell 5,3 Millionen – Schätzung etwa 12 bis 14 Millionen
Diözesen 138
Bischöfe 54 Untergrundkirche 34

Priester 1800 Untergrundkirche etwa 1000
Kirchen und Kapellen (offiziell) über 6000
(China heute, Jg. 27 [2008], Nr. 1-2 [155-156], S. 2)

Gerade auch bei den Gebildeten übt das Christentum eine gewisse Faszination aus, einmal wegen des Reichtums theologischer und exegetischer Traditionen, dann aber auch einerseits wegen der Herausforderungen, wie sie in dem Bericht vom gekreuzigten Sohn Gottes enthalten sind, und andererseits wegen der Nähe zu eigenen Traditionen. Denn der Begriff des Glaubens, etwa im 1. Korintherbrief 13,13: »Glaube, Liebe, Hoffnung«, wird mit dem urkonfuzianischen Begriff *xin* (»Vertrauen«) übersetzt und hat eine stark soziale Implikation. So wird unter den Intellektuellen die christliche Botschaft nicht mehr in erster Linie als »ausländische Lehre«, sondern als durchaus anderen Lehren ebenbürtige Glaubensbotschaft verstanden. Damit verknüpft wird ein Modernitäts- und Kulturverständnis, bei dem Stichworte aus dem Denken Kierkegaards, aber auch anderer protestantischer Theologen aufgegriffen werden. (Fällmann 2006)

Die Erfahrungen mit der eigenen wechselvollen Geschichte, insbesondere mit den Demütigungen durch den Westen, einschließlich Rußlands, und mit Japan, mit dem nach seinem Sieg über Rußland im Jahre 1905 nach den Worten des Präsidenten der USA, Theodore Roosevelt, erstmals ein nichtwestliches Land in den Kreis der »zivilisierten Nationen« aufgestiegen sei, lassen in China der Integration des Reiches höchste Priorität zukommen. Und auch angesichts der Entwicklungen in der Sowjetunion und in dem inzwischen in sieben Staaten zerfallenen Jugoslawien geht es in China darum, die Verfassung des eigenen Landes in den Köpfen zu stabilisieren. Denn in Köpfen begannen in Jugoslawien wie anderswo staatliche und gesellschaftliche Auflösungsprozesse, wie der Südosteuropaexperte Holm Sundhaussen feststellte. (Sundhaussen 2008) Und daher geht es in China sowohl um die Eindämmung von ethnischem Nationalismus wie von partikularisierenden Religionsbewegungen. Und daher wird es auch weiterhin gegen gefährliche Kulte staatliche Maßnahmen geben, wie sie bereits im Mittelalter von Gu Huan, Han Yu und vielen anderen gefordert wurden, um Kulte zu verhindern, die die Leichtgläubigkeit der Menschen auszunutzen suchten. Doch liegt es in der Religionskultur Chinas begründet, daß die Weite der religiösen Gestaltungsspielräume nur durch den Staat garantiert wird und ein Rückzug des Staates daher nicht wünschenswert ist. So kann selbst stürmische Glaubensbereitschaft, wie bei dem jetzigen »Christentumsfieber« oder bei etlichen Volkskultvermarktungen oder buddhistischen Sommerlagern, die Aufsichtsbehörden nicht schrekken, weil sie über die Mittel der Begrenzung und Einhegung verfügen. Daher ist mit einer »Konstantinischen Wende«, wie sie der Pressesprecher von »China in Not«, Michael Rugg, im Mai 2008 im Zusammenhang des von Papst Benedikt XVI. ausgerufenen ersten »Weltgebetstags für China« für möglich hielt, nicht zu rechnen. Doch muß angesichts der vielfältigen Veränderungen der Religiosität und der Götter- und Geisterwelten in der Vergangenheit offenbleiben, wohin sich die religiösen Formen in Zukunft entwickeln werden. Es könnte aber sein, daß angesichts der Einsicht der KPCh, daß Religion noch lange ein Teil der modernen Gesellschaft sein wird, und angesichts der Toleranztraditionen Chinas in einem modernen China die Religionsfreiheit als säkulares Recht nicht nur verfassungsmäßig garantiert, sondern auch verwirklicht wird. Der Vielvölkerstaat hat eine lange, intensive Erfahrung mit kultureller Differenz, und er könnte es zu seinem Modernisierungsziel erklären, »mit dem Zuwachs an realer Abhängigkeit vom politisch und kulturell heterogen geprägten anderen« (vgl. Lübbe 2006) leben zu wollen. Auf der Ebene individueller Frömmigkeit wird, wie schon in der Vergangenheit üblich, eine große Variationsbreite möglich sein. Da jedoch die Einübung von Glaubenspraxis lange Zeit vernachlässigt wurde, dürfte ein erheblicher Anteil der Bevölkerung für neue Heilsbotschaften überaus empfänglich sein. Auf der Suche nach Sinnvergewisserung, Geborgenheit und Glück wird den wenigsten ein Morgengebet wie folgendes hinreichen:

Führe mich, o HERR, und leite
Meinen Gang nach Deinem Wort.
Sei und bleibe Du auch heute
Mein Beschützer und mein Hort.
Nirgends als bei Dir allein
Kann ich recht geborgen sein.

Sie werden eine stärkere Glücksgewißheit suchen, die zugleich mit einer sozialen Gewährleistung verknüpft ist. Und vermutlich werden sie geneigt sein, sich der mystischen Selbststärkungspraktiken zu bedienen.

Glückliches China oder Ringen um Harmonie?

Wenn Glück ein Resultat aus objektiven Bedingungen und subjektiver Wahrnehmung ist, wie ist dann Glück in China zu beschreiben? Wohlstand, Reichtum und Gesundheit gehören dazu. Reichtum allein aber hat in China keinen hohen gesellschaftlichen Stellenwert. Die soziale Vermittlung ist mindestens ebenso wichtig. Dies zeigt sich im Verhalten erfolgreicher Firmenchefs, wie sie etwa Frank Sieren in Hongkong schildert. (Sieren 2008, S. 38-56) Wichtig sind Nachkommen, lange Zeit und bis heute noch bevorzugt Söhne, die Möglichkeit der Beschreibung des eigenen Schicksals in einem größeren harmonischen Zusammenhang. Dazu gehören auch Deutungsmuster und die Möglichkeit der eigenen Sinnbestätigung. Dies wurde im Zuge der durch die Partei betriebenen Modernisierung vielen abgesprochen; wo durch die Abwertung traditioneller Deutungssysteme die Sinnstiftungskompetenz beschnitten oder bestritten wurde, war tendenziell der Boden für Glücksgefühle entzogen. Die neue Religiosität ist also auch Ausdruck des Versuchs, diese Verluste zu kompensieren.

Solange die Deutungshorizonte nicht strittig waren, konnten Glücksbedingungen mit einem hohen Maß an Verbindlichkeit formuliert werden. *Xingyun* oder *yunqi* waren angemes-

Schlafender junger Mann zur Mittagszeit an einem kleinen Dickbauchbuddha in Taizhong, Taiwan (1973).

sene Bezeichnungen für Glück im Sinne eines glückhaften Verlaufs. *Chenggong* benannte dann eher den Erfolg, während *xingfu* Glück im Sinne des Wohlstands und des Wohlergehens benennt. *Kuaile* wiederum ist die subjektiv erlebte Freude, so wie sie in vielfältiger Weise auch in der Literatur zum Ausdruck kommt: die Freude der Fische miterleben wie im Gleichnis des Zhuangzi:

> Zhuangzi ging einst mit Huizi spazieren am Ufer eines Flusses. Zhuangzi sprach: »Wie lustig die Forellen aus dem Wasser herausspringen! Das ist die Freude der Fische.« – Huizi sprach: »Ihr seid kein Fisch, wie wollt Ihr da die Freude der Fische kennen?« – Zhuangzi sprach: Ihr seid nicht ich, wie könnt Ihr da wissen, daß ich die Freude der Fische nicht kenne?« – Huizi sprach: »Ich bin nicht Ihr, so kann ich Euch allerdings nicht erkennen. Nun seid Ihr aber sicher kein Fisch, und so ist klar, daß Ihr nicht die Freude der Fische erkennt.« – Zhuangzi sprach: »Bitte laßt uns zum Ausgangspunkt zurückkehren! Ihr habt gesagt: Wie könnt Ihr denn die Freude der Fische erkennen? Dabei wußtet Ihr ganz gut, daß ich sie kenne, und fragtet mich dennoch. Ich erkenne die Freude der Fische aus meiner Freude beim Wandern am Fluß.« (Wilhelm 1951, S. 134)

So fällt einem Glück zu, es ist ein wunschloses Glück. (Möller 2001, S. 77) Andere Formen des Glücks sind damit verwandt, schließen sich an, aber sind doch unterschieden. Während dem daoistischen Glücksbegriff, wie er von Zhuangzi vertreten wird, die buddhistische Welthaltung nahesteht, die nicht erwartet, sondern akzeptiert, was der Fall ist, sind die meisten Glücksbegriffe in die Zukunft gerichtet. So gibt es das Glück, von dem man hoffen kann, daß es einem gewogen ist, welches mit *fu* zum Ausdruck gebracht wird. Dem Begriff der Fortuna entspricht das *xing*, das unerwartete Glück, der Glückszufall. *Qing* ist »der glückliche Ausgang«, aber auch der Glückwunsch. Die Ausdrücke *qi* und *xiang* meinen eine Glückverheißung oder auch ein gutes Omen. Andauernde Beglückung wird mit *le* zum Ausdruck gebracht.

Auch wenn individuellen Gefühlen seit der Neubesinnung

der chinesischen Intellektuellen an der Wende vom 19. zum 20. Jahrhundert eine neue Rolle zukommt, so blieb doch die Bindung an kollektive Erfolge im Vordergrund. Das Ziel war nicht das Glück des einzelnen allein, sondern es wurde stets in Abhängigkeit von seiner sozialen Welt, seiner Familie, seiner Peergroup, von seinem Staat gedacht. Cai Yuanpei, der große Erzieher und Wissenschaftsorganisator, unterschied bei den menschlichen Seelenfunktionen Wissen, Wollen und Gefühle. Eine ästhetische Erziehung *(meiyu)* sollte sich dabei insbesondere der Musik, Malerei und Literatur bedienen. Eines der Ziele war Furchtlosigkeit. Dabei sollte die Kunst auch bewirken, den einzelnen über sich hinauszuführen. Nicht das Ich sollte im Vordergrund stehen, sondern die Leidenschaft für andere, die Aufopferungsbereitschaft, die Verbindung mit anderen Menschen beziehungsweise der Menschheit. Es sollte darum gehen, eine Sache um ihrer selbst willen zu tun. Und in diesem Sinne hat Wolfgang Bauer recht, wenn er vom Glück sagt, daß es ein wenig »von dem Horizont, unter dem der einzelne oder die Gesellschaft die Welt erblickt«, abhängt. (Bauer 1976, S. 173) China kennt nicht so sehr die »Eroberung des Glücks«, wie der Titel eines Buches von Bertrand Russell lautet, sondern orientiert sich eher an dem Satz bei Zhuangzi: »Höchstes Glück ist Abwesenheit des Glücks.« (Wilhelm 1951, S. 136)

Glück war nur ein Gefühl unter vielen und als Partikulargefühl nicht einmal besonders erstrebenswert. Und doch steht immer wieder vor uns der lächelnde, der lachende Chinese, der zum Klischee geworden ist. Ist China also nicht doch glücklich, vielleicht sogar glücklicher als andere Länder und ihre Völker? Oder ist das alles nur Täuschung und bestätigt das alte Vorurteil von der Maske des lächelnden Chinesen, dem nicht zu trauen sei? Wissen wir nicht, daß hinter den rotwangig lachenden glücklichen Chinesen aus den Bildern der Kulturrevolution ein Meer von Elend sich befand? Andererseits entsprach solches Glück noch dem Denken des ansonsten in jener Zeit verfemten Konfuzius, wonach eine Voraussetzung für gutes Leben ist, daß jeder seinen Platz innerhalb der Gemeinschaft kennt. Hierzu dienten dann Rituale, die eben dadurch befriedigend waren, daß sie von geteilten Annahmen ausgingen. Man vollzog ein Ritual so, »als ob« es die Heiligtümer gäbe, auf die sie sich beziehen, zugleich wissend, daß es sie schon lange nicht mehr gibt und vielleicht niemals gegeben hat.

Glück war in der Gesellschaft, zugleich aber auch in der Idylle, in der Einheit des Menschen mit der Natur ebenso wie im gelingenden Austausch mit den Göttern erfahrbar. Es war im Vergessen und in der Überwindung der Grenzen des eigenen Verstandes zu finden, wie es im Chan (Zen) zur Grundhaltung wurde. Dabei ging es auch um das Warten auf den rechten Augenblick – nichts erzwingen zu wollen ist diese oft als »bäuerlich« bezeichnete Haltung:

> Ein Mann aus Song war traurig darüber, daß sein Korn nicht [schnell genug] wachsen wollte, und so zog er es, Sprößling für Sprößling, in die Höhe. Ganz zerschlagen kam er nach Hause und sagte: »Heute bin ich aber müde, ich habe dem Korn beim Wachsen geholfen!« Sein Sohn rannte hinaus aufs Feld, und da sah er, daß alle Sprößlinge verwelkt dalagen. (Mengzi IIA2; Wilhelm 1982, S. 70)

Bei solchen Geschichten schwingt auch ein wenig Hohn über die Unwissenheit, die Tölpelhaftigkeit der »Menschen vom Lande«, des Bauernvolkes mit, was geradezu zum Klischee in den literarischen Kreisen der Städte seit frühester Zeit geworden war. Und doch waren Landwirtschaft und Feldbestellung immer ein Bestandteil der Visionen von einer glücklichen Gesellschaft, und selbst in Paradiesen wurde angebaut und geerntet, und sei es nur das Unsterblichkeitskraut. (Bauer 1976, S. 189) Die Notwendigkeit, Ordnung zu gestalten und für den Lebensunterhalt zu sorgen, fand auch in die Paradiesvorstellungen Eingang, und stets war die Fürsorge, das Mitdenken für die anderen eingeschlossen. Noch die Phantasie des Reformers Kang Youwei in seinen *Vorlesungen über den Himmel* greift diesen Gedanken auf, der seit dem Mittelalter fest mit der Gestalt des die Lebewesen rettenden Bodhisattva verknüpft ist:

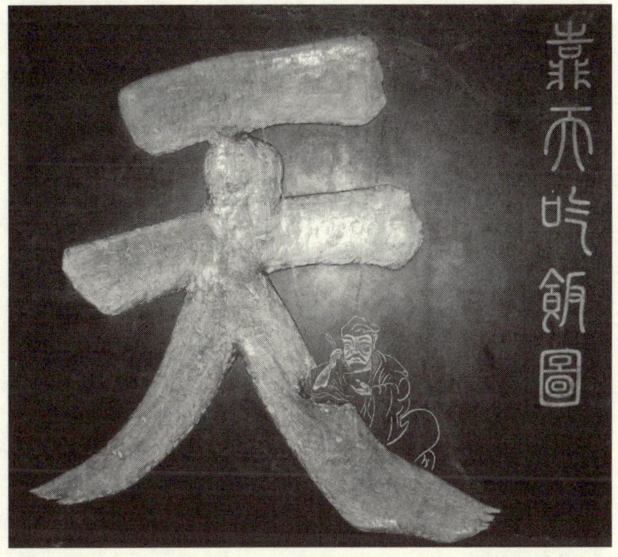

»Auf den Himmel gelehnt seine (tägliche) Schale Reis essen« lautet die Inschrift auf diesem Stein aus dem Jahr 1813 in der »Halle des Gottes des Reichtums«, einem Seitentempel des daoistischen Xuanmiaoguan (»Tempel der Wundersamkeit«) in Suzhou.

> Wieviel Länder der Freude gibt's in den Himmeln, | welches Glück auf den Sternen, deren jeder eine Welt für sich selbst! || Äonen über Äonen hab ich verbracht in den Himmeln, | nach nichts verlangend, gelangweilt von nichts, behaglich in jeder Sekunde. || Doch unruhig ward mein mitleidiges Herz, nicht ließ es sich stillen, || bis ich abermals eintrat in den Kerker der Erde, um die Menschen zu retten. || Absichtlich such ich so Qualen und Sorgen, | unwillens, ein Unsterblicher zu werden in den Himmeln. (Bauer 1976, S. 194)

Solche Hinwendung bezieht sich nicht nur auf den Mitmenschen, sondern auf die Ordnung im ganzen und dabei auch auf die eigene Stellung in der Welt, auch mit Blick auf das Schicksal der Ahnen und der Seelen (Friedrich 1984, S. 107), der körperlosen, aber eben auch auf den Körper und seine Funktionen. Nur so ist die bis heute überall zu beobachtende Selbstkultivierung zu verstehen (Farquhar, Zhang 2005), die Freude an Bewegung und Ausgleich, an den das Leben nährenden Selbstkultivierungspraktiken als Freuden- und Gesundheitsquell.

Nun scheint solche Glücksgewinnung auf Erden, im Hier und Jetzt, der christlich-augusteischen Botschaft zu widersprechen, der zufolge unser Leben Leiden und Elend, Enttäuschung, Jammer und Verzicht ist und Glück etwas fürs Jenseits. Und doch kann gerade aus diesem Wissen eine Sehnsuchtsermutigung resultieren, die ein stilles Wissen um das bessere Morgen ist. Solche Zuversicht kann eine Beglückung in die Gegenwart vermitteln, wie dies viele etwa bei J. S. Bachs Kantate 172 »Erschallet, ihr Lieder, erklinget, ihr Saiten« erleben (Kohler 2007), selbst wenn man diese Kantate noch mit dem Beginn von Heinrich Heines *Ein Wintermärchen* kontrastiert. Auch in der Welt Chinas ist der Weg zum Glück nicht geebnet, zu viele Dämonen verstellen ihn, und an diesem Punkt liegen die Interessen der christlichen Kirchen und des chinesischen Staates seit langem schon nahe beieinander. Die Vielfalt der Götter aber, die heute so gefährdet erscheint, wird sich hoffentlich doch immer wieder durchset-

Titelseite des Life Magazine vom Juli 2008, in dem die Erdbebenkatastrophe vom Mai 2008 in Sichuan dargestellt und unter der Überschrift »Der Himmel steht China bei« von Xu Bing (1955 in Chongqing, Sichuan, geboren) unter der Devise »Der Mensch lernt durch seine Erfahrungen« künstlerisch gestaltet wird. Neben Lifestyle-Berichten und einer Hommage an Yves Saint Laurent werden Bilder der Verwüstung und Fotos von Eltern vor den Trümmerresten von Schulen gezeigt, in denen ihre einzigen Kinder umgekommen sind.

zen, schon allein weil nur so die einzelnen Regionalkulturen zu ihrem Recht kommen und die sozialen Netzwerke entstehen, aus denen China wie schon in der Vergangenheit immer wieder seine Kraft zur Erneuerung bezogen hat. Mit den Göttern und Geistern nämlich ist auch jener Eigensinn verbunden (Shahar, Weller 1996), der alle Vereinheitlichungstendenzen in ihre Schranken weist. Hier ist das Dilemma der Säkularisation angesprochen, das Astrid Reuter in Abwandlung eines vielzitierten Ausspruchs von Ernst-Wolfgang Böckenförde einmal in den Satz faßte:

> Der freiheitliche, säkularisierte Staat lebt von Voraussetzungen – der Selbstverpflichtung zur Religionsfreiheit –, die er selbst nicht garantieren kann. (Reuter 2007, S. 145)

In diesem Dilemma befindet sich die chinesische Staatlichkeit seit Jahrhunderten.

ZEITTAFEL

Hochneolithische Kulturen (etwa 5000-3000 v. Chr.), zum Teil gleichzeitig nebeneinander existierend

Kulturen der Übergangsperiode vom Neolithikum zur Bronzezeit (etwa 3000-1100 v. Chr.), zum Teil gleichzeitig

DYNASTIEN:

Shang

etwa 16.-11. Jh. v. Chr.; traditionell 1766-1122 v. Chr.

Blütezeit der Bronzetechnologie; erste schriftliche Zeugnisse auf Orakelknochen

Zhou

1045 v. Chr. (traditionell 1122 v. Chr.) bis 256 v. Chr.

Inschriften in Bronze und Stein; Himmelskult

Westliche Zhou

1045-771 v. Chr.

Entstehung des *Buchs der Lieder* zwischen 1000 und 600 v. Chr. und des *Buchs der Wandlungen* zwischen 900 und 800 v. Chr.

Östliche Zhou

770-256 v. Chr.

Frühling- und Herbst-(Chunqiu-)Zeit

722-481 v. Chr.

Zeit der »Wandernden Philosophen« (Konfuzius, Laozi), Ausformung der Grundzüge politischen Denkens

Streitende Reiche (Zhanguo-Zeit)

403-221 v. Chr.

Zunehmende Rationalisierung in Verwaltung, Handel und Verkehr

Qin

221-206 v. Chr.

Han

206 v. Chr.-220 n. Chr.

Frühere (Westliche) Han 206 v. Chr.-8 n. Chr.

Xin-Dynastie (Interregnum des Wang Mang) 9-23
Spätere (Östliche) Han 25-220

Sechs Dynastien (Liuchao-Zeit)
220-581

Drei Reiche (Sanguo-Zeit)
220-265

(Westliche) Jin
265-316

Östliche Jin
317-420

Südliche und Nördliche Dynastien (Nanbeichao-Zeit)
420-589 bzw. 386-581

Südliche Dynastien:		Nördliche Dynastien:	
(Liu-) Song	420-479	Nördliche (Tuoba-)Wei	386-534
Südliche Qi	479-502		
Liang	502-557		
Westliche Wei	524-550	Östliche Wei	534-550
Chen	557-589	Nördliche Zhou	557-581
		Nördliche Qi	550-577

Sui
581-618

Tang
618-907

Fünf Dynastien (Wudai-Zeit)
907-960

Spätere Liang	907-923
Spätere Tang	923-936
Spätere Jin	936-946
Spätere Han	947-950
Spätere Zhou	951-959

Song
960-1279

Nördliche Song
960-1126 *Liao (Khitan)* 907/946-1125 Xixia 1032-1227

Südliche Song
1127-1279 *Jin (Dschurdschen)* 1115-1234

Yuan (Mongolen)
1279-1367

Ming
1368-1644

Qing (Mandschu)
1644-1911

Republik China
1912-
(seit 1949 auf Taiwan)
Volksrepublik China
1949-

LITERATURVERZEICHNIS

Sarah Allan, *The Way of Water and the Sprouts of Virtue*, Albany: State University of New York Press 1997.

Ivo Amelung, *Der gelbe Fluß in Shandong (1851-1911)*, Wiesbaden: Harrassowitz 2000.

Stefan (Étienne) Balázs, *Der Philosoph Fan Dschen und sein Traktat gegen den Buddhismus*, in: Sinica 7 (1932), S. 220-234; englisch in: Stefan (Étienne) Balázs, *Chinese Civilization and Bureaucracy*, New Haven: Yale University Press 1964, S. 255-276.

Étienne Balázs, *Political Theory and Administrative Reality in Traditional China*, London: School of Oriental and African Studies 1965.

Geremie R. Barmé, *Shades of Mao. The Posthumous Cult of the Great Leader*, New York: Sharpe 1996.

Geremie R. Barmé, *The Forbidden City*, Cambridge/Massachusetts: Harvard University Press 2008.

Wolfgang Bauer, *China und die Hoffnung auf Glück*, München: Carl Hanser 1971.

Wolfgang Bauer, *Ackerbau im Paradies. Glücksvorstellungen im Alten und im Neuen China*, in: *Was ist Glück? Ein Symposion*, München: dtv 1976, S. 171-204.

Wolfgang Bauer, *The Hermit's Temptation. Aspects of Eremitism in China and the West in the Third and Early Fourth Century A. D.*, in: *Chung-yang yen-chiu yüan Kuo-chi Han-hsüeh hui-i lun-wen chi*, Taipei 1981, S. 73-116.

Wolfgang Bauer, *Das Antlitz Chinas*, München: Hanser 1990.

Wolfgang Bauer, *Gläubigkeit und Rationalität. Über das Verblassen von Göttern und Geistern in der zweiten Hälfte des 1. vorchristlichen Jahrtausends*, in: Roger Goepper (Hg.), *Das alte China. Ausstellungskatalog Villa Hügel*, Essen 1995, S. 147-155 [= 1995 a].

Wolfgang Bauer, *Maos Vision von einer sich wandelnden Welt*, in: Thomas Heberer (Hg.), *Mao Zedong. Der unsterbliche Revolutionär?*, Hamburg: Institut für Asienkunde 1995, S. 89-102 [= 1995 b].

Wolfgang Bauer, *Das Stirnrunzeln des Totenkopfes. Über die Paradoxie des Todes in der frühen chinesischen Philosophie*, in: Constantin von Barloewen, *Der Tod in den Weltkulturen und Weltreligionen*, München: Diederichs 1996, S. 247-281.

Wolfgang Bauer, *Dunkler Raum unter den Dächern – Dimensionen einer gegenwartsfernen Welt im Reich der Mitte*, in: Gaetano Benedetti, Erik Hornung (Hg.), *Die Wahrheit der Träume*, München: Wilhelm Fink 1997, S. 187-225.

Richard Baum, *Burying Mao. Chinese Politics in the Age of Deng Xiaoping*, Princeton: Princeton University Press 1994.

Jason David BeDuhn, *The Manichaean Body. In Discipline and Ritual*, Baltimore und London: The Johns Hopkins University Press 2000.

James A. Benn, *Where Text Meets Flesh. Burning the Body as an ›Apocryphal Practice‹ in Chinese Buddhism*, in: History of Religions 37 (1998), H. 4, S. 295-322.

James A. Benn, *Another Look at the Pseudo-Śūraṃgama sūtra*, in: Harvard Journal of Asiatic Studies 68 (2008), S. 57-89.

Judith A. Berling, *Channels of Connection in Sung Religion. The Case of Pai Yü-ch'an*, in: Patricia Buckley Ebrey, Peter N. Gregory, *Religion and Society in T'ang and Sung China*, Honolulu: University of Hawai'i Press 1993, S. 307-333.

Hans Bielenstein, *Diplomacy and Trade in the Chinese World 589-1276*, Leiden: Brill 2005.

Klaus Birk, *Totale Verwestlichung. Eine chinesische Modernisierungsdebatte der dreißiger Jahre*, Bochum: Brockmeyer 1991.

Raoul Birnbaum, *The Healing Buddha*, Boulder: Shambala 1979.

Raoul Birnbaum, *The Manifestation of a Monastery. Shen-ying's Experiences on Mount Wu-t'ai in T'ang Context*, in: Journal of the American Oriental Society 106 (1986), H. 1, S. 119-137.

Anne Birrell, *Chinese Mythology. An Introduction*, Baltimore und London: The Johns Hopkins University Press 1993.

Anne Birrell, *The Four Flood Myth Traditions of Classical China*, in: T'oung Pao 83 (1997), Fasz. 4-5, S. 213-259.

Werner Bloch, *Interview mit François Jullien*, in: ›Süddeutsche Zeitung‹, Nr. 190, 16./17. 8. 2008, S. 42.

Derk Bodde, *Festivals in Classical China. New Year and Other Annual Observances during the Han Dynasty 206 B. C.-A. D. 220*, Princeton: Princeton University Press 1975.

Stephen R. Bokenkamp, *Time after Time. Taoist Apocalyptic History and the Founding of the T'ang Dynasty*, in: Asia Major, 3rd series, 7 (1994), Teil 1, S. 59-88.

Stephen R. Bokenkamp, *Traces of Transcendence*, Berkeley: University of California Press 1996 [= 1996a].

Stephen R. Bokenkamp, *The Purification Ritual of the Luminous Perfected*, in: Donald S. Lopez, Jr. (Hg.), *Religions of China in Practice*, Princeton 1996, S. 268-277 [= 1996b].

Stephen R. Bokenkamp, *Early Daoist Scriptures*, Berkeley: University of California Press 1997.

Judith M. Boltz, *A Survey of Taoist Literature. Tenth to Seventeenth Centuries*, Berkeley 1978.

Judith M. Boltz, *Not By the Seal of Office Alone. New Weapons in Battles With the Supernatural*, in: Patricia Buckley Ebrey, Peter N. Gregory, *Religion and Society in T'ang and Sung China*, Honolulu: University of Hawai'i Press 1993, S. 241-305.

Thomas Borchert, *Worry for the Dai Nation. Sipsongpannā, Chinese Modernity, and the Problems of Buddhist Modernism*, in: The Journal of Asian Studies 67 (Februar 2008), H. 1, S. 107-142.

Cynthia J. Brokaw, *Yuan Huang (1533-1606) and the Ledgers of Merit and Demerit*, in: Harvard Journal of Asiatic Studies 47 (1987), H. 1, S. 137-195.

Cynthia J. Brokaw, *The Ledgers of Merit and Demerit. Social Change and Moral Order in Late Imperial China*, Princeton: Princeton University Press 1991.

Timothy Brook, *Praying for Power. Buddhism and the Formation of Gentry Society in Late-Ming China*, Cambridge/Massachusetts: Harvard University Press 1993.

E. Bruce Brooks, A. Takeo Brooks, *The Original Analects. Sayings of Confucius and His Successors*, New York: Columbia University Press 1998.

Miranda Brown, *The Politics of Mourning in Early China*, Albany: State University of New York Press 2007.

Heinrich Busch, *The Tung-lin Academy and Its Political and Philosophical Significance*, in: Monumenta Serica 14 (1949-1955), S. 1-163.

Susan Bush, Hsio-yen Shih (Hg.), *Early Chinese Texts on Painting*, Cambridge/Massachusetts: Harvard University Press 1985.

Robert E. Buswell, Jr. (Hg.), *Chinese Buddhist Apocrypha*, Honolulu: University of Hawai'i Press 1990.

Caroline Walker Bynum, *Holy Feast and Holy Fast. The Religious Significance of Food to Medieval Women*, Berkeley: University of California Press 1987.

Robert Ford Campany, *To Live as Long as Heaven and Earth. A Translation and Study of Ge Hong's Traditions of Divine Transcendents*, Berkeley: University of California Press 2002.

Arnulf Camps, OFM, *Das Christentum aus chinesischem und japanischem Blickwinkel während der »Jesuitischen Epoche« der Missionsgeschichte Asiens (1549-1773)*, in: Johannes Meier (Hg.), *»... usque ad ultimum terrae. Die Jesuiten und die transkontinentale Ausbreitung des Christen-*

tums 1540-1773, Göttingen: Vandenhoeck & Ruprecht 2000, S. 121-136.

Nanlai Cao, *Christian Entrepreneurs and the Post-Mao State. An Ethnographic Account of Church-State Relations in China's Economic Transition*, in: Sociology of Religion 68 (2007), H. 1, S. 45-66.

Nanlai Cao, *Boss Christians. The Business of Religion in the »Wenzhou Model« of Christian Revival*, in: The China Journal 59 (Januar 2008), S. 63-87.

Michael Carrithers, *Der Buddha*, Stuttgart: Reclam 1996.

Mary Anne Cartelli, *On a Five-Colored Cloud. The Songs of Mount Wutai*, in: Journal of the American Oriental Society 124 (2004), H. 4, S. 735-757.

Mary Anne Cartelli, *The Gold-Colored World. »Eulogy on the Holy Regions of Mount Wutai«*, in: T'ang Studies 23-24 (2005-2006), S. 1-45.

Thomas Francis Carter, *Das Diamant-Sūtra – der älteste datierte Druck der Welt*, in: Philobiblon 38 (1994), S. 1-15.

Ursula-Angelika Cedzich, *Wu-T'ung. Zur bewegten Geschichte eines Kultes*, in: Gert Naundorf, Karl Heinz Pohl, Karl-Heinz Schmidt (Hg.), *Religion und Philosophie in Ostasien*, Würzburg: Königshausen und Neumann 1985, S. 33-60.

Hok-lam Chan, *Legitimation in Imperial China. Discussions under the Jurchen-Chin Dynasty (1115-1234)*, Seattle und London: University of Washington Press 1984.

Gordon G. Chang, *The Coming Collapse of China*, New York: Random House 2001.

Kwang-chih Chang, *The Chinese Creation Myths. A Study in Method*, in: Bulletin of the Institute of Ethnology, Academia Sinica 8 (Herbst 1959), S. 47-79.

Edouard Chavannes, *Le Tai chan. Essai de monographie d'un culte chinois*, Paris 1910.

Jonathan Chaves, *The Expression of Self in the Kung-an School. Non-Romantic Individualism*, in: Robert E. Hegel, R. C. Hessney (Hg.), *Expressions of Self in Chinese Literature*, New York: Columbia University Press 1985, S. 123-150.

Ning Chen, *The Genesis of the Concept of Blind Fate in Ancient China*, in: Journal of Chinese Religions 25 (Fall 1997), S. 141-167.

Kenneth Ch'en, *Some factors responsible for anti-Buddhist persecution under the Pei-ch'ao*, in: Harvard Journal of Asiatic Studies 17 (1954), S. 261-273.

Carlo M. Cipolla, *Die Odyssee des spanischen Silbers. Conquistadores, Piraten, Kaufleute*, Berlin: Wagenbach 1998.

Alvin P. Cohen, *A New Deity in the People's Republic of China. Mao Zedong*, in: Journal of Chinese Religions 21 (1993), S. 129f.

Myron L. Cohen, *Cultural and political Inventions in Modern China. The Case of the Chinese »Peasant«*, in: Daedalus 122 (1993), H. 2, S. 151-170.

Paul A. Cohen, *China and Christianity. The Missionary Movement and the Growth of Chinese Antiforeignism 1860-1870*, Cambridge/Massachusetts: Harvard University Press 1963.

Claudia von Collani, *P. Joachim Bouvet, S.J. Sein Leben und sein Werk*, Nettetal: Steyler Verlag 1985.

Philippe Couplet, S.J., *Confucius Sinarum Philosophus, sive scientia sinensis latine exposita*, Paris: Daniel Horthemels 1687.

Herrlee Glessner Creel, *Was Confucius Agnostic?*, in: T'oung Pao 29 (1932), S. 55-99.

James Irving Crump, *Chan-kuo Ts'e*, San Francisco: Chinese Materials Center [2]1979.

Mark Csikszentmihalyi, Michael Nylan, *Constructing Lineages and Inventing Traditions through Exemplary Figures in Early China*, in: T'oung Pao 83 (2003), S. 59-99.

Sabine Dabringhaus, *Grundkurs Neuzeitliches Asien. Kurseinheit 4: Zentralasien zwischen den Imperien: Am Beispiel von Tibet und der Mongolei (18.-20. Jahrhundert)*, Hagen: Fernuniversität 1992.

Daozang (Taotsang) des Klosters Baiyunguan, Peking, Nachdruck Shanghai 1924-1926; Taipei 1962.

John W. Dardess, *Confucianism and Autocracy. Professional Elites in the Founding of the Ming Dynasty*, Berkeley: University of California Press 1983.

Adrian Davis, *Fraternity and Fratricide in Late Imperial China*, in: American Historical Review 105 (Dezember 2000), H. 5, S. 1630-1640.

Barbara Davis, *The Taijiquan Classics. An Annotated Translation*, Berkeley: North Atlantic Press 2003.

Kenneth Dean, *Taoist Ritual and Popular Cults of Southeast China*, Princeton: Princeton University Press 1993.

Günther Debon, *Lao-Tse. Tao-Tê-King. Das Heilige Buch vom Weg und von der Tugend*, Stuttgart: Reclam 1979.

Max Deeg (Übersetzer), *Das Lotos-Sutra*, Darmstadt: Wissenschaftliche Buchgesellschaft 2007.

Walter Demel, *Als Fremde in China. Das Reich der Mitte im Spiegel frühneuzeitlicher europäischer Reiseberichte*, München: Oldenbourg 1992.

Paul Demiéville, *Poèmes Chinois d'avant la mort.* Édités par Jean-Pierre Diény, Paris: L'Asiathèque 1984.

Gunter Diesinger, *Vom General zum Gott. Kuan Yü (gest. 220 n. Chr.) und seine »posthume Karriere«*, Frankfurt/Main: Haag und Herchen 1984.

Peter Ditmanson, *Venerating the Martyrs of the 1402 Usurpation. History and Memory in the Mid and Late Ming Dynasty*, in: T'oung Pao 93 (2007), S. 110-158.

Edith Dittrich, *Frühe Bildnisse von dressierten Tieren und Dompteuren im alten China (2. Hälfte des 1. Jahrtausends v. Chr.)*, in: Deutsche Gesellschaft für Ostasiatische Kunst. Mitteilungen 18 (Januar 1997), S. 3-11.

Glen Dudbridge, *Yü-ch'ih Chiung at An-yang. An Eighth-Century Cult and Its Myths*, in: Asia Major, 3. Serie 3 (1990), S. 27-49.

Ruth W. Dunnell, *The Great State of White and High. Buddhism and State-Formation in Eleventh-Century Xia*, Honolulu: University of Hawai'i Press 1996.

Wolf [Wolfram] Eberhard, *Sternkunde und Weltbild im Alten China*, in: Die Sterne 12 (1932), H. 6, S. 129-138.

Wolfram Eberhard, *Guilt and Sin in Traditional China*, Berkeley: University of California Press 1967.

Silvia Freiin Ebner von Eschenbach, *Tierische Heroen und heroische Tiere in der chinesischen Kultur*, in: Georges-Bloch-Jahrbuch des kunstgeschichtlichen Seminars der Universität Zürich 2 (1995), S. 127-144.

Patricia Buckley Ebrey, *The Response of the Sung State to Popular Funeral Practices*, in: Patricia Buckley Ebrey, Peter N. Gregory, *Religion and Society in T'ang and Sung China*, Honolulu: University of Hawai'i Press 1993, S. 209-239.

Patricia Buckley Ebrey, Peter N. Gregory, *Religion and Society in T'ang and Sung China*, Honolulu: University of Hawai'i Press 1993.

Marion Eggert, *Vom Sinn des Reisens. Chinesische Reiseschriften vom 16. bis zum frühen 19. Jahrhundert*, Wiesbaden: Harrassowitz 2004.

Werner Eichhorn, *China. Gestern, Heute, Morgen*, Leipzig: Hesse & Becker 1929.

Werner Eichhorn, *Materialien zum Auftreten iranischer Kulte in China*, in: Die Welt des Orients 2 (1959), S. 531-541.

Werner Eichhorn, *Die Religionen Chinas*, Stuttgart: Kohlhammer 1973.

Werner Eichhorn, *Die alte chinesische Religion und das Staatskultwesen*, Leiden: Brill 1976.

Shmuel Eisenstadt (Hg.), *Kulturen der Achsenzeit*, 2 Bde., Frankfurt/Main: Suhrkamp 1987.

Benjamin A. Elman, *From Philosophy to Philology. Intellectual and Social Aspects of Change in Late Imperial China*, Cambridge/Massachusetts: Harvard University Press 1984.

Benjamin A. Elman, *The Formation of ›Dao Learning‹ as Imperial Ideology During the Early Ming Dynasty*, in: Theodore Huters, R. Bin Wong, Pauline Yu (Hg.), *Culture and State in Chinese History. Conventions, Accommodations, and Critique*, Stanford/California: Stanford University Press 1997, S. 58-82.

Peter M. Engelfriet, *Euclid in China. The Genesis of the First Chinese Translation of Euclid's Elements, Books I-VI and Its Reception up to 1723*, Leiden: Brill 1998.

Ute Engelhardt, *Die klassische Tradition der Qi-Übungen (Qigong)*, Stuttgart: Steiner 1987.

Eduard Erkes, *Das »Zurückrufen der Seele« (Chao-Hun) des Sung Yüh. Text. Übersetzung und Erläuterungen*, Diss. phil. Leipzig 1914.

Eduard Erkes, *Spuren einer kosmogonischen Mythe bei Lao-tse*, in: Artibus Asiae 8 (1940), H. 1, S. 16-35.

Thomas Ertl, *Mediävistik und Chinahistorie. Vom Nutzen der chinesischen Geschichte für die Deutung des europäischen Mittelalters*, in: Zeitschrift für Weltgeschichte 7 (Herbst 2006), H. 2, S. 9-34.

Hans van Ess, *Politik und Gelehrsamkeit in der Zeit der Han (202 v. Chr.-220 n. Chr.). Die Alttext/Neutext-Kontroverse*, Wiesbaden: Harrassowitz 1993.

Hans van Ess, *Der Konfuzianismus*. München: C. H. Beck 2003.

Fredrik Fällman, *Faith, Hope, Love and Modernity. Reflections on »Cultural Christians« in Contemporary China*, in: Monumenta Serica 54 (2006), S. 405-415.

John King Fairbank, *The reunification of China*, in: *Cambridge History of China*, Bd. 14, Cambridge: Cambridge University Press 1987, S. 1-47.

Lothar von Falkenhausen, *Chinese Society in the Age of Confucius (1000-250 BC). The Archaeological Evidence*, Los Angeles: University of California Press 2006.

David M. Farquhar, *Emperor as Boddhisattva in the Governance of the Ch'ing Empire*, in: Harvard Journal of Asiatic Studies 38 (1978), S. 5-34.

Judith Farquhar, Qicheng Zhang, *Biopolitical Beijing. Pleasure, Sovereignty, and Self-Cultivation in China's Capital*, in: Cultural Anthropology 20 (2000), H. 3, S. 303-327.

Bernard Faure, *The Will to Orthodoxy. A Critical Genealogy of Northern Chan Buddhism*. Translated by Phyllis Brooks, Stanford/California: Stanford University Press 1997.

Käte Finsterbusch, *Zur Ikonographie der Östlichen Han-Zeit. Chao Hun, Pforte zum Jenseits, Symbole für Langlebigkeit und Unsterblichkeit*, in: Monumenta Serica 54 (2006), S. 47-74.

Gareth Fisher, *The Spiritual Land Rush. Merit and Morality in New Chinese Buddhist Temple Construction*, in: The Journal of Asian Studies 67 (Februar 2008), H. 1, S. 143-170.

Marie Theres Fögen, *Die Enteignung der Wahrsager. Studien zum kaiserlichen Wissensmonopol in der Spätantike*, stw 1316, Frankfurt/Main: Suhrkamp 1997.

Herbert Franke, *Europa und Matteo Ricci in den Augen eines chinesischen Zeitgenossen*, in: *China. Kultur, Politik und Wirtschaft. Festschrift für Alfred Hoffmann*, hg. v. Hans Link u. a., Tübingen: Erdmann 1976, S. 123-129.

Herbert Franke, *From Tribal Chieftain to Universal Emperor and God. The Legitimation of the Yüan Dynasty*, Sitzungsberichte der Bayerischen Akademie der Wissenschaften. Philosophisch-Historische Klasse, Jahrgang 1978, Heft 2, München: C. H. Beck 1978.

Herbert Franke, *Heilige Kühe und Fuchsdämonen. Zur Rolle des Tieres in den asiatischen Kulturen*, in: Tierärztliche Hochschule Hannover (Hg.), *Studium Generale. Vorträge zum Thema Mensch und Tier*, Hannover 1986, Bd. 3-4, S. 115-137.

Wolfgang Franke, *Das Jahrhundert der chinesischen Revolution*, München: Oldenbourg ²1980 (zuerst 1958).

Wolfgang Franke, *China und das Abendland*, Göttingen: Vandenhoeck & Ruprecht 1962.

Michael Friedrich, *Hsüan-hsüeh. Studien zur spekulativen Richtung in der Geistesgeschichte der Wei-Chin-Zeit (3.-4. Jahrhundert)*, Diss. phil. München 1984.

Daniel K. Gardner, *Learning to be a Sage. Selections from the Conversations of Master Chu*, Berkeley: University of California Press 1990.

Daniel K. Gardner, *Ghosts and Spirits in the Sung Neo-Confucian World. Chu Hsi on Kui-Shen*, in: Journal of the American Oriental Society 115 (1995), H. 4, S. 598-611.

Piper Rae Gaubatz, *Beyond the Great Wall. Urban Form and Transformation on the Chinese Frontiers*, Stanford/California: Stanford University Press 1996.

Joachim Gentz, *Die religiöse Lage in Ostasien*, in: Hans Joas, Klaus Wiegandt (Hg.), *Säkularisierung und die Weltreligionen*, Frankfurt/Main: Fischer Taschenbuch Verlag 2007, S. 376-434.

Geschichten von denen, die keine Gespenster fürchten. Mit einem Vorwort von Ho Jifang [1912-1977], Beijing ²1980 (zuerst 1961).

Maris Gillette, *Violence, the State, and a Chinese Muslim Ritual Remembrance*, in: Journal of Asian Studies 67 (August 2008), H. 3, S. 1011-1037.

Robert M. Gimello, *Chang Shang-ying on Wu-t'ai Shan*, in: Susan Naquin, Chün-fang Yü (Hg.), *Pilgrims and Sacred Sites in China*, Berkeley: University of California Press 1992, S. 89-149.

Burkhard Gladigow, *»Tiefe der Seele« und »inner space«. Zur Geschichte eines Topos von Heraklit bis zur Science Fiction*, in: Jan Assmann, Theo Sundermeier (Hg.), *Studien zum Verstehen fremder Religionen*, Band 6: *Die Erfindung des inneren Menschen*, Gütersloh: Gütersloher Verlagshaus 1993, S. 114-132.

Richard van Glahn, *Fountain of Fortune. Money and Monetary Policy in China, 1000-1700*, Berkeley: University of California Press 1996.

Richard van Glahn, *The Sinister Way. The Divine and the Demonic in Chinese Religious Culture*, Berkeley: University of California Press 2004.

David S. G. Goodman, *Beijing Street Voices. The Poetry and Politics of China's Democracy Movement*, London: Marion Boyars 1981.

Friedrich-Wilhelm Graf, *Die Wiederkehr der Götter. Religion in der Modernen Kultur*, München: C. H. Beck 2004.

Peter N. Gregory, *Tsung-mi and the Sinification of Buddhism*, Princeton: Princeton University Press 1991.

Peter N. Gregory, Daniel A. Getz, Jr. (Hg.), *Buddhism in the Sung*, Studies in East Asian Buddhism 13, Honolulu: University of Hawai'i Press 1999.

Tilemann Grimm, *Mao Tse-tung in Selbstzeugnissen und Bilddokumenten*, Reinbek: Rowohlt 1968.

Jan Jacob Maria de Groot, *Sectarianism and Religious Persecution in China. A Page in the History of Religions*, 2 Bde., Amsterdam: Johannes Müller 1903.

Jan Jacob Maria de Groot, *Universismus. Die Grundlage der Religion und Ethik, des Staatswesens und der Wissenschaften Chinas*, Berlin: Georg Reimer 1918.

Gertrud Güntsch, *Ko Hung. Das Shen-hsien chuan und das Erscheinungsbild eines Hsien*, Frankfurt/Main: Lang 1988.

Marcus Günzel, *Die Morgen- und Abendliturgie der chinesischen Buddhisten*, Veröffentlichungen des Seminars für Indologie und Buddhismuskunde der Universität Göttingen 6, Göttingen: Seminar für Indologie und Buddhismuskunde 1994.

Marcus Günzel, *Die Taiwan-Erfahrung des chinesischen Sangha. Zur Entwicklung des buddhistischen Mönchs- und Nonnenordens in der Republik China nach 1949*, Veröffentlichungen des Seminars für Indologie und Buddhismuskunde der Universität Göttingen 7, Göttingen: Seminar für Indologie und Buddhismuskunde 1998.

Erich Haenisch, *Untersuchungen über zwei Sprüche des Konfuzius*, in: Asia Major 2 (1925), S. 379-407.

Han Feizi jishi, Shanghai: Renmin cbs 1974.

Valerie Hansen, *Changing Gods in Medieval China, 1127-1276*, Princeton: Princeton University Press 1990.

Valerie Hansen, *Gods on Walls. A Case of Indian Influence on Chinese Lay Religion?*, in: Patricia Buckley Ebrey, Peter N. Gregory, *Religion and Society in T'ang and Sung China*, Honolulu: University of Hawai'i Press 1993, S. 75-113.

Valerie Hansen, *Negotiating Daily Life in Traditional China. How Ordinary People Used Contracts 600-1400*, New Haven und London: Yale University Press 1995.

Valerie Hansen, *The Open Empire. A History of China to 1600*, New York: Norton 2000.

Donald Harper, *A Chinese Demonography of the Third Century B. C.*, in: Harvard Journal of Asiatic Studies 45 (1985), S. 459-498.

Donald Harper, *The Sexual Arts of Ancient China as Described in a Manuscript of the Second Century BCE*, in: Harvard Journal of Asiatic Studies 47 (1987), H. 2, S. 539-593.

Jonathan Hay, *An Interview with Zhang Hongtu*, in: Jonathan Hay (Hg.), *Boundaries in China*, London: Reaktion Books 1994, S. 280-298.

Carl Hentze, *Das Haus als Weltort der Seele. Ein Beitrag zur Seelensymbolik in China, Grossasien, Altamerika*, Stuttgart: Klett 1961.

Carsten Herrmann-Pillath, *China – Kultur und Wirtschaftsordnung. Eine system- und evolutionstheoretische Untersuchung*, Stuttgart: Fischer 1990 [= 1990a].

Carsten Herrmann-Pillath, *Struktur und Prozeß in der chinesischen Wirtschaftspolitik, oder: Warum China doch anders ist*, in: Aus Politik und Zeitgeschichte B 48/90 (23. 11. 1990), S. 18-30 [= 1990b].

Carsten Herrmann-Pillath, *Zur Diskussion gestellt. Welche Konsequenzen hat Chinas wachsender Einfluss auf die Weltwirtschaft?*, in: ifo Schnelldienst 60 (2007), H. 13, S. 12-16.

Philipp Hetmanczyk, *Ideologiewandel in der chinesischen Religionspolitik. Überwindung einer Legitimitätskrise?*, in: China aktuell 2007, H. 3, S. 77-94.

Jerome Heyndrickx (Hg.), *Philippe Couplet, S. J. The Man who Brought China to Europe*, Nettetal: Steyler Verlag 1990.

Michael Hochgeschwender, *Amerikanische Religion – Evangelikalismus, Pfingstlertum und Fundamentalismus*, Frankfurt/Main: Verlag der Weltreligionen 2007.

Thomas O. Höllmann, *Die Seidenstrasse*, München: C. H. Beck 2004.

Rainer Hoffmann, *Hu Qiuhua, Neokonfuzianer und Sinobuddhisten. Drei Studien zur Entstehung der Lixue-Philosophie in der späten Tang-Dynastie*, Freiburger Beiträge zu Entwicklung und Politik 23, Freiburg/Breisgau: Arnold-Bergstraesser-Institut 1997.

Rolf Homann, *Die wichtigsten Körpergottheiten im Huang-t'ing ching*, Göppingen 1971.

Peter Hopkirk, *Foreign Devils on the Silk Road. The Search for the Lost Cities and Treasures of Chinese Central Asia*, Amherst: University of Massachusetts Press 1980.

Ching-lang Hou, *Monnaies d'offrande et la notion de trésorerie dans la religion chinoise*, Paris: Collège de France, Institut des Hautes Études Chinoises 1975.

Leon Hurvitz, *Wei Shou. Treatise on Buddhism and Taoism*, Kyoto 1956.

Robert Hymes, *Way and Byway. Taoism, Local Religion, and Models of Divinity in Sung and Modern China*, Berkeley 2002.

Karl Jaspers, *Vom Ursprung und Ziel der Geschichte*, München: Piper 1949.

Lionel M. Jensen, *Manufacturing Confucianism. Chinese Traditions & Universal Civilization*, Durham: Duke University Press 1997.

David Johnson, *The City-God Cults of T'ang and Sung China*, in: Harvard Journal of Asiatic Studies 45 (1985), S. 363-457.

François Jullien, *Sein Leben nähren. Abseits vom Glück*, Berlin: Merve 2006.

François Jullien, *Interview*, in: ›Süddeutsche Zeitung‹, Nr. 190, 16./17. 8. 2008, S. 42.

Yu-wie K'ang, *Ta T'ung Shu. Das Buch von der Großen Gemeinschaft*. Aus dem Englischen übersetzt von Horst Kube, Düsseldorf: Diederichs 1974.

Bernhard Karlgren, *The Book of Documents*, Stockholm: Museum of Far Eastern Antiquities 1950.

Andrea Keller, *Kosmos und Kulturordnung in der frühen chinesischen Mythologie*, in: Roger Goepper (Hg.), *Das alte China. Ausstellungskatalog Villa Hügel*, Essen 1995, S. 136-146.

John Kieschnick, *The Eminent Monk. Buddhist Ideals in Medieval Chinese Hagiography*, Studies in East Asian Budhism 10, Honolulu: University of Hawai'i Press 1997.

John Kieschnick, *The Impact of Buddhism on Chinese Material Culture*, Princeton: Princeton University Press 2003.

Hodong Kim, *Holy War in China. The Muslim Rebellion and State in Chinese Central Asia, 1864-1877*, Stanford/California: Stanford University Press 2004.

Terry F. Kleeman, *The Expansion of the Wen-ch'ang Cult*, in: Patricia Buckley Ebrey, Peter N. Gregory, *Religion and Society in T'ang and Sung China*, Honolulu: University of Hawai'i Press 1993, S. 45-73.

Terry F. Kleeman, *The Lives and Teachings of the Divine Lord of Zitong*, in: Donald S. Lopez, Jr., *Religions of China in Practice*, Princeton 1996, S. 64-71.

Terry F. Kleeman, *Great Perfection. Religion and Ethnicity in a Chinese Millennial Kingdom*, Honolulu: University of Hawai'i Press 1998.

Elfriede R. Knauer, *The Queen Mother of the West. A Study of the Influence of Western Prototypes on the Iconography of the Taoist Deity*, in: Victor H. Mair (Hg.), *Contact and Exchange in the Ancient World*, Honolulu 2006, S. 62-115.

John Knoblock, Jeffrey Riegel, *The Annals of Lü Buwei*, Stanford/California: Stanford University Press 2000.

Hermann Köster, *Hsün-tzu. Ins Deutsche übertragen*, Kaldenkirchen 1967.

Khee Heong Koh, *Enshrining the First Ming Confucian*, in: Harvard Journal of Asiatic Studies 67 (2007), H. 2, S. 327-374.

Georg Kohler, *Die Gotteswerbung. Johann Sebastian Bachs Kantate »Erschallet, ihr Lieder, erklinget, ihr Saiten« und die Frage nach dem Glück*, in: ›Neue Zürcher Zeitung‹, Nr. 302, 29./30. 12. 2007, S. 29.

Livia Kohn, *Taoist Meditation and Longevity Techniques*, Ann Arbor: University of Michigan 1989.

Livia Kohn, *Eternal Life in Taoist Mysticism*, in: Journal of the American Oriental Society 110 (1990), H. 4, S. 622-640.

Livia Kohn, *Laughing at the Tao. Debates among Buddhists and Taoists in Medieval China*, Princeton: Princeton University Press 1995.

Matthew Kohrman, *Depoliticizing Tobacco's Exceptionality. Male Sociality, Death and Memory-Making among Chinese Cigarette Smokers*, in: The China Journal 58 (2007), S. 87-109.

Petra Kolonko, *Pekinger Anleitungen zur »Harmonie«*, in: ›Frankfurter Allgemeine Zeitung‹, 25. 7. 2006, S. 5.

Reinhart Koselleck, *Begriffsgeschichten. Studien zur Semantik und Pragmatik der politischen und sozialen Sprache*, Frankfurt/Main: Suhrkamp 2006.

Wolfgang Kubin, *Der durchsichtige Berg. Die Entwicklung in der Naturanschauung in der chinesischen Literatur*, Wiesbaden: Steiner 1985.

Hans Küng, *Eine Zukunft für Religion in China? Einsichten und Anregungen nach einem Pekinger Symposium*, in: ›Süddeutsche Zeitung‹, Nr. 34, 9./10. 2. 1980, S. 150.

Philip A. Kuhn, *Soulstealers. The Chinese Sorcery Scare of 1768*, Cambridge/Massachusetts: Harvard University Press 1990.

John Lagerwey, Marc Kalinowski, *Early Chinese Religion*, Part One: *Shang through Han (1250 BC-220 AD)*, Leiden: Brill 2008.

Etienne Lamotte, *Mahāyāna-Buddhismus*, in: Heinz Bechert, Richard Gombrich (Hg.), *Die Welt des Buddhismus*, München: C. H. Beck 1984, S. 90-93.

Lothar Ledderose, *Die Gedenkhalle für Mao Zedong. Ein Beispiel von Gedächtnisarchitektur*, in: Jan Assmann, Tonio Hölscher (Hg.), *Kultur und Gedächtnis*, Frankfurt/Main: Suhrkamp 1988, S. 311-339.

Lothar Ledderose, *Ten Thousand Things. Module and Mass Production in Chinese Art*, Princeton: Princeton University Press 2000.

Rennselaer W. Lee III, *General aspects of Chinese communist religious policy, with Soviet comparisons*, in: The China Quarterly 19 (1964), S. 161-173.

James Legge, *The Chinese Classics*, Bd. 5: *The Tso chuan*, London 1893.

Gottfried Wilhelm Leibniz, *Zwei Briefe über das binäre Zahlensystem und die chinesische Philosophie*, hg. v. Renate Loosen und Franz Vonessen, Stuttgart: Belser Presse 1968 [= 1714/1968].

Gottfried Wilhelm Leibniz, *Discours sur la theologie naturelle des Chinois* (1716), hg. v. Wenchao Li und Hans Poser, Frankfurt/Main: Klostermann 2002 [= 1716/2002].

Gottfried Wilhelm Leibniz, *Die philosophischen Schriften*, hg. v. Carl Immanuel Gerhardt, 7 Bände, Berlin: Weidmann 1875-1890.

Donald Daniel Leslie, *Persian Temples in T'ang China*, in: Monumenta Serica 35 (1981-1983), S. 275-303.

Donald Daniel Leslie, *Islam in Traditional China. A Short History to 1800*, Canberra: Canberra College of Advanced Education 1986.

Donald Daniel Leslie, *Jews and Judaism in Traditional China. A Bibliographic Guide*, Nettetal: Steyler Verlag 2006 [= 2006a].

Donald Daniel Leslie, Yang Daye, Ahmed Youssef, *Islam in Traditional China. A Bibliographic Guide*, Nettetal: Steyler Verlag 2006 [= 2006b].

Gotthold Ephraim Lessing, *Die Erziehung des Menschengeschlechts* [1780], in: G. E. Lessing, *Werke und Briefe*, Bd. 10, Frankfurt am Main: Deutscher Klassiker Verlag 2001, S. 73-99.

Mechthild Leutner, *Geburt, Heirat und Tod in Peking. Volkskultur und Elitekultur vom 19. Jahrhundert bis zur Gegenwart*, Berlin: Reimer 1989.

Mark Edward Lewis, *Sanctioned Violence in Early China*, Albany: State University of New York Press 1990.

Mark Edward Lewis, *Writing and Authority in Early China*, Albany: State University of New York Press 1999.

Mark Edward Lewis, *The Flood Myths of Early China*, Albany: State University of New York Press 2006.

Wenchao Li, *Die christliche China-Mission im 17. Jahrhundert. Verständnis, Unverständnis, Missverständnis*, Stuttgart: Franz Steiner 2000.

Hsien-huei Liao, *Encountering Evil. Ghosts and Demonic Forces in the Lives of the Song Elite*, in: Journal of Song-Yuan Studies 37 (2007), S. 89-134.

Robert Jay Lifton, *Die Unsterblichkeit des Revolutionärs. Mao Tse-tung und die chinesische Kulturrevolution*, München: List 1970.

Gudula Linck, *Leib und Körper. Zum Selbstverständnis im vormodernen China*, Frankfurt/Main: Lang 2001.

James T. C. Liu, *Ou-yang Hsiu. An Eleventh-Century Neo-Confucianist*, Stanford/California: Stanford University Press 1967.

Kwang-Ching Liu (Hg.), *Orthodoxy in Late Imperial China*, Berkeley, Los Angeles und Oxford: University of California Press 1990.

Xinru Liu, *Silk and Religion. An Exploration of Material Life and the Thought of People A D 600-1200*, Delhi: Oxford University Press 1998.

Michael Loewe, *Ways to Paradise. The Chinese Quest for Immortality*, London: Allen & Unwin 1979.

Michael Loewe, *Man and beast. The hybrid in early Chinese art and literature*, in: Michael Loewe, *Divination, mythology and monarchy in Han China*, Cambridge: Cambridge University Press 1994, S. 38-54.

Jingtai Long, *Unbegriffene Lektion. Herr Mao und Herr Hitler. Tyrannen im Kulturaustausch*, in: ›Frankfurter Allgemeine Zeitung‹, Nr. 89, 17. 4. 1998, S. 35.

Hermann Lübbe, *Verbesserungsvorschläge und Wirklichkeitszwänge. Eine Erörterung der Frage: Was ist eine gute Religion?*, in: ›Neue Zürcher Zeitung‹, Nr. 121, 27./28. 5. 2006, S. 25.

Knud Lundbæk, *Joseph de Prémare (1666-1736), S. J. – Chinese Philology and Figurism*, Aarhus: Aarhus University Press 1991.

Knud Lundbæk, *Joseph de Prémare and the Name of God in China*, in: D. E. Mungello (Hg.), *The Chinese Rites Controversy. Its History and Meaning*, Nettetal: Steyler Verlag 1994, S. 129-145.

Rüdiger Machetzki, *Chinas Gesellschaft im Umbruch*, in: Aus Politik und Zeitgeschichte. Beilage zur Wochenzeitung Das Parlament B 48/90, 23. 11. 1990, S. 11-17.

Donald MacInnis, *Religious Policy and Practice in Communist China*, New York: MacMillan 1972.

Donald MacInnis, *Religionen im heutigen China. Politik und Praxis*, übersetzt von Roman Malek, Nettetal: Steyler Verlag 1993.

Roman Malek, *Das Tao des Himmels. Die religiöse Tradition Chinas*, Freiburg: Herder 1996.

Roman Malek (Hg.), *Western Learning and Christianity in China*, 2 Bde., Nettetal: Steyler Verlag 1998.

Roman Malek (Hg.), *The Chinese Face of Jesus Christ*, Bd. 1, Nettetal: Steyler Verlag 2002.

Roman Malek, *Jingjiao. The Church of the East in China and Central Asia*, Nettetal: Steyler Verlag 2006.

Susan Mann, *Precious Records. Women in China's Long Eighteenth Century*, Stanford/California: Stanford University Press 1997.

Helmut Martin, *Kult und Kanon. Entstehung und Entwicklung des Staatsmaoismus 1935-1978*, Hamburg: Institut für Asienkunde 1978.

Richard B. Mather, *The Mystical Ascent of the T'ient'ai Mountains. Sun Cho's You-t'ien-t'ai-shan fu*, in: Monumenta Serica 20 (1961), S. 226-245.

Richard B. Mather, *A New Account of Tales of the World*, Minneapolis: University of Minnesota Press 1976.

Richard B. Mather, *K'ou Ch'ien-chih and the Taoist Theocracy at the Northern Wei Court*, in: Holmes Welch, Anna Seidel (Hg.), *Facets of Taoism*, New Haven: Yale University Press 1979, S. 103-122.

Fritz Mauthner, *Der Atheismus und seine Geschichte im Abendland*, 3 Bde., Stuttgart und Berlin: Deutsche Verlagsanstalt 1920-1924.

Cornelius Mayer, Andreas E. J. Grote, Christof Müller (Hg.), *Gnade – Freiheit – Rechtfertigung. Augustinische Topoi und ihre Wirkungsgeschichte*, Abhandlungen der Akademie der Wissenschaften und der Literatur in Mainz. Geistes- und sozialwissenschaftliche Klasse, Jahrgang 2007, Nr. 3, Mainz 2007.

Sucheta Mazumdar, *Sugar and Society in China. Peasants, Technology, and the World Market*, Cambridge/Massachusetts: Harvard University Press 1998.

Ulrich Menzel, *Tausend Jahre Globalisierung im Rückblick aus der aktuellen Globalisierungsdebatte*, in: Helwig Schmidt-Glintzer (Hg.), *Neue Blicke auf alte Karten und die Dynamik der europäischen Kulturgeschichte*, Wiesbaden: Harrassowitz 2007, S. 137-209.

Matthias Messmer, *Die Krankheit des bedingungslosen Gehorsams. Gespräch mit Jiang Rong*, in: ›Neue Zürcher Zeitung‹, Nr. 190, 16./17. 8. 2008, S. 31.

John L. Mish, *Creating an Image of Europe for China: Aleni's Hsi-fang ta-wen*, in: Monumenta Serica 23 (1964), S. 1-87.

Hans-Georg Möller, *In der Mitte des Kreises. Daoistisches Denken*, Frankfurt/Main: Suhrkamp 2002.

Christine Mollier, *Une apocalypse taoiste du Ve siècle. Le livre des incantations divines des grottes abyssales*, Paris 1990.

Christine Mollier, *Buddhism and Taoism. Face to Face. Scripture, Ritual, and Iconographic Exchange in Medieval China*, Honolulu: University of Hawai'i Press 2008.

Frederick W. Mote, *The Transformation of Nanking, 1350-1400*, in: G. W. Skinner (Hg.), *The City in Late Imperial China*, Stanford/California: Stanford University Press 1977, S. 101-153.

Frederick W. Mote, *Imperial China 900-1800*, Cambridge/Massachusetts: Harvard University Press 1999.

Roland Mousnier, *Les XVIe et XVIIe siècles. La grande mutation intellectuelle de l'humanité; avènement de la science moderne et l'expression de l'europe*, Paris: Presses Universitaires de France 1993.

Wolfgang Münke, *Die klassische chinesische Mythologie*, Stuttgart: Klett 1976.

David E. Mungello, *Leibniz and Confucianism. The Search for Accord*, Honolulu: University of Hawai'i Press 1977.

David E. Mungello, *Curious Land. Jesuit Accommodation and the Origins of Sinology*, Honolulu: University of Hawai'i Press 1989 (zuerst Wiesbaden 1985).

David E. Mungello (Hg.), *The Chinese Rites Controversy. Its History and Meaning*, Nettetal: Steyler Verlag 1994.

Donald J. Munro, *The Concept of Man in Early China*, Stanford/California: Stanford University Press 1969.

Susan Naquin, *The Transmission of White Lotus Sectarianism in Late Imperial China*, in: David Johnson, Andrew J. Nathan, Evelyn S. Rawski (Hg.), *Popular Culture in Late Imperial China*, Berkeley: University of California Press 1985, S. 255-291.

Susan Naquin, *Peking. Temples and City Life, 1400-1900*, Berkeley: University of California Press 2000.

Susan Naquin, Chün-fang Yü (Hg.), *Pilgrims and Sacred Sites in China*, Berkeley: University of California Press 1992.

Jan Nattier, *Once Upon a Future Time. Studies in a Buddhist Prophecy of Decline*, Berkeley: University of California Press 1991.

Barry J. Naughton, Dali L. Yang (Hg.), *Holding China Together. Diversity and National Integration in the Post-Deng Era*, Cambridge: Cambridge University Press 2004.

Joseph Needham, *Science and Civilisation in China*, Bd. 2: *History of Scientific Thought*, Cambridge: Cambridge University Press 1956.

Joseph Needham, *Human Law and the Laws of Nature in China and the West*, in: ebenda, S. 518-583.

Christoph Neidhart, *Aufstand der Buddhisten*, in: ›Süddeutsche Zeitung‹, Nr. 200, 28. 8. 2008, S. 8.

Ellen Neskar, *Shrines to Local Former Worthies*, in: Donald S. Lopez, Jr., *Religion of China in Practice*, Princeton 1996, S. 293-305.

Peter Nickerson, *Abridged Codes of Master Lu for the Daoist Community*, in: Donald S. Lopez, Jr. (Hg.), *Religions of China in Practice*, Princeton 1996, S. 347-359.

Qiang Ning, *Art, Religion, and Politics in Medieval China. The Dunhuang Cave of the Zhai Family*, Honolulu: University of Hawai'i Press 2004.

Novalis, *Die Christenheit oder Europa. Ein Fragment*, in: Novalis, *Schriften. Die Werke Friedrich von Hardenbergs*, Bd. 3, Stuttgart: Kohlhammer 1968, S. 507-524 [= 1799/1968].

Charles D. Orzech, *A Buddhist Image of (Im)Perfect Rule in Fifth-Century China*, in: Cahiers d'Extrême-Asie 8 (1995), S. 139-153.

Daniel L. Overmyer, *Folk Buddhist Religion. Dissenting Sects in Late Traditional China*, Cambridge/Massachusetts: Harvard University Press 1976.

Daniel L. Overmyer, *Alternatives. Popular Religious Sects in Chinese Society*, in: Modern China 7 (1981), S. 153-190.

Stephen Owen, *The End of the Chinese ›Middle Ages‹. Essays in Mid-Tang Literary Culture*, Stanford/California: Stanford University Press 1996.

David Ownby, *Chinese Millenarian Traditions. The Formative Age*, in: American Historical Review 104 (Dezember 1999), H. 5, S. 1513-1530.

Jordan Paper, *The Spirits are Drunk. Comparative Approaches to Chinese Religion*, Albany: State University of New York Press 1995.

Geoffrey Parker, Lesley Smith, *The General Crisis of the Seventeenth Century*, London: Routledge & Kegan Paul 1978.

Paul Pelliot, *L'Inscription Nestorienne de Si-Ngan-Fou. Edited with Supplements by Antonino Forte*, Paris: Collège de France 1996.

Elizabeth J. Perry, *Rebels and Revolutionaries in North China, 1845-1945*, Stanford/California: Stanford University Press 1980.

Elizabeth J. Perry, *Challenging the Mandate of Heaven. Social Protest and State Power in China*, Armonk: M. E. Sharpe 2001.

Andrew Plaks, *Creation and Non-creation in Early Chinese Texts*, in: Shaul Shaked (Hg.), *Genesis and Regeneration*, Jerusalem: Israel Academy of Science 2005, S. 164-191.

Mu-chou Poo, *Popular Religion in Pre-Imperial China. Observations on the Almanachs of Shui-hu-ti*, in: T'oung Pao 79 (1993), S. 225-248.

Mu-chou Poo, *In Search of Personal Welfare. A View of Ancient Chinese Religion*, Albany: State University of New York Press 1998.

Pitman B. Potter, *Belief in Control. Regulation of Religion in China*, in: The China Quarterly 174 (2003), S. 317-337.

Fabrizio Pregadio, *The Representation of Time in the Zhouyi Cantong Qi*, in: Cahiers d'Extrême-Asie 8 (1995), S. 155-173.

Michael J. Puett, *Sages, Ministers, and Rebels. Narratives from Early China concerning the Initial Creation of the State*, in: Harvard Journal of Asiatic Studies 58 (1998), H. 2, S. 425-479.

Michael J. Puett, *To become a god. Cosmology, Sacrifice, and Self-Divinization in Early China*, Cambridge/Massachusetts: Harvard University Press 2002.

Michael J. Puett, *The Temptations of Sagehood, or: The Rise and Decline of Sagely Writing in Early China*, in: Wilt L. Idema (Hg.), *Books in Numbers*, Cambridge/Massachusetts: Harvard-Yenching Library 2007, S. 23-47.

Yves Raguin, S. J., *China's First Evangelization by the 7th and 8th Century Eastern Syrian Monks*, in: Roman Malek (Hg.), *The Chinese Face of Jesus Christ*, Bd. 1, Nettetal: Steyler Verlag 2002, S. 159-179.

Evelyn S. Rawski, *Qing Book Culture and Inner Asia*, in: Wilt L. Idema (Hg.), *Books in Numbers*, Cambridge/Massachusetts: Harvard-Yenching Library 2007, S. 197-235.

Astrid Reuter, *Das Dilemma der Säkularität und Religionsfreiheit*, in: Wissenschaftskolleg zu Berlin. Jahrbuch 2005/2007, S. 141-145.

Andrea Riemenschnitter, *China zwischen Himmel und Erde. Literarische Kosmographie und nationale Krise im 17. Jahrhundert*, Bern: Lang 1998.

Hermann-Josef Röllicke, *Die »Als-ob«-Struktur der Riten. Ein Beitrag zur Ritualhermeneutik der Zhanguo- und Han-Zeit*, in: Michael Friedrich (Hg.), *Han-Zeit. Festschrift für Hans Stumpfeldt*, Wiesbaden: Harrassowitz 2006, S. 517-533.

Heiner Roetz, *Mensch und Natur im alten China*, Frankfurt/Main: Lang 1984.

Heiner Roetz, *Die chinesische Ethik der Achsenzeit. Eine Rekonstruktion unter dem Aspekt des Durchbruchs zu postkonventionellem Denken*, Frankfurt/Main: Suhrkamp 1992.

Christian Roll, *China. Wiedergeburt der Geister. Der Küchengott wird rehabilitiert*, in: ›Süddeutsche Zeitung‹, Nr. 229, 6. 10. 1981, S. 3.

Erhard Rosner, *Zum Verbot der Weitergabe chinesischer Geschichtswerke an die Barbaren*, in: Wolfgang Bauer (Hg.), *Studia Sino-Mongolica. Festschrift für Herbert Franke*, Wiesbaden: Steiner 1979, S. 89-96.

Harold David Roth, *The Textual History of the Huai-nan Tzu*, Ann Arbor: Association for Asian Studies 1992.

Rüdiger Safranski, *Das Böse oder das Drama der Freiheit*, München 1997; zitiert nach Fischer Taschenbuch Frankfurt/Main 1999.

Tadao Sakai, *Confucianism and Popular Educational Works*, in: Wm. Th. de Bary (Hg.), *Self and Society in Ming Thought*, New York: Columbia University Press 1970, S. 331-366.

Charles Sanft, *Rituals that Don't Reach, Punishments that Don't Impugn. Jia Yi on the Exclusion of Punishment and Ritual*, in: Journal of the American Oriental Society 125 (2005), H. 1, S. 31-44.

Paolo Santangelo, *Conceptions of Nature in the Literary Texts of Ming-Qing Times*, in: Mark Elvin, Liu Ts'ai-jung (Hg.), *Sediments of Time. Environment and Society in Chinese History*, Cambridge: Cambridge University Press 1998, S. 617-656.

Galen E. Sargent, *Tan-yao and His Times*, in: Monumenta Serica 16 (1957), S. 363-396.

Friedrich Wilhelm Joseph von Schelling, *Schellings Werke. Nach Originalausgaben in neuer Anordnung*, hg. v. Manfred Schröter, Fünfter Ergänzungsband: *Philosophie der Mythologie*, München 1968 (zuerst 1942).

Eva Schlotheuber, *Norm und Innerlichkeit. Zur problematischen Suche nach den Anfängen der Individualität*, in: Zeitschrift für Historische Forschung 31 (2004), S. 329-358.

Wolfgang Schluchter, *Die Entwicklung des okzidentalen Rationalismus*, Tübingen: Mohr 1979.

Helwig Schmidt-Glintzer, *Der Buddhismus im frühen chinesischen Mittelalter und der Wandel der Lebensführung bei der Gentry im Süden*, in: Saeculum 23 (1972), H. 3, S. 269-294.

Helwig Schmidt-Glintzer, *Mo Ti. Schriften I und II*, 2 Bände, Düsseldorf/Köln: Eugen Diederichs Verlag 1975.

Helwig Schmidt-Glintzer, *Das Hung-ming chi und die Aufnahme des Buddhismus in China*, Münchener Ostasiatische Studien 12, Wiesbaden: Franz Steiner Verlag 1976.

Helwig Schmidt-Glintzer, *Traditionalismus und Geschichtsschreibung in China – Zur Maxime »shu erh pu-tso«*, in: Saeculum 28 (1977), H. 1, S. 42-52 [= 1977a].

Helwig Schmidt-Glintzer, *Einige methodische Überlegungen zur Religionsgeschichte in China*, in: Wolfgang Voigt (Hg.), *XIX. Deutscher Orientalistentag 1975*, Zeitschrift der Deutschen Morgenländischen Gesellschaft, Supplement III,2, Wiesbaden 1977, S. 1322-1332 [= 1977b].

Helwig Schmidt-Glintzer, *Buddhistische Erzählungen und Berichte von übernatürlichen Ereignissen (ca. 200-900 p. Chr. n.)*, in: *Enzyklopädie des Märchens*, Berlin: Walter de Gruyter, Band 2, Lfg. 5 (1979), Sp. 1294-1310 [= 1979a].

Helwig Schmidt-Glintzer (zusammen mit Michael Hahn), *Die Legende von Dardara und Upadardara in der Fassung des TSA-PAO-TSANG-CHING*, in: Monumenta Serica 34 (1979-1980), S. 219-262 [= 1979b].

Helwig Schmidt-Glintzer, *Die Manipulation von Omina und ihre Beurtei-*

lung bei Hofe – Das Beispiel der Himmelsbriefe Wang Ch'in-jos unter Chen-tsung (regierte 998-1023), in: Asiatische Studien/Études Asiatiques 35 (1981), H. 1, S. 1-14.

Helwig Schmidt-Glintzer, *Zum Thema Wein und Trunkenheit in der chinesischen Literatur*, in: Fritz Steppat (Hg.), *XXI. Deutscher Orientalistentag vom 24. bis 29. März 1980 in Berlin. Ausgewählte Vorträge*, Zeitschrift der Deutschen Morgenländischen Gesellschaft, Supplement V, Wiesbaden 1982, S. 362-374 [= 1982a].

Helwig Schmidt-Glintzer, *Die Identität der buddhistischen Schulen und die Kompilation buddhistischer Universalgeschichten in China. Ein Beitrag zur Geistesgeschichte der Sung-Zeit*, Münchener Ostasiatische Studien 26, Wiesbaden: Franz Steiner Verlag 1982 [= 1982b].

Helwig Schmidt-Glintzer, *Viele Pfade oder ein Weg? Betrachtungen zur Durchsetzung der konfuzianischen Orthopraxie*, in: Wolfgang Schluchter (Hg.), *Max Webers Studie über Konfuzianismus und Taoismus. Interpretation und Kritik*, stw 402, Frankfurt/Main: Suhrkamp 1983, S. 298-341.

Helwig Schmidt-Glintzer, *Vielfalt und Einheit – Zur integrationistischen Tendenz in der Kultur Chinas*, in: Sigrid Paul (Hg.), *»Kultur« – Begriff und Wort in China und Japan*, Berlin 1984, S. 123-141 [= 1984a].

Helwig Schmidt-Glintzer, *Zeitbewußtsein im älteren China*, in: Manfred Horvat (Hg.), *Das Phänomen Zeit*, Wien 1984, S. 27-41 [= 1984b].

Helwig Schmidt-Glintzer (zusammen mit Hans-Joachim Klimkeit), *Die türkischen Parallelen zum chinesisch-manichäischen Traktat*, in: Zentralasiatische Studien 17 (1984), S. 82-117 [= 1984c].

Helwig Schmidt-Glintzer, *Eine Ehrenrettung für den Süden. Pao-chih (418/425-514) und Fu Hsi (497-569) – Zwei Heilige aus dem Unteren Yangtse-Tal*, in: Gert Naundorf u. a. (Hg.), *Religion und Philosophie in Ostasien. Festschrift für Hans Steininger zum 65. Geburtstag*, Würzburg 1985, S. 247-265.

Helwig Schmidt-Glintzer, *Yu Gong versetzt Berge. Arbeiten in China*, in: Venanz Schubert (Hg.), *Der Mensch und seine Arbeit. Eine Ringvorlesung der Universität München*, Wissenschaft und Philosophie 3, Sankt Ottilien: Eos Verlag 1986, S. 147-179.

Helwig Schmidt-Glintzer, *Chinesische Manichaica. Mit textkritischen Anmerkungen und einem Glossar*, Studies in Oriental Religions 14, Wiesbaden: Otto Harrassowitz 1987 [= 1987a].

Helwig Schmidt-Glintzer, *Das buddhistische Gewand des Manichäismus. Zur buddhistischen Terminologie in den chinesischen Manichaica*, in: Walther Heissig, Hans-Joachim Klimkeit (Hg.), *Synkretismus in den Religionen Zentralasiens*, Studies in Oriental Religions 13, Wiesbaden: Otto Harrassowitz 1987, S. 76-90 [= 1987b].

Helwig Schmidt-Glintzer, *Intellektueller Imperialismus? Außereuropäische Religionen und Gesellschaften im Werk Max Webers*, in: Jürgen Kocka, Christian Gneuss (Hg.), *Max Weber. Ein Symposium*, dtv 4475, München: Deutscher Taschenbuch Verlag 1988, S. 64-87.

Helwig Schmidt-Glintzer, *Der Literatenbeamte und seine Gemeinde, oder: Der Charakter der Aristokratie im chinesischen Mittelalter*, in: Zeitschrift der Deutschen Morgenländischen Gesellschaft 139 (1989), H. 2, S. 397-425 [= 1989a].

Helwig Schmidt-Glintzer, *Bergbesteigungen in China – Zu Wandlungen und Dauerhaftigkeit einer Daseinsmetapher*, in: Einar von Schuler (Hg.), *XXIII. Deutscher Orientalistentag vom 16. bis 20. September 1985 in Würzburg. Ausgewählte Vorträge*, Zeitschrift der Deutschen Morgenländischen Gesellschaft, Supplement VI, Wiesbaden 1989, S. 469-481 [= 1989b].

Helwig Schmidt-Glintzer (Hg.), *Max Weber Gesamtausgabe*, Band 19: *Gesammelte Aufsätze zur Religionssoziologie. Die Wirtschaftsethik der Weltreligionen. Einleitung. Konfuzianismus und Taoismus. Zwischenbetrachtung*, in Zusammenarbeit mit Petra Kolonko, Tübingen: J.C.B. Mohr (Paul Siebeck) 1989 [= 1989c].

Helwig Schmidt-Glintzer, *Lebenswelt und Weltanschauung im frühneuzeitlichen China*, Münchener Ostasiatische Studien 49, Stuttgart: Franz Steiner Verlag 1990 [= 1990a].

Helwig Schmidt-Glintzer, *Das Shih-chia fang-chih. Eine chinesische Beschreibung der buddhistischen Welt aus der T'ang-Zeit*, in: Peter M. Kuhfus (Hg.), *China – Dimensionen der Geschichte. Festschrift für Tilemann Grimm anläßlich seiner Emeritierung*, Tübingen: Attempto Verlag 1990, S. 257-267 [= 1990b].

Helwig Schmidt-Glintzer, *Der Erste Gottkaiser von Qin*, in: Lothar Ledderose, Adele Schlombs (Hg.), *Jenseits der Großen Mauer. Der Erste Kaiser von China und seine Terrakotta-Armee*, Gütersloh und München 1990, S. 58-65 [= 1990c].

Helwig Schmidt-Glintzer, *Konfuzianismus und das Verhältnis von Individuum und Gesellschaft unter den Bedingungen einer Demokratie. Vortrag auf der Tagung »Konfuzianismus und moderne Gesellschaft in Ostasien«, am 19. und 20. Oktober 1990 in Seoul* (als Manuskript gedruckt) [= 1990d].

Helwig Schmidt-Glintzer, *China im Blindflug, oder: Die Teilung Chinas als Chance?*, in: Chinablätter Nr. 18. In memoriam Achim Hildebrand, hg. v. Achim Mittag, November 1991, S. 305-315 [= 1991a].

Helwig Schmidt-Glintzer zusammen mit Hans-Joachim Klimkeit (Hg.), *Japanische Studien zum Östlichen Manichäismus*, übersetzt von

Renate Herold in Verbindung mit Helwig Schmidt-Glintzer, Wiesbaden: Otto Harrassowitz 1991 [= 1991b].

Helwig Schmidt-Glintzer, *Der Manichäismus in China*, in: ebenda, S. 17-30 [= 1991c].

Helwig Schmidt-Glintzer, *Mo Ti. Von der Liebe des Himmels zu den Menschen. Ausgewählte Schriften*, München: Eugen Diederichs Verlag 1992 [= 1992a].

Helwig Schmidt-Glintzer, Artikel *Confucianesimo*, in: *Enciclopedia delle Scienze Sociali*, Rom: Istituto della Enciclopedia Italiana, Bd. 2 (1992), S. 270-277 [= 1992b].

Helwig Schmidt-Glintzer (zusammen mit Thomas Jansen), *Religionsdebatten und Machtkonflikte – Veränderungen in den Machtverhältnissen im chinesischen Mittelalter*, in: Zeitschrift für Religionswissenschaft 1992, H. 2, S. 50-90 [= 1992c].

Helwig Schmidt-Glintzer, *Baozhi (418/425-514) – Ein Prophet für Volk und Staat in China*, in: Oriens Extremus 35 (1992), H. 1/2, S. 93-105 [= 1992d].

Helwig Schmidt-Glintzer, *Das Weltbild im Alten China*, in: *FOCUS BEHAIM-GLOBUS. Germanisches Nationalmuseum*, Band 1, Nürnberg: Verlag des Germanischen Nationalmuseums 1992, S. 71-80 [= 1992e].

Helwig Schmidt-Glintzer, *The Economic Ethics of the World Religions*, in: Hartmut Lehmann, Guenther Roth (Hg.), *Weber's Protestant Ethic. Origins, Evidence, Contexts*, Washington/D. C.: German Historical Institute, Cambridge: Cambridge University Press 1993, S. 347-355.

Helwig Schmidt-Glintzer, Artikel *China*, in: *Wörterbuch der Religionssoziologie*, hg. v. Siegfried Rudolf Dunde, Gütersloh: Gütersloher Verlagshaus 1994, S. 26-33.

Helwig Schmidt-Glintzer, *Vom gelungenen Leben der Vielen. Das Glück der Massen und das Leiden des Einzelnen in China*, in: Venanz Schubert (Hg.), *Aus dem Ursprung leben. Lebenskunst – neu bedacht*, St. Ottilien: Eos Verlag 1997, S. 171-197.

Helwig Schmidt-Glintzer, Artikel *Taoismo*, in: *Enciclopedia delle Scienze Sociali*, Rom: Istituto della Enciclopedia Italiana, Bd. 8 (1998), S. 490-495.

Helwig Schmidt-Glintzer, *Geschichte der chinesischen Literatur. Von den Anfängen bis zur Gegenwart*, München: Beck 1999 [= 1999a].

Helwig Schmidt-Glintzer, *»Atheistische« Traditionen in China*, in: Friedrich Niewöhner, Olaf Pluta (Hg.), *Atheismus im Mittelalter und in der Renaissance*, Wiesbaden: Harrassowitz 1999, S. 271-290 [= 1999b].

Helwig Schmidt-Glintzer, *Chinesischer Buddhismus im Spannungsfeld von religiöser und nationaler Identität*, in: Werner Gephart, Hans Waldenfels (Hg.), *Religion und Identität. Im Horizont des Pluralismus*, Frankfurt/Main: Suhrkamp 1999, S. 141-169 [= 1999c].

Helwig Schmidt-Glintzer, *»Seid freundlich zu den Tieren!« – Tier, Mensch und Individualität in China*, in: Friedrich Niewöhner, Jean-Loup Seban (Hg.), *Die Seele der Tiere*, Wiesbaden: Harrassowitz 2001, S. 25-40.

Helwig Schmidt-Glintzer, *Eurasien als kulturwissenschaftliches Forschungsthema*, in: Wolfgang Gantke, Karl Hoheisel, Wassilios Klein (Hg.), *Religionsbegegnung und Kulturaustausch in Asien*, Wiesbaden: Harrassowitz 2002, S. 185-199.

Helwig Schmidt-Glintzer, *Die Stellung des Menschen zur Natur in China*, in: Karl-Heinz Pohl, Dorothea Wippermann (Hg.), *Brücke zwischen Kulturen. Festschrift für Chiao Wei zum 75. Geburtstag*, Ostasien–Pazifik. Trierer Studien zu Politik, Wirtschaft, Gesellschaft, Kultur 17, Münster: Lit-Verlag 2003, S. 309-320.

Helwig Schmidt-Glintzer, *List und die Pragmatik der Wahrheit*, in: Eulenspiegel-Jahrbuch 2004, hg. im Auftrag des Freundeskreises Till Eulenspiegels e. V. von Hans-Joachim Behr, 44 (2004), S. 63-75.

Helwig Schmidt-Glintzer, *Der Buddhismus*, C. H. Beck: München 2005 [= 2005a].

Helwig Schmidt-Glintzer, *Zhuangzi und sein taoistischer Relativismus*, in: Konrad Meisig (Hg.), *Chinesische Religion und Philosophie. Konfuzianismus, Mohismus, Daoismus, Buddhismus*, Wiesbaden: Harrassowitz 2005, S. 53-67 [= 2005b].

Helwig Schmidt-Glintzer, *Die Dynamik des Konfuzianismus*, in: *Die Religionen der Welt. Ein Almanach zur Eröffnung des Verlags der Weltreligionen*, Frankfurt/Main und Leipzig: Verlag der Weltreligionen im Insel Verlag 2007, S. 264-271 [= 2007a].

Helwig Schmidt-Glintzer, *Daoismus – Die heimliche Religion der Chinesen*, in: ebenda, S. 272-277 [= 2007b].

Helwig Schmidt-Glintzer (zusammen mit Max Deeg), *Einleitung*, in: *Das Lotos-Sutra*, übersetzt von Max Deeg, Darmstadt: Wissenschaftliche Buchgesellschaft 2007, S. 7-24 [= 2007c].

Helwig Schmidt-Glintzer, *Sinologie und das Interesse an China*, Akademie der Wissenschaften und der Literatur in Mainz. Abhandlungen der Geistes- und sozialwissenschaftlichen Klasse, Jahrgang 2007, Nr. 4, Stuttgart 2007 [= 2007d].

Helwig Schmidt-Glintzer, *Besprechung von Karl S. Guthke: Die Erfindung der Welt. Globalität und Grenzen in der Kulturgeschichte der Literatur, Tübingen: Francke Verlag 2005*, in: Mitteilungen der deutschen

Gesellschaft für die Erforschung des 18. Jahrhunderts 31 (2007), H. 1, S. 103-105 [= 2007e].

Helwig Schmidt-Glintzer, *Kleine Geschichte Chinas*, München: C. H. Beck 2008.

Christian Schmidt-Häuer, *Es gibt keine Sowjetunion mehr. Vor Gorbatschows Besuch in Bonn: Wen bindet seine Unterschrift noch?*, in: ›Die Zeit‹, Nr. 46, 9. 11. 1990, S. 1.

Hermann Schmitz, *Die Verwaltung der Gefühle in Theorie, Macht und Phantasie*, in: Claudia Benthien, Anne Fleig, Ingrid Kasten (Hg.), *Emotionalität. Zur Geschichte der Gefühle*, Köln, Weimar und Wien: Böhlau 2000, S. 42-59.

Angela Schottenhammer, *Schiffahrt und Überseebeziehungen bis ins 3. Jahrhundert. Ein Überblick*, in: Michael Friedrich (Hg.), *Han-Zeit. Festschrift für Hans Stumpfeldt*, Wiesbaden: Harrassowitz 2006, S. 599-621.

Stuart R. Schram, *Das Mao-System. Die Schriften von Mao Tse-tung. Analyse und Entwicklung*, München: Hanser 1972.

Christian Schuler, *Was aber tut Gott?*, in: ›Frankfurter Allgemeine Zeitung‹, Nr. 232, 5. 10. 2004, S. 36.

Jörg Schumacher, *Wer diese Menschheit zerstört. Zu Han Yu's Frage im Tian Shuo des Liu Zongyuan*, in: Asiatische Studien 39 (1985), S. 1 f. und 54-79.

Anna K. Seidel, *La divinisation de Lao Tseu dans le taoisme des Han*, Paris 1969.

Anna K. Seidel, *The Image of the Perfect Rulers in Early Taoist Messianism. Lao-tzu and Li Hung*, in: History of Religions 9 (1969-70), S. 216-247.

Hubert Seiwert, *Orthodoxie, Orthopraxie und Zivilreligion im vorneuzeitlichen China*, in: Holger Preißler, Hubert Seiwert (Hg.), *Gnosisforschung und Religionsgeschichte. Festschrift für Kurt Rudolph zum 65. Geburtstag*, Marburg: diagonal-Verlag 1994, S. 529-541.

Hubert Seiwert, *Endzeitvorstellungen im mittelalterlichen China*, in: Adam Jones (Hg.), *Weltende. Beiträge zur Kultur- und Religionswissenschaft*, Wiesbaden: Harrassowitz 1999, S. 201-218.

Hubert Seiwert, *Popular Religious Movements and Heterodox Sects in Chinese History*, Leiden: Brill 2003.

Hubert Seiwert, *Angst vor Religionen. Ein Versuch über Deutschland und China*, in: Gerhard Besier, *Religionsfreiheit und Konformismus. Über Minderheiten und die Macht der Mehrheit*, Münster: Lit-Verlag 2004, S. 77-91.

Meir Shahar, Robert P. Weller, *Unruly Gods. Divinity and Society in China*, Honolulu: University of Hawai'i Press 1996.

Robert H. Sharf, *The Scripture on the Production of Buddha images*, in: Donald S. Lopez, Jr., *Religions of China in Practice*, Princeton 1996, S. 261-267.

Richard Shek, *Chinese Millenarian Movements*, in: Mircea Eliade (Hg.), *The Encyclopedia of Religion*, Bd. 9, New York 1987, S. 532-536.

John Shryock, *The Origin and Development of the State Cult of Confucius*, New York 1966 (zuerst 1932).

Frank Sieren, *Der China Schock. Wie Peking sich die Welt gefügig macht*, Berlin: Econ 2008.

Nathan Sivin, *Cosmos and Computation in Early Chinese Mathematical Astronomy*, Brill: Leiden 1969 (Nachdruck von T'oung Pao 55, H. 1-3).

Nathan Sivin, *State, Cosmos, and Body in the Last Three Centuries B. C.*, in: Harvard Journal of Asiatic Studies 55 (1995), H. 1, S. 5-37.

Margaret Sleeboom-Faulkner, *Rezension von Jing-Boo Nie, Behind the Silence: Chinese Views on Abortion, Lanham 2005*, in: International Institute for Asian Studies Newsletter Nr. 45 (Herbst 2007), S. 34.

Kidder Smith, *Sima Tan and the Invention of Daoism, Legalism, et cetera*, in: Journal of Asian Studies 62 (2003), H. 1, S. 129-156.

Steve A. Smith, *Local Cadres Confront the Supernatural. The Politics of Holy Water (Shenshui) in the PRC, 1949-1966*, in: The China Quarterly 2006, S. 999-1022.

Edgar Snow, *Roter Stern über China*, Frankfurt/Main: Fischer 1971.

Hans-Georg Soeffner, *Überlegungen zur Soziologie des Symbols und des Rituals*, in: Christoph Wulf, Jörg Zirfas (Hg.), *Die Kultur des Rituals. Inszenierungen, Praktiken, Symbole*, München: Wilhelm Fink Verlag 2004, S. 149-176.

Jonathan D. Spence, *The Search for Modern China*, New York und London: Norton 1990.

Nicolas Standaert (Hg.), *Handbook of Christianity in China*, Bd. 1: *635-1800*, Leiden: Brill 2001.

Nicolas Standaert, *Ritual Dances and Their Visual Representations in the Ming and Qing*, in: The East Asian Library Journal 12 (2006), H. 1, S. 68-181.

Rolf A. Stein, *Religious Taoism and Popular Religion from the Second to Seventh Centuries*, in: Holmes Welch, Anna Seidel (Hg.), *Facets of Taoism*, New Haven und London: Yale University Press 1979, S. 53-81.

Rolf A. Stein, *The World in Miniature. Container Gardens and Dwellings in Far Eastern Religious Thought*, Stanford/California: Stanford University Press 1990.

Roel Sterckx, *Sages, Cooks, and Flavours in Warring States and Han China*, in: Monumenta Serica 54 (2006), S. 1-47.

Michel Strickmann, *The Mao-shan Revelations. Taoism and the Aristocracy*, in: T'oung Pao 63 (1977), H. 1, S. 1-64.

Michel Strickmann, *A Taoist Confirmation of Liang Wu Ti's Suppression of Taoism*, in: Journal of the American Oriental Society 98 (1978), H. 4, S. 467-475.

Peter Strohschneider, *Freiraum für Geisteswissenschaften*, in: Aus Politik und Zeitgeschehen 46 (2007), 12. 11. 2007, S. 26-31.

Lynn A. Struve (Hg.), *Voices from the Ming-Qing Cataclysm. China in Tiger's Jaws*, New Haven: Yale University Press 1993.

Lynn A. Struve, *Dreaming and Self-search during the Ming Collapse. The Xue xiemeng Biji, 1642-1646*, in: T'oung Pao 93 (2007), S. 159-192.

Rolf Stürner, *Markt und Wettbewerb über alles? Gesellschaft und Recht im Fokus neoliberaler Marktideologie*, München: C. H. Beck 2007.

Holm Sundhaussen, *Der Zerfall Jugoslawiens und dessen Folgen*, in: Aus Politik und Zeitgeschichte 32 (2008), 4. 8. 2008, S. 9-18.

Taishō shinshū Daizōkyō, Tokyo 1924-1935.

Nahal Tajadod, *Mani le Bouddha de Lumière. Catéchisme manichéen chinois*, Paris: Les Éditions du Cerf 1990.

Rodney Taylor, *The Way of Heaven. Introduction to the Confucian Religious Life*, Leiden: Brill 1986.

Stephen F. Teiser, *The Ghost Festival in Medieval China*, Princeton: Princeton University Press 1988.

Stephen F. Teiser, *»The Growth of Purgatory«*, in: Patricia Buckley Ebrey, Peter N. Gregory, *Religion and Society in T'ang and Sung China*, Honolulu: University of Hawai'i Press 1993, S. 115-145.

Stephen F. Teiser, *The Scripture on the Ten Kings and the making of Purgatory in Medieval Chinese Buddhism*, Honolulu: University of Hawai'i Press 1994.

James Thrower, *The Alternative Tradition. Religion and the Rejection of Religion in the Ancient World*, Den Haag: Mouton 1980, S. 103-135.

Rolf Trauzettel, *Mystik im chinesischen philosophischen Denken*, in: minima sinica 2 (1997), S. 1-16.

Wei-ming Tu, *Die neokonfuzianische Ontologie*, in: Wolfgang Schluchter (Hg.), *Max Webers Studie über Konfuzianismus und Taoismus. Interpretation und Kritik*, Frankfurt/Main: Suhrkamp 1983, S. 271-297.

Wei-ming Tu, *Confucian Thought. Selfhood as Creative Transformation*, Albany: State University of New York Press 1985.

Wei-ming Tu, *Centrality and Commonality. An Essay on Confucian Religiousness*, Albany: State University of New York Press 1989.

Giuseppe Tucci, *Die Religion Tibets*, in: Giuseppe Tucci, Walther Heissig, *Die Religionen Tibets und der Mongolei*, Stuttgart: Kohlhammer 1979, S. 1-291.

Ernst Tugendhat, *Wem kann ich danken? Über Religion als Bedürfnis und die Schwierigkeit seiner Befriedigung*, in: ›Neue Zürcher Zeitung‹, Nr. 287, 9./10. 12. 2006, S. 30.

Denis Twitchett, *Druckkunst und Verlagswesen im mittelalterlichen China*, Wiesbaden: Harrassowitz 1994.

Ulrich Unger, *Goldene Regel und Konfuzianismus* (vervielfältigter Vortrag, 14. 5. 1994).

Ulrich Unger, *Grundbegriffe der antiken chinesischen Philosophie*, Münster: Selbstverlag ³1998.

Ulrich Unger, *Das Glück der alten Chinesen*, in: minima sinica 1 (2002), S. 1-26.

Paul U. Unschuld, *Medizin in China. Eine Ideengeschichte*, München: C. H. Beck 1980.

Joseph Vogt, *Toleranz und Intoleranz im constantinischen Zeitalter. Der Weg der lateinischen Apologetik*, in: Saeculum 19 (1968), S. 344-361.

Rudolf G. Wagner, *A Chinese Reading of the Daodejing. Wang Bi's Commentary on the Laozi with Critical Text and Translation*, Albany: State University of New York Press 2003.

Arthur Waley, *The Analects of Confucius*, London: George Allen & Unwin 1938.

Wang Chong, *Lunheng jiaoshi*, hg. v. Huang Hui, Taibei: Comm. Press ²1969.

Chen-main Wang, *The Life and Career of Hung Ch'eng-ch'ou (1593-1665). Public Service in a Time of Dynastic Change*, Ann Arbor/Michigan: Association for Asian Studies 1999.

Eugene Y. Wang, *Shaping the Lotus Sutra. Buddhist Visual Culture in Medieval China*, Seattle und London: University of Washington Press 2005.

Ding Xiang Warner, *The Two Voices of Wangchuan ji. Poetic Exchange between Wang Wei and Pei Di*, in: Early Medieval China 10-11 (2005), H. 2, S. 57-72.

James L. Watson, *Standardizing the Gods. The Promotion of T'ien Hou (»Empress of Heaven«) Along the South China Coast, 960-1960*, in: David Johnson, Andrew J. Nathan, Evelyn S. Rawski (Hg.), *Popular Culture in Late Imperial China*, Berkeley 1985, S. 292-324.

Max Weber, *Max Weber Gesamtausgabe*, Band 19: *Gesammelte Aufsätze zur Religionssoziologie. Die Wirtschaftsethik der Weltreligionen. Einleitung. Konfuzianismus und Taoismus. Zwischenbetrachtung*, hg. v. Helwig

Schmidt-Glintzer in Zusammenarbeit mit Petra Kolonko, Tübingen: J. C. B. Mohr (Paul Siebeck) 1989 [= 1919/1989].

Max Weber, *Max Weber Gesamtausgabe*, Band 21: *Gesammelte Aufsätze zur Religionssoziologie. Die Wirtschaftsethik der Weltreligionen. Das antike Judentum*, hg. v. Eckart Otto, Tübingen: J. C. B. Mohr (Paul Siebeck) 2005 [= 1920/2005].

Peter Weber-Schäfer, *Der Edle und der Weise. Oikumenische und imperiale Repräsentation der Menschheit im Chung-yung, einer didaktischen Schrift des Frühkonfuzianismus*, München: C. H. Beck 1963.

Peter Weber-Schäfer, *Oikumene und Imperium. Studien zur Ziviltheologie des chinesischen Kaiserreichs*, München: Paul List Verlag 1968.

Howard J. Wechsler, *Offerings of Jade and Silk. Ritual and Symbol in the Legitimation of the T'ang Dynasty*, New Haven 1985.

Stanley Weinstein, *Buddhism under the T'ang*, Cambridge: Cambridge University Press 1987.

Ernst Weiß, *Von Chinas Göttern*, in: Ernst Weiß, *Die Kunst des Erzählens. Essays, Aufsätze, Schriften zur Literatur*, Frankfurt/Main: Suhrkamp 1982, S. 57-60.

Holmes Welch, *The Buddhist Revival in China*, Cambridge/Massachusetts: Harvard University Press 1968.

Holmes Welch, *Buddhism under Mao*, Cambridge/Massachusetts: Harvard University Press 1972.

Erwin Wickert, *Die Worte des Dalai Lama und die Taten seiner Mönche*, in: ›Die Welt‹, Nr. 234, 8. 10. 1987, S. 3.

Alfried Wieczorek, Christoph Lind (Hg.), *Ursprünge der Seidenstraße*, Mannheim: Reiss-Engelhorn-Museum 2007.

Beat U. Wieser, *Es gärt auf dem Dach der Welt*, in: ›Neue Zürcher Zeitung‹, Nr. 63, 15./16. 3. 2008, S. 3.

Bodo Wiethoff, *Grundzüge der älteren chinesischen Geschichte*, Darmstadt: Wissenschaftliche Buchgesellschaft 1971.

Douglas Wile, *Lost T'ai-chi Classics from the Ch'ing Dynasty*, Albany: State University of New York Press 1996.

Richard Wilhelm, *Laotse Tao Te King. Das Buch des Alten vom Sinn und Leben*, Düsseldorf: Eugen Diederichs 1921.

Richard Wilhelm, *Dschuang Dsï. Das Wahre Buch vom Südlichen Blütenland*, Düsseldorf: Eugen Diederichs 1951.

Richard Wilhelm, *I Ging. Das Buch der Wandlungen*, Düsseldorf: Eugen Diederichs 1960.

Richard Wilhelm, *Liä Dsï. Das wahre Buch vom Quellenden Urgrund*, Düsseldorf: Eugen Diederichs 1974.

Richard Wilhelm, *Die Seele Chinas.* Mit einem Vorwort von Wolfgang Bauer, Frankfurt/Main: Insel 1980.

Richard Wilhelm, *Mong Dsï. Die Lehrgespräche des Meisters Meng K'o*, Köln: Diederichs 1982.

Thomas Wilson, *Genealogy of the Way. The Construction and Uses of Confucian Tradition in Late Imperial China*, Stanford/California: Stanford University Press 1995.

Christian Wolff, *Oratio de Sinarum philosophia practica. Rede über die praktische Philosophie der Chinesen*, übersetzt, eingeleitet und hg. v. Michael Albrecht, Hamburg: Meiner 1985 [= 1726/1985].

Arthur F. Wright, *Studies in Chinese Buddhism*, hg. v. Robert M. Somers, New Haven und London: Yale University Press 1990.

Pei-yi Wu, *Self-Examination and Confession of Sins in Traditional China*, in: Harvard Journal of Asiatic Studies 39 (1979), S. 5-38.

Silas Wu, *Transmission of Ming Memorials and the Evaluation of the Transmission Network*, in: T'oung Pao 54 (1968), S. 275-287.

Silas Wu, *Communication and Imperial Control in China*, Cambridge/Massachusetts: Harvard University Press 1970.

Yanagida Seizan, *Zen no bunka. Shiryō hen, Zenrin sōhō ten. Jimbun kagaku kenkyūsho*, Kyōto 1988.

Ch'ing-k'un Yang, *Religion in Chinese Society. A Study of Contemporary Social Functions of Religion and Some of Their Historical Factors*, Berkeley: University of California Press 1961.

Lihui Yang, Deming An, *Handbook of Chinese Mythology*, Oxford: Oxford University Press 2005.

Yang Na (Hg.), *Yuandai Bailianjiao ziliao huibian* [Sammlung von Material aus der Yuan-Zeit zur Weißen-Lotos-Religion], Beijing: Zhonghua shuju 1989 [Rez. in: Revue Bibliographie de Sinologie 8 (1990), S. 282f.].

Mayfair M. Yang, *Putting Global Capitalism in Its Place. Economic Hybridity, Bataille, and Ritual Expenditure*, in: Current Anthropology 41 (2000), H. 4, S. 477-509.

Tao-chung Yao, *Buddhism and Taoism under the Chin*, in: Hoyt Cleveland Tillman, Stephen H. West (Hg.), *China under Jurchen Rule. Essays on Chin Intellectual and Cultural History*, Albany: State University of New York Press 1995, S. 145-180.

Xiaowen Ye, *Die Positive Rolle der Religion bei der Förderung Gesellschaftlicher Harmonie entfalten*, in: China heute 26 (2007), Nr. 6 (154), S. 213-219.

Anthony C. Yu, *›Rest, Rest Perturbed Spirit!‹ Ghosts in Traditional Chinese Prose Fiction*, in: Harvard Journal of Asiatic Studies 47 (1987), H. 2, S. 397-434.

Anthony C. Yu, *State and Religion in China. Historical and Textual Perspectives*, Chicago: Open Court Books 2006.

Chün-fang Yü, *The Renewal of Buddhism in China. Chu-hung and the Late Ming Synthesis*, New York: Columbia University Press 1981.

Ying-shih Yü, *New Evidence on the Early Chinese Conception of Afterlife – A Review Article*, in: Journal of Asian Studies 41 (November 1981), S. 81-85.

Ying-shih Yü, *»O Soul, Come Back!« A Study in the Changing Conceptions of the Soul and Afterlife in Pre-Buddhist China*, in: Harvard Journal of Asiatic Studies 47 (1987), H. 2, S. 363-395.

Erwin Ritter von Zach, *Die chinesische Anthologie*, 2 Bde., Cambridge/Massachusetts: Harvard University Press 1958.

Fangzheng Zhang, *Yao Zhuzhong xingshi tansuo* [Größere Aufmerksamkeit für formale Experimente], in: Meishu 165 (1981), H. 9, S. 44; zitiert nach Yuejin Wang, *Anxiety of Portraiture. Quest for/Questioning Ancestral Icons in Post-Mao China*, in: Liu Kang, Xiaobing Tang (Hg.), *Politics, Ideology, and Literary Discourse in Modern China*, Durham: Duke University Press 1993, S. 243-272, hier S. 245.

Wei Zhang, *Das Prinzip Lernen. Glaubensfreiheit, Pragmatismus und Familiensinn – wie sich die Chinesen in der Fremde anpassen*, in: ›Neue Zürcher Zeitung‹, 8./9. 3. 2008. URL: http://www.nzz.ch/nachrichten/kultur/aktuell/das_prinzip_lernen_1.685181.html

Kate Xiao Zhou, *How Farmers Changed China. Power to the People*, Boulder: Westview Press 1996.

Xinping Zhuo, *Theorien über Religion im heutigen China und ihre Bezugnahme zu Religionstheorien des Westens*, Frankfurt/Main u. a.: Peter Lang 1988 [= 1988a].

Xinping Zhuo, *Zongjiao yu wenhua* [Religion und Kultur], Peking: Renmin cbs 1988 [= 1988b].

Xinping Zhuo, *Religion and Morality in Contemporary China*, in: Irish Theological Quarterly 65 (2000), S. 65-71.

Zuozhuan: siehe Legge 1893.

Arnold Zingerle, *Max Weber und China. Herrschafts- und religionssoziologische Grundlagen zum Wandel der chinesischen Gesellschaft*, Berlin: Duncker & Humblot 1972.

Erik Zürcher, *The Buddhist Conquest of China*, Leiden: Brill 1959.

Erik Zürcher, *The first anti-Christian movement in China (Nanjing, 1616-1621)*, in: *Acta Orientalica Neerlandica*, hg. v. P.W. Pestman, Leiden 1971, S. 188-195.

Erik Zürcher, *›Prince Moonlight‹. Messianism and Eschatology in Early Medieval Chinese Buddhism*, in: T'oung Pao 86 (1982), S. 1-59.

Erik Zürcher, *»In the beginning«. 17th Century Chinese Reactions to Christian Creationism*, in: Chun-chieh Huang, Erik Zürcher (Hg.), *Time and Space in Chinese Culture*, Leiden: Brill 1995, S. 132-166.

Erik Zürcher, *Kouduo richao. Li Jiubiao's Diary of Oral Admonitions. A Late Ming Christian Journal*, Nettetal: Steyler Verlag 2007.

Erik Zürcher, Nicolas Standaert, Adrianus Dudink (Hg.), *Bibliography of the Jesuit mission in China (ca. 1580-ca. 1680)*, Leiden: Centre of Non-Western Studies 1991.

BILDNACHWEISE

S. 13: »Chinesischer Mondkalender von 1895«, Oriental Museum, Durham University/The Bridgeman Art Library
S. 117 oben; S. 217: Paul U. Unschuld, Das Heil der Mitte. Theorie und Praxis, Ursprung und Gegenwart der Medizin in China. München – Linz 2005.
S. 235: Martin Kraatz, Religiöse Malerei aus Taiwan. Ausstellungskatalog. Marburg 1980, S. 99.
S. 359 unten: Unbekannter Fotograf. In: China. 50 Jahre Volksrepublik. Einblicke in eine unbekannte Welt, Rae Yang u. a. Frankfurt am Main o. J. [1999].
S. 389: Foto von Achim Mittag, Tübingen.

Alle anderen Abbildungen: Archiv des Autors

REGISTER

INHALTSVERZEICHNIS

Die Publikationen des Verlags der Weltreligionen werden gefördert durch die

In einer Zeit des zunehmenden Zugriffs von Technik und Ökonomie auf das Humanum möchte die Stiftung an die Bedeutung des geistigen und religiösen Erbes der Weltkulturen erinnern. Sie geht davon aus, daß die weitere Entwicklung des Menschen entscheidend davon abhängen wird, ob und wie es gelingt, die reichhaltigen Potentiale dieser Traditionen für die Zukunft fruchtbar zu machen. In diesem Sinne versteht die Stiftung ihr Engagement im Verlag der Weltreligionen.